RÉPERTOIRE

UNIVERSEL ET RAISONNÉ

DE JURISPRUDENCE

CIVILE, CRIMINELLE,

CANONIQUE ET BÉNÉFICIALE.

OUVRAGE DE PLUSIEURS JURISCONSULTES :

Mis en ordre & publié par M. GUYOT, Écuyer, ancien Magistrat.

TOME TREIZIÈME.

A PARIS,

Chez PANCKOUCKE, Hôtel de Thou, rue des Poitevins.

Et se trouve chez les principaux Libraires de France.

M. DCC. LXXVII.

Avec Approbation & Privilége du Roi.

RÉPERTOIRE

UNIVERSEL ET RAISONNÉ

DE JURISPRUDENCE

CIVILE, CRIMINELLE,

CANONIQUE ET BÉNÉFICIALE,

C

COMMISSAIRE. C'eſt en général celui qui eſt prépoſé par le ſouverain ou par quelqu'autre puiſſance légitime pour exercer un acte de juridiction, ou remplir certaines fonctions ſoit de juſtice, ſoit de police, ſoit militaire.

Ainſi il y a pluſieurs ſortes de Commiſſaires : les uns ſont en titre d'office ou commiſſion permanente, & ſont établis par le roi pour remplir certaines fonctions : les autres n'ont qu'une ſimple commiſſion pour un temps limité & pour une affaire particuliére, ſoit que la commiſſion

émane du roi ou qu'elle soit seulement émanée
de quelque juge.

Les uns s'appellent simplement Commissaires,
& les autres ajoutent à ce titre quelque dénomination particuliére relative aux fonctions qu'ils
ont à remplir.

Nous avons donc à parler dans cet article,
1°. Des Commissaires proprement dits.

2°. Des Commissaires enquêteurs & examinateurs.

3°. Des Commissaires aux saisies réelles.

4°. Des Commissaires conservateurs généraux
des décrets volontaires.

5°. Des Commissaires des tailles.

6°. Des Commissaires vérificateurs des rôles
des tailles.

7°. Des Commissaires aux inventaires.

8°. Des Commissaires des décimes.

9°. Des Commissaires des guerres.

10°. Des Commissaires généraux & ordinaires
des ports & arsénaux de marine.

11°. Des Commissaires des classes.

DES COMMISSAIRES PROPREMENT DITS.
Chez les Romains tout magistrat qui avoit
une juridiction & le pouvoir de l'exercer, pouvoit nommer une personne pour le suppléer
dans ses fonctions.

Il faut même observer que la personne à qui
cette juridiction étoit commise d'une manière
générale, pouvoit en particulier commettre
quelqu'un pour juger les procès ; parceque le
principal effet de la juridiction consistoit dans
le pouvoir de donner un juge : c'est ce qu'on
remarque dans la loi 3 , *in fine*, *ff. de juri-
dictione*.

Ainsi il y avoit une différence confidérable entre celui à qui la juridiction étoit déléguée & le juge donné. Le premier étoit le commis général du magiftrat, au lieu que le fecond n'étoit qu'un délégué particulier, & fouvent même le fubdélégué du commis général.

• Au furplus l'autorité appelée en droit *merum imperium* ou *jus gladii*, & que nous appelons en France *droit de haute-juftice*, ne pouvoit être aucunement commife ni déléguée par le magiftrat.

Sous les empereurs, le droit en vertu duquel des officiers pouvoient fe faire fuppléer dans les fonctions de leurs charges, fut reftreint peu à peu : on remarque que fous Juftinien, l'entière juridiction ne pouvoit être déléguée à d'autres qu'aux lieutenans en titre d'office, puifqu'une loi du code défend aux magiftrats de commettre particulièrement les procès à juger excepté ceux de peu de conféquence, ou lorfqu'ils font extrêmement occupés.

En France on diftingue les Commiffaires nommés par le roi & les Commiffaires nommés par les cours & les autres juges.

La commiffion eft générale ou particuliére.

La commiffion générale fe donne par des lettres de chancellerie, & il n'y a que le roi qui puiffe la donner.

La commiffion particuliére eft celle qu'une cour de juftice donne à l'un de fes membres foit pour faire une enquête, foit pour procéder à une defcente & vûe de lieux, &c. Cette commiffion fe donne ou par un jugement ou par une ordonnance fur requête.

Il n'y a que le roi feul qui puiffe donner

, A iij

des commissions extraordinaires, & ces commissions doivent contenir l'étendue & les bornes du pouvoir accordé aux Commissaires.

Mais dans les affaires soumises à la décision d'une cour souveraine, elle peut nommer des Commissaires non seulement pour informer, mais encore pour juger, tant en matière civile que criminelle.

Les juges présidiaux peuvent aussi renvoyer devant un autre juge présidial les affaires portées devant eux ; mais cela ne doit avoir lieu que quand quelqu'un des officiers est partie au procès, ou lorsqu'il y a partage d'opinions. C'est ce qui résulte tant de l'article 52 de l'ordonnance d'Orléans que de l'arrêt du 13 juillet 1587, rendu pour le présidial de Tours, & du réglement du 24 mai 1603, rendu pour le présidial d'Ypres.

A l'égard des baillis & des autres juges subalternes, ils ne peuvent donner à d'autres la commission de juger, ni envoyer les parties, même de leur consentement, dans un siége dont elles ne sont pas justiciables. La raison en est, selon la remarque de Basnage, que l'autorité que le roi leur a accordée est personnelle & ne peut être transmise.

Il y a cependant un cas où ces juges peuvent nommer un Commissaire pour les suppléer : c'est lorsqu'il s'agit de procéder à quelque acte judiciaire nécessaire pour mettre un procès en état d'être décidé, & que cet acte doit se faire hors du ressort du siège de ces juges : ils doivent alors requérir le juge du lieu de les suppléer. Tel est le cas où il s'agit de faire une enquête hors de la juridiction des juges qui l'ont permise : ils adressent une commission rogatoire au juge du lieu afin qu'il entende les témoins.

Lorsque l'instruction d'un procès se fait dans l'étendue du siège saisi de la contestation, les juges de ce siége peuvent nommer Commissaire quelqu'un d'entre eux pour procéder à cette instruction.

L'édit du mois de février 1705 veut que les sentences qui ordonnent des descentes sur les lieux, des enquêtes ou d'autres actes semblables nomment le Commissaire par lequel il y sera procédé ; & que s'il arrive qu'il faille nommer un autre Commissaire, les parties soient tenues de s'adresser pour cet effet au président.

L'article premier du titre 6 de l'ordonnance du duc Léopold de Lorraine du mois de novembre 1707, porte que s'il est ordonné que des lieux contentieux seront vus, visités, toisés & reconnus par-devant un Commissaire, le jugement qui l'ordonnera préfigera le délai, & commettra nécessairement pour y vaquer l'un des juges qui aura assisté au jugement.

L'article 19 de l'arrêt rendu pour Moulins le 8 juin 1619, porte que quand il s'agira de nommer des Commissaires, le lieutenant général ne pourra en nommer d'autres que le lieutenant particulier & les conseillers par ordre, si la commission doit se faire dans la ville ; mais si cette commission doit se faire ailleurs, la même loi veut que le lieutenant général puisse commettre les juges ou conseillers trouvés sur les lieux.

Divers arrêts & particulièrement un du 7 mars 1626, & un autre du 7 mai 1709 ont défendu aux juges de commettre des avocats ou

des procureurs pour aller inſtruire une procédure ou informer ſur les lieux. Les juges doivent en cas pareil adreſſer comme nous l'a-
vons dit , une commiſſion rogatoire au plus prochain juge des lieux.

Lorſqu'un membre de la compagnie a été
nommé Commiſſaire, il ne peut ſe faire ſuppléer
par un autre membre : c'eſt ce qui réſulte de
différentes lois , & particulièrement des ordonnances de juillet 1493 , mars 1498 & octobre
1535.

Le Commiſſaire ainſi nommé doit prendre
pour écrire ſous lui le greffier du ſiège ou quelqu'un des commis de ce greffier , à peine de
nullité. C'eſt ce qu'ont preſcrit l'ordonnance
de Blois, celle de 1670 , & la déclaration du
21 avril 1671.

Les parties peuvent recuſer le Commiſſaire
nommé pour aller en commiſſion ; mais l'ordonnance de 1667 veut que dans ce cas les
cauſes de recuſation ſoient propoſées trois jours
avant le départ, pourvu que ce départ ait été
ſignifié huit jours auparavant : autrement il doit
être paſſé outre par le Commiſſaire, & ce qu'il
aura fait & ordonné s'exécutera nonobſtant op-
poſition ou appellation, priſe à partie & recuſation, même pour cauſes ſurvenues poſtérieu-
rement, ſauf à y être fait droit après le retour
du Commiſſaire. Telles ſont les diſpoſitions de
l'article 7 du titre 21 de l'ordonnance qu'on
vient de citer.

Obſervez à ce ſujet que s'il s'agiſſoit d'une
enquête à faire dans le lieu de la réſidence du
Commiſſaire , & qu'il fût recuſé ou pris à partie , il ſeroit tenu de ſurſeoir juſqu'à ce que la

recufation ou prife à partie fût jugée. C'eſt ce qui réfulte de l'article 10 du titre 22 de la même ordonnance.

Toutes fortes de particuliers peuvent être choifis par le fouverain foit pour juger, foit pour informer, pour exécuter ou pour faire quelqu'autre acte & expédition de juſtice. Il n'eſt même pas néceſſaire, comme le remarque Loiſeau, que ceux qui font ainſi nommés foient reçus publiquement après une information de vie & de mœurs : ils font pareillement difpenſés de l'examen & de prêter ferment ; parceque l'approbation & le choix du prince tiennent lieu de ces formalités : au furplus cela eſt fondé fur ce qu'à proprement parler de tels Commiſſaires ne font pas des perſonnes publiques comme le font des officiers, & qu'ils doivent feulement être regardés comme des mandataires qui n'agiſſent qu'au nom de celui qui les a commis.

Mais quoique le fouverain puiſſe nommer des perſonnes privées pour remplir les commiſſions qu'il donne, il ne choiſir toutefois ordinairement pour cet effet que des magiſtrats ou officiers de juſtice.

Les Commiſſaires ainſi nommés doivent faire publier leurs lettres de commiſſion au lieu ou ils veulent en faire uſage, furtout lorfqu'il s'agit de faire quelque acte de juſtice ou de rigueur ; finon on pourroit leur refuſer l'obéiſſance : la raifon en eſt qu'on n'eſt point tenu de reconnoître pour Commiſſaire celui qui n'a pas juſtifié de fa qualité : les juges mêmes du lieu pourroient agir contre celui qui entreprendroit de faire des actes publics avant d'avoir fait connoître qu'il en a le pouvoir.

Ordinairement les lettres de commission font plus longues & plus étendues que celles des provisions d'office : la raison en eft que celles-ci ne fervent qu'à revêtir de l'office la perfonne de l'impétrant ; au lieu que celles-là contiennent particulièrement & expreffément tout ce que doit faire le Commiffaire.

Dans l'inftruction & le jugement des affaires pour lefquelles il a été nommé des Commiffaires, ils font tenus ainfi que les autres juges, de fe conformer aux lois & aux ordonnances du royaume.

On n'eft point admis à appeler d'un jugement des Commiffaires nommés par le roi, à moins qu'ils n'aient excédé les bornes de leur commiffion.

Les Commiffaires peuvent punir ceux qui empêchent l'exercice de la juridiction qui leur eft confiée.

Lorfqu'ils font établis pour le jugement de quelque affaire criminelle, ils peuvent annuller leur procédure, fi elle eft vicieufe, & ordonner qu'elle fera recommencée.

Ils peuvent auffi juger les recufations propofées contre quelques-uns d'entre eux.

Au refte on regarde en général les commiffions extraordinaires comme étant d'une dangereufe conféquence, c'eft pourquoi les parlemens ne les admettent pas aifément.

Travailler de grands Commiffaires, fe dit au parlement de l'examen que dix anciens confeillers font avec un préfident dans la chambre du confeil de quelque affaire d'importance & d'une difcuffion confidérable. Telles font les affaires où il y a au moins fix chefs de demande

ppuyés par différens moyens ; les procès & inftances d'ordre & de diftribution de deniers ;
ceux qui ont pour objet une liquidation de fruits,
de dommages & intérêts, des débats de compte,
des oppofitions à fin de charge & de diftraction,
des taxes de dépens excédant dix croix ou apoftilles, &c.

Il faut d'ailleurs que l'objet de la conteftation
foit au moins de mille livres, pour qu'il puiffe
former une affaire de grands Commiffaires. C'eft
ce qui réfulte de l'article 20 de l'édit du mois
de mars 1673, touchant les épices & vacations (*).

(*) *Cet article eft ainfi conçu :* permettons *à nos cours*
feulement de juger par Commiffaires les procès ou inftances où il y a plus de cinq chefs de demandes au fonds,
juftifiés par différens moyens, fans que les demandes concernant la procédure puiffent être comptées ; les procès &
inftances d'ordre & de diftribution de deniers procédant de
vente d'immeubles & de contribution d'effets mobiliers
entre des créanciers ; de liquidation de fruits, de dommages
& intérêts, de débats de comptes, d'oppofitions à fin de
charge & de diftraire ; des taxes de dépens excédans dix
croix ; le tout pourvu que ce dont il fera queftion au procès
excede la fomme de mille livres, fans que fous ce prétexte
l'on y puiffe comprendre les appellations de fimples faifies
réelles d'immeubles, criées, congés d'adjuger, adjudication
par décret & des pourfuites & procédures d'un décret ; faifies
d'effets mobiliers, de fentences de condamnation de rendre
compte, de reftitution de fruits & de dommages & intérêts,
& tous autres en quelque cas que ce puiffe être, ni que
nos cours qui n'ont point accoutumé de juger par Commiffaires puiffent en introduire l'ufage. Et fera le contenu
au préfent article obfervé, à peine de nullité des jugemens,
reftitutions d'épices & confignations, & des dommages &
intérêts des parties contre les juges, pour raifon defquels
leur permettons de fe pourvoir par devers nous.

Cette affemblée peut juger & donner arrêt.

Travailler de petits Commiffaires, fe dit de l'examen que les confeillers députés par la cour & affemblés chez un préfident font d'une affaire qui comprend au moins trois chefs de demande pour enfuite en faire leur rapport à la cour & être procédé au jugement à la pluralité des voix (*).

(*) *Par édit du mois de juin 1683 le roi a fait le réglement qui fuit, concernant les procès de petits Commiffaires.*

Louis, &c. falut. Bien que nous ayons défendu par notre édit du mois de mars 1673 à toutes nos cours & juges de vifiter aucun procès par Commiffaires ; néamoins la multitude des affaires qui fe trouvent en notre cour de parlement de Paris, les audiences que la grand'chambre eft obligée de donner tous les jours & le bon ordre que l'on y avoit obfervé, nous auroient obligé de ne rien changer à l'ufage qu'on y auroit introduit depuis quelque temps, de voir par petits Commiffaires les procès confidédérables & dans lefquels il y avoit plufieurs titres à examiner. Mais comme il arriveroit plufieurs inconvéniens, fi l'on apportoit à l'avenir moins d'exactitude que l'on n'a fait jufqu'à cette heure, foit pour le choix des procès qui méritent d'être vifités de cette manière, foit pour la taxe des vacations, à proportion feulement du temps que l'on emploie, voulant affurer l'obfervation de cet ordre & de celui que nous avons établi touchant les audiences par notre déclaration du 15 mars 1673 ; à ces caufes & autres à ce nous mouvant, de l'avis de notre confeil & de notre certaine fcience, pleine puiffance & autorité royale, avons dit, déclaré & ordonné, difons, déclarons & ordonnons par ces préfentes, fignées de notre main, ce qui en fuit.

ARTICLE I. Les procès dans lefquels il y aura trois demandes & au deffus, autres que celles qui regardent la procédure, & ceux dans lefquels il y aura fix actes & plus à examiner, comme des contrats de mariages, des partages,

Il y a cette différence entre les grands & les

reftamens, aveux & autres pieces confidérables, pourront être vus de petits Commiffaires.

I I. Les inftances où il s'agira d'homologation de contrats entre les débiteurs & leurs créanciers ou entre des créanciers feulement; les appellations de faifies réelles, de congés d'adjuger; les inftances d'appointés à mettre; & les procès criminels ne pourront être vus par petits Commiffaires, fous quelque prétexte que ce puiffe être.

Il a été dérogé à cet article par une déclaration du 20 février 1691, fuivant laquelle il eft permis de vifiter par petits Commiffaires les procès dans lefquels il y a des appellations interjetées de faifies réelles & des demandes à fin d'homologation de contrats entre les débiteurs & les créanciers, quand il y a dans ces procès des demandes & des incidens réglés par différens réglemens.

I I I Les procès pendans en la grand'chambre de notredite cour qui devront être vifités par petits Commiffaires, feront portés chez le premier préfident, pour y être vus aux jours & heures accoutumés, autres que celles de la tenue des audiences; & en cas qu'il n'y puiffe vaquer ou qu'il juge que lefdits procès ne puiffent être vifités en fa préfence, ils feront renvoyés chez celui des autres préfidens de notre cour qui fuivra felon l'ordre du tableau.

I V. Les procès vus par petits Commiffaires chez le premier ou autre préfident à fon défaut, feront jugés par préférence à tous autres les matinées avant les heures prefcrites pour l'ouverture des audiences, & dans la femaine après qu'ils auront été vifités, fi faire fe peut; & nos confeillers qui auront affifté à la vifite defdits procès feront tenus de fe trouver lorfqu'on les jugera; & les autres procès qui auront été vus chez le fecond ou autre préfident, fuivant l'ordre du tableau, lorfqu'ils ne l'auront pu être chez le premier, feront rapportés & jugés les mardis & vendredis de relevée auffi avant les heures d'audience.

V. Les procès de la qualité ci-deffus exprimée qui feront pendans aux chambres des enquêtes de notredite cour, & qui auront été jugés devoir être vus par petits Commiffaires en la forme portée par l'article XIX de notre Edit du mois de

petits Commissaires, que les premiers peuvent
rendre arrêt, & que les autres n'en ont pas le
droit ; c'est pourquoi l'on dit qu'*un procès a été
jugé de grands Commissaires, & qu'il a été vu de
petits Commissaires.*

Des Commissaires enquêteurs et examinateurs. Ce sont des officiers de robe longue
établis pour faire certaines instructions & fonctions de justice & de police, à la décharge des
magistrats. A Paris, on les appelle aussi *Commissaires au Châtelet.*

Le Commissaire de la Mare a prétendu dans
son traité de la police que les Commissaires enquêteurs examinateurs étoient plus anciens que
les conseillers au Châtelet ; mais c'est une erreur
que M. Boucher d'Argis a solidement réfutée ;

---

mars 1673, seront visités & jugés en la maniere & aux
heures accoutumées.

V I. Le dernier en réception de nos conseillers tant de
la grand'chambre que de celle des enquêtes, qui assistera
à la visite des procès par petits Commissaires, écrira sur
une feuille le jour auquel on travaillera les noms de ceux
de nos officiers qui y travailleront, les noms & les qualités
des parties dont on aura visité les procès en chacune séance
de matinée & de relevée, les vacations que l'on y taxera &
le nombre des heures que l'on aura employées à cette visite ;
le président visera lesdites feuilles ; & les greffiers de chaque
chambre retireront lesdites feuilles chaque jour que l'on aura
travaillé à la visite desdits procès pour en composer chacun
un registre, lequel ils seront tenus de mettre tous les ans au
greffe à la fin de chaque séance de notredite cour.

V I I. Les épices & les vacations des petits Commissaires
seront écrites séparément sur les minutes des arrêts, & ne
pourront être taxées qu'à proportion du temps que l'on
aura véritablement employé à les visiter, dont nous char-
gerons l'honneur & la conscience de ceux qui prési-
deront.

cet auteur a fait voir que c'étoit les conseillers au Châtelet qui faisoient autrefois les enquêtes, les informations, les partages & toute l'instruction ; que ce qui est dit dans les anciens auteurs & dans les registres publics jusques vers l'an 1300 au sujet des auditeurs & enquêteurs, ne doit point s'entendre d'officiers qui fussent en titre pour ces fonctions, mais de conseillers ou avocats délégués à cet effet par le prévôt de Paris & autres juges ; il n'est donc pas étonnant qu'il soit dit en plusieurs endroits que les auditeurs & enquêteurs avoient séance & voix délibérative au Châtelet, puisque c'étoient ordinairement des conseillers qui faisoient cette fonction ; & c'étoit comme conseillers qu'ils avoient cette séance.

On ne trouve point de preuve certaine qu'avant l'an 1300 il y eût au Châtelet des enquêteurs ou examinateurs en titre, & dont la fonction fût permanente & séparée de celle des conseillers.

Les examinateurs appelés depuis Commissaires au Châtelet, ont eux-mêmes reconnu dans deux arrêts que les conseillers du Châtelet étoient plus anciens qu'eux.

On voit dans le premier de ces arrêts qui est du 5 août 1434, qu'il fut dit par Chauvin & consors examinateurs au Châtelet, » qu'*ab antiquo*, il n'y avoit nombre d'examinateurs qui » fût ordinaire ; mais que les conseillers du Châtelet qui sont douze, étoient comme les conseillers de la cour ; qu'eux-mêmes faisoient les » enquêtes & ne postuloient point en manière » d'avocats, & que depuis fut mis certain nombre d'examinateurs ».

Le second arrêt qui est du 10 mai 1502, fut rendu entre les seize examinateurs d'une part, & les lieutenans civil & criminel, & les conseillers au Châtelet d'autre part. Les examinateurs reconnurent du moins tacitement que leur érection ne remontoit pas plus haut que vers l'an 1300. En effet, à l'audience du 2 mai 1502, leur avocat parla seulement de l'ordonnance qui avoit établi les seize examinateurs sans la dater : l'avocat des conseillers au Châtelet dit « qu'on » avoit d'abord érigé au Châtelet le prévôt de » Paris & douze conseillers ; que depuis furent » commis deux lieutenans, l'un civil, l'autre » criminel : & l'avocat du lieutenant criminel » dit que de tout temps & d'ancienneté, plus » de deux cens ans, & long-temps avant l'érec- » tion des examinateurs, les lieutenans civil & » criminel de la prévôté avoient accoutumé de » faire les enquêtes ; qu'il n'y avoit qu'eux qui » les fissent ou les conseillers ou avocats qu'ils » en chargeroient ; que depuis pour le soulage- » ment des lieutenans qui ne pouvoient faire les » enquêtes & les expéditions des procès pen- » dans au Châtelet, à cause de la grande multi- » tude des causes, il fût ordonné par le roi qu'il » y auroit seize examinateurs dans cette ville. » ès seize quartiers sous lesdits lieutenans, pour » eux s'enquérir des vagabonds & maléfices & » le rapporter au Châtelet ; & aussi pour faire » nettoyer les rues, visiter les boulangers & » entendre sur le fait de la police ; qu'il fut aussi » dit qu'ils feroient les enquêtes des procès pen- » dans au Châtelet ».

Tels sont les faits énoncés dans cet arrêt, qui ne paroissent point avoir été contredits par les examinateurs ;

examinateurs ; ce qui confirme que les conseillers ont été établis avant les examinateurs
en titre, & que ces derniers l'ont eux-mêmes
reconnu.

Il paroît par des lettres de Philippe-le-Bel du
mois d'avril 1301, que les notaires du Châtelet
se plaignirent de ce que le prévôt, les auditeurs
& les enquêteurs ou examinateurs faisoient écrire
leurs expéditions par d'autres personnes qu'eux ;
& Philippe-le-Bel leur ordonna de se servir du
ministère des notaires.

Au mois de mai 1313, ce même prince trouvant que les examinateurs qui étoient alors en
place avoient abusé de leurs charges, les supprima, & ordonna que les enquêtes seroient
faites par les notaires ou par d'autres personnes
nommées par les auditeurs ou par le prévôt.

Philippe V au mois de février 1320, ordonna
que « les notaires du Châtelet pourroient exa-
» miner les témoins en toutes les causes mues
» & à mouvoir au Châtelet, selon ce que le
» prévôt & les auditeurs du Châtelet leur com-
» mettroient, & spécialement ceux que les par-
» ties requerroient & nommeroient de commun
» accord ».

Il ordonna cependant en même temps « qu'il
» y auroit au Châtelet huit examinateurs seu-
» lement, qui seroient loyaux & discrettes per-
» sonnes choisies par les gens des comptes ; que
» ces examinateurs pourroient examiner les té-
» moins en toute cause, ayant chacun pour
» adjoint un notaire ». Leur salaire étoit aussi réglé par la même ordonnance.

Celle de Philippe-de-Valois du mois de février
1327, fixa le nombre des examinateurs du Châ-

telet à douze, qui étoient diftribués deux à deux
en fix chambres, où l'un interrogeoit les témoins,
& l'autre écrivoit les dépofitions. Cette ordonnance défend aux examinateurs de fe mettre au
rang du fiége du prévôt de Paris : elle leur défend pareillement d'être avocats, notaires, pen-
fionnaires ni procureurs, & de tenir aucun autre
office au Châtelet. Elle règle auffi leurs falaires
& la manière de leur donner les faits & articles.

Il fe trouva quelques années après jufqu'à
vingt - deux examinateurs pourvus par le roi ;
c'eft pourquoi Philippe-de-Valois par des lettres du 24 avril 1337, en fixa le nombre à feize
qu'il choifit parmi ceux qui exerçoient alors,
& ordonna que les fix furnumeraires rempli-
roient les places qui deviendroient vacantes.

Ce nombre de feize fut confirmé par des lettres du roi Jean, du premier juin 1353 ; de
Charles V, du mois de juin 1366, & de Charles VI, du mois de juin 1380.

Ces charges étoient recherchées avec tant
d'empreffement, que Louis XI en attendant qu'il
y en eût de vacantes, en créa quatre extraordinaires par édit du mois de janvier 1464 : il en
donna deux aux nommés Affailly & Chauvin,
pour récompenfe des fervices qu'ils lui avoient
rendus ; mais les feize ordinaires s'étant oppofés
à leur réception, cela donna lieu à une longue
conteftation qui engagea Louis XI à fupprimer les
quatre nouveaux offices par un édit du mois de
mars 1473.

Affailly eut cependant le crédit de faire rétablir pour lui un de ces offices, & il y fut reçu.

Comme il s'éleva encore à ce fujet des difficultés, Louis XI au mois de juin 1474, créa quatre offices d'examinateurs ordinaires, & en donna un à ce nouveau pourvu. Il y eut opposition à l'enregiſtrement, & cette nouvelle création n'eut pas lieu.

Au mois de décembre 1477, Louis XI créa encore deux nouvelles charges d'examinateurs, & au mois de février ſuivant un office d'examinateur extraordinaire.

Mais Charles VIII par des lettres du 27 ſeptembre 1493, rétablit l'ancien nombre de ſeize & ſupprima les ſurnuméraires ; & Louis XII au mois d'octobre 1507, ordonna que ce nombre demeureroit fixe ſans pouvoir être augmenté.

. Cependant François I par ſon édit du mois de février 1521, en créa ſeize nouveaux, & leur donna à tous le titre de Commiſſaire, qui renferme tous les autres titres qu'ils portoient autrefois. Il y eut entre les anciens & les nouveaux pluſieurs conteſtations qui furent terminées par arrêt du grand conſeil du premier août 1534, portant que les uns & les autres jouïroient des mêmes droits & prérogatives.

Il fut créé le 7 ſeptembre 1570, un trente-troiſième office de Commiſſaire au Châtelet, & au mois de juin 1586 huit autres, qui par une déclaration du même mois furent réduits à ſept ; ce qui fit en tout le nombre de quarante.

. Dans la ſuite ce nombre ayant paru exceſſif, eu égard à l'état où étoit alors la ville de Paris, il fut ordonné par edit d'octobre 1603, que ceux qui vaqueroient ſeroient ſupprimés juſqu'à ce qu'ils fuſſent réduits à trente-deux ; mais il n'y en eut qu'un qui fut rembourſé.

B ij

Au mois de décembre 1635, Louis XIII créa vingt - un offices de Commiſſaires au Châtelet pour faire avec les trente-neuf qui ſubſiſtoient, le nombre de ſoixante. Par des lettres du mois de juillet 1638, les vingt-un nouveaux offices furent réduits à neuf, au moyen de quoi il y eut alors quarante-huit Commiſſaires.

Ils prennent tous le titre de maîtres, & depuis 1668 ils prennent auſſi le titre de conſeillers du roi, en vertu de lettres-patentes du mois de juin de la même année, qui leur ont donné le titre de *conſeillers du roi, Commiſſaires enquêteurs examinateurs au Châtelet de Paris.*

Ces lettres leur accordent auſſi le droit de parler couverts aux audiences, le droit de vétérance au bout de vingt années d'exercice, la confirmation de leur franc-ſalé & l'extenſion de leurs priviléges à leurs veuves. Le roi accorda auſſi une penſion à la compagnie, & en fit eſpérer de particulières à ceux qui ſe diſtingueroient dans leur emploi.

En 1674, lorſque l'on créa le nouveau Châtelet, on créa en même-temps dix-neuf Commiſſaires qui furent incorporés aux anciens pour ſervir en l'un & l'autre ſiége. Par une déclaration du 23 d'avril de la même année, les dix-neuf nouveaux offices furent réduits à ſept pour ne compoſer qu'un même corps avec les quarante-huit anciens. Enfin par ſucceſſion de temps, le nombre des charges a été réduit à cinquante, dont deux ont été acquiſes par la compagnie ; enſorte qu'il ne reſte que quarante-huit titulaires.

Les principales & les plus étendues de leurs fonctions concernent la police. Ils répondent nuit & jour au guet qui eſt tenu de leur amener tous les délinquans, ſoit pour batteries ou diſputes, ſoit pour accidens.

Quand il ne s'agit que de diſputes, ils arrangent les parties ſuivant leur prudence, ſinon ils les renvoient à ſe pourvoir.

S'il s'agit de délit, & que les délinquans ſoient gens ſans aveu & ſans domicile, ils peuvent les envoyer en priſon pour répondre du délit s'il y en a, ou pour être punis par le lieutenant-général de police ou les autres magiſtrats ſuivant l'exigence des cas.

Ils veillent à ce que les rues ſoient balayées par les habitans, & les immondices enlevées par ceux qui en ſont chargés.

Ils reçoivent les plaintes des propriétaires ou voiſins contre les filles de mauvaiſe vie qui occaſionnent du ſcandale ; ils en ſont rapport au lieutenant-général de police qui les charge de faire des viſites chez elles & d'envoyer en priſon les auteurs du ſcandale.

Ils viſent les regiſtres de ceux qui tiennent des hôtels ou chambres garnies pour ſavoir quelles ſont les perſonnes qui les occupent : ils ſe tranſportent de temps en temps chez ceux qui logent pour s'inſtruire s'ils ſont exacts à écrire les noms des perſonnes qu'ils retirent ; & lorſqu'il s'y trouve quelqu'un de ſuſpect, comme des domeſtiques ſans condition & ſans certificat de leurs maîtres, des gens ſans aveu, de prétendus maris & femmes qui ne peuvent juſtifier de leur mariage, ils les envoient en priſon.

Ils ſe rendent ſur les marchés pour viſiter les denrées, & vérifier le poids du pain : lorſque le pain ſe trouve léger, ils peuvent le faire couper & faire affigner le boulanger pour répondre de fa contravention à la police.

Ils font des vifites les dimanches & fêtes dans les cabarets pour empêcher les marchands de vin de donner à boire pendant les heures du fervice.

Ils reconnoiffent les maifons qui font en péril imminent, & font affigner les propriétaires à la police pour faire ceffer le danger.

En matière criminelle, les Commiffaires reçoivent les plaintes pour faits de vols, viols, injures, violences & autres crimes.

Ils procédent aux informations fur l'ordonnance du juge; mais dans le cas de flagrant délit & de la clameur publique, ils peuvent en matière grave faire l'information d'office; & fi l'accufé, voleur ou meurtrier eft arrêté, ils l'interrogent d'office & peuvent l'envoyer en prifon.

Si dans le cas de flagrant délit l'accufé s'eft réfugié dans l'intérieur d'une maifon qui eft indiquée, les Commiffaires ont droit d'y entrer & d'y faire perquifition.

Mais hors le cas de flagrant délit, ils ne peuvent fe tranfporter dans les maifons des particuliers pour y recevoir des dépofitions & des déclarations, que fur la réquifition des parties & l'ordonnance du juge, comme l'a jugé l'arrêt rendu en la Tournelle le 9 juillet 1712.

Avant cet arrêt la cour en avoit rendu un autre le 16 mai 1711, par lequel en déclarant le Commiffaire le François bien intimé & pris à partie, &c. & faifant droit fur les conclufions de M. le procureur général, il fut fait défenfe aux

Commissaires de faire faire aucun emprisonnement, qu'en vertu de décret donné sur le vu des charges, informations & conclusions du procureur du roi, &c.

Les Commissaires font les interrogatoires des accusés lorsqu'ils sont décrétés d'ajournement personnel.

En matière civile, les Commissaires apposent les scellés après décès, faillite & interdiction.

C'est devant eux que se rendent les comptes de communauté, de tutelle & de curatelle, de gestion & de société, & les clôtures de ces comptes portent hypothèque.

Ils font les ordres & la distribution du prix des immeubles vendus par décret.

Ils font faire ouverture de portes en vertu de l'ordonnance de M. le lieutenant civil, soit après l'absence d'un locataire, soit sur le refus fait à un huissier chargé de saisir-exécuter ; quelquefois ils font ouvrir des portes d'office, comme lorsqu'ils ont avis qu'un particulier se trouve mal dans sa chambre, qu'il est sans secours & ne peut ouvrir, ou qu'il est mort, ou lorsque le feu prend dans la chambre de quelqu'un qui est absent.

Ils dressent les procès-verbaux d'états de lieux contentieux en vertu d'ordonnance ou sentence.

Ils procédent aux interrogatoires sur les faits & articles pertinens.

Ils taxent les dépens & font la liquidation des dommages & intérêts & loyaux coûts adjugés au Châtelet.

Ils ont une chambre au Châtelet qui leur est

particulière, & où ils s'assemblent les mardis & vendredis pour raisonner sur les affaires de leur état.

Quoique les Commissaires n'aient point de juridiction, ils rendent néanmoins des ordonnances, & cette qualification se donne à toutes leurs décisions.

Il ne se donne aucune assignation sur les plaintes par eux reçues, soit en matière de police, soit en matière criminelle, qu'en vertu de leur ordonnance. Les assignations pour la levée d'un scellé, pour produire dans un ordre, pour être présens à un procès-verbal d'état de lieux, pour procéder à un compte ou partage, se donnent en vertu de leurs ordonnances ; en cas de contestations sur un scellé, sur un compte, sur un partage ou sur toute autre opération, ils ordonnent qu'il en sera référé, ou renvoient les parties à l'audience.

Avant l'année 1514, les fonctions d'enquêteurs examinateurs dans les villes & juridictions du royaume, à l'exception du Châtelet de Paris, étoient exercées par les juges ordinaires : mais par un édit du mois de février de cette année, François premier créa deux offices d'enquêteurs examinateurs dans chaque bailliage royal & un dans chaque prévôté, vicomté, châtellenie & autre justice royale ordinaire, pour procéder à l'exclusion de tout autre juge, aux enquêtes, examens & informations concernant les procès soumis à la décision de ces siéges, & il fut attaché à ces offices les mêmes droits & prérogatives qu'à ceux des enquêteurs & examinateurs du châtelet de Paris. Les fonctions de ces Commissaires furent enfuite réglées par un édit du mois de mai 1583 (*). _____ _____

_____

(*) *Comme cet édit détaille toutes les fonctions des officiers dont il s'agit, il convient de le rapporter ici.*

Henri, par la grâce de Dieu, roi de France & de Pologne, à tous préfens & à venir; falut. Combien que les enquêteurs - Commiffaires & examinateurs ès bailliages, fénéchauffées & autres jurifdictions royales de cetui notre royaume, foient des plus anciens officiers de judicature par nos prédéceffeurs rois inftitués, même auparavant l'établiffement d'aucuns nos officiers & juges au bien & commodité de nos fujets, & foulagement de nofdits officiers & juges fur le fait préparatoire & expédition de justice, nofdits juges étant affez occupés à la décifion & vuidange des caufes & procès intentés pendans & naiffans journellement pardevant eux & aux autres vacations & occurrences ordinaires & extraordinaires de leurs offices : néanmoins nofdits officiers, juges, leurs lieutenans, confeillers, magiftrats & confervateurs des priviléges des univerfités de cetui notre royaume, comme auffi aucuns greffiers, procureurs & autres praticiens, fe font efforcés & efforcent d'empêcher & troubler lefdits enquêteurs-Commiffaires & examinateurs au paifible exercice, fonction & jouiffance de leurs offices, & iceux frauder & priver des prérogatives, prééminences & principales vacations, droits, profits & émolumens étant & dépendans de la vacation & exercice de leurfdits offices à eux attribués, tant par leur ancienne inftitution, que depuis par l'édit du feu roi François de très-heureufe mémoire, notre très-honoré fieur & ayeul du mois de février 1514, par lequel pour les confidérations fufdites il augmenta le nombre d'iceux ès villes où d'ancienneté il y en avoit, & en créa & établit en celles efquelles il n'y en avoit point : efquels droits & vacations fur lefdits troubles à eux dônnés par nofdits juges, ils auroient été maintenus & confervés par notre cour de parlement à Paris, par plufieurs & divers arrêts fur ce intervenus & par elle donnés, oui notre procureur général contradictoirement & avec grande connoiffance de caufe à l'encontre de nofdits juges, greffiers & autres au profit defdits enquêteurs-Commiffaires & examinateurs, mêmement

de ceux d'Angers le vingt-deuxieme jour de juin 1568 ,
de Tours le 17 ſeptembre 1569, de Provins le 5 août
1570 & 9 juin dernier, de Montmorillon le 6 août 1581,
d'Orléans , Troyes, Gien, Saumur , Montereau-Faut-
Yonne, Loudun & pluſieurs autres villes, relatifs & con-
firmatifs des précédens arrêts y mentionnés, iceux juges &
conſeillers, magiſtrats & autres par leurs interprétations,
leur ſuſcitant de jour à autres de nouvelles occaſions de
troubles & ſoit directement ou indirectement ou par connivence avec les procureurs & praticiens, par appointement qu'entr'eux ils paſſent en jugement ou aux greffes &
par brevets ou autre forme que leſdits juges admettent ſur
le fait & fonction des enquêtes, & les expéditions des
actes étant & dépendans de l'exercice & fonction des offices
deſdits enquêteurs-Commiſſaires & examinateurs, retiennent
à eux leſdites confections d'enquêtes & expéditions des
actes ſuſdits, ou ne pouvant à cauſe de leurs occupations
y vaquer ou beſogner, les commettent aux officiers des
lieux , juges ſubalternes, avocats de leurs ſiéges, notaires,
ſergens & autres, en haine & au très-grand préjudice d'iceux
enquêteurs-Commiſſaires-examinateurs & encore du public
pour les nullités ci devant avenues, & qui ordinairement
aviennent en la confection deſdites enquêtes qui ont été &
ſont faites par perſonnes non autrement reſponſables de
leurs vacations, eſdits cas apportant confuſion, déſordres
& retardement en l'expédition de juſtice. Et ſur les juſtes
occaſions que leſdits enquêteurs-Commiſſaires-examinateurs
avoient & ont de s'y oppoſer, leſdits juges les ont tenus &
tiennent en involution de procès, & iceux conſumés & con-
ſument en grands frais & dépenſes : par le moyen de toutes
leſquelles choſes ſuſdites iceux offices qui ſont les principaux membres de juſtice d'ancienneté & avec conſidération
utilement inſtitués pour le préparatoire & facile expédition
d'icelle, au lieu qu'autrement ils ſeroient auxdits enquêteurs-Commiſſaires-examinateurs d'honneur & commodité,
leur ſont au contraire & non-ſeulement quaſi inutiles, ains
de charge & dépenſe. Et d'autant que les prévôts, châtelains, viguiers, alloués, vicomtes & autres nos juges

point créé de pareilles offices, & les juges or-

---

ordinaires se prévalant de nos lettres de déclaration en
forme d'édit du mois de décembre 1581, par nous fait
expédier en conséquence des édits des feus rois nos très-
honorés sieurs, ayeul, pere & frere des mois de juin
1536, 1554 & 1559, & de mai 1574, sur les réglemens
des juridictions de nos baillis, sénéchaux & des prévôts,
de leurs lieutenans & autres juges susdits pourroient entreprendre & d'autant plus travailler & empêcher lesdits Commissaires-enquêteurs au fait & fonction de leursdits offices,
n'ayant par icelles nosdites lettres de déclaration entendu
préjudicier auxdits Commissaires - enquêteurs & examinateurs au fait & vacation de leurs offices, ne les priver &
rien ôter de ce qui est afférant & en dépend au profit desdits
prévôts & autres juges susdits, qui à l'occasion du réglement
susdit auront aussi d'autant plus d'occupation au fait &
administration de justice : desirant sur ce pourvoir, pour le
regard toutefois de ceux de nosdits bailliages, sénéchaussées,
provinces, ressorts, juridictions & siéges, esquels y en a &
peut avoir d'établis, & non de ceux de notre bonne ville
de Paris qui sont en paisible jouissance de leurs offices, &
en distribuant & laissant à un chacun ce qui lui peut appartenir qui est la vraie exécution de justice ; semblablement
en remettant & faisant observer un bon ordre & réglement
certain, général & définitif en la distribution & expédition
d'icelle, éteindre, lever & ôter toute occasion de débat &
différend ci-devant avenu & que ci-après pourroit naître entre
lesdits juges, conseillers, magistrats, conservateurs, greffiers
& lesdits enquêteurs-Commissaires-examinateurs, & empêcher & prévenir que par lesdits juges & greffiers, procureurs, praticiens, notaires, sergens, ne autres soit plus entrepris ne iceux enquêteurs-Commissaires-examinateurs troublés
en l'exercice de leurs offices, prérogatives, prééminences,
vacations & fonctions en dépendans & afférans en la paisible
jouissance d'iceux, ne en l'entiere perception des profits
& émolumens y appartenans & à eux par leur ancienne
institution & création, & par les arrêts susdits de notredite
cour de parlement attribués & adjugés ; & ce tant par la
confirmation desdits droits, profits & émolumens, qu'éclair-

dinaires ont continué d'y exercer comme autre-

ciſſement d'aucuns points deſdites fonctions & vacations, le tout compris & ſpécifié en ce préſent réglement par nous ſur ce expédié conformément à l'ancienne inſtitution, création & attribution deſdits offices & auxdits arrêts, pour être & demeurer général entre tous noſdits juges, greffiers & iceux Commiſſaires-examinateurs : ſavoir faiſons que après avoir mis ce fait en conſidération en notre conſeil d'état, & ſur icelui mûrement délibéré, de l'avis des grands perſonnages de notredit conſeil, nous avons dit, déclaré, ordonné & ſtatué, diſons, déclarons, ordonnons & ſtatuons, par cetui notre édit perpétuel & irrévocable, voulons, entendons & nous plaît, de notre certaine ſcience, pleine puiſſance & autorité royale, pour les juſtes cauſes & raiſons ſuſdites.

ARTICLE I. A ſavoir que les enquêteurs-Commiſſaires-examinateurs qui par nous ès bailliages, ſénéchauſſées, prévôtés, villes, quintes & conſervations des privilèges royaux des univerſités ſont inſtitués, & de toutes autres juriſdictions royales de cetui notre royaume ſuivant leur inſtitution, & qui d'ancienneté leur a été commis & attribué par nos prédéceſſeurs rois & ledit édit dudit feu ſieur roi François notre ayeul, & depuis adjugé par les arrêts de notredite cour de parlement ſuſdits feront chacun en droit ſoi dorénavant toutes enquêtes & examens à futur en tous cas & ſur toutes cauſes introduites, mues & pendantes, & qui ci-après ſe feront ès ſièges tant de noſdits bailliages, ſénéchauſſées & de nos ſièges préſidiaux, que prévôtés, vicomtés, vigueries, alloueries & toutes autres nos juſtices ordinaires royales ſuſdites où y a enquêteurs-Commiſſaires-examinateurs, ſoit en première inſtance ou par appel, tant en matieres principales qu'exécutions de ſentences, & que leſdits cas & cauſes ſoient ou fuſſent de ceux attribués à nos juges préſidiaux par l'édit de l'établiſſement deſdits ſièges, & auxdites prévôtés & nos juges ordinaires par les édits ci-deſſus déclarés & noſdites lettres de déclaration, ou hors iceux cas excepté ès procès & cauſes profanes eſquelles ſeroit queſtion des héritages valans de revenu annuel vingt écus ſol, ou de rente juſques à ladite ſomme & plus, & en matieres bénéficiales des béné-

fois les fonctions d'enquêteurs - examinateurs.

---

fices valans de revenu annuel quarante écus sol ou de rente
& au dessus : esquels cas nos juges pourront retenir à eux
les confections des enquêtes, que sur ce auront à ce faire
s'ils en sont requis par les parties, & non autrement. Et
néanmoins èsdits cas nos juges seront tenus & les avons
astreints prendre & appeler avec eux un desdits enquêteurs-
Commissaires & examinateurs, comme adjoint à ce d'ancienneté créé, & non autres.

I I Semblablement toutes autres enquêtes sur faits positifs, & de reproches & salvations de témoins, ores
qu'ils fussent particuliérement extraits par ordonnances de
nosdits juges, comme aussi tous interrogatoires sur faits
pertinens, sans que nosdits juges les puissent retenir ne les
adresser à autres qu'auxdits enquêteurs-Commissaires-examinateurs, & sans toutefois aussi que iceux enquêteurs
soient tenus & astreints prendre commission pour vaquer au
fait desdites enquêtes & confection d'icelles, s'ils n'ont pour
ce à procéder hors les ressorts & juridiction des bailliages,
sénéchaussées & provinces où ils sont établis.

I I I. Et quant aux enquêtes & informations renvoyées
par arrêts de nos cours de parlement ou commissions d'icelles
ou d'autres nos juges pour être faites sur les lieux & dans
lesdits bailliages sénéchaussées & provinces, seront faites selon
l'adresse des commissions pour ce expédiées & envoyées,
& que par les parties dénommées en sera premiérement
requis.

I V. Feront aussi lesdits Commissaires - enquêteurs &
examinateurs tous interrogatoires, examens à futur & enquêtes sur faits de reproches & salvations de témoins, faits
positifs des parties & autres enquêtes qu'il conviendra faire
èsdits siéges ès procès criminels civilisés ou qui le seront,
tant en premiere instance & causes d'appel, qu'ès cas réser-
vés à nosdits juges : auxquels nous avons fait & faisons par
ces présentes inhibitions & défenses d'en retenir la confection, ou icelle commettre à autre que auxdis enquêteurs;
& à nos greffiers, leurs commis & clercs de sur ce délivrer
aucunes commissions ne actes; & aux procureurs & praticiens de passer aucuns appointemens, soit par brevets,

Ces fonctions font auffi exercées en Lorraine

---

dites ou autre forme quelconque, portant adreffe à autres qu'auxdits enquêteurs-Commiffaires-examinateurs.

V. Et au regard des enquêtes ordonnées être faites d'offices fur faits extraits des procès & autres que defdis reproches & falvations de témoins, figures accordées, enquêtes fur icelles, vues, defcentes fur les lieux contentieux & confrontations des bornes, feront & voulons être faites par nofdits juges, à la charge de prendre & appeler avec eux un des enquêteurs pour adjoint neceffaire, & non autres, foit greffiers, adjoints, commis ou clercs de nos greffes, avocats, procureurs, praticiens ou autres quelconques, finon en cas d'abfence defdits enquêteurs de leurs refforts ; lefquels privativement à tous autres font d'ancienneté inftitués & créés pour adjoints néceffaires de nofdits juges ès cas fufdits.

V I. Comme auffi les enquêtes qu'il conviendra faire fommairement en jugement, feront pour le foulagement de nos fujets, à la plus prompte expédition de juftice, faites par nofdits juges : à la charge néanmoins qu'elles fe délivreront par actes aux greffes, fans que nofdits juges en puiffent faire ou faire faire aucun procès - verbal, groffe ne minute, ne femblablement en prendre aucun falaire & émolument, ne iceux juges examiner fur chacun fait plus de deux ou trois témoins. Et au cas que nofdits juges vouluffent ou fût néceffaire ouir fur aucun davantage de témoins ou délayer l'audition d'iceux, nous avons ordonné & ordonnons que nofdits juges renvoyeront lefdits témoins auxdits Commiffaires-enquêteurs, pour être par eux ouïs & examinés, à peine de nullité de ce qui feroit par eux fait & des dépens, dommages & intérêts des parties qui le requéreront.

V I I. Et pour le fait du criminel, lefdits Commiffaires-enquêteurs & examinateurs fuivant l'édit' du feu roi François notredit fieur & ayeul, vérifié comme dit eft, feront toutes information tant ès villes dépendantes de leur reffort, banlieue & quintes, & en chacun des quartiers d'icelles où ils feront établis, que hors defdites villes étant au dedans de leurfdits refforts, concurremment avec nofdits juges · &

par les juges ordinaires, attendu qu'on n'a point

---

néanmoins par prévention s'ils en font premièrement requis ou fe trouvent fur les lieux, foit en cas de flagrant délit ou autrement ; & ce tant avec nofdits juges & leurs lieutenans que tous autres, quels qu'ils foient ou puiffent être, demeurans à nos juges les récollement & confrontations de témoins qui auront été ouis & examinés au fait & confection defdites information. Feront auffi lefdits Commiffaires-examinateurs tous préparatoires de matieres criminelles, & pour ce tous actes & procès-verbaux requis & néceffaires. Et quant aux témoins qui feront ouis & examinés par nofdits Commiffaires-enquêteurs fur la confection d'aucunes informations par eux faites, iceux nos juges & leurs lieutenans ne pouvant vaquer au récollement & confrontation d'aucuns defdits témoins, iceux témoins ne pourront être par eux renvoyés pour être récollés & confrontés pardevant autres que pardevant lefdits Commiffaires - enquêteurs & examinateurs ; ce que nous avons à nofdits juges & leurs lieutenans défendu & prohibé, défendons & prohibons très-expreffément par cefdites préfentes, auffi à peine de nullité, dépens, dommages & intérêts de la partie qui le requérera. Feront femblablement lefdits Commiffaires-enquêteurs tous interrogatoires & auditions cathégoriques fur faits & articles pertinens ; & au cas qu'il échée auffi faire recourir & répéter quelques témoins fur les dépofitions par eux faites pour le fait dont aura été & fera fait enquête ou information par aucun defdits enquêteurs-Commiffaires & examinateurs, lefquelles réauditions & répétitions de témoins lefdits juges retiennent le plus fouvent à eux à faire au préjudice & mépris defdits enquêteurs, nous avons ordonné & ordonnons à nofdits juges ou leurs lieutenans, chacun en droit foi, renvoyer lefdits témoins pour le fait defdites réauditions & répétitions pardevant l'un des enquêteurs-Commiffaires & examinateurs de leurs fiéges, autre que celui qui aura vaqué & befogné auxdites enquêtes & informations, fi tant eft que efdits fiéges y en ait deux, trois ou plus en nombre. Et où il n'y en aura qu'un feul nofdits juges pourront retenir ladite réaudition & répétition de témoins pour la faire, ou bien la pourront commettre à l'un des

créé d'offices d'enquêteurs-examinateurs pour cette province.

---

plus anciens avocats defdits siéges, si besoin est, & non autrement; ce que nous leur avons prohibé & défendu, prohibons & défendons par cefdites préfentes, à peine de nullité defdites répétitions & réauditions, dépens, dommages & intérêts des parties.

VIII. Et parce que les procureurs & praticiens en aucuns defdits siéges s'entendent avec les juges ou bien par intelligence qu'ils ont avec les officiers des lieux, notaires, fergens ou autres, les voulant gratifier ou autrement frauder lefdits enquêteurs de la confection d'aucunes enquêtes & vacations aux autres actes fufdits, fuppofent contre iceux enquêteurs & propofent en leurs abfences par les regiftres & appointemens à faire preuve, & autres actes & expéditions étant & dépendans de leurs offices & y afférans récufations imaginaires, excogitées & non véritables, & fans les faire fignifier auxdits enquêteurs, & fur lefdites prétendues récufations qu'auffi lefdits juges adhèrent iceux juges fous ce prétexte ou deux mêmes retiennent à eux la confection defdites enquêtes & autres fufdites actes ou bien la commettent aux officiers des lieux, notaires, fergens ou autre, au préjudice defdits enquêteurs : voulant que telles chofes n'adviennent & ne fe faffent plus, nous avons prohibé & défendu, prohibons & défendons à tous nofdits juges, leurs lieutenans, confervateurs, confeillers préfidiaux, greffiers, procureurs & praticiens & tous autres de dorénavant plus ufer de telles voies & façons de faire & entreprifes fur les offices defdits enquêteurs, fonctions & vacations en dépendans & afférans; & fur ce ordonné & ordonnons que les parties informeront fur les faits des récufations par eux propofées contre lefdits enquêteurs, & ce dedans trois jours précifément & fans autres delai : lequel temps paffé & expiré, & à faute de ce faire pourront lefdits enquêteurs Commiffaires & examinateurs paffer outre à la confection defdites enquêtes, actes & procédures étant & dépendans de leurfdits offices, nonobftant lefdites prétendues récufations, oppofitions ou appellations quelconques; pour le regard de quoi nous avons lefdites parties renvoyées & renvoyons pardevant deux

Au

Au mois de juin 1586, Henri II créa deux

---

ou trois des plus anciens avocats des sièges où lesdits Commissaires - enquêteurs seront établis pour donner le délai susdit, & lesdites causes de récusations être par eux jugées & terminées ainsi que de raison, & non par nosdits juges, conseillers présidiaux ne autres, qui par animosité ou pour leur intérêt particulier les pourroient déclarer pertinentes, ores qu'elles ne le fussent pas, leur en interdisant la connoissance & décision & icelle attribuée auxdits avocats. Et où lesdites parties, leurs procureurs ou avocats voulussent proposer ou proposassent récusations notoirement fausses, frivoles & impertinentes, & icelles fussent trouvées & jugées telles, nous avons en ce cas les parties récusantes condamnées & condamnons ès peines & amendes portées par nos ordonnances sur les récusations faites contre nos juges, ès dépens & intérêts desdits enquêteurs - Commissaires & examinateurs.

IX. Voulant en outre pourvoir auxdits enquêteurs-Commissaires & examinateurs sur le fait d'aucuns points & fonctions étant & dépendans de leursdits offices, comme dit est, nous avons ordonné & ordonnons en iceux éclaircissant, confirmant & réglant pour ce regard tous lesdits enquêteurs en un même instar & semblable exercice, suivant & en conséquence des ordonnances & arrêts susdits, même celui par notre cour de parlement donné entre notre juge de Loudun & les enquêteurs le dix-neuvième jour d'août 1581. Que iceux enquêteurs-Commissaires-examinateurs en général & en particulier vaqueront chacun en droit soi à l'audition, examen, clôture & affinemens de tous comptes testamentaires, tutelles, curatelles & toutes autres administrations de biens, soit de saisies ou autrement, fors & excepté de ceux des villes; & ce privativement & exclusivement à tous nosdits juges, leurs lieutenans & conseillers présidiaux, & tous autres, quelques coutumes locales qui par eux puissent être prétendues & alléguées : à la charge toutefois que survenans quelques cas & contestations, debats & différends par les parties, leurs procureurs ou conseils, sur quelque article de compte, lesdits enquêteurs-Commissaires-examinateurs en feront rapport ou renvoi pardevant

offices de Commiſſaires examinateurs dans cha-

noſdits juges pour eux ouis, ou ſur ledit renvoi, le fait d'icelui article débattu être décidé & terminé ce que de raiſon.

X. Que leſdits enquêteurs - Commiſſaires - examinateurs feront toutes diviſions & partages d'héritages, comme auſſi toutes évaluations, eſtimations & priſées de biens immeubles ou d'autres choſes, tant en matiere de partages que reſciſoire ou autres ; & ce par prévention, s'ils en ſont premiérement requis, & néanmoins privativement & excluſivement à tous notaires, praticiens & autres que noſdits juges y commettent ou les parties choiſiſſent, nomment & appellent à volonté. Et ſur ce que pour le regard des matieres où il ſera queſtion d'informer & faire preuve par témoins de la valeur de quelque choſe, il eſt ordonné par l'article 162 de l'ordonnance de nos états tenus à Blois, que les parties ſeront tenues convenir d'une part & d'autre de gens experts à ce connoiſſant, & à faute d'en convenir en ſeront nommés d'offices par nos juges, pour eſtimer & évaluer les choſes & en rendre raiſon, ſans autrement les appointer à informer & faire enquêtes : d'autant que les enquêtes qui avoient ſur ce à ſe faire auparavant étoient & ont été toujours faites par leſdits Commiſſaires - enquêteurs, comme encore ſe font par notredit châtelet de Paris, & que iceux Commiſſaires ſont privés de la confection deſdites enquêtes, & en ce faiſant de l'une des principales vacations de leurs offices, ſous prétexte de ladite ordonnance que nos juges interprètent à leur avantage, & pratiquent plus en haine & au préjudice deſdits Commiſſaires enquêteurs, que pour le bien & commodité de noſdits ſujets, qui au contraire y ont & reçoivent ſouvent notable intérêt, contre notre intention & l'inſtitution deſdits offices de Commiſſaires & enquêteurs : nous avons ordonné & ordonnons à noſdits juges & leurs lieutenans, quand il ſera queſtion de faire aucuns partages & diviſions d'héritages, informer & faire preuve par témoins ou gens experts & à ce connoiſſans de la valeur de quelque choſe, ſoit en matiere reſciſoire ou autre, renvoyer les parties pardevers leſdits Commiſſaires-enquêteurs pour par eux être vaqué à la confection deſdits partages

que préfidial , & un dans chaque bailliage , fé-

& divifions d'héritages, privativement & exclufivement à tous autres que auxdits enquêteurs.

XI. Comme auffi pour faire lefdites preuves, évaluations , appréciations d'héritages en toutes matieres fufdites où il fera queftion d'informer & faire preuves par témoins, & pour nommer & convenir d'experts & gens à ce connoiffans ; & à faute d'en convenir par les parties en feront d'office nommés & pris par lefdits Commiffaires & enquêteurs pour ce fait, & defdits experts convenus & nommés ou par lefdits Commiffaires pris d'office, le ferment reçu, vaquer à l'évaluation & appreciation des grains, héritages & autres chofes contentieufes, & à l'audition des témoins fur ce à ouir pour la vérification des faits déduits par les procès, & fur ce faire tous procès-verbaux & enquêtes néceffaires : défendant très expreffément à nofdits juges d'entreprendre & retenir d'autorité par ordonnance ou appointement faire par eux aucuns defdits partages & divifions d'héritages, ne encore retenir aucunement la nomination & convention d'experts, & la confection des procès verbaux & enquêtes fur ce à faire ou à icelles commettre ou renvoyer pardevant autres que lefdits Commiffaires & enquêteurs ; & à tous notaires, praticiens & autres quelconques de s'immifcer au fait & confection d'aucunes des chofes fufdites, leurs circonftances & dépendances, & à nos greffiers en expédier ou délivrer aucune commiffion à cet effet à autres que auxdits Commiffaires-enquêteurs, fous prétexte & couleur de ladite ordonnance, laquelle quant à ce & en tant que befoin eft & peut-être, nous avons des fcience & autorité que deffus, révoquée & révoquons par ces préfentes & voulons n'avoir plus de lieu & préjudicier auxdits Commiffaires-enquêteurs : le tout à peine de nullité de tous les actes fufdits faits par autres que lefdits enquêteurs ou autrement que ci deffus eft dit, dépens, dommages & intérêts des parties, Commiffaires & enquêteurs & des peines & amendes ci deffous dites : à la charge néanmoins que fi fur lefdites prifées, eftimations, partages & divifions d'héritages, évaluations, appréciations fufdites, il furvient quelque différent ou débat d'articles entre les parties, d'en faire rapport ou renvoi, comme

néchauſſée, prévôté & autre juridiction royale ;

dessus est dit, à nosdits juges, pour par eux y être fait ce
que de raiſon. Feront pareillement leſdits Commiſſaires-
enquêteurs & examinateurs, concurremment avec noſdits
juges & néanmoins par prévention, s'ils ſont premiérement requis, & privativement à tous ſergens, notaires &
autres quelconques, tous ſcellés, inventaires & ſaiſies ſi
beſoin eſt, des biens de ceux qui décéderont ſans hoirs &
des criminels, ſoit des villes de leurs demeures, fauxbourgs
& banlieue d'icelles ou autres lieux étant du reſſort des
bailliages & ſénéchauſſées où ils ſont établis pour la con-
ſervation de nos droits & des particuliers.

XII. Quant aux vidimus & collations judiciaires, que
les parties, leurs conſeils ou procureurs voudront faire faire
aux originaux, elles ſe feront indifféremment par les juges,
enquêteurs, & greffiers, ſans que noſdits juges les puiſſent retenir par devers eux, ne icelles par leurs ordonnances ou
appointemens attribuer aux greffiers & autres perſonnes quels
qu'ils puiſſent être que auxdits Commiſſaires-enquêteurs, ſi
ce n'eſt du conſentement des parties & icelles le requérant;
ce que nous avons à noſdits juges défendu & défendons,
à peine de nullité.

XIII. Et d'autant que iceux enquêteurs-Commiſſaires
& examinateurs ont toujours eu ou doivent avoir, & leur
eſt impoſé la garde des minutes des procès-verbaux d'enquêtes & de tous les autres actes auxquels à cauſe de leurſdits
offices, ils ont à vaquer & beſogner, vaqueront & beſo-
gneront, tant pour être reſponſables du fait & expédition
d'iceux & des actes auxquels ils auront vaqué & beſogné,
& des groſſes que ſur leſdites minutes ils expédient & délivrent, que pour éviter toute occaſion de fauſſeté, qu'en
haine & préjudice d'iceux ſe pourroient commettre eſdites
minutes, ſi ayant vaqué, beſogné & écrit à la confection
deſdites enquêtes & autres actes, ils devoient ſe défaire
deſdites minutes qu'ils en auroient faites & dreſſées ès mains
d'un autre, lequel dût ſur icelles expédier & délivrer les
groſſes d'icelles enquêtes & actes, l'émolument deſquelles
groſſes eſt le principal fruit & profit qui leur revient de
leurſdites vacations & labeur : en quoi déſirant les main-

& aux autres enquêteurs & examinateurs précédemment créés.

XIV. Et à ce que lesdits enquêteurs-Commissaires & examinateurs puissent d'autant mieux satisfaire au dû de leurs offices, & se maintenir en iceux, nous voulons comme il est porté par lesdits arrêts, que tous greffiers & leurs commis soient tenus faire soigneux registre de tous appointemens donnés ou pris entre les parties pour faire enquêtes & tous actes susdits, & trois jours après en bailleront un rôle signé d'eux auxdits Commissaires - enquêteurs sans y faire faute ou refus, sous les peines ci-dessus dites.

XV. Mais pour observer l'égalité entre lesdits Commissaires-enquêteurs & examinateurs, nous avons ordonné & ordonnons que dorénavant toutes & chacunes les enquêtes, informations & autres actes étant & dépendans de l'exercice & fonction de leurs offices, seront également distribués & départis entre eux de mois en mois, & ce à tour de rôle qui prendra son commencement par le plus ancien, dont sera fait registre, qui sera & demeurera ès mains dudit premier reçu, & subséquemment aux autres durant chacun mois; & en cas de récusation sera le récusé rempli d'un simple acte qui lui seroit échu ou échera. Et au cas que l'un desdits Commissaires - enquêteurs, en vertu d'aucune commission ou à l'occasion d'aucune enquête qui lui aura été distribuée & seroit échue, dût aller & allât hors de la ville où il seroit établi & lui convînt pour ce demeurer quelque temps, ne pourra prétendre aucun droit de distribution pour le temps de son absence, ne retenir le papier & registre de la distribution en ses mains; ains le baillera & laissera au Commissaire - enquêteur qui le suivra en ordre.

XVI Lesdits Commissaires - enquêteurs & examinateurs pourront vaquer au fait & préparatoire de justice non - seulement, mais aussi à celui de la police, comme font ceux de notredit châtelet de Paris, à l'instar desquels lesdits Commissaires - enquêteurs & examinateurs auxdits autres bailliages, sénéchaussées & villes ont été d'ancienneté institués & créés, & eux doivent être réglés, conservés & maintenus ès fonctions à eux commises, l'intention de nos prédécesseurs rois ayant toujours été telle; &

Ces offices furent supprimés par une déclara-

___

nous defirant & entendant auffi qu'ils jouiffent de leurfdits états & des prérogatives & facultés à eux y attribuées par leurs inftitutions, & l'édit fufdit dudit feu fieur roi François notre ayeul, ainfi qu'il appert par icelui édit & l'arrêt du confeil privé du feu roi Henri notre très-honoré fieur & pere du feptieme jour de mars 1555, donné au profit des Commiffaires-enquêteurs au bailliage & prévôté d'Orléans, & nos lettres de déclaration du 16 mai 1582, vérifiées en notredite cour à Paris : nous avons ftatué & ordonné, ftatuons & ordonnons par cetui notredit édit, voulons, entendons & nous plaît, que pour mieux contenir chacun en fon devoir & office, réprimer & corriger les vices & excès, punir & châtier les malvivans & malverfans & en cela foulager nos juges & officiers ayant charge du fait de police, lefdits Commiffaires-enquêteurs dorénavant vaqueront & entendront bien & foigneufement au fait & préparatoire de police, qui eft à favoir à la recherche des malvivans, malverfans & contrevenans aux ordonnances de nos prédéceffeurs rois & nous faites fur l'ordre & réglement de vivre & de ladite police, & ce par les quartiers des villes à eux deftinés, ou qui pour cet effet le feront conformément à notredit châtelet de Paris : à la charge qu'ils feront tenus faire leurs procès-verbaux ou rapport des excès, malverfations, malvivances & contraventions qu'ils auront trouvé & trouveront avoir été & être faites & commifes contre lefdites ordonnances pardevant les juges, maires de nos villes ou députés fur ledit fait de police, pour par eux y être pourvu, & les malvivans, délinquans & contrevenans punis & châtiés felon l'exigence des cas & leurs fautes & maléfices : lefquels malvivans, délinquans & contrevenans, lefdits Commiffaires-enquêteurs pourront faire appréhender & conftituer prifonniers fi befoin eft, & le cas y échet, dont ils avertiront nofdits juges, officiers, au plutôt & fans rem fe à l'effet que deffus. Pour le regard de quoi, à ce que lefdits Commiffaires-enquêteurs puiffent y fatisfaire avec l'autorité requife, nous mandons & enjoignons très-expreffément à tous huiffiers, fergens defdits bailliages & fénéchauffées, les accompagner & leur faire & prêter

tion du 23 mai 1588 , & enfuite rétablis par

---

obéiffance & affiftance par-tout où ils auront befoin & feront
par eux requis & appellés pour le fait & exécution de leurs
offices, fans en faire aucun refus, & ce fur groffes peines &
même de fufpenfion de leurs offices , & de privation d'iceux
s'il y échet; comme en cas de néceffité feront les habitans de
nos villes : fans toutefois que lefdits Commiffaires enquêteurs
puiffent au préjudice de nos juges & des maires & echevins
de nos villes ayant charge du général de police & réglement des vivres , prétendre ne prendre plus grande connoiffance dudit fait de police & réglement de vivres.

XVII. Et pourvoyant auxdits Commiffaires- enquêteurs fur le rang & féance qu'ils devoient avoir & tenir
& leur appartient , attendu que leurfdits états font en nombre
& des plus importans de judicature après ceux de nofdits
juges, & que pour le fait de leurfdits offices il eft befoin
qu'ils fe trouvent ès auditoires de nofdits juges, on aillent
par devers eux en leur chambre du confeil pour leur faire
rapport ou les informer des cas qui fe préfentent ou les
fatisfaire fur aucuns points des actes efquels ils auront
vaqué & befogné, dont nofdits juges pourroient être en
doute : voulant auffi qu'ils foient reconnus felon la qualité
& dignité de leurfdits offices, nous avons conformément
à aucuns des arrêts de notredite cour de parlement à Paris,
ordonné & ordonnons que iceux Commiffaires-enquêteurs
ayent entrée & féance à favoir aux auditoires & fiéges
de nofdits juges durant la plaidoirie, & en leur chambre
du confeil durant qu'ils auront à y être pour le fait de
leurs rapports & non autrement , & ce immédia-ement
auprès de nos avocats & procureurs en chacun defdits
fiéges ou ailleurs qu'il fera avifé par nofdits juges pour le
plus honorable, felon la qualité des offices defdits Commiffaires-enquêteurs ; & en tous lieux & affemblées publiques & folemnelles, qu'ils puiffent aller & marcher indiftinctement après nofdits officiers , & privativement à tous
autres nos officiers & autres quelconques. Mandons à tous
& chacuns nos juges, leurs lieutenans & confeillers, défigner auxdits Commiffaires-enquêteurs ledit lieu & place de
leur féance, ainfi que dit eft ci-deffus & d'icelui, enfemble

édit du mois de mars 1596 , aux mêmes fonc-

de celui d'être , aller & marcher après nofdits officiers en tous lieux & aſſemblées publiques , laiſſer jouir & uſer pleinement & paiſiblement , ſans leur faire , mettre ou donner ne permettre leur être fait , mis ou donné aucun trouble ou détourbier , ou empêchement au contraire.

XVIII. Et d'autant qu'en aucuns lieux de ce royaume eſt débattu auxdits Commiſſaires-enquêteurs la qualité & nom de Commiſſaire qui eſt la premiere attribuée à ceux de notre châtelet de Paris , à l'inſtar deſquels les autres ont (comme dit eſt) été inſtitués & créés , & par-là auſſi aucuns des principaux points de leur attribution , & principalement de celui concernant le préparatoire de la police : nous voulons que dorénavant ils jouiſſent & uſent toujours en tous actes de ladite qualité de Commiſſaire avec celle d'enquêteurs & examinateurs , & comme font ceux dudit châtelet à Paris ; & outre , pour les rendre d'autant plus reconnus & autoriſés en leurſdits offices , nous les avons voulu honorer & décorer , honorons & décorons par ces préſentes des nom , titre & qualité de notre conſeiller , & à eux permis , accordé & octroyé , permettons , accordons & octroyons , des ſcience & autorité que deſſus , que dorénavant ils puiſſent & leur loiſe uſer deſdits nom , titre & qualité , tels ſe nommer & qualifier , & être nommés & qualifiés en tous lieux & actes avec leur qualité d'enquêteurs-Commiſſaires & examinateurs.

XIX. Et afin que plus commodément & au ſoulagement de nos ſujets leſdits Commiſſaires-enquêteurs & examinateurs puiſſent vaquer & entendre aux affaires, cas & occurrences étant & dépendant de leurſdits offices, mêmement ès grandes & principales villes de cetui notre royaume, eſquelles y a ſiéges préſidiaux, châtelets & palais de grande étendue, & grand nombre deſdits enquêteurs : nous avons ordonné & ordonnons à nos amés & féaux conſeillers, les tréſoriers généraux de France, baillifs, ſénéchaux & juges, chacun en leur regard, d'aviſer à deſtiner & aſſigner auxdits Commiſſaires-enquêteurs lieu convenable & commode en l'enclos deſdits châtelets & palais deſdits ſiéges de juſtice, pour illec s'aſſembler & y faire & tenir chambre & bureau,

tions & priviléges qu'on y avoit d'abord attri-

---

s'y retirer & ouïr les procureurs & praticiens ou parties, en ce qui eſt dépendant de leurs offices ; & ce comme il a été fait aux enquêteurs-Commiſſaires & examinateurs de notredit châtelet à Paris & par eux obſervé, ſuivant l'arrêt de nôtredite cour de parlement du premier jour de février 1577.

XX. Leſdiis offices d'enquêteurs Commiſſaires & examinateurs étant comme dit eſt en nombre & des plus importans de judicature, & à cette cauſe bien conſidérable qu'ils ſoient tenus & exercés par perſonnes de littérature, ſcience & juriſprudence & non autres : nous avons pour cette conſidération & pour obvier aux abus, inconvéniens & retardemens ci-devant & qui ci après pourront advenir en l'expédition & jugement des cauſes & procès ; par les nullités débattues & mal-façons commiſes en la confection des enquêtes & autres actes ſuſdits, & qui pourront s'y commettre par ceux qui les ont fait & pourroient faire, n'étant de la ſuffiſance & capacité requiſe, ordonné & ordonnons par ceſdites préſentes, que dorénavant il ne ſera pourvu, reçu ne admis eſdites offices (mêmement ès ſiéges des villes capitales de cetui notre royaume eſquelles y a univerſités en droit & ſiéges préſidiaux) aucuns qui ne ſoient verſés en la faculté de juriſprudence, ait en icelle obtenu le degré de licence pour le moins ſemblablement pratiqué & exercé la fonction d'avocat par quelque temps, & encore préalablement ſubi l'examen en droit & pratiqué en nos cours de parlement ou ſiéges préſidiaux, ſelon l'adreſſe de leurs lettres de proviſion, les autres enquêteurs · Commiſſaires- ·examinateurs èſdits ſiéges préſens & appellés, que nous voulons avoir voix délibérative ſur le fait & jugement de la capacité & réception des pourvus deſdits états.

XXI. Outre toutes leſquelles choſes & attributions ſuſdites, nous avons iceux Commiſſaires - enquêteurs & examinateurs déchargés, libérés, exemptés & affranchis, dechargeons, libérons, exemptons & affranchiſſons de toutes & chacunes les autres charges publiques, ſans qu'ils ſoient ou puiſſent être contraints de les appréhender & gérer ſi bon ne leur ſemble. Pour le regard de toutes leſ-

bué, & en outre avec le droit de faire à l'exclusion

---

quelles chofes fufdites fera auxdits Commiffaires-enquêteurs par nous fait expédier toutes les lettres à ce néceffaires.

XXII. Et à ce que cetui notre préfent édit foit inviolablement entretenu, obfervé & gardé, & que lefdits Com-
miffaires-enquêteurs-examinateurs dorénavant puiffent paifiblement jouir de leurs offices, & des prérogatives, prééminences, fonctions & perception des droits, profits & émolumens à eux à caufes de leurfdits offices appartenans &
y afférans, & par leur ancience inftitution attribués &
par lefdits édits & arrêts adjugés, enfemble des autres ci-
deffus fpécifiés & déclarés, fans y être troublés & empê-
chés, ne eux tenus pour le foulagement des parties (finon
qu'elles le requiffent d'un commun accord) appeller ne
prendre avec eux aucuns defdits greffiers ou adjoints auxdites auditions des comptes, confection de partages, divifion d'héritages, prifées, eftimations, évaluations d'iceux,
fcellés & inventaires & tous autres actes fufdits étant &
dépendans de leurs offices & y afférans, efquels actes &
expéditions de juftice nofdits juges & enquêteurs n'ont
accoutumé ni doivent prendre aucun adjoint ou autre en
telle qualité : à la charge néanmoins qu'ils appelleront les
adjoints ou greffiers, à faute d'adjoints, au fait & vacation
des enquêtes, examens à futur & répétitions de témoins,
ainfi que par nos ordonnances ils y font aftrains & doivent faire, fans encore qu'en quelque forte & maniere que
ce foit ou puiffe être, il foit directement ou indirectement
entrepris & ufurpé fur les offices defdits Commiffaires-enquê-
eurs & examinateurs, fonctions & vacations y afférans,
droits, profits & émolumens à eux attribués, adjugés &
appartenans comme dit eft, foit par nofdits baillifs, fénéchaux, juges préfidiaux & confervateurs, prévôts, viguiers,
vicomtes, alloués, leurs lieutenans, maires & échevins
des villes, greffiers, adjoints, avocats, procureurs, praticiens, notaires, fergens ou autres généralement quelconques, fous quelque prétexte ou occafion que ce foit ; ce
que nous avons à chacun en droit foi & fi comme à lui appartiendra, prohibé & défendu, prohibons & défendons par

de tout autre officier royal, les inventaires des

---

cefdites préfentes, par lefquelles nous avons dès à préfent comme pour lors condamnés & condamnons chacun des contrevenans, à favoir pour la premiere fois en cent écus d'amende, moitié envers nous & l'autre moitié envers lefdits Commiffaires-enquêteurs, & outre ès dépens, dommages & intérêts, tant defdits Commiffaires-enquêteurs, que des parties qui y auront & pourront avoir intérêt : pour lef-quelles amendes nous voulons être pourfuivi & levé exé-cutoire par nos procureurs généraux ou leurs fubftituts contre les contrevenans, & iceux exécutoires baillés & déli-vrés aux receveurs de nos domaines ou amendes, ou fer-miers d'icelles, pour iceux contrevenans être contrains au payement defdites amendes par rétention de leurs gages ou autrement, comme pour nos propres deniers & affaires ; & en cas de récidive ou contumace, de fufpenfion, interdic-tion ou privation de leurs offices, procurations, poftula-lations, charges & exercices.

Si donnons en mandement à nos amés & féaux les gens tenans nos cours de parlement & à tous nos baillifs, féné-chaux, préfidens, préfidiaux, Lieutenans généraux, tant civils que criminels & particuliers, juges & confeillers, magiftrats, prévôts, vicomtes, viguiers ou leurs lieutenans & com-mis, maires, confuls, échevins de villes & à tous nos autres jufticiers & officiers qu'il appartiendra que cetui notre édit & réglement ils faffent lire, publier & enregiftrer ès regiftres de nos greffes & par-tout ailleurs que befoin fera : icelui entiérement gardent & obfervent, faffent entretenir, garder & obferver inviolablement de point en point, felon fa forme & teneur, & lefdits enquêteurs-Commiffaires-examinateurs de l'entier contenu d'icelui faire, fouffrir & laiffer, faffent fouffrent & laiffent jouir pleinement, entiérement & paifi-blement, fans leur faire, mettre ou donner, ne permettre leur être fait, mis ou donné aucun trouble, détourbier ou empêchement au contraire, contraignant à ce faire tous ceux qui pour ce feront à contraindre par les voies & peines fufdites, nonobftant tous édits, même les deffufdits des mois de juin 1536, 1554 & 1559 ; & de mai 1514 ; ordonnance de nos états de Blois & nofdites lettres de décla-

biens , les partages & les eſtimations d'hérita-

---

ration du mois de décembre 1581 , ſemblablement toutes
autres ordonnances , mandemens , lettres , défenſes inter-
venues & faites depuis l'inſtitution deſdits Commiſſaires-
enquêteurs en ce qu'elles pourroient leur préjudicier , &
être & faire au contraire de leurdite inſtitution & création de leurs offices , & des arrêts de notredite cour de
parlement de Paris ſuſdits , & d'autres par elle donnés au
profit d'iceux Commiſſaires - enquêteurs ; à quoi en tant
que beſoin eſt & pourroit être , nous avons dérogé & dérogeons , & aux dérogatoires des dérogatoires y contenues , de notre certaine ſcience , pleine puiſſance & autorité royale par ceſdites préſentes , nonobſtant oppoſitions
ou appellations quelconques , la connoiſſance , déciſion &
jugement deſquelles nous avons laiſſé & laiſſons , & d a-
bondant attribué & attribuons à noſdites cours , & icelle
interdite & défendue , interdiſons & défendons à tous nos
autres juges & officiers quelconques. Mandons à nos avocats
& procureurs généraux en noſdites cours & à leurs ſubſtituts èſdits ſiéges , chacun en droit ſoi , requérir & pourſuivre la publication de cetui notre édit incontinent qu'il
leur aura été & ſera préſenté , & à l'exécution d'icelui
expreſſément tenir la main : & d'icelle publication ou de
refus , délayement ou empêchement qui aura été & ſera fait ,
& par qui , certifier au plutôt noſdites cours de parlement ,
pour ſur leſdits refus , délayement ou empêchement être à
faire par raiſon aux frais & dépens de ceux qu'il échoira
outre les peines & amendes ſuſdites ; & ce à peine contre
leſdits ſubſtituts (en cas de connivence , refus ou délayement par eux ſur ce fait & uſé) d'arrêt rétention ou com-
muance de leur gages & de ſuſpenſion de leurs offices ,
s'il y échet : car tel eſt notre plaiſir. Et d'autant que de
ceſdites préſentes l'on pourra avoir affaire en pluſieurs &
divers lieux pour la publication , regiſtrement & exécution
d'icelles ou autrement , nous voulons qu'aux copies qui en
ſeront duement faites , collationnées & vidimées par nos
amés & féaux conſeillers , notaires & ſecrétaires ou ſous
ſcel royal , foi ſoit ajoutée comme au préſent original ,
auquel afin que ce ſoit choſe ferme & ſtable à toujours ,
nous avons fait mettre notre ſcel. Donné à Paris au mois

ges, à peine de nullité des actes de ce genre qui

---

de mai l'an de grâce 1583, & de notre regne le neuvieme. *Signé* HENRI.

Cet édit fut enregistré en 1585 avec les modifications
inférées dans l'arrêt de vérification qui fuit :

Vu par la cour les lettres-patentes du roi en forme d'édit
données à Paris au mois de mars 1583, fur le réglement
du fait & exercice des offices d'enquêteurs ès lieux où ils
font établis, droits, profits, prérogatives d'iceux, & la
requête préfentée à ladite cour par Me. François Barault,
enquêteur en la fénéchauffée de Poitou le 26 août audit
an, & autres pieces attachées èfdites lettres fous le con-
tre-fcel & les conclufions du procureur général du roi :
ladite cour a ordonné & ordonne que lefdites lettres feront
lues, publiées & regiftrées, oui le procureur général du
roi, fous les modifications qui enfuivent : à favoir quant au
premier, cinquieme & vingt-deuxieme articles pour avoir
lieu & être gardés & obfervés felon les modifications ci-
après inférées à chacun des articles defdites lettres, & fans
préjudice des droits des adjoints ès lieux où ils font établis
& pourvus en offices. Sur le deuxieme article réfervé &
excepté les enquêtes fur faits juftificatifs & reproches en
matiere criminelle, & les interrogatoires qui feront faits
d'office en matiere civile & fur faits réfultans des procès.
Quant au quatrieme ne feront compris les cas réfervés aux
juges par les arrêts & ordonnances de pouvoir faire enquêtes ; & pourront les juges en chacun fiége bailler commiffion fur les lieux éloignés de dix lieues & plus du fiége,
pour procéder au fait des enquêtes. Le fixieme fera gardé
pour les témoins qui pourront être ouis en l'audience fans
reftriction du nombre des témoins, pourvu qu'ils foient
ouis fur le champ en l'audience. Le feptieme n'aura lieu que
pour les interrogatoires & auditions fur faits & articles
pertinens.

Pour le regard du huitieme article y fera pourvu par les
juges fuivant les ordonnances. Quant au neuvieme, font
exceptés les comptes d'églifes cathédrales & ceux des villes,
& fans que lefdits enquêteurs (en cas de conteftation &
débat) puiffent faire leur rapport aux juges, ains feront tenus

feroient faits par d'autres que par les titulaires de ces offices.

---

renvoyer les parties pardevant lefdits juges. Le dixieme, pour avoir lieu pour le fait des partages volontaires tant feulement, & non en partages qui fe font par autorité de juftice, & fans que en cas de débat & différend fur les prifées & évaluations de biens, ils en puiffent faire rapport en juftice, ains feront tenus en faire renvoi pardevant lefdits juges. Le onzieme aura lieu, pourvu que ce foit dans les dix lieues de leur fiége & demeurance des parties ; & le douzieme fors des pieces & titres mifes & produites par devers le greffe defdits fiéges, defquelles les collations feront faites par les juges ou leurs greffiers. Pour le regard du treizieme, que les juges ne pourront contraindre les enquêteurs d'apporter ou mettre par devers eux ou leurs greffiers, les minutes des procès-verbaux & enquêtes par eux faites pour juger fur icelles ; ains feront groffoyées & délivrées par lefdits enquêteurs, prenant l'émolument accoutumé, fans que lefdits enquêteurs puiffent prendre plus de deux écus pour leur dépenfe, falaires & vacations de chacun jour, quand ils fortiront hors de la ville pour l'exercice de leurfdits états : & néanmoins qu'après la mort defdits enquêteurs, leurs minutes feront portées au greffe ; à la charge que le profit & émolument de la premiere groffe qui en fera faite & delivrée viendra à la veuve ou héritiers de l'enquêteur décédé. Et pour le quatorzieme, que lefdits greffiers defdits juges feront tenus faire fidele regiftre des actes qui feront expédiés en juftice, auxquels lefdits enquêteurs auront recours quand befoin fera, fans que lefdits greffiers foient tenus de leur délivrer lefdits actes, finon en cas qu'ils en foient requis par les parties. Sur le feizieme, demeurera au juge ordinaire la connoiffance de police fuivant l'ordonnance. Et quant au dix-feptieme, auront lefdits enquêteurs féance ès jours d'audience au deffous des avocats & fubftitut du procureur général du roi, & non en la chambre du confeil. Pour le dix-huitieme, ordonne la cour que lefdits enquêteurs ne pourront prendre autre titre & qualité que celle qui leur eft attribuée par les édits d'érection de leurs états. Sur le dix-neuvieme, pourront s'accommoder d'un

Comme

Comme les offices d'enquêteurs & ceux de Commiſſaires examinateurs ſéparés occaſionnoient diverſes conteſtations, ils furent réunis par un arrêt du conſeil du 11 avril 1609, & par des lettres patentes du 16 juin 1627, pour ne faire à l'avenir qu'une ſeule eſpèce d'office. Depuis cette époque les titulaires de ces offices réunis ont pris la qualité de Commiſſaires enquêteurs examinateurs.

La nouvelle forme de procédure que Louis XIV établit par ſon ordonnance du mois d'avril 1667, fit croire à pluſieurs juges que cette loi avoit introduit des changemens dans les fonctions des Commiſſaires enquêteurs - examinateurs ; mais par arrêt du conſeil du 9 juillet 1668 rendu ſur la requête du lieutenant-général au bailliage & préſidial de Meaux, il fut ordonné que ce magiſtrat & tous les autres officiers pourvus des offices de Commiſſaires enquêteurs examinateurs continueroient d'exercer leurs fonctions conformément aux édits de création de leurs offices & aux réglemens intervenus à ce ſujet, de même qu'avant l'ordonnance de 1667, en ce qui n'étoit point abrogé par cette loi.

Un édit du mois d'octobre 1693 ayant ſupprimé les offices de Commiſſaires enquêteurs-

_____

lieu convenable, qui ne porte incommodité à autre, & pour faire leurs expéditions & icelles délivrer ; & non a autre fin. Quant au vingtieme, ſeront examinés par les juges ſeuls, ſans que les enquêteurt auparavant reçus y ſoient appellés & ſans qu'ils ſoient aſtrains prendre dégré, ſi bon ne leur ſemble. Et pour le regard du vingt & unieme, demeureront ſujets ès charges publiques, ſans pouvoir prétendre exemption à cauſe de leurs états. Fait en parlement le quinzieme jour de janvier 1585. *Signé* M A I G N E N.

examinateurs, il en fut créé de nouveaux pour remplir les mêmes fonctions & jouir des mêmes droits & priviléges que les anciens : il y en avoit quatre pour chaque préfidial, deux pour chaque bailliage ou fénéchauffée, & un pour chacun des autres fiéges royaux : mais ces offices ont été fupprimés par un autre édit du mois d'août 1716. L'article 6 de ce dernier édit porte qu'au moyen de cette fuppreffion les anciens officiers des cours & juridictions royales pourront rentrer dans leurs fonctions & les exercer comme auparavant, fans toutefois pouvoir exiger aucun des nouveaux droits qui avoient été attribués aux offices fupprimés.

Et par la déclaration du 23 janvier 1717 (*);

(*) *Cette déclaration eft ainfi conçue :*

Louis par la grace de Dieu, roi de France & de Navarre: à tous ceux qui ces préfentes lettres verront, falut. Nous avons par notre édit du mois d'août dernier fupprimé les offices de tiers-référendaires-taxateurs des dépens, rapporteurs des défauts, receveurs & contrôleurs des épices & amendes & autres offices y dénommés, enfemble le tiers des droits qui y étoient attribués, & ordonné que les deux tiers reftans feroient levés pendant le nombre d'années qu'il feroit jugé néceffaire pour le remboursement des acquéreurs & titulaires defdits offices. On nous a repréfenté depuis cette fuppreffion que notredit édit & le tarif arrêté en conféquence ne pouvoient avoir d'exécution dans notre parlement de Flandres, confeil de Rouffillon, confeil provincial d'Artois & fiéges en dépendans, attendu que les édits de création de la plus grande partie defdits offices n'ont point eu lieu dans lefdites cours & fiéges, & qu'à l'égard de ceux defdits offices qui y ont été établis, les droits en font beaucoup moindres que ceux qui font perçus dans les autres cours & juridictions de notre royaume, fur le pied même de la réduction ordonnée par ledit édit & par le tarif arrêté en conféquence ; & quoique notre intention n'ait point été de

les offices d'enquêteurs & Commiſſaires exami-

---

comprendre dans la diſpoſition de notredit édit du mois
d'août dernier les receveurs des amendes des tables de mar-
bres & maitriſes des eaux & forêts, dont les droits ont été
réduits par notre édit du mois de mai dernier portant réglement ſur les amendes ; cependant p'uſieurs deſdits officiers
appréhendent que l'on ne leur faſſe quelque difficulté ſur
les termes généraux de notredit édit du mois d'août dernier,
& nous ſupplient d'expliquer encore plus préciſément nos
intentions à cet égard. On nous a auſſi repréſenté qu'entre
les offices de Commiſſaires - enquêteurs & examinateuis
créés par différens édits, il s'en trouve pluſieurs d'une
création fort ancienne, dont les fonctions peuvent être
utiles & néceſſaires, parce qu'ils ont été établis dans les
grands ſiéges où les différentes occupations des juges ne
leur permettent pas de remplir ces fonctions ; & qu'à l'égard
de ceux créés par l'édit du mois d'octobre 1693, pluſieurs
ont été réunis par les juges & officiers des juridictions royales
dans leſquelles ils avoient été établis. Et comme nos principales vues dans la ſuppreſſion deſdits offices ont été, en
diminuant le nombre des officiers dont les fonctions ſont
inutiles, de ſoulager le public des droits de quatre deniers
pour livre attribués à ces offices, nous remplirons également
ment toutes ces vues, & accélererons les rembourſemens qui
doivent procurer l'extinction totale deſdits droits, en excep-
tant de ladite ſuppreſſion ceux deſdits offices qui ont été
créés par les édits de mai 1583, juin 1586, mars 1596 &
autres édits antérieurs à l'édit d'octobre 1693 qui ont été acquis
& réunis par les juges & officiers des juridictions royales
où ils avoient été établis, ſans néanmoins qu'aucuns deſdits
officiers puiſſent prétendre ſe faire payer des quatre deniers
pour livre ſur les adjudications par décret attribués en différens temps auxdits offices, leſquels demeureront ſupprimés,
conformément à notre édit du mois d'août dernier qui
ſera exécuté à cet égard, en rembourſant néanmoins auxdits officiers les ſommes qu'ils ont payées pour l'acquiſition deſdits droits. A ces cauſes, de l'avis de notre très-
cher & très-amé oncle le duc d'Orléans régent, de notre
très-cher & très-amé couſin le duc de Bourbon, de notre

très-cher & très-amé oncle le duc du Maine, de notre très-
cher & très amé oncle le comte de Toulouse, & autres
pairs de France, grands & notables personnages de notre
royaume, & de notre certaine science, pleine puissance &
autorité royale, nous avons par ces présentes signées de
notre main, dit, déclaré & ordonné, disons, déclarons &
ordonnons, voulons & nous plaît que les receveurs & contrôleurs des épices & amendes, & autres offices du nombre
de ceux qui ont été compris dans la suppression ordonnée
par notre édit du mois d'août dernier, & qui se trouvent
établis en notre parlement de Flandres, conseil supérieur
de Roussillon, conseil provincial d'Artois & siéges en dépendans soient & demeurent exceptés de ladite suppression ;
ce faisant que les titulaires, acquéreurs & propriétaires desdits offices y soient maintenus & conservés, comme nous les
y maintenons & conservons, ensemble les droits qui ont été
attribués, pour en jouir de même & tout ainsi qu'ils en ont
joui ou dû jouir en vertu des édits de création desdits offices,
& des déclarations & arrêts rendus en conséquence. Déclarons en interprétant en tant que besoin est ou seroit notre
édit du mois d'août dernier, n'avoir entendu comprendre
dans la suppression ordonnée par notredit édit, les offices
de receveurs des amendes des tables de marbre & maitrises
des eaux & forêts, dont les droits ont été réduits par notre
édit du mois de mai dernier ; desquels droits les titulaires
continueront de jouir sur le pied de ladite réduction conformément audit édit du mois de mai, lequel sera exécuté
selon sa forme teneur. Exceptons pareillement de ladite
suppression les offices d'enquêteurs & Commissaires-exami-
nateurs créés par les édits de mai 1583, juin 1586, mars
1596 & autres édits antérieurs à l'édit d'octobre 1693,
ensemble ceux desdits offices créés par l'édit d'octobre 1693,
qui sont possédés & réunis par les juges & officiers des juridictions des lieux où ils avoient été établis. Voulons qu'ils
jouissent des mêmes fonctions, salaires & vacations qui leur
sont attribués, à l'exception du droit de quatre deniers
pour livre sur les décrets, lequel demeurera supprimé conformément à notre édit du mois d'août dernier, qui sera

1586, mars 1596, ainſi que ceux qu'avoit créés l'édit d'octobre 1693 & qui étoient poſſédés par les juges ou officiers des juridictions pour leſquelles ils avoient été établis, ont été déclarés exceptés de la ſuppreſſion ordonnée par l'édit du mois d'août 1716. La même déclaration a ordonné que les titulaires de ces offices jouiroient des fonctions, ſalaires & vacations qui leur avoient été précédemment attribués, à l'exception du droit de quatre deniers pour livre ſur les décrets, lequel demeureroit ſupprimé conformément à l'édit du mois d'août 1716 qui ſeroit exécuté à cet égard, ainſi que pour la ſuppreſſion des offices créés par l'édit d'octobre 1693, qui ne feroient pas poſſédés par les juges ou officiers des juridictions où ils avoient été établis.

Depuis cette époque, il n'eſt arrivé aucun changement aux offices de Commiſſaires enquêteurs-examinateurs. Dans la plupart des villes, excepté Paris, Lyon & quelques autres, ces offices ſont réunis au corps des juridictions royales ou aux offices des lieutenans-généraux, prévôts ou autres juges.

Obſervez néanmoins que par édit du mois de

—————————————————

exécuté à cet égard, ainſi que pour la ſuppreſſion de ceux deſdits offices créés par ledit édit d'octobre 1693, qui ne ſont point actuellement poſſédés & réunis par les juges & officiers des juridictions deſdits lieux où ils ont été établis. Voulons en conſéquence que leſdits Commiſſaires-enquêteurs réſervés par notre préſent édit ſoient rembourſés des finances par eux payées pour l'acquiſition dudit droit de quatre deniers ſur les adjudications par décret, ſuivant la liquidation qui en ſera faite par les Commiſſaires de notre conſeil. Si donnons en mandement, &c.

D iij

novembre 1699 (*), il a été créé dans les prin-

(*) *Voici cet édit :*

Louis par la grace de Dieu , roi de France & de Na-varre : à tous préfens & à venir, falut. Nous avons par notre édit du mois d'octobre dernier, créé & érigé en titre d'offices héréditaires des lieutenans-généraux de police dans toutes les villes & lieux de notre royaume où il y a parlement, cour des aides, chambre de nos comptes, fiéges préfidiaux , bailliages , fénéchauffées & autres juridictions royales , pour y avoir à l'avenir, à l'exclufion de tous autres officiers , l'entière adminiftration de la police, en faire toutes les fonctions ainfi que fait le lieutenant-général de police de notre bonne ville de Paris ; & nous avons lieu d'attendre du foin & de l'application de ceux que nous pourvoirons de ces charges également importantes pour le bien de notre fervice & le repos de nos fujets, le rétabliffement du bon ordre & le retranchement des abus qui fe font gliffés jufqu'à prefent dans le gouvernement de la police. Mais nous fommes informés que pour mettre ces officiers en état de remplir toutes leurs fonctions à la fatisfaction du public & la nôtre, il eft indifpenfable d'établir des officiers qui puiffent requérir devant eux tout ce qui concernera l'utilité publique ou la nôtre particulière, des greffiers qui reçoivent leurs ordonnances & en délivrent les expéditions, & des huiffiers qui les fignifient & les mettent à exécution avec toute la célérité requife, même dans les villes principales de notre royaume, des Commiffaires qui veillent fous leurs ordres à tout ce qui regarde la police , ainfi que ceux de notre Châtelet de Paris font fous les ordres du lieutenant-général de police de notredite ville. A ces caufes & autres à ce nous mouvant, & de notre certaine fcience, pleine puiffance & autorité royale, nous avons par notre préfent édit perpétuel & irrévocable, créé & érigé en titre d'office formé & héréditaire en chacune des villes & lieux de notre royaume où l'établiffement de ceux des lieutenans-généraux de police fera fait en conféquence dudit édit du mois d'octobre dernier, des offices de nos procureurs , pour affifter à toutes les audiences qui feront tenues fur le fait de la police, prendre communication de toutes les affaires qui y feront portées, & y requérir tout ce qu'ils jugeront de plus convenable, ſoit au bien de notre ſervice ou à l'utilité publique, ainſi que font tous nos procureurs en toutes nos cours & ſiéges de notre royaume; même en cas d'abſence ou de légitime empêchement deſdits lieutenans-généraux de police, rendre toutes les ordonnances & faire toutes les fonctions portées par notredit édit, ainſi que feroient leſdits lieutenans-généraux. Auront noſdits procureurs rang & ſéance en toutes aſſemblées publiques après nos procureurs des bailliages, ſénéchauſſées & autres juſtices royales ordinaires, & jouiront ainſi que les lieutenans-généraux de police de l'exemption des tailles, logemens de gens de guerre, tutelle, curatelle, nomination d'icelle, ſervice du ban & arrière-ban & autres charges publiques, & de pareils droits de franc-ſalé dont jouiront les lieutenans-généraux de police des lieux où ils ſeront établis. Avons en outre créé & érigé en titre d'office formé & héréditaire, dans toutes les villes & lieux ci-deſſus, des greffiers pour recevoir les ordonnances de police qui ſeront rendues par leſdits lieutenans-généraux de police, ou en leur abſence par noſdits procureurs, & en délivrer les expéditions aux parties, aux mêmes droits & émolumens dont jouiſſent les greffiers des bailliages & autres juſtices royales des lieux où ils ſeront établis, & des huiſſiers audienciers pour donner toutes aſſignations en fait de police, ſoit à la requête de nos procureurs ou des parties civiles, ſignifier les ordonnances & les mettre à exécution; & ce privativement & à l'excluſion de tous autres huiſſiers & ſergens, avec faculté d'exploiter en toutes affaires concurremment avec eux. Et par le même préſent édit, nous avons pareillement créé & érigé, créons & érigeons en titre d'offices héréditaires des Commiſſaires de police pour être établis dans les villes principales de notre royaume où nous en jugerons l'établiſſement néceſſaire & au nombre qui ſera fixé par les rôles que nous ferons arrêter en notre conſeil, dont la fonction conſiſtera à faire exécuter les ordres & mandemens des lieutenans-généraux de police, & généralement toutes les autres fonctions que font en fait de police les Commiſſaires de

police en titre d'offices héréditaires, dont les fonctions consistent à faire exécuter les ordres & mandemens des lieutenans-généraux de police, à faire le rapport de tout ce qui concerne la police, & en général, toutes les autres fonctions que remplissent en matière de police les Commissaires du Châtelet de Paris.

Ces offices n'ont point été supprimés & subsistent encore aujourd'hui.

DES COMMISSAIRES AUX SAISIES RÉELLES.

notre Châtelet de Paris sous le lieutenant-général de police de notredite ville; & jouiront pour cet effet des droits & émolumens qui seront fixés par le tarif qui en sera arrêté en notre conseil, & d'un quart des amendes qui nous seront adjugées pour fait de police, qu'ils recevront des mains des receveurs des amendes, & dont ils feront bourse commune entr'eux. Voulons que tant lesdits Commissaires que lesdits greffiers & huissiers jouissent de l'exemption de logement de gens de guerre, tutelle, curatelle, nomination d'icelle. Et pour mettre tous lesdits officiers créés par le présent édit en état de s'acquitter de leurs fonctions avec plus d'honneur & de désintéressement, nous leur avons attribué & attribuons cent mille livres de gages effectifs, qui seront distribués entr'eux par les rôles qui seront arrêtés en notre conseil, & sur les mêmes fonds sur lesquels seront payés ceux de nosdits lieutenans-généraux de police. Déclarons tant les charges de lieutenans généraux de police créées par ledit édit du mois d'octobre dernier, que celles créées par le présent édit, compatibles avec tous les offices de judicature & autres, de quelque nature qu'ils soient. Voulons qu'il soit incessamment pourvu à tous lesdits offices de personnes capables, sur les quittances du trésorier de nos revenus casuels, & celles des deux sous pour livre qui leur seront délivrées par celui qui sera par nous chargé de l'exécution du présent édit, en payant les droits de marc d'or & de sceau qui seront par nous réglés. Si donnons en mandement, &c.

Les Commissaires aux saisies réelles sont des officiers préposés dans les justices royales pour y prendre soin d'affermer les biens saisis réellement, de les faire entretenir en bon état, & d'en percevoir les revenus au profit des créanciers du débiteur.

Lorsque des créanciers ont fait saisir réellement des immeubles, il convient d'en conserver les fruits pour la sûreté du payement des créanciers : c'est pourquoi la justice établit à cet effet une espèce de sequestre qu'on appelle Commissaire.

Avant qu'il y eût des Commissaires aux saisies réelles établis en titre d'office, les fonctions qu'ils sont tenus de remplir étoient une charge publique à laquelle étoient assujettis tous ceux que leur âge, leur emploi ou des raisons particulières n'en exemptoient pas. Il n'étoit, par exemple, pas permis d'établir pour Commissaire à des biens saisis réellement le fermier du propriétaire de ces mêmes biens. C'étoit une disposition de l'ordonnance de Blois : de même les arrêts avoient défendu d'établir pour Commissaires les parties saisies, les saisissans & les opposans. Cette règle s'observoit encore à l'égard des parens ou alliés de la partie saisie & à l'égard de ceux qui résidoient dans un lieu trop éloigné.

Si le Commissaire établi par l'huissier refusoit d'accepter la commission, ou qu'on ne le trouvât pas pour la lui faire accepter, on l'assignoit à son domicile, & le jugement qui intervenoit en conséquence tenoit lieu d'acceptation. Le Commissaire nommé par l'huissier étoit même suffisamment chargé de la commission lorsqu'il s'étoit immiscé dans la gestion des biens saisis ; quoiqu'il n'y eût de sa part aucune acceptation. Le créancier saisissant devoit indiquer à l'huissier un Commissaire solvable, à peine de demeurer garant des pertes que pourroient faire les autres créanciers ou la partie saisie.

Cependant il arrivoit fréquemment que les huissiers ou recevoient de l'argent des gens solvables pour les exempter de ces commissions, ou étant d'intelligence avec les parties saisies, établissoient pour Commissaires des gens dévoués à ces parties & sous le nom desquels elles continuoient à jouir de leurs biens au préjudice de leurs créanciers.

Ces abus & plusieurs autres ayant été représentés à Louis XIII par les états assemblés à Paris, ce prince prit le parti de créer des Commissaires aux saisies réelles en titre d'office dans toutes les villes & autres lieux du royaume où il y auroit une justice royale. Par l'édit de création, qui est du mois de février 1626, il fut fait défense à tout huissier ou sergent d'établir d'autres Commissaires aux saisies réelles que ceux que le roi venoit d'établir en titre d'office.

Divers édits postérieurs créèrent ces offices alternatifs, triennaux, & ensuite quatriennaux : mais Louis XIV ayant reconnu que cette multiplication d'officiers étoit onéreuse au public, voulut qu'il n'y eût plus dans chaque bureau qu'un seul office de Commissaire aux saisies réelles. Il rendit en conséquence un édit au mois de juillet 1689 (*), par lequel il supprima les

_____

(*) *Comme cet édit renferme en même-temps un réglement concernant les droits & fonctions des Commissaires aux saisies réelles, il convient de le rapporter ici.*

Louis, par la grâce de Dieu, roi de France & de Navarre : à tous préfens & à venir, falut. Par notre édit du mois de février dernier, nous avons pourvu entr'autres chofes, à la fûreté des deniers provenans du prix des immeubles vendus en juftice en établiffant dans toutes les cours & juridictions de notre royaume, des dépofitaires publics entre les mains de qui ils feront confignés ; mais comme les faifies-réelles ne font pas fitôt fuivies de la vente des biens faifis, & que cependant il eft néceffaire de prépofer des perfonnes capables qui en faffent l'adminiftration, & qui en reçoivent les revenus, le feu roi notre très honoré feigneur & pere, par fon édit de l'année 1626, créa à cet effet des Commiffaires-receveurs des deniers procédans des fruits & revenus des biens faifis réellement, avec attribution de fix deniers pour livre fur toutes les fommes qu'ils recevroient, & depuis ils furent créés alternatifs & triennaux par édit du mois de décembre 1639, avec pareille attribution de fix deniers pour livre, pour chacun deux en exercice & hors d'exercice, ce qui compofoit dix-huit deniers pour les trois ; même par édit du mois de mai 1645, on y joignit des contrôleurs & commis avec attribution de quelques droits de quittances & autres : tous lefquels offices furent encore créés quatriennaux par édit du mois de feptembre 1645, avec pareils droits de fix deniers à prendre fur ceux des anciens, alternatifs & triennaux ; mais il eft arrivé qu'il n'y a eu qu'une partie de ces offices levés, la vente ne s'en étant point faite en beaucoup de provinces où les juges ont commis feulement des particuliers pour en faire la fonction, qui ne laiffent pas de percevoir des droits comme des officiers titulaires, quoique le public n'en reçoive pas le même avantage. Et en autres lieux les offices alternatifs, triennaux & quatriennaux, n'ont point été levés ; & cependant les anciens n'ont laiffé de jouir des huit deniers pour livre, même des droits attribués aux contrôleurs & commis ; ce qui a tourné à la charge de nos fujets, fans que nous en ayons retiré aucune finance. Et après avoir fait examiner cette affaire en notre confeil, fur les mémoires qui

différentes cours & juridictious du royaume , &

---

nous ont été donnés par les Commissaires qne nous avons
envoyés dans nos provinces, pour la réformation de la
justice, nous avons trouvé qu'il seroit très-utile au public
d'établir des Commissaires aux saisies réelles dans les lieux
où il n'y en a point eu jusqu'à présent ; & à l'égard des
lieux où ils sont établis, de retrancher cette multiplicité
d'officiers qui est toujours à charge au public, & de les
réduire à un seul. A ces causes & autres à ce nous mouvant, de l'avis de notre conseil & de notre certaine science,
pleine puissance & autorité royale, nous avons par notre
présent édit perpétuel & irrévocable, éteint & supprimé ,
éteignons & supprimons tous les offices de Commissaires
aux saisies réelles, contrôleurs & commis, anciens, alternatifs, triennaux & quattriennaux, créés par les édits du
mois de février 1616 & autres depuis intervenus ; & en
leur place, nous avons, de la même autorité, créé & érigé
dans toutes les cours & juridictions de notre royaume, pays,
terres & seigneuries de notre obéissance, un seul notre conseiller Commissaire receveur des deniers des saisies réelles
en titre d'office héréditaire & domanial, sans qu'à l'avenir
il puisse être divisé.

A r t i c l e I. La vente en sera faite par les Commissaires
par nous députés, & cependant nous pourrons commettre
à l'exercice des offices ; à l'effet de quoi toutes commissions seront expédiées en notre grande chancellerie ; & les
anciens titulaires & ceux qui exercent à présent par commission, continueront leurs fonctions jusqu'à la réception
& installation des nouveaux pourvus ou de ceux que nous
aurons commis.

II. Les propriétaires à présent pourvus & jouissant des
offices supprimés par le présent édit, représenteront dans
un mois du jour de la publication des présentes, pardevant
les mêmes Commissaires, leurs contrats de vente , provisions, quittances de finance & autres actes concernant la
propriété de leurs offices pour être procédé à la liquidation ,
& ensuite par nous pourvu à leur remboursement sur le
fonds qui sera à cet effet destiné.

III. Les adjudicataires prendront des lettres de provision

en créa de nouveaux pour être les titulaires em-

---

qui leur feront expédiées fur les contrats d'adjudication &
quittance de finance du receveur de nos revenus cafuels,
en payant pour cette fois feulement le tiers du droit de
marc d'or, fuivant le rôle qui en fera arrêté en notre confeil, les déchargeons du furplus ; & ceux qui leur fuccé-
deront feront auffi tenus de prendre nos lettres de provifion
à chaque mutation, & payeront feulement le droit de marc
d'or en entier ; & pendant la vacance la recette fera exercée
par les commis qui feront prépofés par les propriétaires dont
ils feront refponfables.

IV. Pourront les adjudicataires dans les villes où il y a
plufieurs cours & juridictions, en acquérir toutes les recettes & les exercer, même celles de toutes les juridictions
reffortiffantes au même bailliage ou fénéchauffée, encore
qu'ils foient en différentes villes ; enfemble des élections,
juftice des eaux & forêts & autres qui feront dans les villes
du reffort, fans être tenus de prendre des provifions féparées, & ils pourront commettre hors le lieu de leur réfidence des perfonnes capables dont ils demeureront refponfables.

V. Ils feront reçus dans la principale juridiction de leur
exercice, & feront enregiftrer feulement leurs provifions
& acte de réception dans les autres, & donneront caution :
favoir, ceux de nos cours, jufqu'à fix mille livres ; ceux
des bailliages & fénéchauffées, jufqu'à trois mille livres ;
& ceux des autres juftices, jufqu'à mille livres, fans toutefois qu'ils foient tenus de donner qu'une feule caution pour
toutes les juridictions d'un même reffort ; & à l'égard de
ceux qui feront commis ou par nous ou par les propriétaires dans les cas portés par ces préfentes, ils feront reçus
en prêtant feulement le ferment dans les cours & juridictions
de leur exercice.

VI. Les anciens titulaires & ceux qui font la fonction
de Commiffaire par commiffion, feront contraints, comme
dépofitaires de juftice, de remettre entre les mains des
nouveaux titulaires après leur réception, ou de ceux qui
feront par nous commis après leur preftation de ferment,
& huitaine après le commandement qui leur aura été fait à

ployés dans toutes les faifies réelles qui fe pour-

leur perfonne, ou à leur domicile ou bureau, tous les regiftres & pièces concernant leurs exercices & commiffions,
avec toutes les fommes de deniers qui refteront en leurs
mains, de celles par eux reçues, fuivant leur regiftre de
recette & de dépenfe qu'ils certifieront véritable, dont les
nouveaux pourvus ou ceux qui feront par nous commis fe
chargeront comme dépofitaires de juftice, au bas du procès-
verbal ou inventaire qui en fera dreffé par un de nos juges,
dont la minute demeurera au greffe; quoi faifant, ils en
demeureront bien & valablement déchargés; & les nouveaux titulaires, ou ceux qui feront par nous commis,
en compteront à leur décharge, & à leurs périls & for-
tunes.

VII. Les anciens titulaires feront payés de leurs droits
fuivant l'attribution à eux faite par les édits & déclarations
pour toutes les fommes qu'ils remettront entre les mains
des nouveaux pourvus & ceux qui exercent à préfent par
commiffion, fuivant la taxe qui en fera faite, enfemble de
leurs frais légitimement faits; & ne pourront les nouveaux
pourvus, en rendant leurs comptes, employer en dépenfe
aucuns droits pour les fommes qui leur auront été remifes,
ni aucuns frais pour toutes les pourfuites & procédures faites
jufqu'au jour de leur réception, à peine de concuffion.

VIII. Les Commiffaires & receveurs créés par le préfent
édit, feront établis Commiffaires à toutes les faifies réelles
pourfuivies dans les juridictions de leur exercice, à peine de
nullité des faifies: n'entendons toutefois rien innover à
l'égard des offices de receveurs, auxquels par nos édits &
déclarations ou lettres - patentes dûment vérifiées, nous
avons attribué cette fonction pour les deniers de leur recette.

IX. Laiffons la faculté aux faififfans d'établir tels Commiffaires que bon leur femblera aux faifies féodales & à
celles qui feront faites feulement de la fuperficie, comme
des fruits pendans par les racines & autres femblables, lorfque le fonds ne fera point faifi.

X. Le Commiffaire aura des regiftres féparés pour enregiftrer les faifies réelles, fuivant les différentes juridictions

suivroient par-devant les juridictions de leur exercice, à peine de nullité.

---

où elles seront portées, & il sera tenu de les regiſtrer dans la huitaine, de faire mention de l'enregiſtrement ſur la ſaiſie & de le ſigner ; & ſi elle eſt évoquée ou renvoyée d'une juridiction en une autre, il en fera mention à côté de l'enregiſtrement auſſitôt après que le jugement de renvoi ou d'évocation lui aura été ſignifié, même ſur le regiſtre de la juridiction où elle ſera évoquée ou renvoyée, ſi c'eſt une juridiction de ſon exercice.

XI. Il ne pourra enregiſtrer qu'une ſaiſie réelle des mêmes biens ; toutefois s'il n'y en a qu'une partie qui ait été déja compriſe dans une ſaiſie précédemment regiſtrée, il ne laiſſera de tranſcrire la ſaiſie entière ſur ſon regiſtre, & il donnera ſon refus pour ce qui aura été compris dans une précédente ſaiſie dont il ſera fait mention à côté de l'article & ſur l'original de la ſaiſie ; & ne vaudra l'enregiſtrement que pour ce qui ne ſera pas compris dans la précédente ſaiſie, ſauf aux parties à ſe pourvoir en juſtice pour faire ordonner en connoiſſance de cauſe laquelle des deux ſaiſies prévaudra, & ſera fait mention à la marge du regiſtre du jugement qui aura été rendu.

XII. Outre les regiſtres ci-deſſus, il aura encore un livre d'apport, ſur lequel il enregiſtrera ſommairement les ſaiſies réelles & par ſimple extrait, qui contiendra ſeulement le nom du ſaiſiſſant & du ſaiſi, & la qualité de la choſe ſaiſie, & ce à l'inſtant qu'elles lui ſeront rapportées, ſans qu'il puiſſe en aucun cas refuſer d'enregiſtrer l'apport ſur le champ, non pas même ſous prétexte d'une ſaiſie des mêmes biens précédemment regiſtrée.

XIII. L'enregiſtrement de la ſaiſie ſera daté dans le regiſtre, & vaudra du jour de l'enregiſtrement fait dans le livre d'apport.

XIV. Les regiſtres ſervans à l'enregiſtrement des ſaiſies réelles, ceux de recette & dépenſe & livre d'apport ſeront de papier timbré, reliés, numérotés & paraphés en chaque feuillet par le juge, & ne ſeront tenus les Commiſſaires d'en prendre de nouveaux au renouvellement des fermes, ni de faire contre-marquer les anciens.

Par un autre édit du mois de juin 1775, les

XV. Pourront toutes perfonnes en prendre communication fans déplacer & fans frais ; défendons au Commiffaire d'y laiffer aucuns hlancs en intervalle, à peine de mille livres d'amende, & des dommages & intérêts des parties intéreffées.

XVI. Le Commiffaire fera toutes les diligences & pourfuites néceffaires pour le recouvrement des loyers & revenus des biens faifis & pour la confeétion des baux judiciaires, fuivant les édits & déclarations, arrêts & réglemens fur ce intervenus.

XVII. Défendons aux parties faifies & à tous autres, de troubler les fermiers judiciaires en l'exploitation de leurs baux, fous les peines portées par nos ordonnances, arrêts & réglemens.

XVIII. Le Commiffaire ne pourra faire aucuns payemens qu'en vertu d'arrêts ou jugemens rendus avec les parties faifies, le faififfant & le plus ancien des procureurs des oppofans, & à eux fignifiés ou à leurs procureurs, à peine de radiation dans fon compte, fauf fon recours fur ceux qui auront reçu ; & fi les arrêts ou jugemens font rendus par défaut, il fera tenu de les dénoncer dans les vingt-quatre heures au procureur du pourfuivant, au plus ancien procureur des oppofans & à celui du faifi, s'il en a conftitué, & ne feront les payemens valablement faits que lorfqu'il n'y aura aucun empêchement par ordonnance de juftice, trois jours après la dénonciation.

XIX. Il ne pourra être contraint au payement d'aucunes fommes adjugées par fentences ou par arrêts, que trois jours après la fignification qui lui en aura été faite, en parlant à fa perfonne ou à l'un de fes cómmis ; défendons à tous huiffiers & fergens de l'exécuter dans les rues en fa perfonne, ou en fes chevaux ou carroffe, pour le fait de fa commiffion, finon en vertu d'arrêts, fentences ou ordonnances rendues fur un procès verbal de refus.

XX Les arrêts & jugemens qui adjugeront des fommes aux faifis, aux créanciers ou autres, à prendre fur le prix des baux judiciaires pour provifions, payemens d'arrérages, ou pour quelque caufe que ce foit, ne feront exécutés que

offices

contre le Commiffaire, & les payemens ne pourront être
faits que par fes mains ; défendons à nos cours & juges
d'ordonner qu'elles feront payées par les fermiers judiciaires, fi ce n'eft pour réparations, cenfives, droits feigneuriaux, charges & rentes foncières ; défendons pareillement aux fermiers judiciaires de faire aucuns payemens
s'ils n'en font chargés par leurs baux, ou s'ils ne font ordonnés en juftice pour les caufes portées par le préfent article ; & ce à peine de payer deux fois, fauf leur recours
contre ceux qui auront reçu.

XXI. Le Commiffaire dans le préambule de fes comptes,
fera mention feulement par extrait des faifies réelles & des
baux judiciaires ; lui défendons de les inférer au long, autrement il ne lui fera rien payé pour les rôles où elles
feront comprifes ; lui défendons pareillement de laiffer les
noms, fommes ou dates en blanc, à peine de radiation des
frais & des droits de fon compte.

XXII. Les comptes feront mis en grand papier & contiendront vingt deux lignes à chaque page, & quinze fyllabes à chaque ligne.

XXIII. Il ne fera fait qu'un compte pour tous les biens
appartenans à mêmes perfonnes, qui feront adjugés, ou
dont il y aura main-levée dans le temps que le compte fera
préfenté, encore qu'il y ait eu plufieurs faifies réelles &
adjudications.

XXIV. Le Commiffaire ne pourra être contraint de
rendre compte pendant le temps de fa commiffion ; toutefois en cas qu'il foit pourfuivi pour le payement de quelques
fommes & qu'il foutienne n'avoir plus de fonds, il fera
tenu de fournir un extrait de fon regiftre, figné de lui,
contenant la date de l'enregiftrement des faifies, la date &
le prix des baux, le nom des fermiers judiciaires & de leurs
cautions & leur demeure, fa recette & fa dépenfe, & il le
certifiera véritable, fous la peine du quadruple ; & s'il n'y
a point de fonds, il fera furfis à toutes pourfuites & contraintes, jufqu'à ce qu'il en ait été autrement ordonné en
connoiffance de caufe.

XXV. Les Commiffaires ne pourront être recherchés

Tome XIII.   E

ceveurs , contrôleurs , payeurs , greffiers &

pour le fait de leurs commissions, ni leurs veuves ou héritiers, dix ans après la reddition & clôture de leur compte, pour quelque cause & occasion que ce soit, si ce n'est pour erreur de calcul, & pour les sommes dont ils seront demeurés reliquataires par l'état final de leur compte, qui pourront être perpétuellement réclamés, sans qu'en ce cas ils puissent alléguer prescription pour quelque laps de temps que ce soit.

XXVI. Ils auront un bureau dans tous les lieux de leur exercice, où se feront toutes les significations pour le fait de leur commission, & non ailleurs, pas même à leur domicile, à peine de nullité.

XXVII. Les Commissaires jouiront de l'exemption de la collecte des tailles, de logement de gens de guerre, de tutelle, curatelle & autres charges purement personnelles.

XXVIII. Ne pourront aucuns de nos juges, nos avocats & procureurs ou leurs substituts, prendre part directement ou indirectement aux offices de Commissaires aux saisies réelles dans leurs jurictions ou dans celles de leur ressort.

XXIX. Le Commissaire prendra pour tous droits, savoir pour l'enregistrement de chaque saisie réelle des maisons, rentes & offices, encore qu'il y ait plusieurs maisons, rentes, offices ou droits compris dans la même saisie, trois livres. Pour l'enregistrement de chaque saisie réelle des terres, soit qu'elles soient en fief ou en roture, & encore qu'il y ait plusieurs fiefs & plusieurs héritages en roture compris dans la même saisie, six livres; & prendra la même somme de six livres si la saisie comprend en même temps des maisons, rentes, offices ou droits & des terres, soit en fief ou en roture; & il ne pourra en aucun cas prendre plus grands droits que six livres, quelque nombre qu'il y ait de maisons, rentes, offices, droits & terres en fief ou en roture : pour un acte de refus vingt sous; & en cas que l'article pour lequel il donnera son refus ait été transcrit sur son registre aux termes de l'article onzième, quarante sous : pour chaque extrait qu'il délivrera du livre d'apport, dix sous : pour chaque extrait du registre des saisies réelles, dix sous.

XXX. Pour tous les frais qu'il fera pour parvenir aux

commis anciens, alternatifs, triennaux & qua-

---

baux judiciaires, & pour tous ses droits lorsque le prix sera de trois cens livres & au dessous, huit livres : si le bail est au dessus de trois cent livres, à quelque somme qu'il se monte, douze livres. Il y aura les mêmes droits de huit & douze livres pour les sentences de conversion des baux conventionnels, & pour tous les frais par lui faits pour y parvenir, sans qu'il puisse prendre aucuns droits pour frais de publications, appositions d'affiches, significations d'ordonnances de juges, remises, droits ou vacations de son procureur, exploits de commandement, voyages ou pour quelqu'autre cause que ce soit, à peine du quadruple ; sauf dans les justices l'expédition du greffier, & dans nos cours où l'usage est de procéder devant l'un des conseillers Commissaires, les vacations du juge & l'expédition du greffier sans qu'il puisse être introduit ailleurs, & aussi sans que les frais des baux judiciaires, dont le prix ne sera que de cent livres & au dessous, puissent en ce cas excéder vingt livres pour toutes choses.

XXXI. Pour tous les frais & droits de comptes qu'il rendra des baux de trois cent livres & au dessous, dix livres : pour ceux des baux au dessus de trois cens livres, dix-huit livres : pour chaque rôle pour l'écriture des comptes, cinq sous : pour les copies bien écrites, moitié de la grosse, le tout sans y comprendre le papier timbré : pour chaque bref état de sa recette & dépense, qui sera tiré par extrait de son registre à la requisition du poursuivant ou des créanciers opposans ou autres parties intéressées, trois livres ; sans qu'il puisse prendre aucuns droits pour présentation de compte, taxe ou assistance, salaire ou vacation, tant de lui que des avocats ou procureurs, & généralement pour quelque cause & sous quelque prétexte que ce soit, à peine du quadruple.

XXXII. De tous les deniers déposés en ses mains, dix-huit deniers pour livre ; lui défendons de prendre aucun droit sur les sommes qu'il emploiera en recette, à la charge de reprise, ni sur les quittances qui lui auront été données en payement par les fermiers, locataires ou débiteurs ; voulons que son droit soit pris seulement sur les sommes dont

triennaux, unis ou non réunis, des saisies réelles, créés près le parlement de Paris & les autres cours & juridictons de la même ville, ont été supprimés. Il a été créé en même-temps pour remplacer ces officiers, un office unique de conseiller du roi, Commissaire, receveur & contrôleur général des saisies réelles, près les mêmes cours & juridictions, & il a été attribué à cet office les mêmes honneurs, titres, prérogatives, droits & émolumens que ceux dont jouissoient les titulaires des offices supprimés.

Les propriétaires des offices de Commissaires aux saisies réelles, qui proposent des commis pour en faire l'exercice pendant la vacance, demeurent civilement responsables de ces commis.

Les Commissaires aux saisies réelles n'ont été établis dans le ressort du parlement de Flandres que par un édit du mois de février 1692, pour exercer leurs fonctions conformément à l'édit de juillet 1689. On a prétendu dans ce parlement qu'on n'étoit point obligé de s'adresser aux Commissaires pour l'enregistrement de la saisie réelle ni pour les baux judiciaires quand

---

il demeurera reliquataire par son compte, & sur celles qu'il aura payées en vertu des sentences ou arrêts, aux termes de l'article dix-huit.

XXXIII. Défendons aux Commissaires & à leurs commis de recevoir autres ni plus grands droits que ceux qui leur sont attribués par ces présentes, quand même ils leur seroient offerts volontairement, à peine du quadruple de ce qu'ils auront induement reçu, & de cinq cens livres d'amende pour chaque contravention. Si donnons en mandemen:, &c.

les fruits n'étoient pas saifis avec le fonds, parce
qu'il n'y avoit difoit-on, de compris dans la saisie que ce qui y étoit nommément exprimé ;
d'où l'on concluoit que n'y ayant point de saisie
des fruits, ni par conséquent de baux judiciaires
à faire, il étoit inutile d'établir un Commissaire ;
mais cette prétention n'étoit fondée sur aucun
article de coutume, ni sur aucune ancienne ordonnance du pays : elle étoit même contraire à
l'intérêt public, qui demande que la partie saisie
soit dépossédée ; c'est ce qui donna lieu à la déclaration du 2 août 1695, suivant laquelle les
Commissaires-receveurs des deniers des saisies
réelles du ressort du parlement de Flandres doivent être établis Commissaires de toutes les saisies-réelles, poursuivies dans les juridictions de
leur exercice, à peine de nullité des criées.

Quoique les premiers édits pour la création
des offices de Commissaires aux saisies-réelles
eussent été enregistrés au parlement de Rouen,
ils restèrent sans exécution dans la Normandie,
jusqu'à ce que par un édit particulier du mois de
juillet 1677, le roi créa des Commissaires dans
toutes les villes de Normandie où il y a une
justice royale ordinaire, tant pour servir à cette
justice qu'à celles des seigneurs qui y sont
enclavées.

On n'a enregistré au parlement de Besançon
l'édit de 1689, qui établit les Commissaires aux
saisies-réelles qu'en l'année 1695 ; ce même
édit avoit été enregistré purement & simplement au parlement de Provence, où l'on ne
connoît ni la saisie-réelle, ni les décrets, & où
l'on fait une simple saisie des fonds & des fruits
sur les biens des débiteurs que les créanciers

prennent enfuite par collocation. Cet ufage
donna lieu à la queftion de favoir quelles feroient les fonctions de ces Commiffaires dans
le reffort du parlement de Provence ? Pour
lever cette difficulté, le roi donna une déclaration le 23 février 1692, portant que les
faifies des fonds & des fruits feroient enregiftrées fur le regiftre du Commiffaire qui feroit
établi fequeftre à toutes ces faifies à peine de
nullité ; qu'il feroit des diligences pour le recouvrement des revenus des biens qui feroient en difcuffion, ou pour parvenir aux baux judiciaires,
ou arrentemens dont il recevroit le prix ; enfin
qu'il rendroit compte à la partie pourfuivante
avant la collocation. Le temps pour l'enregiftrement de la faifie des fruits & des fonds a été
fixé pour la Provence à la quinzaine, par un
arrêt du confeil du 19 août 1692.

C'eft le Commiffaire aux faifies réelles de la
juridiction dans laquelle le décret fe pourfuit
qui doit être établi, & non celui de la juridiction dans laquelle les biens font fitués.

La première fonction du Commiffaire eft l'enregiftrement de la faifie réelle. Cette formalité a
été établie afin que les parties intéreffées puiffent prendre communication de cette faifie dans
un dépôt public, & qu'elles puiffent ainfi connoître la nature & la confiftance des biens faifis.
Louis XIII vouloit pour empêcher les fraudes des huiffiers qu'au plus tard dans les trois
jours de la faifie réelle, ils en remiffent une
copie bien & lifiblement écrite entre les mains
du Commiffaire ; mais l'édit du contrôle qui
empêche l'antidate des exploits a fait imaginer
qu'il n'étoit pas néceffaire de renouveler cette

difpofition par les dernières ordonnances : c'eft pourquoi l'édit du mois de mai 1691 a feulement enjoint au faififfant de faire enregiftrer la faifie au plus tard dans les fix mois de la date, fous peine de nullité de cette faifie, à moins qu'il n'y ait eu un refus de l'enregiftrer fondé fur une faifie antérieure.

Auffitôt qu'une faifie réelle eft portée au bureau du Commiffaire, il doit l'enregiftrer fommairement fur fon livre d'apport, c'eft-à-dire, qu'il y doit marquer à l'inftant, fuivant l'article 12 de l'édit du mois de juillet 1689, le nom du faififfant & du faifi, & la qualité de la chofe faifie, fans qu'il puiffe refufer ce premier enregiftrement, même fous prétexte d'une faifie des mêmes biens précédemment enregiftrée. A la marge de cet enregiftrement, le Commiffaire doit marquer le jour & l'heure auxquels la faifie réelle lui aura été apportée, figner l'extrait de la faifie réelle & ce qu'il aura mis à la marge. C'eft ce qui eft prefcrit aux Commiffaires des faifies réelles du parlement de Paris, & des autres juridictions de la même ville, par les arrêts de réglement du 12 août 1664, & du 29 avril 1722.

L'édit de 1689 & les réglemens qu'on vient de citer, veulent que ce livre d'apport foit de papier timbré, relié, numéroté & paraphé par un juge commis du parlement ou de la juridiction, & clos & arrêté par lui fur la dernière page quand il eft rempli. Lorfque le livre paraphé par un juge ne fe trouve point rempli au temps du renouvellement des fermes, il n'eft point néceffaire d'y mettre des feuilles du nouveau timbre, ni de faire contre-marquer les anciennes. Tous les articles de ce livre d'apport doivent être écrits de suite, & l'on ne doit laisser aucun blanc, afin qu'il n'y ait point de contestation sur la priorité des enregistremens.

Outre cette mention sur le livre d'apport, le Commissaire doit transcrire la saisie réelle sur le registre particulier de l'enregistrement qui est signé, coté & paraphé comme le livre d'apport. L'enregistrement sur ce registre vaut du jour qu'il a été fait sur le livre d'apport. Toutes les saisies réelles doivent être enregistrées sur ce registre, de suite & sans aucun blanc, dans vingt-quatre heures ou dans les trois jours, si cela se peut, ou au plus tard dans huitaine, en observant le même ordre que celui où elles ont été présentées au bureau suivant le registre d'apport. Le Commissaire est aussi obligé de faire mention sur la saisie réelle du jour & de l'heure à laquelle elle a été portée au bureau, & de l'enregistrement qui en a été fait.

Cependant s'il y avoit une autre saisie réelle des mêmes biens précédemment enregistrée, & dont la main-levée n'eût point été enregistrée en bonne forme, la seconde ne devroit point être enregistrée. Le Commissaire rendroit la saisie réelle à la partie saisissante avec un acte de refus, où il marqueroit pour quelle raison l'enregistrement n'en a point été fait.

Lorsque la seconde saisie réelle apportée au bureau est plus ample, c'est-à-dire, qu'elle contient plus d'immeubles que la première qui y a été enregistrée, les Commissaires doivent la transcrire toute entière sur le registre, suivant l'article 11 de l'édit du mois de juillet 1689, & ils donnent leur refus pour ce qui est compris dans la précédente faifie ; ils font mention de ce refus fur leur regiftre à côté des articles qui y ont rapport & fur l'original de la faifie. Cet enregistrement ne vaut que pour les articles qui n'étoient point compris dans la faifie précédente ; fauf aux parties à fe pourvoir en juftice pour faire ordonner laquelle des deux faifies prévaudra. Lorfque cette conteftation a été jugée entre les parties intéreffées, le Commiffaire fait mention de ce jugement à la marge de fon regiftre.

Si quelque faifie réelle fe trouve dans la fuite évoquée ou renvoyée d'une juridiction dans une autre, il faut que le Commiffaire en faffe mention à la marge de fon regiftre auffitôt après que le jugement lui a été fignifié, qu'il y marque la date du jugement, celle de la fignification qui lui en a été faite, celui qui l'a obtenu, le nom de fon procureur & la juridiction où la faifie réelle doit être portée en vertu de l'évocation ou du renvoi.

Lorfque plufieurs faifies réelles font réunies par la fuite, pour être pourfuivies à la requête d'une feule perfonne, le Commiffaire en fait mention à la marge de la faifie à laquelle les autres ont été réunies ainfi que du jugement qui a ordonné cette union. Dans le cas contraire de la divifion d'une faifie réelle, il fait mention à la marge de l'enregiftrement du jugement qui a ordonné la divifion, & de la juridiction à laquelle la partie de la faifie qui a été divifée doit être portée. Ce jugement doit auffi être tranfcrit dans le regiftre de la juridiction, où l'on doit procéder fur cette partie de la faifie réelle qui a été divifée.

Qand il intervient un jugement qui fait main-levée de la saisie réelle, ou que les parties inté-ressées donnent elles-mêmes cette main-levée, elle doit être enregistrée au jour qu'elle est pré-sentée, avec le certificat du greffier, portant que la saisie réelle & les oppositions ont été rayées du regiftre du décret, ou qu'elle n'a point été enregistrée dans le regiftre des enregistre-mens des saisies réelles. On fait aussi mention de la main-levée à la marge de l'enregistrement de la saisie réelle où le Commissaire marque le nom du notaire qui a reçu l'acte de main-levée, la date du jugement qui l'a ordonnée, & celle du certificat du greffier du décret.

Les Commissaires aux saisies réelles ne peuvent prendre que trois livres pour l'enregistrement de chaque saisie réelle des maisons, des rentes, des offices & des droits, quoiqu'il y en ait plu-sieurs compris dans la même saisie. (*) Il leur

---

(*) En Lorraine, les Commissaires aux saisies réelles ont pour droit d'enregistrement de chaque saisie réelle de fiefs & biens seigneuriaux, même quand il y a des biens de roture mêlés, sept francs; & une pareille somme pour la déclaration des héritages, de quelque étendue qu'elle soit, grande ou petite.

Pour la saisie réelle des biens de roture, trois francs six gros, d'une sorte & sept francs d'autre sorte pour la décla-ration des héritages; mais s'il n'y avoit qu'une maison saisie réellement, cette dernière somme se réduiroit à trois frans six gros.

Pour chaque extrait de leurs regiftres, un franc, y com-pris le papier.

Pour les baux judiciaires dont le prix est de sept cens francs & au-dessous, douze francs.

Lorsque ces baux excèdent sept cens francs, à quelque que somme qu'ils puissent monter, dix-huit francs, y com-

est auffi dû quinze fous pour le contrôle dans les juridictions où l'office de contrôleur eft réuni à celui de Commiffaire. A l'égard des faifies réelles des terres, foit fief, foit roture, il n'eft dû que fix livres au Commiffaire, quand même il y auroit plufieurs terres, maifons, rentes ou droits compris dans la faifie réelle. Le droit pour le contrôle eft en ce cas de trente fous. On paye vingt fous pour un acte de refus d'enregiftrement, lorfqu'il y a eu une faifie réelle précédemment enregiftrée, & quarante fous pour un acte de refus, quand la faifie réelle poftérieurement enregiftrée eft plus ample que la première. Il n'eft dû que dix fous pour chaque extrait du livre d'apport ou du regiftre des faifies réelles ; c'eft à quoi ces droits ont été fixés par l'arrêt de réglement du parlement de Paris du 29 avril 1722, conformément aux édits & aux déclarations intervenus fur cette matièrere depuis 1689. Les Commiffaires perçoivent ces droits des parties qui leur portent les faifies réelles, ou qui demandent les extraits, fans pouvoir les prendre

---

pris les frais des affiches, fignifications & falaires d'huiffiers.

Ces taxes au furplus n'ont lieu que pour les baux judiciaires faits pour les immeubles fitués dans le lieu de l'exercice du Commiffaire aux faifies réelles : à l'égard des biens fitués ailleurs, les frais y compris les voyages néceffaires notamment pour les réparations des immeubles, doivent être taxés raifonnablement par les juges. C'eft ce qui réfulte des articles 4, 33, & 34 du titre des Commiffaires aux faifies réelles de l'ordonnance du duc Léopold de Lorraine du mois de novembre 1707.

Suivant l'article 35 du même titre, ces officiers doivent percevoir fur tous les deniers de leur recette, deux blancs par franc, & les comptes qu'ils rendent doivent être taxés proportionnément au travail.

fur leur caiffe, & fans qu'ils foient obligés d'en faire mention fur le regiftre de recette.

En Bretagne, l'huiffier qui fait la faifie réelle eft tenu fuivant la déclaration du 9 décembre 1690, de remettre fon procès-verbal dans dix jours au plus tard au bureau du Commiffaire, fi la faifie a été faite dans l'étendue de dix lieues de diftance de la juridiction ; & dans les vingt jours, fi la faifie réelle a été faite à une plus grande diftance, à peine de cinquante livres d'amende & de nullité, fans que la peine puiffe être réputée comminatoire. Le Commiffaire doit enregiftrer la faifie réelle dès qu'elle lui eft portée. On ne faifit point dans cette province fur l'héritier bénéficiaire durant trois années à compter du jour de l'inventaire ; mais quand l'héritier bénéficiaire n'a point appuré fon compte dans ce temps-là, fi l'un des créanciers faifit réellement, ou fe fait fubroger au bénéfice d'inventaire, ce qui tient lieu de faifie réelle, il faut qu'il faffe enregiftrer la faifie réelle ou la déclaration des héritages qui compofent la fucceffion bénéficiaire, afin que le Commiffaire puiffe faire procéder au bail judiciaire.

En Lorraine l'huiffier exploiteur eft tenu de remettre dans trois jours de la date au plus tard, entre les mains du Commiffaire aux faifies réelles l'original du procès-verbal ou exploit de la faifie réelle, & celui-ci doit faire mention fur fon regiftre d'apport du jour où il a reçu cette piéce, ainfi que du nom & de la demeure de l'huiffier exploiteur. Après l'enregiftrement, le Commiffaire doit remettre à l'huiffier la faifie réelle, & lui faire figner fur fon regiftre le jour qu'il la lui a rendue : c'eft ce qui réfulte de l'article 5 du titre des Commiffaires aux faifies réelles de l'ordonnance du duc Léopold du mois de novembre 1707.

La feconde fonction des Commiffaires aux faifies réelles eft de faire procéder au bail judiciaire des biens faifis, ou de faire convertir les baux conventionnels en baux judiciaires. L'article 4 de l'édit de 1551, renouvelant fur ce fujet l'article 82 de l'ordonnance de 1539, porte que les Commiffaires établis au régime des biens faifis feront obligés de les donner à ferme au plus offrant & dernier enchériffeur, moyennant bonne caution. L'édit de 1626 établiffant les Commiffaires en titre d'office, les a auffi obligés de faire procéder au bail judiciaire des biens faifis. Cependant le même édit permet aux Commiffaires de ne fe point charger des fruits pendans par la racine, s'il n'y a point un mois entier d'intervalle entre l'enregiftrement de la faifie réelle & la maturité des fruits, fuivant le climat où les biens font fitués, parce que ces officiers n'ont point en ce cas un temps fuffifant pour faire les procédures néceffaires, afin de parvenir au bail judiciaire. On réferve alors au faififfant à fe pourvoir pour la confervation de fes droits, comme s'il avoit fait une fimple faifie des fruits pendans par la racine.

Les Commiffaires aux faifies réelles font obligés de tenir des regiftres exacts de la recette des baux judiciaires.

Les jugemens qui accordent des provifions à prendre fur le prix de ces baux, doivent être rendus avec le faififfant, la partie faifie (fi ce n'eft point elle-même qui les demande) & le plus ancien procureur des oppofans. Ces jugemens doivent porter que ces provisions seront prises sur le prix des baux judiciaires, & qu'elles seront payées par les Commissaires aux saisies réelles. Il est défendu à tous les juges, par l'édit du mois de juillet 1689, d'ordonner qu'elles seront payées par les fermiers judiciaires, si ce n'est qu'elles soient ordonnées pour les réparations & le payement des censives, des droits seigneuriaux, ou des rentes foncières.

Dès que les arrêts ou jugemens contradictoires qui adjugent des provisions sont signifiés au Commissaire, il peut payer des deniers de la caisse ; mais si les arrêts ou jugemens sont rendus par défaut, il faut que le procureur les dénonce dans les vingt-quatre heures au procureur du poursuivant, au plus ancien des opposans & à celui de la partie saisie, si elle en a constitué un, & les payemens ne peuvent être faits valablement que trois jours après la dénonciation, en cas qu'il n'y ait point d'empêchement fait par ordonnance de justice.

L'arrêt de réglement pour les Commissaires aux saisies-réelles des juridictions de Paris, leur défend par l'article 23, de faire aucun payement à ceux qui ont obtenu des provisions & qui sont parties prenantes, lorsqu'il y a des saisies subsistantes sur eux au bureau de la commission, à peine de répondre en leur propre & privé nom des payemens faits au préjudice des saisies, de supporter sans répétition les frais actifs & passifs qui seroient faits contre eux par les saissans sur les parties prenantes, même de payer de leurs deniers les saississans, sans pouvoir les tirer de la caisse, à peine de concussion.

Si le Commissaire étant poursuivi pour le

payement des provifions, refufe de les payer,
fous prétexte qu'il n'a point de fonds dans la
caiffe, on ne peut lui faire rendre compte pendant le temps de la commiffion ; mais on l'o-
blige de fournir un extrait de fon regiftre figné
de lui, qui doit contenir la date de l'enregiftrement des faifies, la date & le prix des baux judiciaires, le nom des fermiers, de leurs cautions & le lieu de leur demeure, fa recette &
fa dépenfe, & de certifier le tout véritable,
fous la peine du quadruple. Lorfqu'il eft juftifié
par cet extrait qu'il n'y a point de fonds dans
la caiffe, on furfeoit à toute contrainte & pourfuite contre le Commiffaire, jufqu'à ce qu'il
en ait été autrement ordonné en connoiffance
de caufe. Mais quand il paroît par l'extrait ou
par d'autres preuves que la partie rapporte,
quand elle a attaqué l'extrait comme infidèle,
qu'il y a, ou qu'il doit y avoir des fonds dans
la caiffe, il intervient un jugement fur le procès-verbal de refus, qui ordonne que le Commiffaire payera dans trois jours, finon qu'il y
fera contraint comme dépofitaire des deniers
de juftice, par toute voie dûe & raifonnable,
même par corps, ce qui peut être exécuté
nonobftant l'appel & fans y préjudicier.

Par l'arrêt de règlement du 29 avril 1722,
il eft défendu aux Commiffaires & à leurs commis de prendre aucune ceffion de provifions ou
d'autres fommes à recevoir fur le prix des baux
judiciaires, à peine de nullité des tranfports, de
trois mille livres d'amende & de tous dépens,
dommages & intérêts envers les parties pour chaque contravention. On excepte de cette règle ri-
goureufe les cas où il s'agit de donations faites par

contrat de mariage, de partage ou de licitation entre co-héritiers ou associés, pourvu qu'il n'y ait point de fraude. Il eſt auſſi défendu aux Commiſſaires & à leurs commis de retarder le payement des proviſions & des autres ſommes qu'ils doivent payer en vertu des jugemens, ou de retenir ſur ces ſommes aucun droit, ſous prétexte de frais ou autrement, à peine de concuſſion. Cependant ceux qui reçoivent des proviſions ou d'autres ſommes, doivent payer les frais des quittances qui ſont fixés par l'édit du mois d'août 1696 à cinq ſous pour chaque quittance de cent livres & au-deſſous, à dix ſous pour celles qui excèdent cent livres juſqu'à cinq cens livres, & à vingt ſous pour celles qui excèdent cinq cens livres, à quelque ſomme qu'elles puiſſent monter.

. L'autre eſpèce de dépenſe ſur les baux judiciaires eſt ce qui ſe tire de la caiſſe pour les droits des Commiſſaires aux ſaiſies réelles, ſur la recette en deniers ou en quittances. Ces droits ſont fixés par l'article 32 de l'édit du mois de juillet 1689, à dix-huit deniers pour livre, de la recette effective en deniers qui ont été mis dans la caiſſe, & à dix-huit deniers pour livre de la recette en quittances valables, ſuivant les déclarations du 17 mars 1703, & du 7 mars 1713. Il leur eſt dû outre cela un ſou pour livre ſur les baux judiciaires, qui leur eſt payé par les fermiers, conformément à l'édit du mois d'août 1696 & aux déclarations poſtérieures. Ils ont auſſi le droit du ſou pour livre ſur le prix des baux conventionnels convertis en judiciaires, ſur les rentes & ſur les gages des offices;

mais

mais ils le prennent fur le prix des baux & fur le produit des rentes ou des gages.

Après l'adjudication des biens faifis ou la main-levée pure & fimple donnée à la partie, les Commiffaires aux faifies-réelles doivent rendre leur compte au pourfuivant criées, à la partie faifie & au plus ancien procureur des oppofans. Le Commiffaire ne doit faire mention dans fon compte que par extrait des faifies-réelles & des baux judiciaires. Il lui eft défendu de tranfcrire ces pièces tout au long, autrement on ne lui payeroit rien pour les rôles où elles feroient comprifes. Il ne doit pas non plus laiffer les noms, les fommes ou les dates en blanc, à peine de radiation des droits ou des frais de fon compte. Ce compte doit être en grand papier, chaque page contenant vingt-deux lignes & chaque ligne quinze fyllabes. Quoiqu'il y ait eu plufieurs faifies-réelles & adjudications des biens appartenans à une même perfonne, on ne rend qu'un feul compte de tous les biens adjugés, ou dont il y a main-levée dans le temps que le compte eft préfenté.

Les Commiffaires aux faifies-réelles ne peuvent être recherchés pour le fait de leur commiffion, non plus que leurs veuves ou leurs héritiers, pour quelque caufe ou occafion que ce foit, dix ans après la clôture de leurs comptes, fi ce n'eft pour erreur de calcul ou pour les fommes dont ils font demeurés reliquataires par l'état final du compte. Ils ne peuvent en ce cas alléguer de prefcription par quelque laps de temps que ce foit, parce que celui qui eft chargé d'un dépôt n'en peut jamais acquérir la propriété par la prefcription ; le titre réclame toujours en faveur de celui à qui la chose mise en dépôt appartient.

On ne doit allouer pour les frais de la reddition des comptes que douze livres, y compris le contrôle, quand les baux ne sont que de trois cens livres & au-dessous ; vingt-quatre livres en y comprenant aussi le contrôle, pour les baux au-dessus de trois cens livres ; cinq sous pour chaque rôle d'écritures des comptes, & moitié pour les copies bien écrites, non compris le papier timbré, sans qu'on puisse prendre aucun autre droit pour la présentation des comptes, taxes, salaires ou vacations, à peine de restitution du quadruple. En général il est défendu aux Commissaires aux saisies-réelles, par l'édit du mois de juillet 1689, & à leurs commis, par les règlemens, de recevoir de plus grands droits que ceux qui leur sont attribués par les ordonnances, quand même ils leur seroient offerts volontairement par les parties, & cela sous peine de restitution du quadruple de ce qu'ils auroient reçu contre les règles, & de cinq cens livres d'amende pour chaque contravention.

DES COMMISSAIRES CONSERVATEURS GÉNÉRAUX DES DÉCRETS VOLONTAIRES. On a ainsi appelé des officiers établis par édit du mois de janvier 1708, dans toutes les justices royales, pour avoir inspection sur tous les décrets volontaires qui se feroient dans leur ressort, conserver les droits des vendeurs & acquéreurs des héritages & autres immeubles décrétés volontairement, & empêcher que par dol, fraude, collusion, ni autrement, ces décrets volontaires ne devinssent forcés. L'acquéreur qui poursuivoit un décret volontaire, étoit obligé de faire enregifter fa faifie-réelle & fon contrat d'acquifition au bureau de ces Commiffaires avant de faire procéder aux criées. On leur donna des contrôleurs & on attribua aux uns & aux autres des droits fur les décrets, & différens priviléges. Mais les contrôleurs furent réunis aux Commiffaires pour toutes les juftices de la ville, faux-bourgs & généralité Paris, par une déclaration du 19 février 1709; & par une autre déclaration du 9 avril fuivant, il fut ordonné que les offices de Commiffaires des décrets volontaires anciens, alternatifs & triennaux, dans les cours & juridictions de la ville, fauxbourgs & généralité de Paris, & ceux de leurs contrôleurs, feroient exercés fous les titres d'*anciens mi-triennaux*, & d'*alternatifs mi-triennaux*.

Ces offices de Commiffaires furent fupprimés pour la Bourgogne, par un édit du mois de mai 1708; & par un autre édit du mois d'août 1718, ils furent fupprimés dans tout le refte du royaume. Cet édit a feulement réfervé la moitié du droit qui fe payoit pour les décrets volontaires.

DES COMMISSAIRES DES TAILLES. On a ainfi appelé des officiers créés par édit du mois de juin 1702, pour faire dans chaque élection l'exécution de toutes les contraintes décernées par les receveurs des tailles & leurs commis pour le recouvrement des tailles, crues y jointes, & autres impofitions. Ces Commiffaires furent fubftitués aux huiffiers des tailles, pour la faculté que ceux-ci avoient de faire toutes fortes d'exploits en matière de tailles : ils ont depuis été fupprimés.

Aujourd'hui on appele *Commiffaires des tailles*, des gens prépofés par les intendans des généralités, pour être préfens à la confection des rôles des tailles dans les lieux où cela eft jugé néceffaire, pour prévenir les brigues & les cabales.

DES COMMISSAIRES VÉRIFICATEURS DES RÔLES DES TAILLES. Ce titre étoit attaché à l'office de confeiller-lieutenant-criminel, créé dans chaque élection par édit du mois d'août 1693. Sa fonction, en qualité de Commiffaire vérificateur, étoit de faire la vérification & fignature des rôles des tailles, taillon, fubfides, &c. faits par les afféeurs & collecteurs ; mais ces offices de lieutenans-criminels, Commiffaires vérificateurs, ont été fupprimés par édit du mois d'août 1715.

DES COMMISSAIRES AUX INVENTAIRES. On a ainfi appelé des officiers créés pour la confection des inventaires qui fe font des biens des défunts. Par deux édits des mois de mai 1622 & décembre 1639, il en fut créé dans les refforts des parlemens de Touloufe, Bordeaux & Aix, & des greffiers pour écrire fous eux ces inventaires. Il n'y eut qu'un très-petit nombre de ces offices qui furent levés, & cette création n'eut point lieu dans les refforts des autres parlemens. Ces premiers offices de Commiffaires aux inventaires, & leurs greffiers, furent fupprimés par édit du mois de mars 1702 ; lequel, au lieu de ces offices, en créa d'autres fous le titre de confeillers du roi Commiffaires aux inventaires, dans tous les lieux où la juftice appartient au roi, à l'exception de la ville de Paris, où les notaires furent confirmés dans la poffeffion où ils font de faire feuls les inventaires. On créa quatre de ces nouveaux Commiffaires dans les villes où il y a cour fupérieure, deux dans chacune des autres villes où il y a préſidial, bailliage ou ſénéchauſſée, reſſortiſſant aux cours, & un dans chaque ville & bourg où il y a juridiction royale ordinaire, pour procéder ſeuls, à l'excluſion de tous les autres officiers, lorſqu'ils en ſeroient requis, à l'appoſition & levée des ſcellés, & aux inventaires des biens meubles & immeubles, titres, papiers & enſeignemens des défunts, même aux inventaires qui ſeroient ordonnés par juſtice lors des banqueroutes & faillites des marchands, négocians ou autres ſemblables ; à l'effet de quoi ils devoient avoir chacun leur ſceau pour l'appoſition des ſcellés. On créa par le même édit pareil nombre de greffiers dans chaque ville pour écrire les inventaitaires. Cet édit ne fut pas exécuté dans quelques provinces, comme en Artois ; & les inconvéniens que l'on reconnut par la ſuite dans ces offices, déterminèrent à les ſupprimer par une déclaration du 5 décembre 1714.

DES COMMISSAIRES DES DÉCIMES. On a donné ce nom à des officiers qui furent créés par édit du mois de novembre 1703, pour faire dans chaque diocèſe le recouvrement des décimes ; mais leurs fonctions furent réunies à celles des receveurs généraux & particuliers, par une déclaration du 4 mars 1704.

DES COMMISSAIRES DES GUERRES. Ce ſont des officiers prépoſés à la conduite & à la police des troupes, pour leur faire obſerver les ordonnances militaires, faire la revue des différens corps, les faire payer, veiller à ce que les hôpitaux militaires ſoient bien adminiſtrés, &c.

Les Commiſſaires des guerres peuvent procéder contre ceux qui contreviennent aux ordonnances, par interdiction d'officiers , par arrêts d'appointement & même des personnes , selon les circonstances : mais ces interdictions & arrêts des personnes ne peuvent être levés sans ordre du roi.

Ces officiers marchent en toute occasion à la gauche du commandant de la troupe dont ils ont la conduite & la police. Dans une ville de guerre ils marchent après le lieutenant de roi , & en son absence après celui qui commande.

Les anciens offices de Commissaires & de contrôleurs des guerre , ayant été supprimés par édit du mois de mars 1667, il fut créé par un autre édit du mois de décembre 1691 cent quatre-vingt offices de Commissaires , & pareil nombre de contrôleurs des guerres ; le titre d'écuyer leur fut accordé , avec exemption de tailles & subsides , & le droit de *committimus* comme aux commensaux de la maison du roi.

Par édit du mois de septembre 1694 il fut supprimé quarante Commissaires, & pareil nombre de contrôleurs ; & au moyen d'un supplément de finance de sept mille livres, l'exemption du droit de franc-fief fut accordée aux officiers conservés.

L'édit du mois de mars 1704 portant création de trente Commissaires provinciaux , leur attribua la noblesse , & par édits des mois de mars & octobre 1709 , la noblesse fut pareillement accordée aux Commissaires ordinaires , au moyen d'un supplément de finance.

Mais cette noblesse & les priviléges y attachés furent révoqués par l'édit du mois d'août 1715.

Les Commissaires des guerres ayant représenté au roi que leurs offices étoient militaires & du corps de la gendarmerie ; que cependant ils avoient été compris dans la déclaration du 9 août 1722 qui avoit rétabli la casualité pour tous les offices ; que le service qu'ils étoient obligés de faire à la suite des armées, dans les pays étrangers, & souvent au-delà des mers, les mettoit dans l'impuissance de veiller par eux-mêmes au payement de l'annuel, & que par-là ils se trouvoient exposés à perdre leurs offices, sa majesté donna une déclaration le 20 août 1767, par laquelle les offices des Commissaires des guerres furent rétablis sur le pied des charges militaires & dispensés de l'annuel, de tout droit de mutation & des autres droits casuels.

Les mêmes offices ont aussi été dispensés du payement de tout droit de marc d'or, par un arrêt conseil du 20 septembre 1772.

Enfin le roi a fixé l'état des Commissaires des guerres par son ordonnance du 14 septembre 1776.

Cette loi est distribuée en quatre titres : le premier traite de la constitution & composition des Commissaires des guerres :

Le second détermine les uniformes de ces officiers :

Le troisième concerne les appointemens des Commissaires des guerres :

Et le quatrième détaille les fonctions que les Commissaires des guerres ont à remplir lorsqu'ils sont employés dans l'intérieur du royaume.

Nous allons parler successivement de ces différens objets.

De la constitution & composition des Commissaires des guerres. Les offices des Commissaires provinciaux & ordinaires des guerres, ceux des Commiffaires prépofés à la conduite & police des gardes-du-corps, gendarmes, chevaux-légers, gardes-françoifes & fuiffes de la maifon du roi, & des compagnies d'ordonnance, ainfi que ceux qui font à la nomination des fils de France & des maréchaux de France doivent conferver la conftitution militaire dans laquelle ils ont été maintenus ou rétablis par la déclaration du 20 août 1767.

Aucun Commiffaire des guerres ne peut être employé à moins qu'il ne foit pourvu d'une charge ou qu'il n'ait loué le titre d'un Commiffaire non employé, après en avoir obtenu l'agrément du fecrétaire d'état du roi ayant le département de la guerre.

Il faut d'ailleurs que les fujets ainfi pourvus juftifient, pour être employés, qu'ils ont fervi au moins cinq ans en qualité d'officiers dans les troupes réglées, ou comme élèves dans les bureaux de la guerre (*).

Comme les fonctions confiées aux Commiffaires des guerres exigent la plus grande attention dans le choix des fujets deftinés à les remplir, l'intention du roi eft que les officiers généraux chargés du commandement des divifions & les Commiffaires des guerres employés à la cour défignent chaque année au fecrétaire d'état de la guerre les officiers & les élèves employés dans les bureaux de la guerre qui ont les

_____

(*) Cette règle s'étend même aux charges de Commiffaires des guerres qui font à la nomination & préfentation des fils, & petits-fils de France, ainfi qu'à la nomination & préfentation des maréchaux de France.

qualités propres à obtenir de sa majesté l'agrément de traiter des charges de Commissaires des guerres devenues vacantes par mort ou autrement.

Lorsque le roi juge à propos d'employer des Commissaires des guerres pourvus d'un office ou d'un titre, ils ne peuvent point obtenir de département dans les généralités du royaume, sans avoir préalablement servi comme nouveaux admis, dans les places de Lille, Valenciennes, Metz, Strasbourg ou Besançon, ou ils doivent recevoir des Commissaires ordonnateurs sous les ordres desquels ils se trouvent, les instructions nécessaires pour les mettre en état de remplir leurs fonctions.

Les départemens vacans doivent être donnés de préférence aux Commissaires nouveaux admis qui méritent cette distinction par une conduite exacte, une application suivie, & une instruction plus avancée.

Les services des Commissaires des guerres doivent leur être comptés pour la croix de saint-Louis, mais ils ne peuvent l'obtenir qu'après trente ans de service. Et il faut observer à ce sujet que les titulaires des charges n'ont droit à cette grâce qu'autant qu'ils ont été employés pendant le temps prescrit, ou qu'ils ont des services antérieurs dans les troupes réglées.

Le roi a conservé aux Commissaires des guerres les prérogatives personnelles qui leur avoient été accordées précédemment, & ils doivent jouir des avantages attribués aux officiers ayant le grade de capitaine, en ce qui concerne les dispositions de l'édit du mois de novembre 1750, portant établissement d'une noblesse militaire.

Le nombre des Commiffaires des guerres employés eft fixé à cent-cinquante, que l'ordonnance a diftribués dans les différentes provinces du royaume (*).

(*) La répartition actuelle des cent cinquante Commiffaires des guerres employés doit être faite ainfi qu'il fuit;

SAVOIR,

Ordonnateur fans département fixe.	2
En Flandres.	9
En Arrois.	4
En Picardie.	4
En Soiffonnois.	3
En Hainault.	8
Dans l'intérieur de la Champagne.	4
Sur la frontière de la Champagne & des Evêchés.	4
Dans les Evêchés.	11
En Lorraine.	5
En Alface.	12
Dans le comté de Bourgogne.	5
Dans le duché de Bourgogne.	3
Dans le Lyonnois.	2
Dans le Dauphiné.	7
En Provence.	7
En Languedoc.	8
Dans le Rouffillon.	2
Dans la généralité d'Auch.	2
En Guyenne.	3
Dans la généralité de Montauban.	1
En Auvergne.	1
En Bourbonnois.	1
En Limofin.	2
En Berri.	1
Dans la généralité de la Rochelle.	4
Dans le Poitou.	3
Dans la Touraine.	4
En Bretagne.	7

Il doit être reparti dans les mêmes provinces des Commiffaires ordonnateurs ou principaux fous les ordres immédiats defquels doivent fe trouver les autres Commiffaires des guerres employés : l'intention du roi eft que ces Commiffaire ordonnateurs ou principaux répondent perfonnellement du fervice des Commiffaires des guerres au fecrétaire d'état de la guerre , aux gouverneurs , lieutenans généraux , ou commandans & intendans des provinces , & aux officiers généraux chargés du commandement des divifions qui y font établies.

Les Commiffaires nouveaux admis doivent être fubordonnés en toute occafion aux Commiffaires à département ; & les Commiffaires à département doivent l'être aux Commiffaires ordonnateurs & aux Commiffaires principaux, enforte que les Commiffaires des guerres employés dans une province , reçoivent toujours les ordres de l'ordonnateur ou Commiffaire principal , ou du plus ancien Commiffaire des guerres chargé du fervice en l'abfence de l'ordonnateur ou du principal.

Lorfque le roi juge a propos d'employer des Commiffaires principaux dans les départemens des ordonnateurs , ou d'envoyer un ordonnateur dans le département d'un principal , ce dernier eft fubordonné à l'ordonnateur.

En Normandie.	6
Dans l'Orléanois	3
Dans la généralité de Paris.	6
Et en Corfe.	6
TOTAL	150.

Pour recompenfer les fervices des Commiffaires ordonnateurs des guerres qui auront donné les marques les plus diftinguées de leur zèle, le roi a déclaré qu'il accorderoit aux deux Commiffaires ordonnateurs du corps, les plus fufceptibles de cette grâce, le brevet d'intendant de fes armées, & fa majefté a voulu en même temps que cette place fût à l'avenir incompatible avec toute charge non militaire.

Le nombre des Commiffaires ordonnateurs a été fixé a dix-huit, y compris les deux dont on vient de parler. Les feize autres doivent être repartis dans les provinces & généralités de Flandres & Artois, Hainault, frontière de Champagne, évêchés, Lorraine, Alface, comté de Bourgogne, Dauphiné, Provence, Languedoc, Guyenne, Bretagne, Normandie, Paris & Corfe.

Quant aux Commiffaires principaux, le nombre en a été fixé à feize : ils doivent être repartis dans les provinces de l'intérieur du royaume pour y remplir les mêmes fonctions que les ordonnateurs dans les provinces frontières.

De l'uniforme des Commiffaires des guerres.
Cette partie eft réglée par le titre 2 de l'ordonnance que nous analifons : voici ce qu'il porte :

» ARTICLE PREMIER. Les Commiffaires or-
» donnateurs des guerres, conferveront l'uni-
» forme qui leur a été affecté par le réglement
» du 2 feptembre 1775 ; & les principaux por-
» teront celui qui a été fixé par le même régle-
» ment, pour les Commiffaires ordinaires.

» II. Les Commiffaires des guerres, employés
» dans les départemens, porteront fur leur

» habit un bordé de fix lignes, avec les bouton-
» nières bordées du même deffin que celui fixé
» pour les Commiffaires-ordonnateurs & prin-
» cipaux.

» III. Les Commiffaires nouveaux admis, em-
» ployés à Lille, Valenciennes, Metz, Straf-
» bourg ou Befançon, avant de paffer à des
» départemens, porteront feulement des bou-
» tonnières brodées.

» IV. Pour éviter toute reffemblance entre
» les uniformes affectés aux Commiffaires des
» guerres & aux chirurgiens-majors, ces der-
» niers porteront à l'avenir, fur l'habit précé-
» demment réglé pour leur uniforme, un collet
» & des paremens de velours noir.

Des appointemens des Commiffaires des guerres.
Il eft attribué a chacun des deux ordonnateurs
avec brevet d'intendant des armées, dix mille
livres par an, foit dans le royaume, foit en
campagne.

Les appointemens de chacun des feize Commiffaires ordonnateurs font fixés à fix mille livres par an dans le royaume & a dix mille livres en campagne, non compris deux mille
livres qui doivent leur être paffées pour frais de
bureau.

Les appointemens de chacun des feize Commiffaires principaux font de cinq mille livres
dans le royaume, & de huit mille livres en
campagne, non compris mille livres qui doivent leur être paffées pour frais de bureau.

Il eft attribué a chacun des vingt plus anciens Commiffaires à département & à ceux
d'entre eux qui doivent paffer aux armées,
quatre mille livres dans le royaume, & fix mille
livres en campagne.

A chacun des autres Commissaires à département & à ceux d'entre-eux qui doivent passer aux armées, trois mille livres dans le royaume & cinq mille livres en campagne.

A chacun des Commissaires nouveaux admis employés pour leur instruction à Metz, Lille, Valenciennes, Strasbourg ou Besançon, douze cens livres.

Tous ces appointemens & traitemens doivent être payés aux Commissaires des guerres par à compte, avec la subsistance des troupes tous les deux mois, & les ordonnances en doivent être fournies tous les six mois au tréforier principal de l'extraordinaire des guerres servant dans leurs départemens; au surplus l'intention du roi est qu'ils ne puissent jouir du traitement de campagne qu'à compter du jour où ils feront arrivés à la dernière place frontière, & que le décompte leur en soit fait par le tréforier des armées où ils cesseront d'être employés, jusqu'au jour où ils partiront pour se rendre à une nouvelle destination.

Des fonctions des Commissaires des guerres employés dans l'intérieur du royaume. C'est la matière du titre 4 de l'ordonnance dont il s'agit: il contient les dix-neuf articles suivans:

» ARTICLE PREMIER. Les deux Commissaires
» ordonnateurs des guerres, auxquels sa majesté
» accordera le brevet d'intendant des armées
» du roi, feront particuliérement employés sans
» département fixe, à l'exécution des ordres ou
» commissions extraordinaires qui leur feront
» donnés par le fécrétaire d'état ayant le dé-
» partement de la guerre; ils auront dans les
» provinces où il jugera à propos de les envoyer,

» l'inspection générale & l'autorité sur les Com-
» missaires-ordonnateurs, principaux & autres
» qui y seront employés.

» II. L'intention de sa majesté est que les Com-
» missaires-ordonnateurs ou principaux, em-
» ployés dans chaque province, répondent per-
» sonnellement du service & des fonctions des
» Commissaires des guerres qui y seront sous
» leurs ordres, aux gouverneurs, lieutenans
» généraux ou commandans & intendans des-
» dites provinces ; elle veut en conséquence,
» qu'aucun Commissaire des guerres employé
» dans un département, ne puisse se dispenser
» sous aucun prétexte d'exécuter les ordres de
» l'ordonnateur ou du Commissaire principal
» de la province, & de lui rendre un compte
» journalier de tout ce qui aura rapport aux
» fonctions de son emploi.

» III. Les Commissaires-ordonnateurs ou prin-
» cipaux, recevront directement du secrétaire
» d'état ayant le département de la guerre ou
» de l'intendant de la province, toutes les ins-
» tructions relatives à l'administration militaire
» dont ils seront spécialement chargés. Entend
» même, sa majesté, que lesdits Commissaires-
» ordonnateurs ou principaux, puissent en l'ab-
» sence des intendans ou dans des cas imprévus
» & instans, pour le service de ses troupes,
» donner personnellement, & faire passer aux
» Commissaires des guerres employés dans la
» province, les ordres qui leur paroîtront né-
» cessaires ; mais lesdits Commissaires-ordonna-
» teurs ou principaux seront alors responsables
» desdits ordres, & en rendront compte sur le
» champ au sécrétaire d'état de la guerre & à
» l'intendant de la province.

» IV. Il sera remis des bureaux de l'intendance
» au Commissaire-ordonnateur ou principal,
» une expédition de tous les marchés relatifs
» aux fournitures des troupes, de quelque na-
» ture qu'elles puissent être. L'intention du roi
» étant que tous les objets de dépense sur les
» fonds de l'extraordinaire des guerres indépen-
» dans de la solde des troupes, soient arrêtés
» par les Commissaires des guerres, & visés
» du Commissaire-ordonnateur ou principal de
» la province : ordonne pareillement sa majesté
» que les ordonnances des intendans, sur les
» fonds de l'extraordinaire des guerres, fassent
» une mention détaillée de l'objet de chaque
» dépense ordonnée, & qu'elles désignent no-
» minativement les Commissaires-ordonnateurs,
» principaux & ordinaires des guerres, qui au-
» ront signé les états, en vertu desquels lesdites
» ordonnances auront été rendues : son inten-
» tion étant que les Commissaires-ordonnateurs
» & principaux, répondent de la fidélité des-
» dits états ; les Commissaires employés sous
» les ordres des ordonnateurs ou des princi-
» paux, seront tenus de leur donner tous les
» renseignemens qu'ils croiront devoir exiger
» avant de mettre leur *visa* au bas de l'arrêté.
» Défend expressément sa majesté aux trésoriers
» généraux de l'extraordinaire des guerres, de
» reconnoître & de comprendre dans leurs
» compte aucune ordonnance définitive de paye-
» ment, à moins qu'elle ne soit conforme aux
» dispositions du présent article.

» V. L'intention du roi étant que les troupes
» continuent à se conformer avec la plus grande
» exactitude à tout ce qui leur est prescrit dans

» les

» les ordonnances précédemment rendues, con-
» cernant leur difcipline & police dans les pla-
» ces, villes & quartiers où elles tiennent gar-
» nifon: veut auffi fa majefté que les Commif-
» faires des guerres fous la police defquels elles
» fe trouveront, veillent avec la même exacti-
» tude à ce que lefdites troupes foient bien éta-
» blies dans les garnifons & quartiers qui leur
» feront affignés ; que les hôpitaux y foient
» bien adminiftrés, & qu'elles ne foient privées
» d'aucun des objets affectés par les ordonnances
» à leur fervice & à leurs befoins. Ordonne en
» conféquence fa majefté auxdits Commiffaires
» des guerres, de veiller fcrupuleufement fur
» les qualités & quantités des fournitures qui
» leur feront faites en tout genre ; & dans le
» cas où elles leur paroîtroient non-recevables,
» d'en conftater les qualités par des procès-
» verbaux, & d'en faire diftribuer d'autres aux-
» dites troupes, aux périls, rifques & fortune
» de qui il appartiendra. Lefdits procès-verbaux
» feront dreffés par les Commiffaires des guerres
» & faits en préfence des officiers fupérieurs
» ou autres des corps qui feront appelés par lef-
» dits Commiffaires des guerres, lefquels figne-
» ront avec eux lefdits procès-verbaux. Il en
» fera adreffé par les Commiffaires des guerres
» une expédition au fecrétaire d'état ayant le
» département de la guerre, & deux expédi-
» tions au Commiffaire-ordonnateur ou principal
» de la province.

» VI. Dès que les procès-verbaux, expliqués
» dans l'article précédent, feront parvenus au
» Commiffaire-ordonnateur ou principal de la
» province, il en remettra une expédition à

» l'intendant , avec son rapport motivé ; & il
» sera ensuite ordonné par l'intendant ce qu'il
» appartiendra : enjoint également sa majesté
» aux Commissaires-ordonnateurs ou principaux,
» de rendre compte aux gouverneurs , lieute-
» nans généraux ou commandans dans les pro-
» vinces du contenu desdits procés-verbaux ,
» & des rapports motivés qu'ils auront faits aux
» intendans desdites provinces.

   » VII. Les Commissaires ordinaires, employés
» dans chaque département , seront tenus de
» conserver avec le plus grand soin , les minutes
» originales de leurs revues & de tous les états
» qu'ils adresseront au secrétaire d'état de la
» guerre : ils continueront de faire passer à l'in-
» tendant & au trésorier principal des expédi-
» tions de leurs revues ; mais l'intention du roi
» est qu'ils adressent directement à leur Com-
» missaire-ordonnateur ou principal les états
» arrêtés des dépenses au compte du roi, indé-
» pendantes de la solde , de quelque nature
» qu'elles puissent être , afin que lesdits états
» arrêtés soient visés par les Commissaires-or-
» donnateurs ou principaux, & que les ordon-
» nances soient rendues par les intendans , con-
» formément aux dispositions de l'article 4. Les
» Commissaires employés dans chaque dépar-
» tement adresseront tous les deux mois, au
» Commissaire-ordonnateur ou principal un état
» sommaire de l'effectif des troupes qui se trouve-
» ront sous leur police, dans lequel il sera fait une
» mention exacte de tous les mouvemens & chan-
» gemens survenus d'une revue à l'autre : veut
» aussi sa majesté que lesdits Commissaires des
» guerres tiennent un registre-journal , dans le-
» quel ils inséreront les minutes de leurs lettres,

» celles de leurs procès-verbaux, les notes indi-
» catives de leurs états, & de tout ce qui con-
» cerne les fonctions de leur charge, pour y
» avoir recours au besoin ; ils auront également
» l'attention d'insérer sur lesdits registres-jour-
» naux les époques de l'arrivée & du départ
» des troupes qui seront en garnison dans leur
» département, & les états sommaires de leur
» non-complet, avec les apostilles qui auront
» rapport à chacune desdites époques d'arrivée
» & de départ.

» VIII. Ordonne pareillement sa majesté aux
» Commissaires-ordonnateurs & principaux de
» conserver avec autant d'ordre que d'exacti-
» tude tous les papiers qui leur seront adres-
» sés concernant son service ; son intention
» étant que leur registre-journal ne laisse rien
» à desirer sur les renseignemens indicatifs
» des pièces qu'ils garderont par-devers eux :
» veut pareillement sa majesté que lorsqu'un
» Commissaire-ordonnateur, principal ou ordi-
» naire des guerres passera d'un département
» à un autre, ou obtiendra sa retraite, il ne
» puisse quitter son emploi sans avoir remis à
» son successeur tous les papiers relatifs à ses
» fonctions. Lesdits Commissaires dresseront un
» inventaire desdits papiers qu'ils garderont par
» devers eux, signé de leur successeur pour
» leur décharge.

» IX. Lorsqu'un Commissaire à département
» viendra à mourir, l'ordonnateur ou le Com-
» missaire principal employé dans la province,
» se rendra à la résidence du décédé, pour être
» présent à la levée des scellés, & se faire re-
» mettre les papiers relatifs au service du roi ;

» il en dreſſera enſuite un inventaire , au bas
» duquel il ſe procurera , pour ſa décharge,
» le récépiſſé du Commiſſaire qu'il commettra
» momentanément audit département , en at-
» tendant que le miniſtre y ait nommé.

» Lorſqu'un Commiſſaire - ordonnateur ou
» principal , employé dans une province, vien-
» dra à mourir , l'intendant chargera un Com-
» miſſaire des guerres de ſe préſenter à la levée
» des ſcellés , pour ſe faire remettre les papiers
» concernant le ſervice du roi , qui reſteront
» entre ſes mains juſqu'à l'arrivée du nouveau
» Commiſſaire-ordonnateur ou principal , avec
» lequel il fera l'inventaire deſdits papiers.

» X. Les Commiſſaires-ordonnateurs ou prin-
» cipaux des guerres ſeront tenus chaque an-
» née , du premier mai au premier octobre, de
» ſe tranſporter dans les départemens des Com-
» miſſaires des guerres employés dans la pro-
» vince : ils recevront avant leur départ pour
» leur tournée les inſtructions des comman-
» dans & intendans deſdites provinces, & leur
» rendront compte à leur retour de tout ce
» qui pourra mériter reſpectivement leur at-
» tention.

» XI. Les Commiſſaires-ordonnateurs & prin-
» cipaux des guerres donneront avis des dif-
» férentes époques de leur arrivée dans chaque
» département aux commandans des places &
» aux Commiſſaires des guerres. Ils commen-
» ceront par vérifier ſi les papiers & les re-
» giſtres - journaux du département ſont con-
» ſervés & ſuivis avec l'exactitude preſcrite
» par l'article 7 ; ils feront enſuite , en préſence
» des Commiſſaires ou du Commiſſaire du dé-

» partement , l'infpeꞇtion des cafernes ou lo-
» gemens des troupes, des hôpitaux militaires
» & autres , & de toutes les fournitures defti-
» nées aux troupes , de quelque nature qu'elles
» puiffent être. Lefdits Commiffaires-ordonna-
» teurs ou pricipaux , veilleront fupérieurement
» fur toutes les fonꞇtions des Commiffaires des
» guerres, telles qu'elles leur font prefcrites par
» les ordonnances du roi précédemment rendues :
» ordonne à cet effet fa majefté aux commandans
» des places & des corps de reconnoître & faire
» reconnoître lefdits Commiffaires-ordonnateurs
» ou principaux , par tous ceux étant fous leur
» charge ; l'intention de fa majefté étant que
» lefdits Commiffaires-ordonnateurs ou princi-
» paux puiffent faire feuls les revues des Trou-
» pes qui fe trouveront lors de leur tournée ,
» fous la police des Commiffaires des guerres
» employés fous leurs ordres , ou qu'ils les
» faffent faire par lefdits Commiffaires en leur
» préfence , laquelle fera conftatée alors par le
» *vifa* du Commiffaire-ordonnateur ou princi-
» pal , au bas de l'arrêté defdites revues. Ils vé-
» rifieront fi lefdits Commiffaires ont fait prê-
» ter le ferment prefcrit par les ordonnances
» aux officiers nouvellement pourvus , & veil-
» leront à ce qu'il ne puiffe être exigé , pour
» raifon defdits fermens, aucune efpèce de re-
» tribution : enioint pareillement fa majefté aux
» maires des villes , aux direꞇteurs des hôpi-
» taux militaires , aux entrepreneurs généraux
» & particuliers de reconnoître les Commif-
» faires-ordonnateurs & principaux dans les
» fonꞇtions qui leur font attribuées par la pré-
» fente ordonnance & celles précédemment

» rendues , & de fe conformer à tout ce qu'ils
» croiront devoir leur prefcrire pour le fervice
» du roi.

» XII. L'ordre & le mot continueront d'être
» envoyés par un fergent aux Commiffaires des
» guerres , conformément aux difpofitions de
» l'article 29 du titre XIII de l'ordonnance du
» premier mars 1768 : mais l'intention du roi
» eft qu'il foit envoyé directement au Com-
» miffaire-ordonnateur ou principal , lorfqu'il
» fe trouvera dans les places de la province
» où il eft employé , lequel fe chargera alors
» de le faire paffer aux Commiffaires des guerres
» qui feront fous fes ordres.

» XIII. Les Commiffaires employés dans les
» départemens , n'obtiendront la feconde place
» qui leur eft affectée en toute occafion par les
» ordonnances qui ont fucceffivement confirmé
» celle du 4 avril 1664 , qu'en l'abfence des
» Commiffaires - ordonnateurs ou principaux ,
» auxquels elle ne pourra être refufée dans
» aucun cas par les commandans des places &
» ceux des corps , dans les villes ou quartiers
» de chaque province où lefdites troupes tien-
» dront garnifon.

» XIV. Les Commiffaires-ordonnateurs ou
» principaux , rendront , après leur retour , dans
» leur réfidence , au fecrétaire d'état de la
» guerre , un compte général de tous les objets
» qui auront rapport à leurs fonctions.

» XV. Les Commiffaires des guerres em-
» ployés dans les départemens , obtiendront les
» graces du roi & l'avancement dont ils feront
» fufceptibles , fur les comptes qui en feront
» rendus au fecrétaire d'état ayant le départe-

» ment de la guerre , par le Commissaire-ordon-
» nateur ou principal de la province , sous les
» ordres duquel ils se trouveront.

» XVI. Lorsque les officiers généraux chargés
» du commandement des divisions , commence-
» ront leur tournée , ils instruiront à l'avance le
» Commissaire-ordonnateur ou principal de la
» province des différentes époques auxquelles
» ils auront fixé les revues des troupes qui se
» trouveront sous leurs ordres dans les diffé-
» rentes places , villes ou quartiers de ladite
» province : le Commissaire - ordonnateur ou
» principal en préviendra sur le champ les
» Commissaires des guerres employés dans cha-
» que département, afin qu'ils ne puissent se dis-
» penser , sous aucun prétexte, de se trouver
» dans lesdites places, villes ou quartiers à l'ar-
» rivée des officiers généraux chargés de l'ins-
» pection des troupes, pour recevoir leur ins-
» truction.

» XVII. Les fonctions des Commissaires des
» guerres , dans les armées , étant très-impor-
» tantes , l'intention de sa majesté est que les
» seize Commissaires-ordonnateurs employés
» dans les provinces frontières le soient de
» préférence dans les armées : que les Com-
» missaires principaux employés dans les pro-
» vinces de l'intérieur remplacent dans celles
» frontières les ordonnateurs ; & que les Com-
» missaires-ordonnateurs & principaux désignent
» au secrétaire d'état de la guerre les Com-
» missaires des guerres employés dans les diffé-
» rens départemens qui leur paroîtront les
» plus susceptibles par leur expérience , leur
» application & leur zèle , d'être employés à

G iv

» la guerre. Ces derniers feront remplacés dans
» les départemens qu'ils laifferent vacans par
» les nouveaux admis établis dans les cinq
» places ci-deffus défignées : voulant fa majefté
» qu'aucun Commiffaire des guerres ne puiffe,
» dans quelque circonftance & fous quelque pré-
» texte que ce foit, être employé dans les ar-
» mées, à moins qu'il n'ait rempli les fonctions
» de fa charge dans un département de l'inté-
» rieur du royaume.

» XVIII. Sa majefté fe réferve de faire con-
» noître fes intentions fur les fonctions des Com-
» miffaires des guerres employés aux armées,
» dans l'ordonnance qu'elle rendra fur le fervice
» de campagne.

» XIX. N'entend fa majefté déroger à au-
» cune des ordonnances précédemment ren-
» dues, édits & déclarations concernant la
» conftitution, les prérogatives & les fonctions
» des Commiffaires des guerres, en tout ce
» qui ne feroit pas contraire aux difpofitions
» de la préfente ordonnance.

Des Commiffaires généraux & ordinaires des ports & arfénaux de marine. Par une ordonnance du 27 feptembre 1776, le roi a établi un Com-miffaire général dans chacun des ports de Breft, Toulon & Rochefort, pour aider & fuppléer l'intendant dans fes fonctions.

Il a pareillement été établi un Commiffaire ordonateur dans chacun des départemens du Ha-vre, de Dunkerque & de Bordeaux, & le roi a déclaré que ces Commiffaires ordonnateurs pourroient obtenir le titre & les appointemens de Commiffaire général, lorfque l'ancienneté ou la diftinction de leurs fervices les auroient rendus susceptibles de cette grâce. C'est ce qui résulte de l'article 4 de l'ordonnance citée.

L'article 5 porte que l'intention de sa majesté est qu'il ne puisse y avoir d'autres Commissaires généraux ou ordonnateurs que ceux dont on vient de parler.

Par l'article 6, le roi a établi dans les six départemens de Brest, Toulon, Rochefort, le Havre, Dunkerque & Bordeaux & ports en dépendans, des Commissaires ordinaires & surnuméraires ; savoir, dans chacun des ports de Brest, Toulon & Rochefort cinq Commissaires ordinaires ; deux Commissaires surnuméraires à Brest, & un seul Commissaire surnuméraire dans chacun des deux autres ports.

Au Havre, à Dunkerque & à Bordeaux, un Commissaire ordinaire ordonnateur (qui pourra être Commissaire général, conformément à l'article 4) & un Commissaire ordinaire.

A l'Orient, sous la dépendance de Brest, un Commissaire ordinaire & un Commissaire surnuméraire.

A Nantes & à Saint-Malo, sous la dépendance de Brest, un Commissaire ordinaire.

A Marseille, sous la dépendance de Toulon, un Commissaire ordinaire, & un Commissaire surnuméraire pour le détail particulier de l'hôpital & des chiourmes.

En Corse, sous la dépendance de Toulon, un Commissaire ordinaire.

Et à Bayonne, sous la dépendance de Bordeaux, un Commissaire ordinaire ; & un Commissaire surnuméraire, pour le détail particulier des bois des Pyrénées.

En cas de mort ou d'absence, & jusqu'à ce

qu'il y ait été pourvu par fa majefté, les ordonnateurs du Havre, de Dunkerque & de Bordeaux doivent être fuppléés par le Commiffaire ordinaire affecté à chacun de ces départemens; le Commiffaire de Marfeille & celui de l'Orient, par le Commiffaire furnuméraire, & les Commiffaires de Nantes, Saint-Malo, Bayonne & de Corfe, par le Commiffaire des claffes établi dans chacun de ces lieux. Ce font les difpofitions de l'article 7.

Les Commiffaires des ports & arfénaux de marine ne doivent, fuivant l'article 11, être employés que dans les départemens & ports dont on a parlé, & ils ne peuvent point être envoyés dans les forêts pour la vifite & l'examen des bois : l'intention du roi eft que cette partie du fervice foit remplie par les ingénieurs-conftructeurs & par les maîtres charpentiers entretenus dans fes ports.

Au furplus, les fonctions des Commiffaires généraux & des Commiffaires ordinaires & furnuméraire, font réglées par l'ordonnance concernant la régie & adminiftration générale & particulière des ports & arfénaux de marine.

Suivant cette loi, qui eft auffi du 27 feptembre 1776, les Commiffaires tant généraux qu'ordinaires doivent être repartis dans les cinq bureaux établis dans chaque port. (*)

(*) Ces bureaux font 1°. le bureau du magafin général; 2°. le bureau des chantiers & atteliers; 3°. le bureau des fonds & revues; 4°. le bureau des armemens & des vivres; 5°. le bureau des hôpitaux & des chiourmes.

Il doit y avoir dans chacun de ces bureaux un Commiffaire ordinaire.

Le Commissaire général d'un port & arsenal de marine, doit sous l'autorité de l'intendant, inspecter le travail des cinq bureaux des Commissaires, voir si tous les comptes, registres & états sont bien tenus, & si tous les préposés à la garde des magasins, des chantiers & atteliers, ou employés dans les hôpitaux & bagnes, remplissent avec assiduité & exactitude les fonctions qui leur sont ordonnées.

Il est particulièrement chargé d'inspecter le magasin général & toutes les opérations de comptabilité qui y ont rapport.

Il doit rendre compte de tout à l'intendant, & il a séance & voix délibérative au conseil de marine.

Le Commissaire préposé au magasin général y doit être présent pendant les heures du jour qu'il est ouvert, & examiner si les livres de recette & de dépense sont tenus selon les règles prescrites ; si tout y est énoncé & libellé par qualité, quantité, & jour d'entrée & de sortie des marchandises & munitions ; si elles sont bien rapportées dans le livre de balance, & si les poids & mesures sont exactement échantillés & étalonnés.

Il doit parapher tous les soirs au bas de chaque page sur les registres du garde-magasin, les recettes & dépenses faites pendant le jour, & à la fin de chaque semaine, les arrêter avec l'intendant : il est aussi tenu de vérifier tous les mois le livre de balance, & de l'arrêter tous les ans, pour reconnoître au juste ce qui reste dans les magasins, en faisant mention des déchets & des revenans bon, ainsi que des causes qui les ont produits.

Il est chargé d'assister à la réception des marchandifes, munitions & ouvrages quelconques, & de prendre garde qu'il n'en foit reçu que de bonne qualité & des proportions requifes.

Il doit auffi faire ranger ces marchandifes ou munitions en bon ordre, & tenir la main à ce que le garde-magafin en délivre fans retardement des reçus qu'il aura vifés.

Il eft obligé d'affifter à l'examen & à l'arrêté des comptes qui doivent fe faire tous les mois, des matières délivrées à des ouvriers travaillant hors de l'arfenal pour les convertir en ouvrages, & de figner fur le regiftre au bas des arrêtés.

Lorfque l'armement des vaiffeaux a été ordonné, & que l'état que le directeur de port a dreffé de ce qui peut manquer au complet du magafin particulier, & de l'équipement de chaque vaiffeau, a été renvoyé par l'intendant au Commiffaire du magafin général avec ordre de délivrer, ce dernier doit travailler à raffembler promptement les matières ou effets portés par cet état, afin que rien ne mette obftacle à la célérité de l'armement; & il doit en ufer de même pour les objets des demandes faites par la direction des conftructions & celle de l'artillerie.

Au défarmement des vaiffeaux, lorfque les confommations ont été examinées & approuvées dans le confeil de marine; & remifes au magafin général, le Commiffaire de ce magafin, doit d'après la vifite faite des effets de retour de la campagne & l'ordre de l'intendant, pourvoir à tout ce qu'il eft néceffaire de délivrer pour être mis dans les magafins particuliers & ceux de l'artillerie, afin de remplacer ce qui aura été confommé ou jugé hors de fervice, & que les effets de ces magafins foient toujours complets & en état.

Le même Commissaire ne doit rien faire délivrer des magasins, sur les billets des officiers de vaisseau, ou de port, ou ingénieurs constructeurs, pour les constructions, radoubs, garniture, équipement des vaisseaux & autres ouvrages à fabriquer dans les atteliers, si ces billets ne sont visés du Commissaire préposé aux chantiers & atteliers.

Ce dernier doit tenir soigneusement la main à ce que les commis qui sont sous ses ordres, soient assidus aux chantiers ou atteliers auxquels ils ont été affectés, qu'ils entrent dans l'arsenal avec les ouvriers & n'en sortent qu'avec eux, qu'ils soient exacts à faire les appels des ouvriers, journaliers, canotiers, gardiens des vaisseaux, d'atteliers, de magasins ou autres, & qu'ils suivent avec la plus grande attention l'emploi du temps des ouvriers & celui des matières.

La police des prisons de l'arsenal appartient au Commissaire des chantiers & atteliers : il doit faire enregistrer l'entrée & la sortie de chaque prisonnier, & le geolier est tenu de lui faire tous les matins le rapport des gens qui la veille ont été mis en prison.

Les Commissaires préposés au bureau des fonds & revues, à celui des armemens & vivres, & à celui des hôpitaux & chiourmes, doivent se conformer aux instructions particulières que leur donne l'intendant, & tenir la main à ce que les commis qu'ils ont sous leurs ordres, soient assidus à leurs bureaux ou atteliers, & remplissent exactement les fonctions qui leurs sont prescrites.

Quant aux appointemens des Commissaires généraux & des Commissaires ordinaires & surnuméraires des ports & arsenaux de marine, ils font fixés, favoir, ceux de chaque Commiffaire général a fix mille livres par an.

Les Commiffaires généraux des trois ports de Breft, Toulon & Rochefort doivent en outre jouir chacun, de cinq cens livres de fupplément d'appointemens par mois, dans le cas feulement où ils fe trouvent ordonnateurs en l'abfence des intendans.

Le Commiffaire général qui fe trouve ordonnateur au Havre ou à Dunkerque, doit avoir trois mille livres de fupplément d'appointemens par an, & celui qui fe trouve tel à Bordeaux, quatre mille livres.

Les Commiffaires ordinaires doivent être, chacun fur le pied de trois mille livres d'appointemens par an.

Le Commiffaire ordinaire, ordonnateur au Havre ou à Dunkerque, doit jouir de trois mille livres de fupplément d'appointemens par an ; le Commiffaire ordinaire, ordonnateur à Bordeaux, de quatre mille livres ; les Commiffaires employés à l'Orient, Nantes, Marfeille & Bayonne, & en Corfe chacun, de deux mille livres ; les Commiffaires prépofés au bureau du magafin général, & à celui des chantiers & atteliers dans l'un des ports de Breft, Toulon & Rochefort, chacun de mille livres ; les Commiffaires prépofés aux trois autres bureaux, dans les trois mêmes ports, chacun de cinq cens livres.

Les Commiffaires furnuméraires employés à Breft, Toulon, Rochefort, l'Orient, Marfeille & Bayonne doivent être payés fur le pied, chacun de deux mille quatre cens livres d'appointemens par an.

L'uniforme des Commiffaires généraux, ordinaires & furnuméraires des ports & arfenaux de la marine, eft compofé d'un habit de drap gris-de-fer, paremens de velours-cramoifi, vefte & culotte de drap écarlate, boutons d'or-trait, chapeau bordé d'un galon d'or.

Les ornemens font, pour le Commiffaire général, douze brandebourgs en or, de chaque côté de l'habit, trois fur la poche, trois fur la manche, boutonnières en or à la vefte.

Pour le Commiffaire ordinaire ou furnuméraire, fix brandebourgs de chaque côté de l'habit, deux fur la manche, trois fur la poche, boutonnières en or à la vefte.

La couleur du drap, le deffin des brandebourgs, les boutons, le bord du chapeau doivent être conformes aux modèles dépofés au contrôle de la marine dans chaque port.

Il eft défendu aux Commiffaires généraux, ordinaires ou furnuméraires, de porter dans le port d'autre habit que l'uniforme ci-deffus réglé; il leur eft feulement permis de le porter en camelot de laine pendant l'été.

Des Commiffaires des claffes. Par une ordonnance du 27 feptembre 1776, le roi a établi cinquante Commiffaires des claffes qui font répartis, favoir, dans le département de Breft, onze, dont un à Breft, un à l'Orient, un à Saint-Brieuc, un à Morlaix, un à Quimper, un à Painbœuf, un au Croific, un à Belle-île, un à Saint-Malo, un à Nantes & un à Vannes.

Dans le département de Toulon, douze, dont un à Toulon, un à Marfeilles, un au Martigues, un à la Ciotat, un à Cannes, un à Saint-Tropès, un à Antibes, un à Arles, un à Cette, un à Agde, un à Narbonne & un en Corfe.

Dans le département de Rochefort, sept, dont un à Rochefort, un à la Rochelle, un à l'île-de-Ré, un à l'île d'Oléron, un aux Sables d'Olonne, un à Marennes & un à Royan.

Dans le département du Havre, huit, dont un au Havre, un à Dieppe, un à Fécamp, un à Rouen, un à Caen, un à Honfleur, un à Cherbourg & un à Grandville.

Dans le département de Dunkerque, trois, dont un à Dunkerque, un à Calais & un à Boulogne.

Dans le département de Bordeaux, neuf, dont un à Bordeaux, un à Bayonne, un à Saint-Jean-de-Luz, un à la Tête-de-Buch, un à Blaye, un à Libourne, un à Moiffac, un à Marmande & un à Toulouse.

Les Commiffaires des claffes font fous l'autorité de l'intendant ou ordonnateur de leur département refpectif ; ils doivent fe conformer à ce qui eft prefcrit aux Commiffaires des claffes par les ordonnances & règlemens fur cette partie, & rendre compte à l'intendant ou ordonnateur, de tout ce qui peut concerner les claffes de leur département.

Les Commiffaires des claffes doivent être payés, chacun, fur le pied de deux mille livres ou de quinze cens livres d'appointemens par an, conformément aux états arrêtés par le roi. Il doit en outre leur être payé une fomme fixée annuellement par fa majefté, pour frais de bureau. C'eft ce qui réfulte des articles 6 & 7, de l'ordonnance dont il s'agit.

L'uniforme des Commiffaires des claffes eft compofé d'un habit de drap gris-de-fer, paremens de la même couleur, collet de velours-cramoifi,

cramoifi, vefte & culotte de drap écarlate, boutons d'or-trait, chapeau bordé d'un galons d'or uni.

Les ornemens font, fix boutonnières en or-trait, de chaque côté de l'habit, trois fur la manche, trois fur la poche, & des boutonnières en or fur la vefte. Cela eft ainfi réglé par l'article 8.

Voyez les lois civiles ; *l'Oifeau, traité des offices ; le Bret, traité de la fouveraineté ; Pafquier, recherches de la France ; Vulteius, in tractatu de judiciis ; Carondas, fur le code Henri ; l'édit du mois de février 1705 ; l'ordonnance du duc Léopold de Lorraine, du mois de novembre 1707 ; l'ordonnance de Blois, & celle du mois d'août 1670 ; la déclaration du 21 avril 1671 ; l'ordonnance du mois d'avril 1667 ; Ayrault en fon inftruction judiciaire ; le traité de la police, par le Commiffaire de la Mare ; le recueil des ordonnances du Louvre ; les édits de février 1514, mai 1583, juin 1586, & mars 1596 ; la déclaration du 23 mai 1588 ; les lettres-patentes du 16 juin 1627 ; les édits d'octobre 1693, & d'août 1716 ; la déclaration du 23 janvier 1717 ; l'édit du mois de novembre 1699 ; les œuvres de d'Héricourt ; les édits de janvier & de mai 1708 ; les déclarations des 19 février & 9 avril 1709 ; l'édit du mois d'août 1718, & celui du mois de novembre 1703 ; la déclaration du 4 mai 1704 ; les édits de mai 1622, décembre 1639, & mars 1702 ; la déclaration du 5 décembre 1714 ; les édits de mars 1567, décembre 1691, feptembre 1694, mars 1704, mars & octobre 1709, & août 1713 ; le code militaire ; les déclarations des 9 août 1722 & 20 août 1767 ; les ordonnances des 14 & 27 feptembre 1776 ; &c.* Voyez auffi les articles RAPPORT, COMMISSION, INSTRUCTION, DESCENTE ET

Vue, Lieu, Enquête, Compte, Consigna-
tion, Hypothèque, Ordre, Prévention,
Decret, Saisie réelle, Bail judiciaire,
Taille, Inventaire, Décimes, Revue,
Port, Marine, Classe, &c.

COMMISSION. Ce terme a plusieurs acceptions dans la jurisprudence :

1°. Une Commission est un acte par lequel
celui qui ne peut vaquer lui-même à ses affaires
donne pouvoir à un autre de le faire pour lui,
comme s'il étoit lui-même présent.

Ainsi, ceux qui ont à traiter quelques affaires
où ils ne peuvent assister, comme une vente,
une société, une transaction, donnent pouvoir
à un autre de traiter pour eux.

Ainsi, ceux que leurs dignités ou leurs emplois empêchent de s'appliquer à leurs affaires
domestiques, choisissent des personnes auxquelles ils donnent pouvoir d'en prendre soin.

Dans cette acception, la Commission est la
même chose que le mandement & la procuration. Voyez ces articles.

2°. On appelle plus spécialement Commission
l'acte par lequel un négociant charge d'autres marchands qui demeurent dans des lieux éloignés de
sa résidence, d'acheter & de vendre des marchandises pour son compte, & de tirer ou d'acquitter
des lettres en son nom moyennant un certain
profit qu'il leur accorde pour leurs peines.

Le commerce qui se fait par Commission est
très-important. Les plus célèbres négocians
sont ceux qui tirent des marchandises des pays
où elles abondent pour les faire passer dans ceux
où elles manquent ; ils ne pourroient le faire
avec avantage s'ils n'avoient dans ces différens

lieux des commiſſionnaires. Voyez COMMIS-
SIONNAIRES.

3°. Le terme de Commiſſion ſe prend pour
une juridiction qui eſt attribuée extraordinairement à quelques perſonnes ſur quelques objets.
Ces Commiſſions ſont appelées *Commiſſions attributives de juridictions*.

4°. Ce terme ſe prend auſſi pour la délégation
qui eſt faite d'un juge , à l'effet de faire quelqu'inſtruction de procédure.

5°. On appelle Commiſſions les proviſions de
quelques officiers amovibles ou dont les charges
ne ſont point en titre d'office.

6°. Les Commiſſions ſont auſſi des lettres de
chancellerie qui donnent pouvoir aux huiſſiers
de donner des aſſignations & de mettre à exécution des contrats ou des jugemens.

Nous ne nous étendrons point ici ſur les deux
premières eſpèces de Commiſſions; nous nous
contenterons de rendre compte des autres.

Nous rapporterons dans la première ſection
les règles communes aux Commiſſions attributives de juridictions : dans la ſeconde, nous in-
diquerons les Commiſſions extraordinaires qui
ſont à la ſuite du conſeil , & les règles de procédures qui leur ſont particulières.

Dans la troiſième , nous parlerons des Commiſſions de médecine.

Dans la quatrième , des Commiſſions établies
contre les contrebandiers.

Dans la cinquième , de quelques autres Commiſſions particulières.

Dans la ſixième , des Commiſſions par leſquelles un juge en délégue un autre.

H ij

Dans la feptième, des Commiffions en formè de provifions.

Dans la huitième, des Commiffions décernées dans les grandes & les petites chancelleries aux fergens & huiffiers, pour affigner, &c.

SECTION PREMIÈRE.

Des règles communes aux Commiffions attributives de juridiction.

Nous ne répéterons pas la définition que nous venons d'en donner ; nous nous contenterons feulement d'obferver :

1°. Que les officiers qui compofent les Commiffions ou qui procèdent en conféquence, font obligés de les faire publier au lieu où ils doivent les exercer. Perfonne n'eft tenu d'obéir ni de reconnoître une Commiffion quelle qu'elle foit tant qu'on peut avoir une jufte caufe d'ignorance du pouvoir qui lui eft attribué. Selon les principes de Loifeau, les juges ordinaires des lieux font en droit de faire informer contre les commif-faires qui font des actes publics fans avoir fait connoître leurs pouvoirs.

Quand même les juges des lieux feroient d'un grade inférieur à l'officier pourvu de Commif-fion, celui-ci n'en feroit pas moins obligé de faire enregiftrer fes pouvoirs en leur greffe.

2°. Le pouvoir des officiers qui compofent les Commiffions eft borné & limité par le titre de leur création ; ils doivent en fuivre fcrupu-leufement les termes, ainfi qu'un procureur ceux de fa procuration. Ils ne peuvent leur don-ner aucune extenfion, parce que toute Com-miffion eft un démembrement de juridictionss or-

dinaires, qui font cenfées être reftées en poffeffion de tout ce qui ne leur eft pas fpécialement
enlevé.

Au contraire, le pouvoir des juges ordinaires
eft favorable ; ils peuvent l'étendre felon l'ufage
& la juftice : fouvent ils n'ont point de titre d'é-
rection. On fait que dans l'origine l'autorité des
parlemens, & dans la fuite celle des baillis &
des fénéchaux, fubftitués aux ducs & aux
comtes embraffoit prefque toutes les parties de la juridiction & de l'adminiftration. D'ailleurs, dans les édits d'érection des offices, il
n'eft pas poffible de prévoir & d'exprimer toutes
les circonftances particulières qui dépendent de
la juridiction qui leur eft confiée.

Selon Bodin la Commiffion univerfelle avec
la claufe *à la volonté ou à la difcrétion*, ne s'étend
pas aux cas qui exigent un mandement fpécial.

3°. Les actes émanés des Commiffions & des
commiffaires ne font pas d'eux-mêmes preuve
entière, ainfi que ceux d'un juge ou d'un autre
officier, à moins qu'il ne foit juftifié de leur
Commiffion, ou comme dit Dumoulin, à moins
que ce ne foient des commiffaires dont la charge
eft toute publique, comme font les ambaffa-
deurs, les gouverneurs, &c.

4°. Les Commiffions finiffent avec les affaires
qu'elles ont eues pour objet, ou à l'expiration du
tems pour lequel elles ont été établies.

Elles finiffent à la mort du commiffaire, à
moins que les attributions ne foient faites plutôt
à l'office qu'à la perfonne : alors elles paffent au
fucceffeur. Cependant il faudroit que celui-ci
obtînt des lettres de fubrogation, fi le nom de

fon prédéceffeur étoit ajouté dans la Commiffion au titre de fon office.

La Commiffion finit par la révocation ainfi que la procuration, parce que l'une & l'autre ne fubfiftent que par la volonté du conftituant.

C'eft une queftion entre les auteurs de favoir fi la révocation a lieu dès qu'elle eft prononcée par le prince, ou s'il faut que le commiffaire en foit inftruit. Nous penfons qu'il eft néceffaire qu'il le foit : autrement on pourroit annuller des actes faits de bonne-foi, & le commiffaire ne pourroit fe livrer fans incertitude, aux fonctions de fa Commiffion, s'il étoit fans ceffe expofé à être défavoué fecrètement.

Dans le royaume, pour éviter cette difficulté, on met ordinairement dans les lettres révocatoires, la claufe *du jour de la fignification des préfentes :* fi cette claufe eft omife elle doit être fous entendue.

Mais comment doit-on conftater que la révocation eft parvenue à la connoiffance des officiers chargés de la Commiffion ? Faut-il que la fignification en foit expreffe ? A la rigueur cela eft néceffaire puifque les lettres le portent; cependant un commiffaire qui feroit certain de fa révocation auroit tort de continuer l'exercice de fa Commiffion, mais les actes qu'il feroit ne feroient pas nuls.

Enfin la Commiffion finit par la mort du conftituant excepté dans les chofes commencées qui ne peuvent être abbandonnées ; cette exception réfulte de la loi & *quia* ff. *de jurifdict.*

Mais la Commiffion émanée du roi, fubfifte après fa mort, lorfque la Commiffion eft cenfée provenir plutôt de fa qualité que de fa perfonne.

Cependant l'exercice doit en être fufpendu, excepté pour les affaires abfolument néceffaires & qu'il feroit préjudiciable d'abandonner.

Ainfi les gouverneurs des villes & des provinces reftent dans leurs fonctions après la mort du roi, pour affurer la tranquilité publique. Les confeillers d'état confervent auffi leur qualité; mais ils ne doivent pas s'affembler, ni les gouverneurs rien innover fans avoir reçu les ordres du nouveau roi.

Ordinairement nos rois à leur avènement, envoient à toutes les cours des lettres par lefquelles ils confirment & autorifent par provifion, toutes les Commiffions qui ont été données par leurs prédéceffeurs.

Les Commiffions ou lettres de juftice, données par les baillis ou autres officiers des jurictions ordinaires, fubfiftent également après leur mort, parce qu'elles proviennent plutôt de l'officier que de la perfonne. *

Ce principe eft conforme à la loi, *venditor* ff. *de judiciis...*

Ainfi autrefois lorfque les baillis & les fénéchaux commettoient les lieutenans, greffiers, notaires & fergens de leurs fiéges, les fonctions de ceux-ci ne finiffoient point par la mort ou réfignation des baillis, mais continuoient jufqu'à ce que ces officiers euffent été révoqués par les fucceffeurs des commettans, & fi ces fucceffeurs ne les révoquoient pas, ils étoient cenfés les confirmer tacitement.

5°. Les Commiffions attributives de juridiction ne peuvent être expédiées fans connoiſſance de cauſe, parce qu'elles dérogent au droit commun qui régle les juſtices : il faut qu'elles ſoient émanées de la volonté expreſſe du roi, qu'elles ſoient expédiées en la gande chancellerie & ſignées du ſecrétaire d'état du département.

6°. Si la Commiſſion eſt établie pour juger des affaires d'un certain genre, pendant un certaint temps, comme lorſqu'il a été queſtion d'ériger des chambres de juſtice, ou de faire tenir des grands jours dans les provinces, il faut que l'édit ou les lettres-patentes qui contiennent l'établiſſement ſoient regiſtrés au parlement.

Mais quelques auteurs penſent que ſi la Commiſſion n'a pour objet que les affaires d'une famille ou de quelques particuliers, s'il ne s'agit que d'une ſucceſſion ou d'une direction de créanciers, il ſuffit que la Commiſſion ſoit adreſſée aux commiſſaires mêmes, leſquels doivent l'accepter, & en ordonner l'exécution & l'enregiſtrement par un jugement.

Quoique cette opinion ſoit conforme à l'uſage, il eſt néanmoins plus régulier de faire enregiſtrer l'établiſſement de la Commiſſion, dans les tribunaux auxquels la connoiſſance de l'affaire appartiendroit naturellement. Ces tribunaux étant ſaiſis par la loi du jugement de la conteſtation, il faut une loi pour les en dépouiller, & l'enregiſtrement eſt néceſſaire pour donner la ſanction à la loi.

Ceux qui veulent obtenir des lettres de Commiſſion ou d'attribution au châtelet, ſoit à la charge de l'appel, ſoit en dernier reſſort, ſont tenus avant de ſe pourvoir en chancellerie, de préfenter à ce tribunal, un mémoire figné d'un procureur, contenant les noms & qualités des parties, & l'expofé des faits & des moyens fur lefquels elles fe fondent pour obtenir de pareilles lettres. C'eft ce qui réfulte d'un arrêté des juges du châtelet du 15 novembre 1759, rapporté par Denizart.

7°. En général les Commiffions ne font pas favorables. Henri III pour faire ceffer les plaintes qu'elles occafionnoient fous fon règne, ordonna par l'article 98 de l'ordonnance de Blois, « que » toutes celles qui avoient été auparavant dé- » cernées, feroient révoquées, voulant pour- » fuite être faite de chaque matière par devant » les juges auxquels la connoiffance en appar- » tient ».

L'article 340 de la même ordonnance vouloit même que ceux qui fe prétendroient avoir été grévés par le jugement des commiffaires députés par les rois Henri II, François II, Charles IX & Henri III, pour le fait des terres vaines & vagues, landes & marais, pâtis & communes, fe puffent pourvoir par la voie ordinaire d'appel contre ces mêmes jugemens, fans préjudice des fins de non recevoir, fur lefquelles il devoit être préalablement fait droit.

SECTION DEUXIÈME.

Des commmiffions extraordinaires à la fuite du conseil, & de leur forme de procéder.

Les Commiffions extraordinaires à la fuite du conseil, font ordinairement compofées de magiftrats tirés du conseil, auxquels le roi attribue la connoiſſance de certaines matières, ſoit à cauſe de leur importance, ſoit afin qu'elles ſoient plus proptement décidées.

Quoiqu'on donne ſouvent à ces Commiſſions le nom de bureau, cependant il ne faut pas les confondre avec les bureaux ordinaires du conſeil : dans les bureaux les conſeillers d'état & les maîtres des requêtes ne ſont qu'examiner les inſtances qui leur ſont communiquées ; ils en doivent rendre compte au conſeil aſſemblé où l'affaire eſt diſcutée, délibérée de nouveau & décidée définitivement.

Mais dans les Commiſſions les commiſſaires ſont juges des affaires qui leur ſont attribuées ; ils intitulent en leur nom, les jugemens qu'ils rendent, & ils ont pour les faire exécuter une autorité diſtinguée de celle du conſeil.

La première de ces Commiſſions eſt pour les affaires de commerce.

La ſeconde pour l'aliénation des domaines réunis.

La troiſième pour juger les conteſtations élevées au ſujet des penſions d'oblats ou de religieux laïcs ; des immeubles, droits, privilèges, immunités appartenans à l'hôtel royal des invalides, ou à l'école royale militaire ; de la régie des cartes, & des appels des ordonnances des intendans, rendues au ſujet des mêmes conteſtations.

La quatrième eſt pour les économats & les comptes des commis à la régie des biens des religionnaires fugitifs.

La cinquième eſt pour la repréſentation & l'examen des droits de paſſage, péage, pontonage, travers & autres qui se perçoivent sur les ponts & chauffées, chemins, rivières navigables & ruisseaux y affluens dans toute l'étendue du royame.

La sixième est pour les contestations concernant les écritures en compte de banque.

Et pour la reddition des comptes des traités & affaires extraordinaires.

Les affaires qui étoient portées au bureau établi pour les offres en billets de banque doivent lui être communiquées (*).

La septième des Commissions extraordinaires du conseil est établie pour les affaires des vivres de terre & de marine, les étapes, fourages, lits d'hôpitaux & de garnison.

La huitième est pour les contestations au sujet des actions de la compagnie des Indes, des concessions de terre accordées à la Louisianne par cette compagnie, & pour les affaires restées indécises au bureau de la liquidation des dettes du Canada.

La neuvième est pour juger en dernier ressort les contestations dans lesquelles la compagnie des Indes est partie, & les actions nées & à naître comme les billets provenus des différens emprunts faits sur les actions de cette compagnie.

Enfin pour la vérification des titres des droits maritimes.

La dixième est pour la liquidation des dettes des communautés, arts & métiers de Paris, & l'examen & la révision de leurs comptes depuis 1689.

La onzième est pour le soulagement des mai-

(*) Mais ces affaires doivent être jugées par des arrêts du conseil, qui sont expédiés par des greffiers du conseil.

fons & communautés de religieufes dans tout
le royaume. Elle eft compofée de quatre archevêques & évêques, & de quatre maîtres des
requêtes.

Il y a en outre deux officiers particuliers qui
font attachés à cette Commiffion. L'un eft payeur
tréforier des fecours accordés par le roi aux
communautés religieufes. Le fecond eft un garde
des archives

La douzième eft pour les liquidations des indemnités dues aux anciens propriétaires & fermiers des caroffes & meffageries du royaume.

La treizième eft pour examiner les titres concernant les droits perçus fur les grains, dans les
marchés des villes bourgs & paroiffes du royaume.

On renvoie fouvent des affaires particulières
à la plupart de ces Commiffions ; la troifième,
la quatrième, la cinquième, la neuvième, la
dixième, la douzième & la treizième ont des
procureurs généraux qui y font attachés.

La quatorzième de ces Commiffions eft pour
l'examen des *réguliers*. Elle a été établie par deux
arrêts du confeil des 23 mai & 31 juillet 1766.

Elle eft compofée du grand aumônier de France, qui en eft le préfident ; de quatre confeillers
d'état laïcs ; de trois archevêques ou évêques,
& d'un fecrétaire général.

Les commiffaires peuvent appeler à leurs con-
férences telles perfonnes éclairées de l'ordre eccléfiaftique, & de celui des avocats qu'ils jugent
à propos, pour difcuter les matières & connoître
leurs fentimens.

Cette Commiffion eft chargée d'examiner les
abus qui fe font introduits dans les ordres reli-

gieux, & les moyens les plus efficaces d'y remédier & de rappeler le bon ordre & la discipline.

Les généraux d'ordre, abbés réguliers, prieurs conventuels, gardiens, corecteurs & supérieurs des religieux, ou chanoines réguliers de quelqu'ordre ou condition qu'ils soient, sont tenus de remettre aux commissaires leurs statuts, constitutions, réglemens généraux & particuliers, titres d'établissement & généralement tous les mémoires & éclaircissemens jugés nécessaires par les commissaires, & cela dans le temps qui est par eux réglé & ordonné, nonobstant tout privilége & exemption de quelque genre que ce puisse être.

La Commission peut nommer telle personne qu'elle juge à propos, pour se transporter dans les monastères, recevoir les plaintes des religieux, voir l'état des comptes, celui de la recette & de la dépense, assembler le chapitre & prendre les connoissances nécessaires.

Les Evêques & archevêques sont également tenus d'adresser aux commissaires des mémoires sur l'état de leurs diocèses, sur les abus qui peuvent s'y glisser & les réglemens qu'il conviendroit de rétablir & mettre en vigueur.

Enfin les commissaires sont autorisés à proposer à sa majesté les réglemens, voies & moyens qu'ils croient avantageux à l'état, à la religion & aux ordres réguliers.

En vertu de l'arrêt du conseil du 3 avril 1767, les archevêques & évêques, les supérieurs majeurs des différentes congrégations du royaume, ont été obligés chacun en ce qui les concerne, d'envoyer dans le terme de trois mois, aux commissaires les mémoires & éclaircissemens néceſſaires, ſur les avantages, la forme, le temps & la durée des chapitres qui pouvoient être aſſemblés, & ſur tous les autres moyens qui pouvoient être employés à conſtater l'état actuel des conſtitutions, déclarations & ſtatuts de chaque ordre, ſur les changemens, unions & tranſlations néceſſaires pour établir la conventualité de dix religieux dans chaque monaſtère unis en congrégation, & de vingt dans ceux qui ſont ſoumis immédiatement à la juridiction des archevêques & évêques.

Cet arrêt trace le plan que l'on a ſuivi pour exécuter la réforme des différens ordres religieux. C'eſt aux travaux de la Commiſſion, & en particulier à ceux de M. de Briennes, archevêque de Toulouſe, qui en eſt le rapporteur, que ſont dues principalement les lois ſages qui ont déja été rendues ſur la matière dont il s'agit. Nous ne parlerons pas des Commiſſions particulières établies à la ſuite du conſeil, ſoit pour la conſommation de quelques échanges, ſoit pour la déciſion de quelques inſtances particulières. Ces Commiſſions ne ſont que momentannées, & n'intéreſſent que quelques particuliers.

La procédure que l'on doit ſuivre dans les affaires introduites pardevant les Commiſſions extraordinaires du conſeil, eſt fixée par un réglement particulier du 28 juin 1738.

Ce réglement ne renferme que quelques modifications au réglement général du même jour concernant la procédure du conſeil, aux diſpoſitions duquel il renvoie pour les cas non prévus.

L'un & l'autre de ces réglemens retranchent toutes les ſuperfluités de l'ancienne procédure,

& en la réduifant aux formalités néceffaires pour affurer la défenfe des parties, ils leur évitent cette multitude de frais & de dépens qui fouvent entraînent leur ruine dans les autres juridictions.

Suivant le titre 8 du réglement général du confeil de 1738, les appels des ordonnances des commiffaires du confeil députés à la charge de l'appel, ne peuvent être relevés qu'au confeil.

L'article 2 du même titre veut que ces ordonnances ou jugemens, fôient exécutés par provifion nonobftant l'appel; & qu'il en foit à peine de nullité, inféré une claufe dans les lettres ou dans l'arrêt qui reçoit l'appel.

Ce ne font point les greffiers ordinaires du confeil qui expédient les jugemens & actes émanés des Commiffions extraordinaires & des commiffaires du confeil; ces fonctions font réfervées à des greffiers particuliers.

Ces officiers qui avoient été portés à quarante, ont été réduits à fix par un édit du mois d'août 1669, & enfuite à quatre par celui du mois de mars 1767.

Ils doivent être repartis avec la plus grande égalité dans les Commiffions extraordinaires, par ceux qui y préfident. En cas de maladie ou d'empêchement de l'un de ces quatre greffiers, les préfidens des Commiffions où il eft de fervice, doivent lui en fubftituer un autre. Lorfque les Commiffions extraordinaires du confeil font chargées de quelques opérations dans les provinces, elles peuvent fe fervir d'autres officiers en qualité de greffiers.

L'arrêt du confeil du 27 février 1725 ordonne que lorfque les commiffaires nommés

dans les provinces feront des mêmes corps &
compagnies, les minutes des jugemens qu'ils
rendront feront dépofées au greffe de la juridiction, en laquelle ces commiffaires feront officiers ; s'ils font de compagnies différentes, au
greffe de la compagnie de celui qui préfidera ;
s'ils ne font d'aucune cour ou juridiction, au
greffe de la juftice royale des lieux, & que les
expéditions feront délivrées aux parties par les
greffiers des mêmes cours & juridictions.

SECTION TROISIÈME.

Commiffion établie pour la police de la médecine.

Il y a à Paris deux Commiffions de médecine.
La première eft la Commiffion royale de médecine : elle a été établie par une déclaration
du 25 avril 1772, pour examiner les remèdes
vendus par des particuliers, & veiller à la diftribution des eaux minérales.

Suivant l'article 3 de cette loi, la Commiffion eft compofée de vingt commiffaires, qui
font le premier médecin, le premier chirurgien,
les médecins & les chirurgiens ordinaires du roi ;
le médecin de la reine ; deux médecins de fa
majefté par quartier, nommés par elle à cet effet ;
du doyen, & de deux docteurs nommés par la
faculté de médecine ; du lieutenant du premier
chirurgien ; du plus ancien prévôt en exercice
au collége de chirurgie de Paris ; des directeurs,
vice-directeur, fecrétaire perpétuel & commiffaire des corefpondances de l'academie royale
de chirurgie de Paris ; de deux apoticaires du
corps de fa majefté, par elle nommés, du premier garde apoticaire en charge de Paris, &

d'un

d'un quatrième apoticaire, aux choix des membres de la Commiſſion.

Le premier médecin, & en ſon abſence le doyen de la faculté, ſont préſidens nés de la Commiſſion ; on ne peut y prendre aucune délibération ſur l'admiſſion ou la confirmation des remèdes ſi le bureau n'eſt au moins compoſé de ſept de ſes membres.

Les commiſſaires doivent s'aſſembler réguliérement les premiers lundis de chaque mois à quatre heures préciſes : ils peuvent en outre s'ajourner eux-mêmes extraordinairement, ou être convoqués par le préſident, en cas d'affaires urgentes & non prévues.

Le greffier eſt nommé par le roi, ſur la préſentation des membres de la Commiſſion. Il eſt chargé d'écrire les délibérations priſes à la pluralité des voix, & d'en délivrer les expéditions qui ſont jugées néceſſaires. Il doit garder les regiſtres, procès-verbaux, titres & papiers de la Commiſſion & en donner communication à ceux des membres qui le requierent. Il eſt tenu également d'adreſſer au ſecrétaire d'état du département de la maiſon du roi, l'extrait des délibérations & l'état des remèdes propoſés, ſoit qu'ils aient été admis ou rejetés.

Cet officier a la recette des fonds de la Commiſſion, il en donne les quittances & les décharges, acquitte tous les frais, tient le dépôt des deniers comptans, & doit en rendre compte chaque année à la Commiſſion le premier lundi du mois de mars.

Le premier objet de l'établiſſement de la Commiſſion eſt d'empêcher des particuliers ſans qualité, de débiter au hazard des remèdes prétendus spécifiques. Leur témérité étoit d'autant plus funeste que leur intérêt, » selon » les termes mêmes du législateur, étoit d'écar- » ter les secours que les malades pouvoient » tirer des maîtres de l'art. «

En conséquence toutes personnes qui avant la déclaration, avoient obtenu des permissions ou privileges pour la distribution de quelque remede que ce fût, ont été obligés par l'article premier de cette loi de les représenter à la Commission. Il est défendu à ceux qui n'en ont pas obtenu d'elle la confirmation, de distribuer leurs remedes en vertu des mêmes privileges, à peine d'être condamnés par les officiers de police, à 3000 livres d'amende, payables par corps, & applicables aux hôpitaux des lieux. En cas de récidive ils peuvent être punis cor- porellement.

L'arrêt rendu au parlement de Nanci le pre- mier décembre 1772 n'a enregistré la décla- ration, qu'à la charge que le topique connu communément sous le nom de Graisse du Val- dajol, composé par Joseph Fleurot & ses qua- tre fils, ou qui seroit composé par leurs des- cendans ne pourroit-être compris dans les ar- ticles premier & suivans de la déclaration.

Ceux qui veulent proposer de nouveaux remèdes, ou obtenir la confirmation des an- ciens, doivent présenter à la Commission des mémoires qu'elle distribue à quelques-uns de ses membres. Ces commissaires font les épreuves & les analises des nouveaux remèdes & cons- tatent les effets des anciens. Ils font leur rap- port dans l'assemblée du mois suivant ; on y rend compte des plaintes portées contre les dif-

tributeurs, & des écrits envoyés à la Commiſſion : enſuite elle prononce ſur ces différens
objets. La délibération eſt inſcrite ſur le regiſtre
par le greffier, & ſignée par tous ceux qui ſont
préſens à l'aſſemblée. Les médecins ſignent ſur
une même colonne, les chirurgiens ſur une autre & les apoticaires enſuite.

Les maladies & les circonſtances auxquelles
les remèdes admis ſont jugés applicables, doivent être ſpécifiées dans les délibérations qui
en permettent la diſtribution, ſans que ceux qui
ont obtenu ces permiſſions puiſſent appliquer
ces remèdes à aucun autre uſage, ni les diſtribuer après le laps de trois ans pour la première
fois.

L'extrait des délibérations qui approuvent
quelque remède doit être délivré à ceux qui les
ont obtenues : il leur eſt en conſéquence expédié par le ſecretaire d'état ayant le département
de la maiſon du roi, un brevet ſigné de ſa majeſté portant permiſſion de vendre ces remèdes,
ſans que les frais puiſſent monter au-delà de
50 livres pour droit d'expédition au greffier.

Trois ans après la premiere expédition des
brevets, on doit en obtenir le renouvellement :
il ne peut être accordé que ſur les certificats
des médecins & chirurgiens des lieux où les remèdes ont été employés, qui conſtatent la continuation du bon effet qu'ils ont produit.

Il doit être fait mention, à peine de nullité,
de ces certificats dans les nouveaux brevets
qui s'expédient indéfiniment, en vertu d'une
nouvelle délibération.

Aux termes de l'article 12, les particuliers
dont les remèdes ont été approuvés ne peu-

vent les diſtribuer dans les villes & lieux du
royaume qu'après en avoir obtenu la permiſſion
des officiers de police, leſquels ne doivent l'accorder que ſur le vu des brevets : les médecins
& chirurgiens des lieux doivent informer exactement la Commiſſion du ſuccès & des inconvéniens des remèdes, ainſi que des contraventions
qui peuvent ſe commettre en les adminiſtrant ;
les informations doivent être adreſſées, ſoit au
premier médecin, ſoit au doyen de la faculté,
pour les cas de médecine, & au premier chirurgien, pour ceux qui concernent la chirurgie.

Il eſt défendu aux gouverneurs & aux magiſtrats des villes de permettre à des opérateurs &
autres perſonnes ſans qualité de diſtribuer des
remèdes, s'ils n'ont été approuvés de la Commiſſion & autoriſés par des brevets, & ceux
qui ont obtenu des brevets, permiſſions & lettres-patentes, ne peuvent les tranſporter ni les
communiquer à d'autres particuliers. Ils ne peuvent établir des commiſſionnaires pour la diſtribution de leurs remèdes, qu'après avoir fait
enregiſtrer au greffe de la Commiſſion leur ceſ-
ſion ou tranſport. La copie collationnée de cet
enregiſtrement fait le titre du commiſſionnaire ;
elle doit faire mention de la délibération & du
brevet.

Les commiſſionnaires ne peuvent preſcrire
l'uſage des remèdes, que ſous la direction d'un
médecin ou d'un chirurgien, s'ils n'ont eux-
mêmes l'une ou l'autre qualité.

L'article 15 défend à ceux qui ont obtenu des
permiſſions de prendre des habits étrangers ou
aucun autre déguiſement pour diſtribuer leurs
remèdes, & d'entreprendre aucune ſorte d'opé-

ration de chirurgie, fous quelque prétexte que ce foit, au préjudice des réglemens concernant la chirurgie. Ils doivent fe borner uniquement à la diftribution des remèdes portés dans leurs brevets, à peine d'être condamnés à 3000 livres d'amende.

L'article 18 enjoint expreffément à tous les corps de médecine & de chirurgie, de dénoncer à la Commiffion tout diftributeur de remèdes, colporteur ou foi-difant apothicaire, qui contre les droits des trois corps de la médecine débitent des fecrets, & les adminiftrent dans les maladies, fans avoir aucune permiffion dans la forme prefcrite ci-deffus. Il eft ordonné aux procureurs-généraux & à leurs fubftituts, de pourfuivre & faire emprifonner les contrevenans, faire faifir & confifquer à leur requête leurs chevaux, équipages & uftenciles, fur la première dénociation qui leur en fera faite par les médecins, chirurgiens & apothicaires des lieux.

Le fecond objet de l'établiffement de la Commiffion, eft la vente & diftribution des eaux minérales.

Ce commerce méritoit d'autant plus l'attention du légiflateur que felon les termes de l'article 19, « il eft plus facile d'y commettre des » fraudes préjudiciables au public, foit en dénaturant ou falfifiant la qualité de ce remède fouvent de première néceffité, foit en le portant » à un prix exceffif ».

En conféquence, la furintendance & l'infpection générale de eaux minérales eft attribuée à la Commiffion; elle a le droit de commettre par adjudication, dans toute l'étendue du royaume, telle perſonne qu'elle juge à propos, pour faire cette diſtribution.

Les propriétaires des bains, ſources & fontaines d'eaux minérales conſervent néanmoins les droits dont ils ſont en poſſeſſion, ainſi que le bureau établi par les lettres-patentes du 13 juillet 1771, pour la diſtribution des eaux de Vichy : ces dernières reſtent auſurplus ſoumiſes à la police de la Commiſſion, qui peut en examiner la nature & la qualité ; & il eſt libre à tout particulier de ſe procurer ces eaux pour ſon uſage perſonnel.

L'article 20 veut que la Commiſſion tienne un regiſtré exaƈt de la quantité des eaux minérales qui arrivent à Paris, ſoit des provinces du royaume, ſoit des pays étrangers : à cet effet, deux de ſes membres, médecins choiſis par le roi, ſont chargés d'aſſiſter à la décharge des voitures, à l'ouverture des caiſſes & à la vérification de la qualité des eaux ; ils doivent en dreſſer procès-verbal, en faire attacher l'extrait à chacune des bouteilles, & y faire appoſer le cachet de la Commiſſion. Cet article ordonne en outre, que le tarif du prix de chaque eſpèces d'eaux minérales ſoit affiché dans le bureau de diſtribution ; & le roi ſe réſerve de nommer un des apothicaires de la Commiſſion pour procèder aux analyſes en cas de beſoin.

Celui qui eſt chargé de la vente des eaux minérales doit écrire ſelon l'ordre des dattes, dans un regiſtre cotté & paraphé par le préſident de la Commiſſion, les noms, ſurnoms, qualités & demeure de ceux à qui elles ont été diſtribuées, & marquer ſur les bouteilles à meſure qu'elles fortent du dépôt, la date du jour où elles font vendues.

Les commiffaires peuvent toutes les fois qu'ils le jugent à propos, fe tranfporter dans le dépôt, pour examiner l'état des eaux, & rejeter celles qui feroient trop anciennes ou auroient dégénéré de leur première qualité.

La Commiffion eft autorifée par l'article 22, à prendre de femblables précautions pour établir la même police dans les villes du royaume ou l'on diftribue des eaux minérales.

Elle a le droit de nommer dans les provinces, les médecins & chirurgiens néceffaires à la vifite & au foin des fources, fontaines & dépôts ; le roi ne s'eft réfervé que la faculté de confirmer ces nominations par des brévets.

L'article 23 réferve également à fa majefté, le droit de commettre par des brevets, trois des commiffaires du bureau, pour veiller en qualité d'infpecteurs des eaux minérales, fur toutes les eaux déja connues, faire les recherches néceffaires à la découverte de nouvelles, s'il y a lieu, en faire l'analyfe pour en déterminer les vertus & propriétés, & en donner le précis, après toutefois avoir rapporté, fait examiner & approuver le tout à la Commiffion.

Les membres de la Commiffion peuvent enfin, en vertu de l'article 24, prendre telle délibération qu'ils jugent convenable, pour la plus parfaite exécution de la police & de la difcipline prefcrite par la déclaration ; mais ces délibérations ne font dans le cas d'être exécutées qu'après avoir été homologués au parlement, fur les conclufions de M. le procureur général.

L'article 18 de la déclaration, fembloit enga-

ger ſpécialement les membres de la Commiſſion
royale de médecine, à faire des recherches & à
raſſembler des obſervations ſur la nature & le
traitement des maladies épidémiques.

En effet, dans le cas des maladies épidémiques, ou autres extraordinaires, juſqu'ici incon-
nues, cet article invite les médecins & les chirurgiens d'en donner avis à la Commiſſion, &
de rendre compte de l'état de la maladie & du
traitement ; de tenir regiſtre du tout, d'y faire
mention du progrès & de l'iſſue de la maladie,
& de communiquer en cas de beſoin le regiſtre
aux chefs de la faculté de médecine & du col-
lege de chirurgie.

Mais la connoiſſance des maladies épidémiques
étoit trop importante pour ne pas mériter l'attention ſpéciale d'une Commiſſion particulière.
C'eſt l'objet *de la ſeconde Commiſſion de medecine.*

Elle a été établie à Paris, par arrêt du conſeïl
du 29 avril 1776, *pour entretenir une correſpon-*
dance avec les médecins de provinces, ſur tout ce
qui peut être relatif aux maladies épidémiques &
épizootiques.

Cette Commiſſion eſt compoſée d'un inſpecteur - directeur général des travaux & de la correſpondance relatifs aux épidémies & épizooties;
d'un commiſſaire général, premier correſpon-
dant avec les médecins des provinces, invités à
concourir à l'utilité des travaux de l'aſſemblée
par leurs obſervations & leurs expériences ; enfin de ſix médecins aggrégés.

Les aſſemblées doivent ſe tenir au moins une
fois par ſemaine: l'inſpecteur - directeur général y
préſide, & il en fixe les jours, les heures & la
forme ; en ſon abſence, c'eſt le commiſſaire gé-

néral, premier correfpondant, qui le remplace.

Il diftribue à chacun des fix médecins aggré-
gésle travail néceffaire pour entretenir une corref-
pondance générale,fur tout ce qui peut concerner
les maladies épidémiques & épizootiques ; il eft
chargé de rendre compte à M. le contrôleur général des recherches, des obfervations & des
faits de pratique, & de fe tranfporter par-tout
où fa préfence eft jugée néceffaire.

L'article 4 de l'arrêt du confeil veut qu'il fe
faffe un cours d'anatomie humaine & comparée,
dans lequel on s'occupe principalement de la
defcription & de la comparaifon des parties propres à fournir des conféquences utiles à la
pratique.

Les fix médecins aggrégés font obligés d'affifter à ce cours : l'infpecteur & le commiffaire
peuvent en outre y admettre, ainfi qu'à tous
les exercices, des docteurs ou étudians en médecine faifant leurs cours à Paris, même des
chirurgiens & des élèves en chirurgie qui foient
dignes par leurs talens de cette admiffion.

Pour les engager à s'y rendre exacts & attentifs, l'article 7 veut qu'il foit accordé des
encouragemens proportionnés aux talens de
ceux qui fe feront diftingués par leur application
& leur amour pour le travail, fur le rapport qui
en fera fait à M. le contrôleur général des
finances.

Les fix docteurs en médecine doivent être nommés par l'infpecteur-directeur général des corref-
pondances, & agréés par M. le cotrôleur général des finances, & ils font tenus de fe tranfporter, fur les ordres de ce miniftre, dans les pro-

vinces où ils font jugés néceffaires pour le foula-gement des hommes ou des beftiaux.

Lorfqu'ils font envoyés dans les provinces, fuivant l'article 6, il doit leur être remis par le médecin infpecteur - directeur général, ou par le médecin nommé commiffaire du roi en cette partie, un plan de conduite apprové par le con-trôleur général des finances : ils font tenus de fe conformer à ce plan, à peine de privation de leurs places.

SECTION QUATRIEME.

Commiffions établies contre les Contrebandiers.

Il y a dans le royaume cinq Commiffions éta-blies contre les contrebandiers, favoir, à Sau-mur, à Rheims, à Caen, à Valence & à Paris. Cette dernière n'eft pas de même nature que les précédentes.

La Commiffion de Saumur a été établie par des lettres-patentes du 23 août 1764, enregif-ftrées à la cour des aydes le 3 feptembre fuivant.

Son reffort comprend les généralités de Tours, Bourges, Moulins, Poitiers, & les dépots de fel de la province de Bretagne.

Cette Commiffion eft compofée de trois offi-ciers & d'un fubftitut du procureur général, tous tirés de la cour des aides, & nommés par des lettres-patentes enregiftrées en cette cour. Le greffier nommé par le roi, doit prêter ferment devant la Commiffion. (*).

_____

(*) Cet article n'a été enregiftré qu'à la charge que con-formément à la déclaration du 22 décembre 1663, en cas

Les commissaires, suivant l'article 12, ne peuvent juger définitivement, sans appeler des gradués, au nombre requis par les ordonnances.

Ils ont le pouvoir d'instruire & de juger les procès des contrebandiers, des faux-sauniers, & des commis, gardes & employés des fermes, infidelles ou prévaricateurs, dans tous les cas suivans.

Conformément à l'article 3, ils connoissent de tous les faits d'introductions de marchandises de contrebande, faux sel, faux tabac, & de tous

---

de légitime empêchement du substitut ou en cas de mort, jusqu'à ce qu'il lui ait été nommé par le roi un successeur, le procureur général commettra tel gradué qu'il jugera à propos pour remplir les fonctions de substitut.

Que le substitut entretiendra une correspondance exacte sur les opérations de la Commission avec le procureur général, qui en rendra compte à la cour quand elle le jugera à propos.

Que le greffier de la Commission enverra tous les six mois au procureur général un extrait de son registre, & y insérera la copie en bonne forme des jugemens rendus en exécution de l'article 13 des lettres-patentes, & de la prononciation des mêmes jugemens.

Que dans tous les cas où le substitut aura rendu plainte en conséquence d'un procès-verbal déposé au greffe, le fermier général sera civilement responsable des faits de ses commis, encore qu'il ne soit pas partie civile.

Que les commissaires de la cour ne pourront accepter aucune Commission concernant la juridiction de la cour ou des tribunaux y ressortissans, que par lettres-patentes enregistrées en la cour : qu'ils seront tenus de veiller dans leur ressort à tout ce qui concerne l'administration de la justice par les officiers ressortissans en la cour, à l'exactitude avec laquelle ils remplissent leurs fonctions, circonstances & dependances, & de prendre connoissance des abus qui peuvent se commettre dans la perception des impôts, pour en rendre compte à la cour.

les attroupemens, violences, rebellions, & féditions formées en conféquence.

En vertu des articles 4, 5, & 6, ils jugent en dernier reffort les accufations de contrebande intentées contre des vagabonds, gens fans aveu, ou condamnés précédemment à des peines corporelles, au banniffement ou à l'amende-honorable, & les contrebandes avec attroupement & violence publique, accompagnées de meurtres, exces, féditions ou émotion populaire, contre toute efpèce de perfonnes, excepté celles qui font rappelées dans l'article 10.

Les contrebandiers font dans le cas de l'attroupement, s'ils ont commis la contrebande au nombre de trois ou au-deffus, avec armes, fans titre ni permiffion, ou de cinq hommes & au-deffus, même fans armes; ils font coupables de violence publique, s'ils attaquent les employés, commis & gardes des fermes, ainfi que dans les cas de forcement de portes, de recouffe de prifonniers & de reprifes violentes, d'enlèvement de marchandifes, faux fel & faux tabac faifis par les employés.

La jurifdiction en dernier reffort de la commiffion s'étend fur les receleurs & complices de tous les contrebandiers & fur l'exécution des jugemens qu'elle rend en dernier reffort.

Les articles 7 & 8 attribuent en dernier reffort à la Commiffion le jugement des employés, commis & gardes des fermes, lorfqu'ils font accufés des cas fuivans.

1°. D'avoir diftrait à leur profit, ou volé des marchandifes de contrebande faifies par eux ou par d'autres.

2°. D'avoir entretenu des intelligences avec les fraudeurs, favorisé leur passage ou leur commerce, ou fait eux-mêmes la contrebande.

3°. D'avoir fait ou souscrit des procès-verbaux faux & calomnieux, ou rendu de faux témoignages, lors des informations, jugemens & confrontations dans les affaires portées en dernier ressort à la Commission.

Aux termes de l'article 10, les ecclésiastiques, les gentils-hommes, les officiers servant dans les troupes, & qui sont dans le cas de l'édit de la noblesse militaire du mois de novembre 1750, les officiers royaux de judicature & les autres personnes qui jouissent du privilège de la noblesse, ne peuvent être jugés par la Commission en dernier ressort, encore qu'ils soient dans les cas des articles 5, 6, 7, 8 & 9 : mais après avoir instruit leurs procès, la Commission est tenue de les renvoyer à la cour des aides, pour y être jugés définitivement & en dernier ressort avec tous les accusés.

Dans les cas portés par l'article 4, si le délit n'est point accompagné de circonstances qui le rendent susceptible d'être jugé sans appel, l'article 11 permet aux commissaires de continuer la procédure, jusqu'au jugement définitif inclusivement, sauf l'appel à la cour des aides, ou de la renvoyer en tout état de cause, pardevant les officiers des élections, greniers à sel, & juges des traites, pour y être jugée définivement, sauf l'appel à la cour des aides.

Si au contraire le délit est de nature à être jugé en dernier ressort par la Commission, les commissaires, dans l'interrogatoire qu'ils font prêter à l'accusé, doivent lui déclarer qu'ils vont le juger sans appel.

Les articles 14 & 15 , donnent pouvoir aux commiſſaires & aux ſubſtituts de ſubdéléguer tels gradués qu'ils jugent à propos, pour faire l'inſtruction des procès dont la connoiſſance eſt attribuée à la Commiſſion , rendre les jugemens néceſſaires pour cette inſtruction , excepté le règlement à l'extraordinaire , & cela juſqu'au jugement définitif excluſivement.

Après l'inſtruction faite , elle doit être renvoyée à la Commiſſion , pour y être l'accuſation jugée définitivement.

Lorſqu'il y a lieu de régler la procédure à l'extraordinaire , on doit envoyer copie des informations aux commiſſaires , qui peuvent en conſéquence , prononcer ce règlement , ſans interroger eux-mêmes les accuſés.

L'article 18 veut que la Commiſſion ſoit régie pour la diſcipline intérieure, par les règlemens & uſages de la cour des aides de Paris , & qu'elle ſe conforme au ſurplus aux lois enregiſtrées dans les cours des aides & aux arrêts de règlement par elles rendus.

Cet article ajoute que les commiſſaires réputeront & jugeront comme coupables de récidive, ceux qui ont déja été mutilés de peines afflictives, infamantes ou pécuniaires , pour des faits de même nature , dans les cas portés par les ordonnances.

Enfin, en vertu de l'article 19 , lors de la ceſſation de la Commiſſion, les minutes des jugemens & de toutes les procédures, doivent être portées au greffe de la cour des aides ; le ſel, les chevaux & autres effets ſaiſis ſur les faux-ſauniers, traduits dans ces Commiſſions , doivent être vendus en exécution des ordonnances des commiſſaires ou de leurs ſubdélégués.

L'arrêt du conseil du 10 mars 1767, rendu pour la Commission de Saumur, fait défense à tous les officiers des dépôts établis dans son ressort, & notamment dans les généralités de Bourges & de Moulins, d'apporter aucun empêchement à l'exécution des mêmes ordonnances, sous quelque prétexte que ce soit, à peine de demeurer personnellement responsables des dommages & intérêts de l'adjudicataire ; il leur est enjoint de procéder sans délai à l'emplacement des sels de capture.

La Commission établie contre les contrebandiers, à Rheims, a été créée par les lettres-patentes du 21 novembre 1765, enregistrées en la cour des aides, le 8 janvier 1766.

Ces lettres-patentes font absolument conformes à celles qui concernent la Commission de Saumur, excepté dans les cas suivans.

Le ressort de la Commission de Rheims s'étend sur les généralités du Soissonnois, de la Picardie, de la Champagne & des trois évêchés. Deux des trois commissaires devoient être tirés de la cour des aides, un du parlement de Metz, & le substitut choisi alternativement parmi ceux des procureurs généraux de l'une ou de l'autre de ces compagnies.

Suivant l'article 3, les commissaires avoient séance entr'eux, selon leur rang la & date de leur réception dans leur compagnie. En cas de vacance, les officiers devoient être remplacés par d'autres officiers de la cour dont ils étoient membres. (*).

_____

(*) L'arrêt d'enregistrement de cette loi fait par la cour des aides de Paris contient les mêmes modifications que celui des lettres-patentes du 23 août 1764, excepté que le

Telle étoit la Commiſſion, lorſque l'édit du mois d'avril 1771 ayant ſuſpendu les fonctions de la cour des aides, les commiſſaires tirés de cette cour ne purent continuer leur ſervice à la Commiſſion, & le ſieur de Sulveccurt, commiſſaire du parlement, cour des aides de Metz, reſta ſeul en exercice.

L'arrêt du conſeil du 30 mai 1771 ordonna qu'il continueroit d'inſtruire & de juger définitivement & en dernier reſſort, toutes les affaires devolues à la Commiſſion, commencées ou non; en appelant par lui le nombre de gradués requis par l'ordonnance, conformément aux lettres-patentes du 21 novembre 1765.

ſubſtitut de M. le procureur général & le greffier de la Commiſſion, ne ſont tenus d'entretenir la correſpondance avec ce Magiſtrat, qu'en ce qui concerne les conteſtations nées & à naître pour délits commis dans le reſſort de cette cour.

L'enregiſtrement renouvelle en outre l'arrêté fait dans le précédent « de repréſenter à ſa majeſté que les moyens » extraordinaires auxquels elle eſt obligée de recourir, ne » ſont devenus néceſſaires que par la multiplicité des fraudes; » mais que cet abus a ſa cauſe immédiate dans l'excès des » droits ſur le ſel & ſur le tabac Que l'attrait de la contre-» bande eſt tel, que les loix les plus terribles & l'admi-» niſtration la plus rigoureuſe n'y ont point apporté & n'y » apporteront jamais d'obſtacle ſuffiſant, tant que cette cauſe » ſubſiſtera : que l'impôt connu ſous le nom de grande » gabelle réunit aux incovéniens de tous les droits exceſſifs » ſur les conſommations, celui d'être accompagné de con-» trainte, & de porter ſur une denrée de première néceſ-» ſité. . . . . . que la cour ne regarde l'effet des lettres pa-» tentes que comme momentanée, & attend des bontés du » roi des moyens plus efficaces pour arrêter la fraude, & » rétablir dans ſon intégrité la juridiction de la cour & des » tribunaux y reſſortiſſans. »

L'arrêt

L'arrêt, en lui permettant de commettre pour l'instruction, étendit le pouvoir des subdélégués de la Commission , & leur donna celui de rendre les jugemens de règlement à l'extraordinaire , en appelant le nombre de gradués ou d'officiers requis par les ordonnances.

Cet arrêt fut confirmé par celui du 14 août 1771 ; le sieur de Sulvecourt y fut autorisé de juger en dernier ressort les procès des gardes & employés des fermes, conformément aux lettres-patentes des 21 novembre 1765 & 30 mai précedent. L'arrêt voulut que dans le cas, ou par vente ou démission, le sieur de Sulvecourt cesseroit d'être conseiller au parlement de Métz , il continueroit de procéder comme auparavant à l'instruction & au jugement de toutes les affaires attribuées à la Commission.

L'arrêt ordonna en outre que les modifications énoncées dans les enregistremens des lettres-patentes du 21 novembre 1765 , demeureroient sans effet & comme non avenues.

On ne voit pas que ces arrêts aient été revêtus de lettres-patentes, ni registrés dans aucune cour.

Cependant on essaya bientôt de donner plus d'étendue à la commission ; un arrêt du conseil du 7 mars 1773 ordonna qu'elle auroit dans la Lorraine & le Barrois, les attributions que les lettres-patentes de 1765 & les arrêts précédens lui donnoient dans d'autres provinces.

Cet arrêt n'ayant été enregistré ni au parlement, ni à la chambre des comptes de Lorraine, cette dernière compagnie qui, dans la Lorraine & le Barrois non mouvant, fait les fonctions de cour des aides, annulla les procédures faites dans son ressort par la Commission & ses préposés, & les bailliages continuèrent à exercer leur ancienne juridiction en première instance sauf l'appel à cette cour.

Ainsi il s'élevoit sans cesse des conflits entre la Commission & les bailliages de Lorraine ; ils furent terminés par des lettres-patentes du 19 mai 1775, enregistrées à la chambre des comptes de Nancy le 18 août suivant.

Le principal objet de cette loi étoit de désigner les justices où devoient ressortir des villages cédés à la couronne par le prince de Nassau Sarbruck ; elle a ordonné article 7, que les affaires civiles & criminelles concernant les droits des fermes & la perception des impositions seroient portées aux bailliages royaux en première instance & par appel à la chambre.

L'article 9 ajoute « ne seront cependant comprises dans l'article ci-dessus, les affaires criminelles relatives aux mêmes objets & aux fonctions des commis & employés des fermes, dont la connoissance est attribuée dans nos autres provinces aux commissaires de notre conseil ; voulons que notre cour des aides & finances de Nancy connoisse au nombre de sept juges au moins en première & dernière instance de toutes lesdites affaires, non-seulement dans les lieux & villages nouvellement cédés à la France, & unis à notre province de Lorraine, mais encore dans toute l'étendue de nos duchés de Lorraine & de Bar ; attribuons à notredite cour des comptes, aides & finances de Nancy, les mêmes pouvoirs & juridictions qui sont attribués auxdits commissaires

»établis à Rheims par les lettres-patentes &
»arrêts des 21 novembre 1765, 30 mai & 14
»août 1771 & 7 mars 1773 ».

L'article 10 a ordonné que les commissaires de
Rheims seroient tenus de renvoyer à la cour des
comptes de Nancy toutes les affaires de la
Lorraine & du Barrois indécises par-devant eux.
. L'objet des commissions de Valence & de
Caën établies, l'une par arrêt du conseil du 31
mars 1733, & l'autre par des lettres-patentes
du 9 octobre 1768 est le même que celui des
Commissions de Saumur & de Rheims, dont
on vient de parler ; ainsi nous ne nous y arrête-
rons pas.

La Commission de Paris a été établie par les let-
tres-patentes du 29 août 1175, pour connoître de
l'introduction & de la vente du tabac dans les villes
de Paris & de Versailles.

Avant cette loi, des arrêts du conseil des 30
mai 1771, & 7 juin 1772 avoient attribué au
lieutenant de police de Paris, la connoissance
par voie de police & d'administration, & le
jugement en dernier ressort de tous les délits
relatifs à l'introduction, au débit & au colportage des tabacs.

Mais la cour des aides étant rentrée dans ses
fonctions, réclama contre cet établissement. La
sagesse de ses représentations détermina le Roi à
substituer à cet établissement une Commission
dont le pouvoir est moins étendu & dont les
membres sont tirés de la cour des aides.

En vertu de l'article premier des lettres-patentes du 29 août 1775, cette Commission est
composée du lieutenant de police de Paris & de

cinq conseillers de la cour des aides nommés par le roi (*).

Ces commissaires connoissent par voie de police & d'administration & jugent en dernier ressort des introductions, ventes, débits & colportage des tabacs de toute espèce, en bours & en poudre.

Ils connoissent également des prévarications commises par les employés des fermes générales, & débitans dans l'exercice de leurs fonctions.

L'article 2 veut que tous les particuliers qui seront arrêtés soient interrogés dans les 24 heures ; que sur le vu de l'interrogatoire qui sera rapporté à la première assemblée, il puisse être statué sur leur sort, & que les commissaires puissent leur adjuger s'il y a lieu des dommages-intérêts.

Conformément à l'article 3, lorsque les accusés sont prévenus de crimes assez graves pour mériter des peines infamantes ou afflictives, leur procès doit être renvoyé pour être instruit & jugé en dernier ressort à la cour des aides, dans la forme ordinaire. A cet effet cette cour

---

(*) Ces lettres-patentes n'ont été enregistrées par la cour des aides, qu'à la charge :

1.° Que conformément à l'article 3, les commissaires ne pourront prononcer aucune peine afflictive ou infamante.

2.° Que les commissaires ne pourront sous prétexte de la Commission, manquer au service ordinaire qu'ils doivent en la cour.

3.° Que les brevets de nomination des commissaires seront enregistrés à la cour.

demeure autorifée à juger en première & dernière inftance.

Les commiffaires peuvent en outre y renvoyer telles autres affaires qu'ils jugent à propos.

SECTION CINQUIÈME.

De quelques Commiffions particulières.

Outre les commiffions que nous venons de rappeler, il en a exifté & il en exifte encore quelques autres établies, foit à Paris, foit dans les provinces.

Telles font 1°. les grands jours ; ils font ordinairement compofés d'officiers tirés des parlemens pour former une chambre qui eft envoyée dans les parties les plus éloignées du reffort de ces cours. Ils ont la plus grande partie du pouvoir des parlemens ; ils doivent principalement terminer les affaires qui éprouveroient un retard préjudiciable, s'il étoit néceffaire aux parties de fe tranfporter dans le lieu de la féance du parlement ; ils font fpécialement chargés de remédier aux violences des nobles & aux malverfations des officiers ordinaires ; ils peuvent abolir les mauvais ufages.

Ils envoient des commiffaires particuliers en divers lieux, pour faire refpecter la juftice.

Quelques titulaires de grands fiefs ont droit de faire tenir des grands jours dans leurs terres par leurs officiers ; mais ce font plutôt des affifes folemnelles que des grands jours.

Depuis que les parlemens fe font multipliés, les grands jours font devenus moins néceffaires ; les derniers furent tenus en 1665, à Clermont en Auvergne pour cette partie du reffort du parlement de Paris.

2°. Les chambres de juftice, chambres royales, chambres ardentes.

François II érigea dans chaque parlement des chambres ardentes pour faire le procès aux calviniftes ; on les appela *chambres ardentes*, parce qu'on faifoit brûler ces malheureux fans miféricorde, dit Mézeray, dès qu'ils étoient convaincus de n'être pas catholiques.

Il y en eut une établie en 1679 pour la pourfuite des empoifonneurs.

Nos rois ont fouvent établi des chambres de juftice compofées quelquefois des officiers des cours fouveraines de tout le royaume.

Elles connoiffoient des crimes de faux, péculat, concuffion, & de toutes les malverfations faites dans les finances, non-feulement par les officiers, mais par tous ceux qui avoient eu le maniement des deniers royaux.

3°. Les attributions faites aux intendans dans les provinces & au lieutenant de police de Paris font de véritables Commiffions. Voyez INTENDANT & LIEUTENANT DE POLICE.

4°. *La Commiffion des dettes du comté de Bourgogne* eft une juridiction établie à Dijon par Commiffion du confeil ; elle eft exercée par le gouverneur du duché de Bourgogne & par l'intendant de la même province, pour la vérification des dettes & affaires des communautés, des villes, bourgs & paroiffes du duché de Bourgogne & des comtés de Charolois, Mâcon, Auxerre & Bar-fur-Seine.

On y porte auffi les inftances qui concernent la levée des octrois des villes & bourgs, de même que celles des octrois de la province de Bourgogne, & les comptes par état des octrois des villes & bourgs du duché & des quatre comtés adjacens.

5°. Les états provinciaux pendant leurs affemblées établissent ordinairement des Commiffions pour arrêter les objets les moins importans, comme la vérification des comptes & des calculs, & pour préparer les réfolutions fur les points les plus effentiels. Les droits & la forme de ces Commiffions font différens fuivant les différentes provinces. Voyez l'article ETATS.

SECTION SIXIEME.

Des Commiffions données par les juges pour l'exécution de leurs jugemens ou pour l'inftruction des procédures indécifes par-devant eux.

Les tribunaux, même les cours fouveraines, ne peuvent donner des Commiffions pour juger, les conteftations qui font de leur reffort.

Ils peuvent encore moins dépouiller les juges. fubalternes & commettre d'autres officiers pour remplir les fonctions que la loi & le titre de leurs offices leur attribue ; mais quand les offices font vacans, foit par mort ou autrement, & qu'il n'y a point d'officiers défignés pour les exercer ; alors les tribunaux fupérieurs peuvent commettre qui bon leur femble pour remplacer les titulaires jufqu'à ce qu'il y ait été pourvu par le roi.

Lors de la vacance des grands bénéfices, les terres qui en dépendent tombent fous la main du roi à caufe de la régale : quelques parlemens ont coutume d'y commettre des juges au nom de sa majesté.

Plusieurs arrêts du parlement de Metz ont, conformément à ce principe, commis des juges dans les terres des évêchés de Metz, Toul & Verdun, pendant la vacance de ces siéges.

Un arrêt du parlement de Provence du 5 juillet 1622, rendu sur la requisition du procureur-général, a ordonné que vacation arrivant des bénéfices ecclésiastiques de cette province, il seroit par la cour pourvu aux charges de judicature en chef, par provision & aux charges qui en dépendent, avec défense aux lieutenans des sénéchaux, & à tous autres officiers d'y pourvoir en procédant aux saisies des mêmes bénéfices, à peine de nullité & d'amende arbitraire.

Deux autres arrêts de la même cour, des 7 octobre 1622, & 15 mars 1639, tous deux rapportés par Boniface, ont pourvu de cette manière à la charge de juge ordinaire des terres de l'évêché de Marseille.

Au surplus les cours ont l'attention de commettre à ces charges les anciens officiers des prélats décédés, & elles se contentent de leur faire prêter serment pour le tems de la vacance.

En second lieu les cours & les autres tribunaux peuvent encore commettre des membres de leurs compagnies ou d'autres juges pour faire exécuter les jugemens & veiller à l'instruction des procédures pendantes par-devant ces cours ou tribunaux.

La Commission est en commendement, si le juge commis est subordonné au tribunal qui le commet; s'il ne l'est pas, la Commission est rogatoire; celle-ci peut même être adressée aux juges des nations étrangères, comme lorsqu'il s'agit d'informer en Angleterre dans une instance indécise en France.

Les Commissions données par les parlemens doivent être adressées aux juges des lieux, excepté dans les matières importantes (*).

(*) L'article 95 de l'ordonnance rendue à Montil-les-Tours le 8 avril 1453, ordonne pour prévenir les frais & dépens auxquels les parties étoient exposées, « que dorénavant ez causes traitées en la cour, moindres que de baronnies, châtellenies & autres plus grandes, que la cour verra être de grand poids, les enquêtes soient commises à bonnes personnes, sages & loyaux, des pays dont les parties seront, lesquels par Commission de notredite cour pourront procéder à faire les enquêtes des parties séant ou non séant le parlement : mais si les parties requéroient avoir commissaires de la cour ils les auront, & au cas que l'une des parties voudroit commissaire du pays, l'autre du parlement, voulons & ordonnons qu'ez causes dessus dites moindres que baronnies, châtellenies ou autres plus grandes causes, la Commission s'adresse à un des conseillers de notredite cour, tel que la cour ordonnera adjoint avec lui un prudhomme du pays, & si toutes les parties vouloient avoir commissaires de notredite cour, ils les auront. »

Les ordonnances de Louis XII du mois de novembre 1507, article 48; de François I du mois d'octobre 1535, article 2, chapitre 1, ont de semblables dispositions.

L'ordonnance du mois de mars 1498 ajoute, article 19, » que les conseillers du parlement n'iront en Commission » hors le parlement, sinon qu'il ne soit question de baronnie » châtellenie ou autre matière de la valeur de 200 livres de » rente & au dessus, ou d'évêché, abbaye, prieuré conventuel, dignité ou autre bénéfice de la valeur de 400 livres. »

Selon l'article 20, la Commission ne pouvoit être adressée aux présidens, sinon pour des terres de 1000 livres de rente & pour des bénéfices de 2000 livres de rente & au dessus.

L'article 21 ajoute que les présidens & conseillers ne pourront partir pour les Commissions pendant la séance des

Si la Commiſſion eſt adreſſée au lieutenant-général, & que celui-ci ſoit décédé ; celui des officiers qui ſuit dans l'ordre du tableau eſt en droit de l'exécuter. Ce principe réſulte de deux arrêts du parlement de Bordeaux des 5 février 1666, & 4 ſeptembre 1704. Il réſulte également d'un arrêt du parlement de Paris du 4 décembre 1628, rapporté au journal des audiences.

Au reſte, pour éviter tout inconvénient à cet égard, il eſt d'uſage dans pluſieurs cours, d'a-dreſſer les Commiſſions au lieutenant-général, & à ſon défaut au plus ancien officier du ſiége ou gradué non-ſuſpect aux parties.

Les juges royaux ne peuvent adreſſer leurs Commiſſions aux juges des ſeigneurs.

Un arrêt du parlement de Provence rapporté par Boniface, a décidé le 12 octobre 1672, que le lieutenant de Forcalquier n'avoit pu commet-tre un juge ſeigneurial pour faire une inſtruction *in partibus*. L'inſtruction faite en conſéquence a été caſſée, ſauf à faire informer de nouveau. Cet arrêt a été rendu conformément aux conclu-ſions du procureur-général, qui avoit eſtimé qu'il falloit commettre des juges royaux. C'eſt

---

cours ſans le congé de ſa majeſté ou de ſes cours, à moins qu'il n'y eut cauſe urgente, autrement on doit exécuter les Commiſſions depuis la mi-août juſqu'à la ſaint Martin.

Quand la Commiſſion eſt adreſſée au premier conſeiller de la cour trouvé ſur les lieux, un commiſſaire aux requêtes du palais n'eſt pas en droit de l'exécuter. Louet rapporte un arrêt du 12 mai 1595 qui l'a ainſi décidé. La raiſon qu'il en donne, eſt que MM. des requêtes du palais, quoique du corps de la cour lorſque les chambres ſont aſſemblées, ſont cependant un corps ſéparé pour ce qui eſt des jugemens & rapport des procès.

le préfident qui doit diftribuer les Commiffions ;
il doit le faire avec le plus d'égalité qu'il eft poffible eu égard à la capacité des magiftrats qui
compofent fon fiége. Dans les tribunaux inférieurs, le lieutenant-général peut fe commettre
lui-même. L'ordonnance de 1709 du duc Léopold de Lorraine, article 12 du titre des confeillers, en a une difpofition expreffe.

Il y a dans la plupart des bailliages & fiéges
royaux, des officiers particuliers, qui fous le
nom de *Commiffaires enquêteurs*, ont le droit exclufif d'exécuter la plupart des Commiffions des
fiéges où ils font attachés. Voyez l'article COM-
MISSAIRE.

Les juges nommés pour exécuter des Commiffions font récufables comme les autres juges.
Suivant la difpofition du droit romain, la moindre caufe rendoit le juge fufpeʧ en matière
d'audition de témoins.

Et fuivant l'article 26 du titre 24 de l'ordonnance de 1669, quoique les jugemens fur les récufations doivent être exécutés nonobftant
appel ou oppofition, cependant lorfqu'il eft
queftion de procéder à quelque defcente, information ou enquête, » le juge recufé ne peut
» paffer outre nonobftant l'appel, il doit y être
» procédé par d'autres juges ou praticiens du
» fiége non fufpeʧs aux parties, jufqu'à ce qu'il
» en ait été autrement ordonné fur l'appel de la
» récufation, à moins que l'intimé ne déclare
» vouloir attendre le jugement de l'appel ».

Mais conformément à l'article 7 du titre 21,
& à l'article 22 du titre 24 de la même ordon-
dance, les moyens de récufation doivent être
propofés trois jours avant le départ du com-

miſſaire; pourvu que le jour du départ ait été
ſignifié huit jours auparavant, quand même ce
ſeroit pour une cauſe ſurvenue depuis, autrement le juge doit paſſer outre, nonobſtant les
récuſations, priſes à partie, oppoſitions ou appellations, & ſans y préjudicier, ſauf après la
deſcente & la confection de l'enquête, à propoſer & juger les cauſes de récuſation.

L'ordonnance du duc Léopold de Lorraine,
titre 3, article 16, & titre 4, article 20, dont
les diſpoſitions ſont au ſurplus conformes aux
précédentes, veut que le commiſſaire recuſé ne
puiſſe paſſer outre à l'enquête, tant qu'il eſt au
lieu du ſiége de la juridiction.

Le commiſſaire chargé de faire une enquête
eſt intéreſſé à prendre toutes les précautions
poſſibles pour ne point y commettre de nullités.
L'article 36 du titre 22 de l'ordonnance de
1667 l'en rend en quelque ſorte garant, en
ordonnant que ſi l'enquête eſt déclarée nulle par
la faute du juge ou commiſſaire, il en ſoit fait
une nouvelle aux frais & dépens du juge ou
commiſſaire.

Il eſt défendu aux commiſſaires de recevoir
par eux ou par leurs domeſtiques aucun préſent
des parties, ni de ſouffrir qu'elles payent leurs
dépenſes directement ou indirectement à peine
de concuſſion & de 300 livres d'amende. L'article 15 du titre 21 de l'ordonnence de 1667 eſt
exprès à cet égard.

Suivant l'article 16, les juges employés en
même tems à différentes Commiſſions, hors des
lieux de leur domicile, ne peuvent ſe faire payer
qu'une ſeule fois de la taxe qui leur appartient
pour chaque jour. Les parties intéreſſées doivent la leur payer par égale portion.

L'article 17 veut que si la longueur du voyage est augmentée à l'occasion d'une autre Commission, les journées soient payées par les parties intéressées, à proportion du tems qui aura été employé à cause de l'augmentation du voyage.

Mais lorsque les juges sont sur les lieux pour vaquer à des Commissions ou descentes, & qu'à l'occasion de leur présence, ils sont requis d'exécuter une autre Commission; en vertu de l'article 18, ils ne doivent être payés par les parties intéressées à la nouvelle Commission que pour le tems qu'ils y vaqueront; & les parties intéressées à la première Commission sont obligées de payer les journées employées pour aller sur les lieux où la première descente devoit être faite, & pour leur retour.

Si les commissaires sont trouvés sur les lieux, ils ne prennent aucune vacation pour leur voyage, ni pour leur retour, & s'ils sont à une journée de distance, ils prennent la taxe d'un jour pour le voyage & autant pour le retour: c'est la disposition de l'article 20.

L'article 19 ordonne que les commissaires exprimeront sur les minutes & grosses de leurs procès-verbaux, les jours employés pour se transporter sur les lieux, & ceux de leur séjour & retour, ce qui aura été consigné par chacune des parties, & les taxes faites pour la grosse du procès verbal, le tout à peine de concussion, & de 100 livres d'amende.

Dans les villes & banlieues de leur résidence, les commissaires ne sont payés que par vacations; en campagne leur taxe diffère suivant les siéges.

Dans les tribunaux de Lorraine, conformément à l'ordonnance de 1707, les émolumens de toutes les Commiſſions & vacations de quelque nature qu'elles ſoient, doivent être mis à la maſſe des épices; les commiſſaires prélèvent ſeulement les deux tiers des vacations, pour les commiſſions en campagne. La taxe des procureurs du roi eſt fixée aux trois quarts de celle du commiſſaire pour les Commiſſions en campagne, & aux deux tiers pour celles qui s'exécutent en ville, non-compris les droits de concluſions, lorſqu'il y a partie civile.

Les anciennes ordonnances permettoient aux commiſſaire délégués de ſe ſervir de leurs clercs ou de notaires pour faire les fonctions de greffiers. Mais aujourd'hui ces lois ſont abrogées: il eſt défendu, ſoit aux officiers des cours, ſoit aux autres juges de ſe ſervir dans les Commiſſions d'autre greffier que de celui de leur ſiége.

Suivant l'article 25 du titre 22 de l'ordonnance, ceux qui ont été pris pour greffiers dans les Commiſſions particulières qui n'ont point de dépôt, doivent remettre leurs minutes au greffe où le différent eſt pendant, trois mois après la Commiſſion achevée, à peine de 300 livres d'amende.

L'arrêt du 24 février 1724 a les mêmes diſpoſitions.

SECTION SEPTIÈME.

Des proviſions en forme de Commiſſions.

Nous avons dit que le terme de Commiſſion ſe prenoit auſſi pour le nom des proviſions que le roi accorde à ceux de ſes officiers qu'il peut révoquer à volonté.

La différence des charges érigées en titre d'office, & celles auxqu'elles on pourvoit par Commission, consiste en ce que les offices font perpétuels, ou au moins remplis pour un temps limité comme le font encore quelques offices municipaux : mais les Commissions ne font, ni perpétuelles, ni pour un temps précis & réglé ; elles durent ou cessent felon la volonté de celui qui a donné la Commission, & il peut la révoquer lorsque bon lui femble.

Ceux qui exercent des offices les ont pour leur vie : quoi que quelques-uns aient des fonctions interrompues par des intervalles réglés, comme les officiers fémeftres, ou ceux dont le fervice eft alternatif ; ils demeurent toujours officiers & ne peuvent être dépouillés de leurs charges que pour forfaiture jugée. Il en eft de même des officiers municipaux pendant le temps déterminé par la loi pour leur adminiftration. Mais ceux qui n'ont que des Commissions ne peuvent exercer qu'autant qu'il plait à celui qui les a commis.

Cette différence des offices & des commissions n'eft pas fort ancienne. Louis XI ayant affuré en 1467 par un édit, la perpétuité des offices (*), on imagina bientôt les Commissions.

_____

(*) *Voici les termes de cette loi, fi remarquable dans l'hiftoire de nos tribunaux.*

Comme depuis notre avénement à la couronne plufieurs mutations ayent été faites en nos offices, laquelle chofe eft le plus fouvent avenue à la pourfuite & fuggeftion d'aucuns, & nous non avertis duement, par quoi ainfi qu'entendus avons & que bien connoiffons être vraifemblable, *plufieurs officiers doutant cheoir audit inconvénient de mutation &*

Il y a des charges dont les fonctions font per-pétuelles & ordinaires, & qui cependant ne font que de fimples Commiffions ; telles font celles des confeillers & fecrétaires d'état, de contrôleur général des finances & des intendans des provinces.

Il y a dans la magiftrature des charges inamovibles par leur nature, qui fouvent ne font remplies que par Commiffion. Telle eft celle du lieutenant-général de police de Paris. Lorfqu'un office vénal n'eft pas levé aux parties cafuelles, ou que le propriétaire, à caufe de fa minorité, ou par rapport à d'autres empêchemens n'en peut remplir les fonctions il eft d'ufage d'y nommer par Commiffion.

Il y a des Commiffions extraordinaires, dont

---

deftitution, n'ont pas tel zele & ferveur à notre fervice, qu'ils auroient ce n'étoit ladite doute : favoir faifons, que nous confidérant qu'en nos officiers confifte fous notre autorité la direction des faits par lefquels eft policée & entretenue la chofe publique de notre royaume, & que d'icelui *ils font miniftres effenciaux, comme membres du corps dont nous fommes le chef.* Voulant extirper d'eux icelle doute, & pourvoir à leur fûreté en notre fervice, tellement qu'ils ayent caufe d'y faire & perfévérer ainfi qu'ils doivent. Statuons & ordonnons que déformais nous ne donnerons aucun de nos offices, s'il n'eft vacant par mort ou réfignation, faute du bon gré & confentement du réfignant dont il apparoiffe duement, ou par forfaiture préalablement jugée & déclarée judiciairement & par juge compétent, & dont il apparoiffe volontairement ; & s'il advient que par inadvertance & importunité des requérans ou autrement nous faffions le contraire, nous dès maintenant comme pour lors le révoquons & annullons, voulons qu'aucunes lettres n'en foyent faites & expédiées, & fi faites étoient, qu'aucune foi n'y foit ajoutée.

le

le fujet n'eft ni certain , ni perpétuel ; telles font les ambaffades & les autres Commiffions pour traiter avec les étrangers ; les charges militaires dans les corps qui ne font pas toujours entretenus , ou celles des officiers généraux des corps d'armée qui changent à chaque campagne.

SECTION HUITIÈME.

Des Commiffions données aux Huiffiers dans les Chancelleries.

Ces Commiffions font des lettres de chancellerie qui permettent à des huiffiers ou fergens de mettre à exécution des jugemens ou des contrats & de donner des affignations.

Suivant l'article 10 de l'ordonnance de 1667, titre 2, il n'eft pas befoin de Commiffion pour affigner pardevant les tribunaux qui ne jugent pas en dernier reffort : mais cette formalité eft néceffaire fuivant l'article 12 pour traduire les parties devant les cours ou juges en dernier reffort , foit en première inftance , par appel ou autrement. Dans tous ces cas aucun ajournement ne peut y être donné qu'en vertu de lettres de chancellerie , de Commiffion particulière ou d'arrêt.

Il faut excepter de cette règle les ducs & pairs pour raifon de leurs pairies, l'hôtel-dieu , le grand bureau des pauvres, l'hôpital-général de Paris, les perfonnes & communautés qui ont droit de plaider en première inftance , foit en la grand'chambre du parlement de Paris, foit dans les autres cours de parlement.

Sous les termes de juges en dernier reffort font compris les préfidiaux. On ne peut affigner.

pardevant eux pour les cas qui n'excèdent pas les deux chefs de l'édit, qu'en vertu de Commissions prises dans les chancelleries établies près de ces siéges.

Cependant dans les autres présidiaux où il n'y a point de chancellerie présidiale, on assigne sans Commission.

Les prevôtés du royaume ayant été réunies aux bailliages & sénéchaussées en 1749, un arrêt du conseil de la même année a ordonné que dans toutes les affaires qui avant cette réunion étoient de la compétence des prevôtés, châtellenies, vigueries & autres jurisdictions royales réunies, les parties demeureroient dispensées d'obtenir Commission pour faire donner les assignations en première instance aux siéges présidiaux dans les deux cas de l'édit, & de payer les droits qui pourroient être dus à raison de la Commission.

Enfin suivant l'article 13 du même titre de l'ordonnance, on ne peut donner aucun ajournement au conseil, ou aux requêtes de l'Hôtel, qu'en vertu d'arrêt du conseil ou de Commission du grand sceau.

Le titre premier, article 35 de l'ordonnance du mois d'août 1737, a dérogé à cette disposition. Il veut que dans les cas où le défendeur à l'évocation soutient que l'affaire n'est pas sujette à être évoquée, l'assignation soit donnée au domicile de la partie, par exploit libellé, sans qu'il soit besoin d'arrêts, lettres, Commission ni permission à cet effet.

Suivant l'ordonnance de 1667, il n'est pas besoin non plus de Commission pour assigner les témoins qui doivent déposer dans une enquête.

Au conseil, au grand conseil & aux requêtes de l'hôtel en dernier ressort, les Commissions s'expédient au grand sceau. Dans les cours, présidiaux, &c. on les expédie dans les chancelleries établies près de ces tribunaux.

Dans tous les siéges, il est d'usage que les huissiers & sergens donnent la copie des Commissions en vertu desquelles ils procèdent, en même temps que celle de leurs exploits.

Voyez *le traité des offices, de Loiseau ; celui de Joly ; le parfait négociant ; le règlement du conseil de 1747 ; l'ordonnance de 1667 ; le code Léopold de 1707 ; les recueils des ordonnances de Néron & de Fontanon ; la conférence des ordonnances ; le droit public de France ; les arrêts de Louet ; le journal des audiences ; la collection de jurisprudence ; le recueil des ordonnances & réglemens de Lorraine.* Voyez aussi les articles CHAMBRÉ, COMMIS, COMMISSAIRE, COMMISSIONNAIRE, ETATS, INTENDANS, GRANDS JOURS, LIEUTENANT DE POLICE, MÉDECINE, PROCURATION, OFFICE, &c. (*Article de M.* HENRI, *avocat au parlement de Lorraine*).

COMMISSIONNAIRE. C'est celui qui est chargé par un négociant éloigné du lieu de sa résidence, de traiter des affaires de commerce.

Il ne faut pas confondre les Commissionnaires avec les agens & courtiers de change & de commerce. Ceux-ci font des hommes publics qui ne peuvent faire en même-temps le commerce en leur nom, & s'entremettre de négociations de marchandises & de lettres de change avec les négocians & les banquiers d'une même ville : au lieu que les Commissionnaires

L ij

ne font que les mandataires des Commerçans ou banquiers étangers, & ne tiennent leur pouvoir que de leurs commettans.

Au surplus le ministère des uns n'est pas plus gratuit que celui des autres ; ils reçoivent également une rétribution proportionnée aux affaires dont ils font chargés.

Cette rétribution proportionnée distingue les Commissionnaires des simples facteurs ou commis qui ont des gages fixes, indépendans des événemens, & qui n'étant employés que par un seul marchand, ne peuvent partager le bénéfice ni les pertes de leurs commettans.

Les fonctions des Commissionnaires font très-importantes au commerce. Les grands négocians qui font venir de chaque contrée les marchandises qui y abondent pour les verser dans les lieux où elles manquent, qui trafiquent à la fois dans les différentes parties du monde & en assortissent les productions dans leurs magasins, ne pourroient suffire à des entreprises aussi vastes sans le secours des Commissionnaires.

Les Commissionnaires doivent en général se conformer aux maximes tracées dans le droit pour tous les mandataires & les procureurs fondés. Ainsi ils doivent se renfermer dans les termes de leur commission, s'ils ne veulent pas être personnellement responsables de la perte & du dommage qui peuvent arriver à leurs commettans.

Mais comme il y a différentes espèces de Commissionnaires, nous examinerons les règles qui font particulières à chacun d'eux. Nous parlerons d'abord des Commissionnaires chargés d'acheter des marchandises.

2°. De ceux qui doivent en procurer la vente :

3°. De ceux qui acquittent les lettres de change de leurs commettans ou en reçoivent la valeur & la leur font paſſer :

4°. Des Commiſſionnaires d'entrepôt, qui domiciliés dans les villes maritimes ou dans celles d'un grand paſſage, reçoivent les marchandiſes à leur arrivée & les envoient à leur deſtination :

5°. De ceux qui ſont prépoſés par les voituriers.

Des Commiſſionnaires chargés d'acheter des marchandiſes. Tout particulier peut acheter des marchandiſes par commiſſion ſans être reçu maître dans les villes où il y a maîtriſe.

Ces Commiſſionnaires demeurent dans les lieux où il y a un grand commerce ou qui abondent en manufactures ; ils donnent avis à leurs commettans des révolutions qu'y eſſuye le commerce, de l'augmentation ou de la diminution du prix des marchandiſes, des nouveautés qui s'y vendent ou s'y fabriquent : ils achetent pour le compte de ces correſpondans celles qu'ils leur demandent, & les leur font paſſer en recevant deux ou trois pour cent pour le droit de commiſſion ſuivant la nature des affaires, outre les frais d'emballage & d'envoi.

Quelquefois ces Commiſſionnaires achetent eux-mêmes les matières premières & les font travailler ſous leurs yeux pour le compte de leurs commettans par les ouvriers des manufactures.

Ces Commiſſionnaires doivent avoir des livres journaux, & y écrire les marchandiſes qu'ils achetent, les noms des marchands ou des manufacturiers de qui ils les reçoivent, le prix & le temps du payement : ils doivent aussi en envoyer la facture à leurs commettans. La facture & les livres du vendeur doivent faire mention que les marchandises sont pour le compte du commettant, sans quoi les Commissionnaires seroient exposés à payer en leur nom, & le vendeur n'auroit pas même d'action contre le commettant ; il pourroit au plus saisir entre ses mains, supposé qu'il fût encore débiteur du Commissionnaire lors de sa faillite.

Au contraire, s'il est dit sur le journal du vendeur, que le Commissionnaire doit pour le compte du commettant, cette disposition les rend tous deux débiteurs & cautions l'un de l'autre ; ensorte que si le premier fait faillite & se trouve créancier du second à raison des mêmes marchandises, le vendeur peut demander la distraction de cette dette à son profit.

Enfin si le journal porte que la marchandise livrée au Commissionnaire est due par le commettant, celui-ci est le seul débiteur. Le Commissionnaire n'est garant que de l'envoi & de la commission. En justifiant de l'un & de l'autre, il ne peut être inquiété par le vendeur. Mais s'il ne prouvoit pas que la marchandise eût été envoyée à ceux pour le compte desquels il avoit déclaré l'avoir achetée, il seroit obligé de la payer en son nom.

Des Commissionnaires qui vendent les marchandises. Il n'est pas permis à toutes sortes de personnes de vendre par commission ; dans les villes où il y a des maîtrises, il est nécessaire d'être reçu maître.

Il y a même quelques corps de marchands

dans lesquels les statuts défendent aux maîtres de vendre par commission. Par exemple, les réglemens des mois d'octobre 1601 & janvier 1613 défendent aux marchands du corps de la mercerie d'être courtiers & commissionnaires, sous peine de privation de leur maîtrise & d'amende arbitraire. L'esprit de ces lois est d'empêcher que les marchands étrangers qui ne sont point aggrégés au corps, jouissent de ses priviléges sous des noms empruntés.

Mais l'avantage du public & celui des marchands mêmes, fait disparoître ces inconvéniens particuliers. Ces anciens statuts ne sont plus observés aujourd'hui ; & ceux des autres corps n'ont pas de pareilles prohibitions. Les Anglois mêmes, ceux de tous les peuples dont la jalousie a limité davantage le commerce des étrangers, leur permettent cependant de faire vendre leurs marchandises dans la Grande Bretagne, sous le nom d'un franc bourgeois, en lui payant le droit de commission.

Nos anciennes ordonnances défendoient de vendre par commission quelques denrées de première nécessité ; l'article 5 de l'ordonnance du 21 novembre 1577 comprenoit le foin dans cette prohibition ; mais ces lois ne sont plus en vigueur.

Les Commissionnaires chargés de vendre doivent convenir avec leurs commettans s'ils demeureront garans de la solvabilité des marchands auxquels ils vendent à crédit ou non, & s'ils feront les deniers bons ; alors comme ils courent plus de risques, leur droit de commission est plus fort : on leur accorde un certain délai pour faire les payemens, & laisser rentrer l'argent des ventes. Ce délai est ordinairement de trois mois.

Les Commissionnaires qui ne demeurent point responsables du prix des ventes, doivent dans leur livre de crédit faire mention qu'ils ont vendu pour le compte de leurs commettans, afin que s'ils faisoient eux-mêmes faillite, ceux-ci pussent révendiquer les sommes dues par les débiteurs.

Cette révendication auroit lieu quand même les Commissionnaires auroient pris des billets en leur nom, pourvu cependant que la date s'en rapportât à celle des ventes constatées dans les livres journaux, & qu'ils ne fussent pas à ordre ou au porteur, & négociés à un tiers.

Mais si les marchandises étoient écrites sur les livres au nom du Commissionnaire, les dettes feroient censées leur appartenir & non aux commettans, à moins qu'elles ne leur eussent été transportées par des actes en bonne forme.

Lorsque des marchands vendent à la fois pour leur propre compte & par commission, il est encore plus essentiel pour eux de ne point confondre ces deux espèces d'affaires, & de distinguer tout ce qui vient de leur commerce particulier, & ce qui concerne leurs différens commettans.

En un mot, si les regiftres du Commissionnaire ne constatent pas que les marchandises vendues appartenoient à son commettant, celui-ci n'a point d'action contre l'acheteur, mais feulement contre le Commissionnaire. Ce principe a été confirmé par un arrêt du 21 juillet 1742, rendu au profit des fieurs Petit & Hardy, marchands de vin à Paris.

Un autre arrêt rendu par le parlement de Touloufe le 30 avril 1742 a décidé qu'un Commiffionnaire qui a vendu pour le compte de fes commettans comme pour lui-même, n'étoit pas refponfable de l'infolvabilité des acheteurs lorfqu'elle étoit furvenue depuis la vente.

Des Commiffionnaires qui acquittent les lettres de change de leurs commettans ou en reçoivent la valeur. Il y a deux fortes de Commiffionnaires pour la remife & la traite des lettres de change.

Les uns font des négocians & banquiers qui font des commiffions refpeétives pour les traites & remifes, chacun en leur nom particulier.

Les autres ne font point le commerce pour leur compte particulier ; ils font feulement Commiffionnaires de négocians & de banquiers pour recevoir leurs traites & en faire les remifes ; ceux-ci, lorfqu'ils fe font conduits avec exaétitude, n'ont aucune part à la perte ni au profit : ils ont feulement un droit de commiffion, leurs frais & les intérêts de leurs avances.

Un Commiffionnaire doit avoir foin de faire accepter les lettres que fon commettant lui remet ou lui fait remettre, de les faire protefter faute d'acceptation de payement, & de les dénoncer dans les délais ; fans quoi elles tomberoient à fon compte & à fes rifques. Il doit auffi ne point faire tirer les lettres de change fur lui ou à fon ordre, afin que fi elles paffent entre les mains d'un tiers, on ne puiffe s'adreffer à lui en cas de faillite des tireurs, des endoffeurs & du commettant.

Des Commiffionnaires d'entrepôt. Les Commiffionnaires d'entrepôt demeurent ordinairement dans des lieux où les marchandifes arrivent par terre ou par eau, & font déchargées par des voituriers qui ne les conduifent point jufqu'à leur dernière deftination.

Quand les Commiffionnaires reçoivent les balles & caiffes des marchandifes, il faut qu'ils aient attention à ce qu'elles foient bien conditionnées ; & s'ils les trouvent en mauvais état, ils doivent en dreffer des procès-verbaux afin d'éviter toute difficulté entre les voituriers & les marchands. Ces difficultés pourroient même retomber fur eux, puifque les lettres de voiture portent ordinairement : *l'ayant reçue* (la marchandife) *bien conditionnée & en temps dû.* Ainfi le Commiffionnaire qui recevroit des marchandifes défectueufes & mal conditionnées, feroit tenu des dommages-intérêts envers les marchands à qui elles appartiendroient.

Il réfulte entre les négocians, leurs Commiffionnaires & les voituriers, plufieurs engagemens, des termes des lettres de voiture (*)

(*) *Modele de lettres de voiture d'un ballot de marchandife.*

A Nancy ce 15 février 1777.

Monfieur, je vous envoie par Pierre Sanbeuf voiturier par terre de cette ville, un ballot de marchandifes marqué comme ci-contre, pefant 506 livres, lequel ayant reçu bien conditionné & en temps dû, vous lui payerez pour fa voiture à raifon de 3 livres 10 fous pour cent, comme par avis de

P. M. N.º 1.

Votre très-humble ferviteur, *Pierre Meall*

A Monfieur, Monfieur Louis, marchand, rue Belleifle, à l'enfeigne du Cigne; à Metz.

D'abord en vertu de ces mots, *bien condition-nees*, il faut que le voiturier rende les ballots ou caiffes de marchandifes en bon état ; il feroit refponfable du dommage fi elles étoient fouillées ou brifées faute de les avoir bien couvertes ou bien chargées ; mais il n'en feroit pas de même fi on n'avoit rien à lui imputer.

En fecond lieu, ces mots, *les ayant reçues en temps dû*, obligent les voituriers à ne pas différer leur départ, & à ne pas s'arrêter pour faire d'autres voitures, & revenir enfuite reprendre les marchandifes dont ils s'étoient d'abord char-gés.

On ajoute enfin à la lettre de voiture ces ter-mes : *comme par avis de*, parce que le Commif-fionnaire doit prévenir par la pofte fon com-mettant des marchandifes qu'il lui a expédiées.

Il eft effentiel que les Commiffionnaires & les marchands qui confient des marchandifes aux voituriers, meffagers, rouliers & maîtres des coches, faffent fur la feuille ou les regiftres la

---

Autre lettre de quatre caiffes de marchandifes.

A Orléans ce 3 mai 1776.

Monfieur, je vous envoie par Nicolas Bon-temps, voiturier par terre de Paris, quatre caiffes de marchandifes, marquées comme ci - contre, P. L. S. pefant enfemble 1020 livres, lefquelles ayant n. 1, 2, reçu bien conditionnées en temps dû, vous 3, 4. lui payerez fa voiture à raifon de 3 livres 5 fous pour cent, comme par avis de   •

A Monfieur,   Votre, &c.
Monfieur Savart, rue
Saint-Denis, à Paris.

déclaration des chofes qui fe trouvent dans les coffres & valifes fermés à clef.

A défaut de cette précaution, le réglement du lieutenant civil de Paris du 18 juin 1681, veut qu'on ne puiffe répéter au-delà de cent cinquante livres pour la valeur des chofes non déclarées, lorfqu'elles fe trouvent perdues par la négligence des voituriers & fans fraude, & à la charge d'affirmer que la perte équivaut au moins à cette fomme.

Lorfque la feuille eft chargée de la déclaration, les maîtres des meffageries & voitures font tenus de rendre la valeur des chofes qui manquent.

Les marchands ou Commiffionnaires qui font des envois de chofes précieufes, comme dentelles, brocards & étoffes d'or, d'argent ou de foie, & d'autres marchandifes qui peuvent facilement fe gâter, doivent les faire mettre dans des caiffes enveloppées de toile cirée, avec un emballage au-deffus. A l'égard des marchandifes groffières, il faut qu'elles foient emballées avec de la paille & des cordages. Lorfque ces précautions ont été prifes, les voituriers & meffagers font refponfables fi les marchandifes font gâtées par leur faute. C'eft ce qui réfulte de l'édit de 1679, & des arrêts du confeil des 25 juin 1678, & 8 février 1689, dont le réglement du lieutenant de police a renouvelé à Paris les difpofitions.

Ce dernier réglement ordonne encore que les meffagers, maîtres des coches & caroffes & leur commis auront un regiftre auquel foi fera ajoutée comme à ceux des marchands; qu'ils y chargeront tout ce qui fera remis à leur conduite

& que ceux qui voudront envoyer de l'or, de l'argent, des pierreries & d'autres chofes précieufes, ou des papiers de conféquence, en feront un bordereau, & le feront tranfcrire fur le regiftre. Il ordonne enfin que les meffagers, maîtres des coches & caroffes ne feront refponfables que de ce qui aura été ainfi écrit fur leur regiftre.

Les marchands, négocians & leurs Commiffionnaires ne font pas obligés de charger leurs marchandifes fur les voitures des meffageries, lorfque les caiffes & ballots pefent au-deffus de cinquante livres. L'arrêt du confeil du 2 avril 1701 les maintient dans la liberté d'adreffer ces marchandifes aux Commiffionnaires qu'ils peuvent avoir dans les différentes villes du royaume, pour les faire parvenir aux lieux de leur deftination par les voitures qu'ils croiront les plus commodes.

Des Commiffionnaires prépofés par les voituriers. Les voituriers ont auffi des Commiffionnaires, qui pour les foulager au moment de leur arrivée, fe chargent de leurs lettres de voiture & des acquits des bureaux par lefquels ils ont paffé.

Ces Commiffionnaires vont auffi avertir les négocians de retirer leurs marchandifes, en recevoir le prix & acquitter les droits à la douane & aux entrées. Ils s'informent s'il n'y a pas d'autres marchandifes à faire paffer dans les lieux où les voituriers retournent, afin de ne point les retarder & de leur procurer le bénéfice de la contre-voiture.

Il eft libre aux voituriers qui arrivent par terre à Paris, de fe fervir de tels Commiffionnaires qu'ils jugent à propos. Ils s'adreffent ordinairement aux voituriers chez lesquels ils logent

Un édit rendu en l'année 1705, avoit étab. des courtiers, facteurs & Commissionnaires des rouliers, muletiers & autres voituriers pour les villes, fauxbourgs & banlieue de Paris, avec at. tribution du droit d'un sou pour livre sur toutes les voitures, balles, ballots, hardes, équipages & autres marchandises, au-dessus du poids de cinquante livres qui se voiturent par terre.

Mais cette loi a été supprimée par l'arrêt du conseil du 27 mars 1706.

Voyez *le parfait négociant de Savary ; les pa- reres 32 & 72 du même auteur ; l'exercice des commerçans ; les instituts au droit consulaire de Toubeau ; le praticien des consuls ; l'ordonnanc du commerce de 1673, avec le commentaire de Bornier & les notes de Jousse.* Voyez aussi les ar- ticles AGENT DE CHANGE , BANQUIER , CONSUL, COURTIER, FACTEUR, NÉGOCIANT ET VOITURIER. (*Article de M. HENRY , avoca au parlement de Lorraine*).

COMMITTIMUS. Terme de chancelle- rie, par lequel on exprime le droit ou privilége que le roi accorde à certaines personnes de plaider en première instance tant en demandant qu'en défendant, par-devant certains juges, & d'y faire évoquer les causes où elles ont in- térêt (*).

(*) *Formule de lettres de* Committimus.

Louis, &c. de la partie de notre amé tel, (*on expose la qualité qui donne le privilége*) étant à cause de ce, en notre protection & sauve-garde, nous te mandons que toutes les dettes à lui dues tu les lui fasses payer, en y contrai- gnant ses débiteurs par les voies & ainsi qu'ils y sont obligés;

Le droit de *Committimus* tient beaucoup de ce que les jurifconfultes ont appelé *privilegium fori:* ce privilége confiftoit à plaider devant un juge plus relevé que le juge ordinaire, ou devant un juge auquel la connoiffance de certaines matières étoit attribuée. Ainfi chez les Romains les foldats avoient leurs caufes commifes devant l'officier appelé *magifter militum.* Il y avoit un prêteur particulier pour les étrangers; un autre qui ne connoiffoit que du crime de faux, un autre qui ne connoiffoit que des *fidei-commis.*

Les empereurs Romains avoient auffi pour les matières civiles un magiftrat appelé *procurator Cæfaris*, & pour les matières criminelles un autre appelé *præfes*, devant lefquels les officiers de leurs maifons devoient être traduits,

---

& en cas de refus, oppofition ou délai d'affigner les refufans, oppofans ou délayans; favoir les redevables de deux cent livres & au deffus, pardevant nos amés & féaux confeillers en nos confeils les maîtres des requêtes ordinaires de notre hôtel ou les gens tenans les requêtes de notre palais à Paris, au choix & option de l'expofant; & pour les fommes au deffous, pardevant les juges qui en doivent connoître; & outre te mandons qu'en vertu des préfentes, tu faffes renvoi incontinent & fans délai auxdites requêtes de notre hôtel ou du palais de toutes les caufes perfonnelles, que l'expofant a ou aura ci-après pardevant d'autres juges ou éfquelles il voudra intervenir, prendre fait & caufe; tant en demandant, défendant qu'en fommation, pourvu toutefois qu'elles foient entières & non conteftées; te défendons connoiffance de caufe, & ces préfentes après l'an non valables; de ce faire te donnons pouvoir Car tel eft notre plaifir. Donné en la chancellerie du palais. A Paris le .... jour de .... l'an de grace .... & de notre règne le .... Par le confeil.

felon la matière dont il s'agiſſoit. Les ſénateurs avoient auſſi un juge de privilége en matière ci-vile & en matière criminelle ; ils avoient pour juge celui qui étoit délégué par le prince.

L'origine des *Committimus* en France eſt fort ancienne : comme l'établiſſement des maîtres des requêtes de l'hôtel eſt beaucoup plus ancien que celui des requêtes du palais, l'uſage du *Committimus* aux requêtes de l'hôtel eſt auſſi beaucoup plus ancien que pour les requêtes du palais. Les maîtres des requêtes avoient ancien-nement le droit de connoître de toutes les re-quêtes qui étoient préſentées au roi ; mais Phi-lippe de Valois, par une ordonnance de 1344, régla que dans la ſuite on ne pourroit plus aſſi-gner de parties devant les maîtres des requêtes de l'hôtel, ſi ce n'étoit de la certaine ſcience du roi, ou dans les cauſes des offices donnés par le roi, ou dans les cauſes purement perſonnelles qui s'éleveroient entre des officiers de l'hôtel du roi, ou enfin lorſque quelques autres per-ſonnes intenteroient contre les officiers de l'hô-tel du roi des actions purement perſonnelles, & qui regarderoient leurs offices : ce qu'il preſcri-vit de nouveau en 1345.

La chambre des requêtes du palais ne fut éta-blie que ſous Philippe-le-Long, vers l'an 1320, pour connoître des requêtes préſentées au par-lement, comme les maîtres des requêtes de l'hôtel du roi connoiſſoient des requêtes préſen-tées au roi.

Les officiers commenſaux de la maiſon du roi croyant qu'ils auroient une plus prompte expé-dition aux requêtes du palais, obtinrent en chan-cellerie des commmiſſions pour intenter aux
requêtes

requêtes du palais leurs caufes perfonnelles, tant en demandant qu'en défendant, même pour y faire renvoyer celles qui étoient intentées devant les maîtres des requêtes de l'hôtel.

Ces commiffions furent dès l'origine appelées *Committimus* ; on en accordoit déja fréquemment dès 1364, fuivant une ordonnance de Charles V, du mois de novembre de cette année, qui porte que les requêtes du palais étoient furchargées de caufes touchant fes officiers, & autres qu'il leur commettoit journellement par fes lettres.

Ces *Committimus* étoient d'abord tous au grand fceau, attendu qu'il n'y avoit encore qu'une feule chancellerie.

On donna même aux requêtes du palais le droit d'être juges de leur propre compétence, par rapport à ceux qui y viennent plaider en vertu de *Committimus* : ce qui fut ainfi jugé par arrêt du 8 juillet 1367.

Depuis l'établiffement des petites chancelleries, on a diftingué deux fortes de *Committimus*, favoir, le *Committimus* au grand fceau, & le *Committimus* au petit fceau.

Ceux qui ont droit de *Committimus* au grand fceau peuvent attirer à Paris aux requêtes du palais ou de l'hôtel toutes leurs caufes perfonnelles (*), quand même elles feroient de nature à être portées devant des juges hors du reffort

---

(*) Par fucceffion de temps on avoit étendu l'ufage des *Committimus* aux matières poffeffoires & mixtes ; mais par une déclaration du 26 février 1771, le roi a regardé comme abufive & contraire au bien de la juftice, l'extenfion qu'on

du parlement de Paris, pourvu qu'en ce dernier cas il soit question d'un objet ou indéterminé, ou d'une valeur au-dessus de mille livres.

Tous ceux qui ont droit de *Committimus* au grand sceau, l'ont au petit sceau, c'est-à-dire, près des chancelleries des parlemens; mais ceux qui par leur privilége ne l'ont qu'au petit sceau, ne l'ont pas au grand.

Le *Committimus* au petit sceau près de la chancellerie du parlement de Paris, ne peut attirer aux requêtes du palais ou de l'hôtel, que les causes qui sans ce privilége seroient portées dans des juridictions du ressort du parlement. Il en est de même du *Committimus* près les chancelleries des autres parlemens; il n'a d'effet que pour leur ressort.

Les personnes, qui suivant l'ordonnance de *Committimus*, & divers arrêts & réglemens jouissent du droit de *Committimus* au grand sceau, sont les princes du sang & autres princes reconnus en France, les ducs & pairs & autres officiers de la couronne, les chevaliers & officiers de l'ordre du saint-Esprit, les deux plus anciens chevaliers de l'ordre de saint-Michel, les conseillers d'état qui servent actuellement au conseil, ceux qui sont employés dans les ambas

---

avoit donnée au droit de *Committimus* : c'est pourquoi il voulu par l'article second de cette loi que les *Committimus* ne pussent avoir lieu à l'avenir que pour les causes purement personnelles : en conséquence sa majesté a défendu l'exercice de ce droit pour les causes réelles, possessoires ou mixtes & aux cours de retenir la connoissance de ces sortes de causes, à peine de nullité & cassation des procédures & jugemens qui seroient intervenus à cet égard.

fades, les maîtres des requêtes, les préfidens, confeillers, avocats & procureurs généraux de fa majefté, les greffiers en chef & premier huiffier du parlement & du grand confeil, le grand prévôt de l'hôtel, fes lieutenans, les avocats & procureurs de fa majefté, & le greffier, les fecretaires du roi de la grande chancellerie, les agens généraux du clergé pendant leur agence, les doyen, dignitaires & chanoines de notre-Dame de Paris, les quarante de l'Académie Françoife, les officiers, commiffaires, fergent-major & fon aide, les prévôt & maréchal des logis du régiment des Gardes, les officiers, domeftiques & commenfaux de la maifon du roi, de celle de la reine, des enfans de France & du premier prince du fang, dont les états font portés à la cour des aides, & qui fervent ordinairement (*) aux gages de foixante livres au moins.

(*) L'ordonnance avoit attribué le droit de *Committimus* au grand fceau, aux officiers, domeftiques & commenfaux fervans par quartier ; mais l'article 5 de la déclaration du 26 février 1771, a ordonné que ceux dont le fervice ne feroit que par quartier ou par fémeftre ne pourroient jouir du droit de *Committimus*. Il eft feulement voulu que pendant le temps de leur fervice il ne puiffe être obtenu contre eux aucune fentence définitive dans les caufes où ils font intéreffés, & que fur la requifition de leur procureur, il foit furfis à toute procédure jnfqu'à ce que le temps de leur fervice foit expiré.

L'article 3 de la même loi a ordonné que ceux qui ont droit de *Committimus* à raifon des charges, offices & états qu'ils tiennent près du roi & dans la maifon de fa majefté, ainfi que dans les maifons des enfans de France & des princes & princeffes de la famille royale, à l'exception toutefois des perfonnes du confeil, ne pourroient obtenir de lettres de *Committimus* fans avoir rapporté un certificat du chef

Tous ces officiers & domestiques sont tenus de faire apparoir par certificat en bonne forme, qu'ils sont employés dans ces états.

Ceux qui jouissent du *Committimus* au petit sceau, sont les officiers des parlemens autres que celui de Paris; savoir, les présidens, conseillers, avocats & procureurs généraux, greffier en chef, civil & criminel & des présentations, secretaires & premier huissier, les commis & clercs du greffe, l'avocat & le procureur général, & le greffier en chef des requêtes de l'hôtel, de même que celui des requêtes du palais; les officiers des chambres des comptes, savoir, les présidens, maîtres, correcteurs & auditeurs; les avocats & procureurs généraux, greffier en chef & premier huissier; les officiers des cours des aides, savoir, les présidens, conseillers, avocats & procureur généraux, greffier en chef & premier huissier; les officiers de la cour des monnoies de Paris, savoir, les présidens, conseillers, avocats & procureur généraux, greffier en chef & premier huissier; les trésoriers de France de Paris; les quatre anciens de chaque autre généralité, entre lesquels peu-

---

ou commandant portant qu'ils font actuellement les fonctions de leur office. Ce certificat doit être visé dans les lettres de *Committimus* & attaché sous le contre-scel, à peine de nullité.

Cette disposition a été étendue par l'article 4 aux suppôts ou officiers des chapitres, églises, saintes chapelles, universités & autres corps qui jouissent du droit de *Committimus* au grand ou au petit sceau. Ils ne peuvent obtenir de lettres de *Committimus*, s'ils ne rapportent un certificat du chapitre portant qu'ils font habituellement & personnellement les fonctions de leurs états & offices.

vent être compris le premier avocat & procureur du roi, fuivant l'ordre de leur réception ; les fecretaires du roi près les parlemens, chambres des comptes, cours des aides ; le prévôt de Paris, fes lieutenans généraux, civil, de police, criminel & particulier, & le procureur du roi au châtelet ; le bailli, le lieutenant & le procureur du roi du bailliage du palais à Paris ; les préfidens & confeillers de l'élection de Paris ; les officiers vétérans de la qualité ci-deffus, pourvu qu'ils ayent obtenu du roi des lettres de vétérance ; le collége de Navarre pour les affaires communes, & les directeurs de l'hôpital général de Paris.

Le prévôt des marchands & les échevins de Paris pendant l'exercice de leurs charges, les confeillers de ville, le procureur du roi, le receveur & le greffier jouiffent auffi du *Committimus* au petit fceau.

Les douze anciens avocats du parlement de Paris fur le tableau, & fix de chacun des autres parlemens jouiffent du même droit.

Il y a encore quelques officiers & communautés qui jouiffent du droit de *Committimus* en vertu de titres particuliers.

Quoiqu'en général celui qui a droit de *Committimus* puiffe fe pourvoir aux requêtes de l'hôtel ou du palais, l'article 19 du titre des *Committimus* de l'ordonnance du mois d'août 1669 a apporté quelques exceptions à cette règle. Il a voulu que les maîtres des requêtes, les officiers de l'hôtel du roi & leurs veuves ne puffent plaider en vertu de leur *Committimus*, qu'aux requêtes du palais à Paris, & que les préfidens, confeillers & autres officiers des requê-

tes du palais du parlement de Paris & leurs veuves ne puſſent exercer le même privilége qu'aux
requêtes de l'hôtel.

La clauſe de pouvoir plaider dans l'une des
deux juridictions au choix des perſonnes dont
on vient de parler, ne peut pas être inſérée dans
les lettres de *Committimus*, à peine de nullité &
de ce qui auroit été fait en conſéquence. C'eſt
une diſpoſition de l'article qu'on vient de citer.

Suivant l'article 20, les préſidens & conſeillers des requêtes du palais des autres parlemens
du royaume, ont pour juge de leur privilége le
principal ſiege ordinaire de leur reſſort, c'eſt-à-
dire, la ſénéchauſſée ou le bailliage royal du
lieu de leur réſidence, & le préſidial dans les cas
préſidiaux.

Dans le cas du concours de deux privilégiés,
dont l'un a ſes cauſes commiſes au grand ſceau
& l'autre au petit ſceau, celui qui a ſes cauſes
commiſes au grand ſceau l'emporte ſur l'autre.

Le droit de *Committimus* au grand ou au petit ſceau l'emporte auſſi ſur celui du ſcel du
châtelet de Paris & des autres ſcels attributifs
de juridiction.

Lorſque les priviléges ſout égaux, ou que
l'un n'a aucun droit pour l'emporter ſur l'autre,
c'eſt au privilégié qui a prévenu qu'eſt due la
préférence. Le commentateur de l'ordonnance
des *Committimus* cite une ſentence, par laquelle
le bailliage d'Orléans l'a ainſi jugé le premier
août 1737 au profit du ſieur le Vaſſor étudiant en
droit a Orléans, contre le ſieur le Comte procureur du roi en la maîtriſe des eaux & forêts
de Romorantin.

Dans le concours du privilége d'un ecclésiastique contre un privilégié qui a droit de *Committimus* aux requêtes du palais ou ailleurs, le privilége de l'ecclésiastique pour plaider en défendant devant l'official doit l'emporter. Le bailliage qu'on vient de citer l'a ainsi jugé par sentence du premier décembre 1662 au profit du curé de Dampierre, contre un écolier qui prétendoit devoir user à l'égard de ce curé du privilége de scholarité.

Lorsqu'on veut assigner un privilégié, on n'est pas obligé de l'assigner devant le juge de son privilége : on peut si l'on veut, l'assigner devant le juge de son domicile ; mais si ce privilégié demande son renvoi par-devant le tribunal où il a ses causes commises, il doit obtenir ses fins.

Quand le privilégié a d'abord été assigné devant le juge de son privilége, il ne peut plus demander son renvoi devant le juge de son domicile.

Les lettres de *Committimus* ne peuvent être signées ni scellées dans les chancelleries établies près des cours de parlement qu'elles n'aient été paraphées par les maîtres des requêtes ou les gardes des sceaux, & que la date n'ait été remplie de leur main, à peine de nullité. C'est ce qui résulte de l'article six du titre des *Committimus* de l'ordonnance de 1669.

Suivant l'article sept, les lettres de *Committimus* ne font plus valables lorsqu'elles sont surannées.

Remarquez aussi que quand les huissiers ou sergens assignent quelqu'un en vertu de lettres de *Committimus*, ils doivent donner copie de ces

M iv

lettres avec l'exploit (*), à peine de nullité &
de cinquante livres d'amende. C'eſt ce qui réſulte de l'article 8.

L'article 9 veut que les renvois ſe faſſent en
vertu des *Committimus*, par l'exploit d'aſſignation donné à la partie ou à ſon procureur s'il y
en a un de conſtitué ſans que les huiſſiers ou
ſergens ſoient tenus d'en faire la requiſition aux
juges.

Du jour de la ſignification du renvoi, il doit
être ſurſis à toute pourſuite & procédure dans
la juridiction d'où le renvoi eſt demandé ; & s'il
arrivoit que nonobſtant une telle demande on
vint à faire quelque procédure , la caſſation
pourroit en être requiſe judiciairement s'il n'y
avoit point de procureur conſtitué de la part
du défendeur en renvoi , ou par requéte ſigni-
fiée s'il y avoit un procureur conſtitué : ainſi
tout ce qui auroit été fait au préjudice de la de-

(*) *Formule d'un exploit d'aſſignation en vertu de lettres*
de Committimus.

L'an mil ſept cent..... le .....en vertu des lettres de
Committimus du .... collationnées, ſignées & ſcellées ...
à la requête de....demeurant.... qui a élu ſon domicile
en la maiſon de Me.... ſon procureur, ſiſe à Paris, rue..
paroiſſe ... j'ai ...ſouſſigné, donné aſſignation à ....
comparoir à la huitaine pardevant noſſeigneurs des requêtes
de l'hôtel ou du palais, pour ſe voir condamner , &c. (*il faut*
expliquer la demande) répondre & procéder en outre comme
de raiſon , & à fin de dépens, déclarant que ledit Me...
occupera pour ledit.... & j'ai à cet effet laiſſé copie au
ſuſnommé (*s'ils ſont pluſieurs ou à chacun des ſuſnommé*
ſéparément) & parlant comme deſſus. (*il faut enoncer*
ici les pieces dont on donne copie , ſi on en donne , ſinon
mettre ſeulement) tant dudit *Committimus* que du préſent
exploi.

mande en renvoi feroit caffé, quand même les juges du *Committimus* croiroient ne pas devoir retenir la connoiffance de la caufe. Telles font les difpofitions de l'article 10.

Cette loi eft fondée fur ce que les tribunaux tant des requêtes de l'hôtel que des requêtes du palais font feuls juges de leur compétence, & que dans les lettres de *Committimus* c'eft le roi qui parle.

Au furplus, lorfqu'une des parties prétend que l'affaire n'eft pas fujette au droit de *Committimus*, elle peut contefter le privilége de celui qui veut en faire ufage. Et fi en effet, celui qui a fait affigner ou renvoyer une caufe par-devant des juges de privilége, n'eft pas privilégié, il doit être condamné par le jugement ou arrêt qui intervient fur le déclinatoire, à une amende de foixante-quinze livres applicable moitié au roi & moitié à la partie : cette amende eft acquife de plein droit, & il doit en être délivré exécutoire au greffe, quand même les juges auroient omis de la prononcer. C'eft ce qui réfulte de l'article 32.

Suivant l'article 16, les maris ne peuvent pas ufer du droit de *Committimus* appartenant à leurs femmes fervant dans les maifons royales, & employées dans les états envoyés à la cour des aides ; mais les femmes féparées jouiffent du *Committimus* de leurs maris : il en eft de même des veuves tant qu'elles demeurent en viduité.

On trouve même au journal des audiences un arrêt du 7 feptembre 1707, par lequel le parlement de Paris a jugé qu'une femme devoit jouir du droit de *Committimus* dans le cas d'une demande en féparation formée contre fon mari, quoiqu'il ne voulut pas ufer de fon privilége.

Il y a différens cas dans lefquels les privilégiés ne peuvent fuivant l'ordonnance, ufer de leur *Committimus*. Ainfi l'exercice de ce droit ne peut avoir lieu.

1°. Pour tranfports à eux faits, fi ce n'eft pour dettes véritables & par actes paffés devant notaires, & fignifiés trois ans avant l'action intentée ; & les privilégiés font tenus de donner copie de ces tranfports avec l'affignation, & même d'en affirmer la vérité en jugement, en cas de déclinatoire, & s'ils en font requis, à peine de cinq cens livres d'amende contre ceux qui auront abufé de leur privilége.

On excepte néanmoins de la règle précédente pour la date des tranfports, ceux qui font faits par contrat de mariage, par des partages ou à titre de donations bien & dûment infinuées, à l'égard defquels les privilégiés peuvent ufer de leur *Committimus* quand bon leur femble.

2°. Les privilégiés ne peuvent pas fe fervir de leur *Committimus* pour affigner aux requêtes de l'hôtel ou du palais les débiteurs de leurs débiteurs, afin d'affirmer ce qu'ils doivent, fi la créance n'eft établie par pièces autentiques paffées trois années avant l'affignation donnée, & ils font de plus tenus d'affirmer, s'ils en font requis, que leur créance eft véritable, & qu'ils ne prêtent point leur nom, le tout fous les peines ci-deffus expliquées.

3°. Les *Committimus* n'ont point lieu en cas de demandes pour paffer déclaration ou titre nouvel de cenfives ou rentes foncières, ni pour payement des arrérages qui en font dûs, à quel que fomme qu'ils puiffent monter, ni aux fins de quitter la poffeffion d'héritages ou immeubles, ni pour les élections, tutelles, curatelles, fcellés & inventaires, acceptation de garde-noble, ou pour matières réelles, quand même la demande feroit auffi à fin de reftitution des fruits.

4°. Les affaires concernant le domaine & celles où le procureur du roi eft feul partie, ne peuvent auffi être évoquées des fièges ordinaires en vertu des *Committimus*.

5°. Il en eft de même à l'égard du grand confeil, des chambres des comptes, cours des aides, cours des monnoies, élections, greniers à fel & autres juges extraordinaires pour les affaires qui y font pendantes, & dont la connoiffance leur appartient par le titre de leur établiffement ou par attribution.

6°. Les tuteurs honoraires ou onéraires, & es curateurs, ne peuvent fe fervir de leur *Committimus* pour les affaires de ceux dont ils ont l'adminifttation.

7°. Les *Committimus* n'ont pas lieu en matière criminelle & de police.

8°. On ne peut pas s'en fervir fur les demandes formées aux confuls, ou à la confervation de Lyon, ou à la connétablie.

9°. Les bénéficiers qui ont droit de *Committimus* ne peuvent en faire ufage que pour ce qui concerne leurs bénéfices. Il faut néanmoins excepter les chanoines de Notre-Dame de Paris, qui peuvent s'en fervir dans toutes leurs caufes perfonnelles.

10°. Il y a quelques provinces en France où le droit de *Committimus* ne peut être exercé :

telle est la province d'Artois. Cette exception est fondée sur la capitulation de la ville d'Arras de l'année 1460, & sur deux déclarations du 16 juin 1687 & 17 octobre 1708, suivant lesquelles les lettres de *Committimus* qui peuvent être obtenues, tant à la grande chancellerie qu'aux chancelleries établies près des parlemens & des cours supérieures, ne doivent pas avoir lieu *au pays & comté d'Artois*.

La même exception a lieu à l'égard du Hainaut, du Cambresis & de la Flandre. C'est ce qui résulte, tant des capitulations de Cambrai & de Lille, que d'un édit du mois de novembre 1671, enregistré au conseil de Tournai le 4 décembre suivant. Cet édit porte que *toutes les causes intentées & à intenter dans l'étendue du ressort du conseil de Tournai* (*) *seront jugées par ce tribunal, sans que sous prétexte de* Committimus *ni autrement, & pour quelque cause que ce soit, elles puissent être diverties ou traduites en autres juridictions pour y être traitées & jugées.*

La Bretagne jouit du même privilége, comme l'attestent du Fail & Brillon, qui citent à ce sujet divers édits & déclarations. Les habitans de cette province ne peuvent, en vertu de lettres de *Committimus*, être traduits hors du ressort de leur parlement.

Les alsaciens ne peuvent pas non plus être distraits de leur juridiction naturelle en vertu de lettres de *Committimus*: ils ont été maintenus dans ce privilege par différens arrêts du conseil ; l'un du 9 novembre 1680 a renvoyé

_____

(*) C'est aujourd'hui le ressort du parlement de Douai.

les chanoines de Thannes en Alsace d'une assignation donnée au sujet d'un droit de carence pardevant les requêtes du palais, en vertu du droit de *Committimus*, du duc de Mazarin ; un autre du 4 juillet 1711 a débouté le comte de Lowenstein d'un renvoi aux requêtes du palais, auquel il prétendoit en vertu de son droit de *Committimus*, au sujet d'une demande formée par le chapitre de Saint Pierre le Jeune de Strasbourg ; un troisième arrêt du 25 juillet 1715 a déchargé M. de Corberon premier président du conseil souverain d'Alsace, de l'assignation qu'un particulier de Paris lui avoit fait donner aux requêtes du palais, en vertu de lettres de *Committimus*.

La Franche-Comté ou le comté de Bourgogne est aussi dans la classe des provinces dont les habitans ne peuvent point être distraits de leur juridiction naturelle, en vertu du droit de *Committimus*. L'article 36 de l'édit du mois de mars 1684, qui règle la manière dont la justice doit être rendue dans cette province, porte qu'aucune évocation générale ne pourra être accordée pour en traduire les sujets hors du ressort du parlement de Besançon, même en vertu de lettres de *Committimus*.

Le conseil a en outre rendu un arrêt le 17 mars 1710, par lequel, en confirmant les habitans du comté de Bourgogne dans leurs privilèges, & en conformité de l'édit du mois de mars 1684, l'abbé commendataire de Charlieu a été déchargé de l'assignation a lui donnée au grand conseil, à la requête de l'abbé de Clairvaux, sous prétexte de l'évocation accordée à son ordre, sauf à lui à se pourvoir pardevant les juges du ressort du parlement de Besançon. (*).

La même jurisprudence a encore lieu à l'égard des habitans du Dauphiné. Elle est fondée sur l'acte en forme d'ordonnance passé entre le dauphin Humbert & les commissaires du roi, lors de la donation faite du Dauphiné à la France, & ratifié à Romans le 30 mars 1349 : cet acte porte que les peuples du Dauphiné ne pourront sous aucun prétexte être poursuivis en matière civile ou criminelle ailleurs que pardevant leurs juges naturels.

Une déclaration donnée par François I le 1 août 1544 a aussi ordonné que « les sujets du » Dauphiné ne pourroient être distraits ni tirés » en procès hors d'icelui pays, pour quelcon- » que cause ou occasion que ce soit, for pour » raison du crime de lèze-majesté, & que les » arrêts de retention donnés par le parlement » de Dauphiné seroient exécutés ».

Ces priviléges ont pareillement été confirmés par des lettres-patentes de Henri II, de François II, & de Henri IV.

Voyez le recueil des ordonnances du Louvre ; l'ordonnance du mois d'août 1669 ; le recueil de Néron ; l'ordonnance d'Abbeville de l'an 1539 ; les arrêts de Brillon ; le journal des audiences ; l'é- dit du mois d'avril 1656 ; l'arrêt du conseil du mois de janvier 1692, & les lettres-patentes du mois

---

(*) Le conseil a encore décidé de même par un autre arrêt du 23 septembre 1710, qu'on trouve dans le recueil du parlement de Besançon.

d'avril suivant ; Bacquet, traité des droits de jus-
tice ; les déclarations des 16 juin 1687 & 17 octo-
bre 1708 ; les recueil des ordonnances & règlemens
du conseil souverain d'Alsace ; les arrêts du conseil
des 9 novembre 1680, 2 mars 1690 & 26 juillet
1715 ; Imbert, en ses institutions forenses ; les
arrêts de Papon ; la déclaration du 5 octobre 1673 ;
les édits de juin 1672 & d'Avril 1694 ; les lettres
patentes de décembre 1686 & de juillet 1688 ; l'édit
du mois de novembre 1671 ; la déclaration du 12
juillet 1749 ; l'édit du mois de mars 1684 ; la dé-
claration du 2 août 1544; l'état politique du Dau-
phiné, par Chorrier ; la déclaration du 26 février
1771 ; le traité de la police par les commissaire la
Marre ; l'ordonnance du commerce, &c. Voyez
aussi les articles ÉVOCATION, REQUÊTES DE
L'HÔTEL, REQUÊTES DU PALAIS, GRAND
CONSEIL, PRIVILÉGE, SURANNATION, &c.

COMMITTITUR. On appelle ainsi l'ordonnance que le président d'un tribunal met au bas
d'une requête qui lui est présentée à cet effet ;
par laquelle il commet un conseiller, soit pour
instruire une affaire appointée & en faire le rapport, soit pour faire enquête & entendre des
témoins, ou pour reconnoissance de promesse
& pour autres causes semblables. .

Il est très-ordinaire que dans les petites juridictions où le nombre des juges n'est pas considérable, ils se commettent souvent eux-mêmes
sur les requêtes qui leur sont presentées.

Lorsque dans une instance appointée, le rapporteur vient à décéder, la partie la plus diligente & qui a intérêt de faire juger le procès,
doit présenter sa requête à l'effet de faire com-

mettre un nouveau rapporteur au lieu & place de celui qui est décédé. (*).

Cette requête ayant été répondue de l'ordonnance qui nomme un autre rapporteur, celui qui l'a obtenue doit la faire signifier à sa partie adverse, ensuite le secrétaire de l'ancien rapporteur remet toute la procédure au greffe, d'où elle passe entre les mains du rapporteur qui vient d'être commis.

Souvent le président nomme un rapporteur sans qu'il soit nécessaire de lui présenter de requête ; M. le lieutenant civil commet souvent sur un simple registre qui est au greffe des dépots.

La procédure de *Committitur* est assujettie à des formalités particulières au conseil privé du roi dans les instances ou il faut faire nommer un rapporteur.

Lorsque le défendeur a constitué un avocat au

_____

(*) *La requête pour faire commettre un rapporteur dans toutes les juridictions se dresse de cette manière.*

A Monsieur le lieutenant, &c.

Monsieur,

Supplie humblement A.... disant qu'il est en instance en la cour.... contre le sieur B.... dans laquelle instance M.... avoit été nommé rapporteur par votre ordonnance du'.... mais attendu que ledit M.... est décédé & que le suppliant a le plus grand intérêt de faire juger le procès pendant devant vous entre lui & ledit B.... il vous plaise commettre un autre rapporteur au lieu & place de M.... & vous ferez bien.

L'ordonnance de committitur *porte* :

Vu ladite requête, soit commis D.... au lieu & place de M.... pour faire le rapport de l'instance d'entre les parties. Fait à.... ce....mil sept cent, &c.

conseil,

conseil , la partie la plus diligente qui veut faire commettre doit observer ,

1°. De déclarer aux avocats des autres parties qu'elle va faire commettre un rapporteur ; l'acte qui contient cette déclaration doit être signifié un jour au moins avant le *Committitur* (*).

2°. De remettre au greffier une requête sommaire contenant distinctement les noms & qualités des parties & la nature de l'affaire ; cette requête doit être transcrite sans ratures ni interlignes.

3°. Elle doit enfin faire signifier l'ordonnance de *Committitur* à tous les avocats de l'instance, dans la huitaine de la date (**).

(*) *Acte de déclaration que l'on va faire commettre ou subroger un rapporteur, ou nommer des commissaires.*

A la requête de Me.... avocat aux conseils & de A.... soit signifié & déclaré à Me..... aussi avocat aux conseils & de B....

Qu'au premier jour de distribution il donnera sa requête au conseil, pour sous le bon plaisir de Monseigneur le chancelier faire commettre l'un des sieurs maîtres des requêtes pour instruire & faire le rapport au conseil de l'instance qui y est pendante entre les parties.

S'il s'agissoit de faire subroger un rapporteur, on mettroit :

Pour faire subroger un rapporteur au lieu & place du sieur M....

Lorsqu'il est question de faire nommer des commissaires la requête porte :

Pour faire nommer des commissaires du conseil pour procéder à l'examen de l'instance pendante au conseil entre les parties, à ce que Me.... n'en ignore, dont acte.

(**) *La requête à fin de faire commettre ou subroger un rapporteur est conçue en cette forme :*

Il eſt outre cela de maxime au conſeil que

Au roi & à noſſeigneurs de ſon conſeil.

Sire,

Pour inſtruire & faire le rapport en votre conſeil (*ou s'i.*
s'agit de ſubroger) pour achever d'inſtruire & faire le rapport en votre conſeil (*ou s'il eſt queſtion de faire nomm*
des commiſſaires) pour procéder à la viſite & examen de
l'inſtance pendante en votre conſeil entre A.... demandeur & B.... défendeur, *ou* appellant, intervenant C.
comme prenant le fait & cauſe, *ou* appellant en garantie,
ou en aſſiſtance de cauſe; (*car il eſt eſſentiel d'exprimer le*
noms & qualités de chaque partie, ſans pouvoir ſe ſervi
des termes AUTRES ET CONSORS) en laquelle inſtance il
s'agit de, &c. (*il faut exprimer ſommairement la nature &*
l'objet de l'affaire.)

Plaiſe à votre majeſté commettre *ou* ſubroger l'un des
ſieurs maîtres des requêtes ordinaires de votre hôtel de
quartier ou hors de quartier, *ou* ordonner que le ſieur rapporteur de l'inſtance en communiquera à tels des ſieurs conſeillers d'état qu'il plaira à votre majeſté de nommer (*s'il*
s'agit de faire nommer des commiſſaires.)

L'ordonnance ſur cette requête eſt ainſi conçue:

Le ſieur.... conſeiller du roi en ſes conſeils, maître
des requêtes ordinaires de ſon hôtel, eſt commis & député,
ou ſubrogé aux fins de la préſente requête. (*Si c'eſt pour*
nommer des commiſſaires l'ordonnance porte) il eſt ordonné que le ſieur.... maître des requêtes, rapporteur de
l'inſtance, en communiquera aux ſieurs A.... B.... C....
conſeillers d'état, pour ſur leur rapport conjointement fait
au conſeil, être ordonné ce qu'il appartiendra.

Lorſqu'il eſt néceſſaire de faire ſubroger des commiſſaires,
on ajoute après ces mots CONSEILLERS D'ÉTAT, qui
demeureront ſubrogés au lieu & place des ſieurs.... nommés par ordonnance du.... pour, &c. le ſoit ſignifié. Fait
au conſeil d'état privé du roi tenu à.... le.... mil ſept
cent, &c.

Obſervez que cette ordonnance ſe met au pied de la requête
de committitur, *& que le nom du rapporteur commis par*

le rapporteur, fur le rapport duquel un arrêt
de foit communiqué a été rendu, ne peut fans
le confentement par écrit des parties, être nommé rapporteur de l'inftance liée en conféquence
de l'arrêt; ainfi il faut faire nommer un rapporteur dans ces inftances comme dans les autres.
C'eft ce qui réfulte de l'article 1 du règlement
du confeil de 1737.

Suivant l'article 4 du même règlement, il eft
permis aux parties de remettre au greffier du
confeil un mémoire pour fufpecter trois des
maîtres des requêtes.

Il doit ordinairement être commis un maître
des requêtes en quartier; cependant dans le
cas de *Subrogatur* ou de *Committitur* fur les requêtes en caffation, en contrariété ou en revifion
d'arrêts, on commet fouvent un maître des
requêtes hors de quartier; ce qui eft conforme
aux difpofitions des articles 5, 7 & 10 du règlement du confeil.

Il réfulte de cette règle que le rapporteur
ceffant d'être de quartier, refte toujours rapporteur fans qu'il foit befoin d'un nouveau *Committitur*. C'eft ce qui eft prefcrit par les articles
8 & 9 de ce même règlement.

On ne peut faire commettre deux fois fur une
même requête ou inftance, & fi cela avoit été
fait, le premier rapporteur qui auroit été commis feroit le rapport, & la deuxième ordonnance de *Committitur* feroit comme non avenue.

La même procédure qui a lieu pour faire com-

---

*M. le chancellier fur le regiftre du greffier eft écrit dans l'or-
donnance par le greffier qui la figne & la remet à l'avocat
au confeil, lequel doit la faire fignifier dans la huitaine.*

mettre ou fubroger un rapporteur s'obferve également lorfqu'il s'agit de faire nommer des commiffaires pour la communication des inftances.

Dans le cas d'une requête de jonction d'une inftance à une autre, il ne faut point de nouveau *Committitur* : le rapporteur de l'inftance dont on demande la jonction eft de droit le rapporteur de la requête en jonction. (*article de M. ROUBAUD, avocat en parlement*).

COMMODAT. Voyez PRÊT.

COMMUNALISTE. C'eft le nom qu'on donne dans quelques diocèfes à certains eccléfiaftiques habitués dans une paroiffe pour y célébrer des fondations particulières , ou pour affifter aux offices & leur donner plus de folemnité.

On les appele Communaliftes, parce qu'il y a ordinairement parmi eux certains revenus qui leur font affectés & qu'ils partagent en commun.

On connoît plufieurs de ces communautés eccléfiaftiques dans les diocèfes de Clermont, de Saint-Flour & de Limoges. On ne fait pas trop comment elles fe font formées dans l'origine ; mais ce qu'il y a de certain, c'eft qu'elles font fort anciennes, & que leur exiftence aujourd'hui ne fauroit être valablement attaquée.

Dans certaines paroiffes les prêtres habitués aux églifes où ils exerçent leur miniftère, font nommés *filleuls*, par la raifon qu'il faut être fils de l'églife à laquelle ils s'habituent ; & pour être nommé fils de cette églife, il faut y avoir été baptifé, & être iffu d'un pere ou d'une mere qui y aient été pareillement baptifés. C'eft une condition requife dans l'églife de Saint-Pierre & Saint-Paul de la ville de Guéret, haute-Mar-

che, diocèse de Limoges. La condition est la
même pour la communauté des prêtres de l'é-
glise de Sainte Feire, qui est à une lieue de là. Il
y a nombre d'autres paroisses aux environs où
il existe des communautés semblables, mais il
seroit difficile aujourd'hui de savoir à qu'elles
conditions on peut y entrer, parce que le curé
& le vicaire font aujourd'hui les seuls prêtres
qui jouissent depuis long-temps & des biens de
la cure & de la communauté à défaut d'autres
prêtres.

Les communautés dont il s'agit ici sont favorablement vues : il est juste qu'un prêtre
qui n'a point de bénéfice trouve une subsistance
dans sa paroisse.

Lorsque dans une pareille communauté il survient des contestations à défaut de statuts & de
règlemens, c'est l'usage observé qui doit servir
de règle. Les principales contestations naissent
ordinairement entre les Communalistes & le
curé de la paroisse : mais quelles que soient les
prétentions de celui-ci ou des Communalistes,
elles se règlent toujours suivant ce qui a été pratiqué, dès que dans la pratique il ne se trouve
rien de contraire à la discipline ecclésiastique ou
aux lois de l'état : si ce sont des difficultés
nouvelles sur lesquelles il n'y ait ni ancien usage
ni règlement, les cours pour l'ordinaire renvoient
devant l'évêque diocésain pour avoir de lui
un règlement.

Le curé dans chaque paroisse est Communaliste né de son église, & il prend une portion
égale à celle des autres membres de la communauté, en acquittant les charges à proportion.

Si les communautés dont il s'agit ici, ve-

N iij

noient à manquer à défaut de prêtres habiles
à les compofer, elles feroient toujours cenfées
fe conferver fur la tête du curé comme premier
Communalifte de droit, & il ne pourroit fufci-
ter aucune conteftation légitime à l'eccléfiaftique qui fe préfenteroit avec les qualités requifes pour devenir Communalifte.

Faut-il être conftitué dans l'ordre de pré-
trife pour devenir membre de la communauté?
Cette queftion dépend des ftatuts qui la re-
giffent : fi ces ftatuts n'admettent que les prêtres, un eccléfiaftique d'un ordre inférieur ne
peut devenir Communalifte ; mais fi ces mêmes
ftatuts ne décident rien à cet égard, l'ufage
obfervé doit faire loi.

Toutes les fociétés de Communaliftes ne font
pas modeléces les unes fur les autres : elles fe
règlent différemment fuivant le nombre des
membres, l'étendue des biens qui leur font
attribués, les charges qu'elles doivent acquitter
& les ufages qu'elles ont toujours pratiqués. Les
fociétés de cette efpèce les mieux compofées
font un fervice prefque femblable à celui des
collégiales ; leur chef eft le curé. Ils célèbren
des grand'meffes, chantent les vêpres & les
autres offices ; chacun fait fa femaine à fon
tour. Leurs revenus font diftincts de ceux de
la paroiffe ; ils ont un fyndic qui agit au nom
du corps ; ils ont auffi des archives fous double clef, dont l'une eft pour eux & l'autre pour
le curé. Outre le gros réfultant de la maffe des
revenus, il y a encore des diftributions ma-
nuelles, & un furveillant pour pointer ceux
qui s'abfentent. Le corps eft impofé aux décimes : le nouveau reçu paye un droit d'entrée

qu'on emploie ordinairement en achat de vases
sacrés & d'ornemens, & il suffit que ces communautés soient d'une existence antérieure à
l'année 1636, pour qu'elles soient dispensées de
rapporter des lettres-patentes justificatives de
leur établissement.

Il peut y avoir des prêtres habitués dans une
paroisse, sans que pour cela ils forment entr'eux
une communauté ; ils ne peuvent prendre simp-
plement que la qualité de *filleuls*, comme ayant
été baptisés dans l'église à laquelle ils sont attachés : tels sont les prêtres de l'église de Notre-
Dame de Mauriac, en Auvergne. Une sentence
de l'official de Clermont, du 14 octobre 1616,
leur avoit attribué des droits tels qu'il n'étoit
pas possible au curé d'exercer paisiblement ses
fonctions avec eux. Ces prêtres ne cessoient de
s'arroger mille prérogatives, lorsque le curé en
1720, lassé de leurs usurpations journalières, in-
terjeta appel comme d'abus de cette sentence
de l'official de Clermont. L'appel fut favorablement accueilli, & suivi d'un arrêt du parlement
de Paris du 29 janvier 1726, par lequel les
prêtres furent réduits dans les justes bornes où
ils devoient se renfermer ; tout ce qui parut être
l'effet de l'usurpation fut déclaré abusif ; & comme rien n'annonçoit un corps faisant communauté, il leur fut fait défenses de se dire Communalistes. Cependant ils furent maintenus en
leur qualité de *filleuls* habitués dans la paroisse,
& l'arrêt forma entr'eux & le curé un règlement suivant lequel il fut dit : 1°. que les messes
paroissiales & tous les autres offices seroient célébrés par le curé seul ou son vicaire en son absence, sauf aux prêtres *filleuls* en cas de difficulté

fur les heures du fervice & fur la diftribution des offices, des meffes & des fondations à fe pourvoir devant l'évêque ; 2 . que le vicaire porteroit l'étole en l'abfence du curé & précéderoit les prêtres, tant en fa préfence qu'en fon abfence, dans toutes les cérémonies ; qu'à cet effet il occuperoit la première place du côté gauche, & qu'il auroit part aux diftributions des fondations & du cafuel lorfqu'il acquitteroit ces fondations.

Le même arrêt fit défenfe à ces piêtres de s'immifcer dans l'adminiftration des revenus de l'églife & de la fabrique ; il fut dit qu'il y auroit à cet effet des marguiliers laïques. Il leur fut pareillement défendu d'accepter aucun legs ni aucune fondation.

Il fut dit cependant qu'ils feroient admis, fuivant les offres du curé, à affifter aux offices qui feroient célébrés dens fon églife, qu'ils participéroient aux retributions & aux fondations, à la charge par eux d'affifter à l'office paroiffial, & d'aider le curé dans cet office, fuivant qu'il l'indiqueroit, conformément aux ftatuts du diocèfe & aux règlemens de l'églife de Mauriac.

Comme ces prêtres avaient fait faire un fceau qui tendoit à les faire regarder comme faifant communauté, il fut dit que ce fceau demeureroit fupprimé.

A l'égard des affemblées, il fut règlé qu'elles fe feroient une fois le mois , conjointement avec le curé & le vicaire dans la facriftie, ou plus fouvent s'il étoit néceffaire ; mais qu'elles ne feroient point annoncées au fon de la cloche, & qu'en cas d'abfence du curé, elles feroient remifes à un autre jour ; que les comptes de fabrique feroient rendus en préfence du curé & de deux des *filleuls* que les autres prêtres choifi- roient ; qu'à l'avenir il ne pourroit être accepté aucune fondation que par le curé & les margui- liers, en préfence de deux *filleuls* ; & que lors de l'acceptation, le fervice & la diftribution en feroient réglés, & que les fonds en feroient mis entre les mains des marguilliers, auxquels fe- roient rapportés les titres de fondations que les prêtres *filleuls* avoient précédemment acceptées.

Finalement il fut dit qu'il feroit libre aux parens & aux héritiers d'appeler tel nombre de prêtres qu'ils jugeroient à propos aux enterre- mens de quelque qualité qu'ils fuffent, lorfque les défunts n'en auroient pas autrement ordonné par leur dernière volonté ; & que dans le cas où tous les prêtres & filleuls ne feroient pas appelés, le choix en appartiendroit aux parens & aux héritiers, & à leur défaut au curé du lieu, au nombre defquels prêtres le vicaire feroit toujours appelé, à moins qu'il ne fût occupé à d'autres fonctions.

Ce règlement fut étendu par M. l'évêque de Clermont à d'autres paroiffes de fon diocèfe, où il y a des prêtres filleuls comme dans celle de Mauriac ; mais il fut dit que ce feroit fans dé- roger à ce qui avoit été ci-devant réglé par arrêt ou par tranfaction homologuée en faveur des communautés fondées en lettres-patentes. En effet, il ne faut pas confondre ceux qui peuvent prendre légitimement le titre de Com- munaliftes avec ceux qu'on ne peut regarder que comme de fimples filleuls. Nous avons fait voir quels étoient les principaux caractères aux- quels on pouvoit reconnoître une communauté de prêtres. Ces fortes de communautés ont ordinairement des biens & des revenus diftincts de la cure & de la fabrique, au lieu que les prêtres filleuls n'ont pour l'ordinaire que des retributions cafuelles fuivant leur fervice.

L'arrêt rendu pour Mauriac donna occafion à d'autres curés d'inquiéter les prêtres qu'ils avoient dans leur paroife , pour tâcher de les réduire comme l'avoient été ceux de Mauriac.

Le curé d'Ambert, même diocèfe que celui de Mauriac, voulut difputer aux prêtres de fa paroife le titre de Communaliftes, fous prétexte qu'ils étoient hors d'état de rapporter des lettres-patentes de leur établiffement en communauté ; mais ces prêtres firent voir qu'ils étoient en poffeffion depuis près de trois fiécles de former corps & communauté, & cette poffeffion fut jugée fuffifante au parlement de Paris , par arrêt du 22 février 1732.

Le curé de Chanonat même diocèfe , attaqua pareillement il y a quelques années les prêtres de fon églife : ceux-ci exciperent de leur longue poffeffion, & par arrêt du 26 août 1757 ils furent maintenus dans cette poffeffion fuivant laquelle ils font corps & communauté.

Les prêtres de Glife - Neuve même diocèfe, ont auffi été attaqués par leur curé qui vouloit leur faire perdre la qualité de Communaliftes ; mais par arrêt du 11 août 1775 rendu au rapport de M. l'abbé de Malézieux , le curé a fuccombé & les prêtres ont été confervés comme ils étoient.

Enfin les prêtres de l'églife paroiffiale de faint-Sauveur de la ville de Pleaux en Auvergne, ont effuyé depuis peu de la part du curé de cet endroit un procès sur la question de savoir s'ils faisoient communauté où s'ils n'étoient que de simples filleuls attachés à son église. Le curé dénioit que la société de ces prêtres eût aucun caractere de ceux qui servent à établir une communauté. Les prêtres de leur côté produisoient différens actes qui s'expliquoient en leur faveur ; & en conséquence le parlement a jugé par arrêt du 19 mars 1776, rendu au rapport de M. Pasquier, que ces prêtres formoient une communauté.

Nous avons remarqué dans toutes ces différentes contestations, que sur les points qui concernoient la discipline intérieure de l'église, la cour a renvoyé les parties devant l'évêque diocésain, pour avoir de lui les règlemens nécessaires à cet égard.

Les places de Communalistes ne sont pas ordinairement limitées à un certain nombre, elles augmentent ou elles diminuent suivant qu'il y a plus ou moins de sujets qui y prennent part ; & lors même qu'il ne se trouve plus de Communalistes, la communauté n'en subsiste pas moins dans la personne du curé, comme nous l'avons dit, jusqu'à ce qu'il se présente de nouveaux sujets pour la former.

Une autre observation, c'est que lorsqu'il s'agit d'usages sur lesquels on n'est pas d'accord, ce qui se pratique dans d'autres communautés voisines & du même genre sert de règle pour celles dont les usages sont perdus ; on présume alors que les choses s'y observoient comme elles s'observent ailleurs.

Voyez *la Jurisprudence canonique de Lacombe & le Dictionnaire de Durand de Maillanes.* (*Article de M. DAREAU, avocat,* &c.)

COMMUNAUTÉ DE BIENS ENTRE CONJOINTS. C'est une société établie entre le mari & la femme par convention expresse stipulée dans le contrat de mariage, ou tacitement par la disposition du droit coutumier, & en conséquence de laquelle tous leurs meubles & les immeubles qu'ils acquièrent pendant leur mariage sont communs entr'eux.

Lorsque la Communauté est stipulée par le contrat de mariage, on l'appelle Communauté conventionnelle ; & lorsqu'elle est fondée sur la coutume du lieu où les parties ont leur domicile, on l'appelle Communauté légale.

Nous diviserons cet article en cinq parties.

Dans la première nous parlerons de l'origine de la Communauté de biens, & des différentes sortes de droits que les coutumes ont introduites sur cette matière.

Dans la seconde, des personnes entre lesquelles peut être contractée la communauté soit légale, ou conventionnelle, du temps où elle commence & des effets qui la composent.

Dans la troisième, des dettes passives & des autres charges de la Communauté.

Dans la quatriéme, de la Communauté conventionnelle, & de différentes clauses ou conditions qui y sont relatives.

Dans la cinquième, du droit des conjoints sur les biens communs & des causes qui opèrent la dissolution de la Communauté.

Et à l'égard du partage de la Communauté, de la continuation de Communauté, & de la rénonciation à la Communauté, nous en parlons aux articles PARTAGE, CONTINUATION, & RÉNONCIATION.

PREMIÈRE PARTIE.

De l'origine de la Communauté de biens & des différentes fortes de droits que les coutumes ont introduites fur cette matière.

Il ne paroît pas que la Communauté de biens entre le mari & la femme ait été connue des romains : la femme donnoit ordinairement une partie de fon bien a fon mari , & elle fe réfervoit l'autre partie ; & c'eft ce qui fe pratique encore aujourd'hui dans plufieurs provinces du royaume où l'on fuit le droit romain. Ce que la femme donne à fon mari s'appelle dot. Il en a la jouiffance pour fubvenir aux charges du mariage. Il peut aliéner les biens dotaux qui confiftent en effets mobiliers ; mais il ne peut aliéner ni hipothéquer les immeubles. Voyez DOT.

La Communauté qui a lieu dans la plupart des pays coutumiers eft un droit fort ancien dont on ne connoît ni le commencement ni la manière dont il a été introduit. Quelques-uns prétendent qu'il avoit lieu chez les anciens habitans des Gaules lorfqu'ils jouiffoient de leur liberté & qu'ils ne faifoient point ufage de lois écrites. Il fe fondent fur ce que Céfar en parlant des mœurs des Gaulois dans fes commentaires nous apprend que quand ils fe marioient, le mari étoit tenu de mettre en Communauté autant de bien qu'il en recevoit de fa femme, & que le tout devoit appartenir au furvivant des deux. Mais ce don réciproque paroît avoir été tout différent de notre Communauté.

Il eft plus vraifemblable que les pays cou-

tumiers qui font plus voifins de l'Allemagn
que les pays de droit écrit, ont emprunté ce
ufage des anciens Germains, chez lefquels l
tiers ou la moitié des acquêts faits durant l
mariage appartenoit à la femme, conformé
ment au titre 29 de la loi des Ripuaires, 8
au titre huit de la loi des Saxons.

Sous la première & fous la feconde race d
nos rois, la femme n'avoit que le tiers des bien
acquis pendant le mariage : ce qui étoit con
forme à la loi des Ripuaires. La Communaut
avoit lieu alors pour les reines : en effet o
lit dans Aimoin, que lors du partage qui fu
fait de la fucceffion de Dagobert entre fes en
fans on réferva le tiers des acquifitions qu'i
avoit faites pour la reine fa veuve ; ce qui con
firme que l'ufage étoit alors de donner au
femmes le tiers de la Communauté. Louis le
débonnaire & Lothaire fon fils, en firent une
loi générale ; *volumus ut uxores defunctorum*
poft obitum maritorum tertiam partem collabora-
tionis, quam fimul in beneficio collaboraverun
accipiant.

Cette loi fut encore obfervée par les veuves
des rois fubféquens, comme Flodoard le fai
connoître en parlant de Raoul roi de France,
lequel aumônant une partie de fes biens à diverfes églifes., réferva la part de la reine fon
époufe : mais il ne dit pas quelle étoit la quotité de cette part. Ce paffage juftifie auffi qu'il
n'étoit pas au pouvoir du mari de difpofer des
biens de la Communauté au préjudice de fa
femme.

Préfentement il n'y a plus de Communauté
entre les rois & les reines ; elles partagent feule-

ment les conquêtes faits avant l'avenement du roi à la couronne.

Les coutumes de Bourgogne, rédigées en 1459, font les premières, où il soit parlé de la Communauté de biens, dont elles donnent à la femme moitié : ce qui est conforme à la loi des Saxons. Cet usage nouveau par rapport à la part de la femme, adopté dans ces coutumes & dans la plupart de celles qui ont été rédigées dans la suite, pourroit bien avoir été introduit en France par les Anglois, qui, comme l'on fait, font Saxons d'origine, & s'étoient emparés d'une partie du royaume, sous le règne de Charles VI.

Le droit de Communauté est accordé à la femme, en considération du travail commun qu'elle fait ou est présumée faire soit en aidant son mari dans son commerce, s'il en a un, soit par son industrie personnelle ou par les soins qu'elle donne au ménage.

On distingue dans les différentes provinces du royaume quatre sortes de droits sur la Communauté de biens entre conjoints.

La première sorte est le droit de la coutume de Paris, de celle de Poitou, de celle de Berri, & de la plupart des pays coutumiers. Suivant ce droit, il y a entre les conjoints, lorsqu'ils ne s'en sont pas expliqués, une Communauté de biens qui commence immédiatement après la bénédiction nuptiale & produit tout l'effet dont elle est susceptible quelque courte qu'ait été la durée du mariage.

La seconde sorte est le droit de certaines coutumes telles que celles de Bretagne, d'Anjou, du Maine, de Chartres, du grand Perche.

Elles n'admettent la Communauté de biens entre le mari & la femme qui ne l'ont pas expreſſément ſtipulée, qu'autant que la durée du mariage a été au moins d'un an & d'un jour.

La troiſième ſorte, eſt le droit des provinces régies par le droit écrit, & celui de quelques coutumes particulières. Il n'admet pas la Communauté de biens entre le mari & la femme à moins qu'ils ne l'aient ſtipulée, mais il ne défend pas de la ſtipuler.

La quatrième ſorte, eſt le droit de la coutume de Normandie. Cette coutume contient une prohibition expreſſe de ſtipuler une Communauté : c'eſt pourquoi lorſqu'un habitant de Normandie ſe marie à Paris, il ne ſuffit pas d'inſérer dans le contrat de mariage une clauſe générale portant ſoumiſſion à la coutume de Paris & dérogation à toutes les autres coutumes contraires, il faut auſſi une dérogation expreſſe à la coutume de Normandie ; & malgré cette précaution, la juriſprudence du parlement de Rouen eſt telle qu'elle ne permet ni aux futurs conjoints, ni a leurs parens, de déroger aux diſpoſitions de cette coutume directement ni indirectement ; c'eſt pourquoi les femmes ou leurs héritiers ne manquent pas, dans l'occaſion, d'attirer l'affaire au châtelet de Paris, en vertu du privilége du ſceau du châtelet qui eſt attributif de juridiction, & l'on y juge toujours que la clauſe du contrat de mariage qui ſtipule une Communauté de biens doit être exécutée nonobſtant la prohibition de la coutume ; juriſprudence que divers arrêts du parlement de Paris ont judicieuſement confirmée.

Obſervez

Obfervez néanmoins que la coutume de Normandie accorde à la femme un droit qui a quelque rapport au droit de Communauté, en lui attribuant après la mort du mari la moitié des conquêts faits en bourgage conftant le mariage & le tiers de l'ufufruit des autres conquêts : la coutume attribue en outre à la femme furvivante le tiers des meubles, s'il y a des enfans, ou la moitié s'il n'y en a point ; mais elle eft chargée de contribuer au payement des dettes pour fa part, à l'exception toutefois des funérailles & des legs teftamentaires (*).

(*) Plufieurs coutumes des Pays-Bas renferment des difpofitions particulieres fur la Communauté. Celle de Cambrefis, titre 1, article 1, porte qu'un fief acquis par deux conjoints appartient en totalité au mari, foit que la femme en prenne adhéritance ou non. L'article 2 la dédommage en quelque forte en lui en accordant l'ufufruit entier, en cas de furvie. Cette difpofition eft tellement de rigueur que le mari ne peut y déroger dans le contrat d'acquifition ; l'article 21 du même titre défend de *conditionner un fief en acquêt faifant, pour retourner autrement que par la coutume retourner, competer & appartenir doit.* (Voyez l'article *conditionner un héritage.*)

Les chartres générales du Hainaut font conformes à la coutume de Cambrefis fur ce point, comme il réfulte de l'article 2 du chapitre 97 ; à cela près, 1.° qu'elles ne dédommagent pas la femme fi abondamment, puifqu'elles ne lui donnent que la moitié de l'ufufruit du fief, en cas de furvie ; 2.° que le mari peut faire adhériter fa femme pour toute la propriété ou l'entier ufufruit, fuivant le pouvoir que lui en donne l'article 3 du chapitre 93.

La coutume d'Artois eft affez analogue à celle de Hainaut. L'article 135 donne au mari la propriété entière des fiefs acquis pendant le mariage ; mais elle permet à la femme de prendre adhéritance avec fon mari au moment de l'ac-

Lorſque des perſonnes domiciliées ſous l'em-

quiſition , & dans ce cas elle lui en donne la moité

La coutume de la châtellenie de Lille , titre 2, article 20, exclut auſſi de la Communauté les fiefs acquis pendant le mariage & elle les donne au mari ſeul. Mais elle ne décidé pas ſi la femme en auroit la moitié dans le cas où ſon mari lui permettroit d'en prendre adhéritance avec lui. Il eſt probable que ſon ſilence doit paſſer pour une défenſe, & que l'adhéritance priſe par la femme ne lui donneroit aucun droit ſur la propriété du fief. Car ſuivant l'article 6 du titre 12 de cette coutume, « deux conjoints ne peuvent » directement ni indirectement , par diſpoſition d'entre-viſ, » ou derniere volonté, advancer l'un l'autre. » Il eſt ſenſible que le mari avantageroit ſa femme contre la prohibition de la coutume, s'il pouvoit en lui permettant de prendre avec lui adhéritance d'un fief qu'il acquiert, lui transférer la moitié d'une propriété que la coutume lui attribue toute entière.

Les coutumes de Gand, du Tourneſis, &c. renferment des diſpoſitions aſſez ſemblables à celles que l'on vient de rapporter. Elles ſont fondées ſur le droit féodal des Lombards , qui exclut les femmes de la ſucceſſion des fiefs, à moins qu'elles n'y ſoient nommément appellées par l'inveſtiture.

Comme on ne peut acquérir dans les Pays-Bas aucun droit réel ſans œuvres de loi, on a demandé quel droit a la femme dans les fiefs acquis pendant le mariage, quand le mari n'en a point pris adhéritance , & que le vendeur ne s'en eſt point déshérité ? Cette difficulté s'eſt élevé dans la coutume de Cambreſis. Les héritiers de la femme prétendoient avoir la moitié du fief : ils diſoient que le contrat de vente n'ayant point été réaliſé, n'avoit donné au mari qu'un droit perſonnel & une action *ad tradendum*, dont la femme devoit avoir la moitié, ſuivant l'article 8 du titre 7 de la coutume qui déclare que deux conjoints *ſont communs en tous biens , meubles, dettes, noms & actions perſonnelles, & demeure la femme après le trépas de ſon mari ſaiſie & vêtue de la moitié d'iceux.* Les héritiers du mari s'oppoſoient à cette demande : leurs moyens étoient que la coutume rend la femme incapable

pire de la coutume de Paris ou de quelqu'au-

---

d'exercer aucune action qui tende à obtenir la propriété des fiefs acquis par son mari : la nature d'une action doit se déterminer par son objet ; ici l'objet de l'action de la femme seroit d'avoir la moitié d'un fief que la coutume lui refuse : il lui seroit donc inutile d'exercer cette action, puisqu'elle n'en pourroit obtenir la fin, c'est-à dire, la propriété du fief. Il est vrai que la coutume lui donne la moitié des actions personnelles de la Communauté ; mais cette dispo- sition doit être restreinte aux meubles & aux mainfermes, qui seuls entrent en Communauté ; le but de l'action qui naît de l'achat d'un fief est d'obliger le vendeur à s'en déshé- riter & à en adhériter l'acheteur ; or la femme en prenant adhéritance n'acquiert aucune propriété, comme le décide l'article 1, du titre 1 de la coutume. Si donc après avoir exercé son action, elle n'a aucun droit sur le fief, pourquoi en auroit elle auparavant ? Ces dernières raisons l'emportè- rent ; & par arrêt du 24 octobre 1691, le parlement de Flandres adjugea la propriété entière du fief aux héritiers du mari. On peut appliquer ici deux arrêts qui ont jugé que l'action naissante d'un contrat d'achat appartient à l'hé- ritier immobiliaire à l'exclusion de celui des meubles, quoi- que l'acheteur n'ait possédé le fonds que peu de temps & sans en prendre adhéritance. Ces arrêts furent rendus dans la coutume du Hainaut ; l'un est du 12 octobre 1699, l'autre du 9 juin 1712.

Mais au moins la femme ne peut-elle pas prétendre la moitié des fiefs acquis pendant la communauté, lorsqu'il a été stipulé par le contrat de mariage que tous les acquêts roturiers ou féodaux seront communs ? Cette question fut jugée pour l'affirmative par arrêts rendus au grand conseil de Malines dans le mois de novembre 1539, le 25 mars 1566 & le premier avril 1608. La jurisprudence du par- lement de Flandres est conforme à celle de Malines, témoin un arrêt rendu le 11 octobre 1701 au rapport de M. Boullé dans la coutume de Cambresis, & un autre rendu le 14 janvier 1706 dans la coutume de la châtellenie de Lille. Maillart rapporte un arrêt semblable du parlement de Paris du 23 juin 1695, rendu dans la coutume d'Artois.

tre coutume femblable fe font mariées fans con-

Si cette convention a été omife dans le contrat de mariage, la femme ou fes héritiers peuvent répéter la moitié
des deniers que le mari a employés à l'acquifition : autrement il feroit libre au mari de n'acheter que des fiefs & de
s'enrichir ainfi aux dépens de fa femme, ce que l'équité
ne permet pas. Le confeil privé de Bruxelles l'a ainfi jugé
par arrêt du 2 août 1606, rapporté par Cuvelier, & le parlement de Flandres par arrêt du 21 juin 1671, rapporté
par M. de Flines fur la coutume de Tournai, & par celui
du 24 octobre 1691 rapporté ci deffus.

Cette jurifprudence n'eft pas générale ; en Hainaut la
Communauté conjugale n'eft qu'imparfaite : un mari peut
acheter un fief pour lui feul fans que la femme ou fes
héritiers puiffent répéter la moitié du prix. Le grand confeil
a jugé par arrêt du 12 décembre 1712, au rapport de M.
Chopin, que faute de mention de la femme dans la faifine
d'un fief d'Artois, les héritiers du mari en étoient feuls
propriétaires, fans récompenfe à ceux de la femme.

Maillart blâme cette décifion, & c'eft avec juftice, puifqu'elle ouvre la porte aux fraudes & aux avantages indirects.

Mais quelque puiffans que foient ces motifs, la jurifprudence du Hainaut ne donne à la femme aucune répétition.
Si cependant les conjoints avoient leur domicile dans une
autre province, l'acquifition que feroit le mari de fiefs
fitués en Hainaut ne le difpenferoit pas de l'obligation de
rendre la moitié du prix aux héritiers de la femme, comme
l'a jugé un arrêt du grand confeil de Malines, rapporté par
Chriftin en fes décifions des cours belgiques, vol. 2, décif.
57. La raifon en eft que les droits de la Communauté
conjugale fe reglent par la coutume du lieu où les conjoints
avoient leur domicile au temps du mariage. Dumées en fa
jurifprudence du Hainaut, foutient le contraire : « celui qui
» ufe de fon droit, dit-il, ne fait tort à perfonne, le mari
» ne s'eft engagé en rien envers fa femme. » Mais la queftion eft précifément de favoir fi les conjoints ne fe font pas
engagés tacitement l'un envers l'autre de régler leurs droits
refpectifs fur la coutume du lieu de leur domicile, fuivant cette maxime : *ea quæ funt moris & confuetudinis in*

trat de mariage , la Communauté légale qui a

---

contractum veniunt. « La coutume , ajoute Dumées , n'im-
»pose au mari aucune néceſſité d'acquérir dans ſon reſſort. »
Cela eſt vrai ; mais elle l'oblige à vivre en Communauté
avec ſa femme , & par conſéquent à ne s'approprier rien à
ſon excluſion. « En vain dira-t-on que la femme doit avoir
» une action en équivalent , puiſque toute action ne peut-
» être que l'effet d'une obligation ou d'une diſpoſition de
» la loi » En partant de ce principe , on dira avec plus de
juſteſſe que cet auteur , que l'action en équivalent de la
femme eſt l'effet de l'obligation tacite que les conjoints ont
contractée de ſuivre la coutume du domicile qu'ils avoient au
moment de leur mariage , dans les points auxquels ils n'ont
pas expreſſément dérogé.

Les fiefs donnés à la femme pendant le mariage lui appartiennent en totalité , même dans les coutumes qui donnent
au mari ſeul la propriété des fiefs qu'il a acquis. C'eſt ce
que porte l'article 5 du titre 1 de la coutume de Cambreſis ,
& l'article 8 du titre 2 de la coutume de la châtellenie de
Lille.

La coutume de Cambreſis attache un privilége particulier à la poſſeſſion d'un fief. Celui des conjoints qui en a
un prend tous les meubles de la Communauté , en cas de
ſurvie. C'eſt la diſpoſition de l'article 4 du titre 1 , aſſez
analogue à l'article 238 de la coutume de Paris , avec cette
différence que la coutume de Paris n'accorde qu'aux nobles
d'extraction le droit que celle de Cambreſis donne à tout
poſſeſſeur de fief , noble ou roturier.

La femme eſt encore traitée plus rigoureuſement ſur ce
point que le mari. Celui-ci acquiert ce privilége en ache-
tant un fief pendant le mariage , au lieu que la femme ne
peut « par don à elle fait ou achat de quelque fief ſoi
»affranchir , à effet de demeurer après le trépas de ſon mari
» en tous biens meubles. » Ce ſont les termes de l'article 5 ;
de manière que pour jouir de ce privilége la femme doit être
en poſſeſſion d'un fief avant ſon mariage ; néanmoins ſi
elle en héritoit un *conſtant ſon mariage par ſucceſſion
héréditaire ſans fraude , tel fief lui vaudroit pour être
franche femme.*

lieu dans ce cas , s'étend à tous les héritages que ces perfonnes peuvent acquérir durant leur mariage , quand même ils feroient fitués dans des provinces où la Communauté n'eft point admife lorfqu'elle n'a pas été ftipulée.

D'argentré s'eft élevé contre cette doctrine qu'a publiée Dumoulin : il a prétendu que la coutume de Paris n'exerçant d'empire que fur fon territoire , elle ne pouvoit pas rendre conquêt un héritage fitué dans une province où la Communauté n'eft admife que quand elle eft ftipulée : en conféquence il a foutenu que quand des Parifiens fe font mariés fans contrat de mariage , la femme ne peut prétendre aucun droit fur un héritage acquis dans le Lyonnois par le mari durant le mariage : elle peut feulement dit-il , demander récompenfe du prix tiré de la Communauté pour faire l'acquifition. Mais cette opinion de d'Argentré eft un erreur. Car comme l'a très-bien obfervé Dumoulin , quoiqu'on appelle Communauté légale celle qui fe forme entre des Parifiens mariés fans contrat de mariage , ce n'eft toutefois pas la coutume de Paris qui en eft la caufe immédiate , & qui imprime aux héritages acquis par les conjoints, la qualité de conquêts ; cet effet dérive de la convention tacite par laquelle ces conjoints font

***

Voyez les arrêts de MM. Cuvelier, Collet , d'Hermaville ; les décifions de Chriftin ; la jurifprudence du Hainaut François par Dumécs ; Desjaunaux fur la coutume de Cambrefis ; Burgundus ad confuetudines Flandiæ; Vandenhane fur la coutume de Gand , &c. Voyez auffi les articles FOURMORTURE, FIEF, CONDITIONNER UN HERITAGE, &c. (Note de M. MERLIN , avocat auparlement de Flandres..)

censés avoir voulu qu'il y eût entre eux une Communauté telle que celle qui est établie par la coutume de Paris lorsqu'ils n'ont rien stipulé de particulier à cet égard, avant de se marier. Or une telle convention quoique tacite, n'est pas moins une convention qui doit avoir la même force que si elle étoit expresse, & par conséquent rendre communs & conquêts les héritages acquis par les conjoints, en quelque lieu que ces héritages soient situés.

D'un autre côté, si des personnes domiciliées à Lyon s'y marient sans stipuler de Communauté, & que le mari vienne à acquérir un héritage situé sous la coutume de Paris, la femme n'aura aucun droit de Communauté à prétendre sur cet héritage : la raison en est comme on l'a déjà dit, que c'est la convention tacite & non la coutume qui imprime par elle-même la qualité de conquêts aux héritages que des gens mariés acquièrent durant leur mariage : or on ne peut pas présumer que des Lyonnois qui en se mariant n'ont pas leur domicile à Paris, mais à Lyon, aient eu dessein de faire une convention de Communauté, puisque le droit observé dans cette dernière ville & suivant lequel ils sont censés avoir voulu se marier, n'admet pas la Communauté lorsqu'elle n'a pas été expressément stipulée. ·

Mais si l'une des parties est domiciliée à Lyon & l'autre à Paris & qu'elles se marient sans contrat de mariage, par quelle loi règlera t-on s'il y a Communauté entre les conjoints ou s'il n'y en a pas ? Il faut répondre que dans ce cas c'est à la loi du lieu où l'homme à son domicile que les parties sont censées s'en être rap-

portées. La raifon en eft que la femme en fe
mariant fuit le domicile de fon mari , & qu'il
y a plus lieu de préfumer qu'elle s'eft foumife
à la loi de ce domicile qui va lui devenir propre , que ce que le mari ait voulu fe foumettre
à la loi du domicile de fa femme.

Voici un autre queftion. Un Parifien va épou-
fer une Lyonnoife avec intention de faire fon
domicile à Lyon. A quelle loi , dans ce cas ,
les parties mariées fans contrat de mariage ,
doivent elles être foumifes relativement aux
pactions matrimoniales ? La réponfe eft que le
Parifien eft cenfé avoir abdiqué fon domicile
& en avoir acquis un a Lyon à la loi duquel
on doit préfumer qu'il s'eft foumis : or comme le droit de Lyon n'admet point de Communauté qu'elle ne foit ftipulée , il ne peut point
y en avoir entre de tels conjoints.

Il faudroit décider de même à l'égard du
Parifien qui épouferoit une Lyonnoife à Poitiers
ou à Bourges avec intention d'aller enfuite
fixer fon domicile à Lyon. Cette intention fuffiroit pour qu'il fût cenfé avoir voulu fuivre
pour fon mariage le droit de Lyon , plutôt
que celui du domicile qu'il avoit auparavant.

DEUXIÈME PARTIE.

*Des perfonnes entre lefquelles peut être contractée
la Communauté , foit légale ou conventionnelle,
du temps où elle commence, & des effets qui la
compofent.*

On conçoit qu'il n'y a qu'entre les perfonnes
capables de contracter un mariage civil que la
Communauté foit légale , foit conventionnelle

peut avoir lieu, puifqu'elle eft un effet civil du mariage. Ainfi dans le cas où l'une des parties feroit privée en fe mariant de l'état civil par une condamnation à quelque peine capitale, il n'y auroit point de Communauté entre les conjoints, par la raifon qu'il ne pourroit point y avoir de mariage civil entre eux.

Obfervez cependant que quand l'une des parties a eu une jufte caufe d'ignorer l'obftacle qui devoit empêcher la validité ou la légitimité du mariage, fa bonne foi peut donner à fon mariage des effets civils quoi qu'il ne foit pas mariage civil, & en conféquence la Communauté peut avoir lieu entre de tels conjoints.

Laurière remarque que la Communauté légale ne commençoit qu'au coucher, c'eft-à-dire lorfqu'il y avoit lieu de préfumer que les conjoints avoient confommé le mariage. Mais l'article 220 de la coutume de Paris a abrogé cet ancien droit & a voulu que la Communauté commençât à l'inftant de la bénédiction nuptiale (*).

La coutume de Poitou eft conforme à cette dernière difpofition : l'article 229 dit que *mari & femme dès la bénédiction nuptiale en face de fainte églife, font communs en biens meubles & conquets immeubles faits durant & conftant leur mariage, &c.*

Cette jurifprudence s'obferve dans toutes les coutumes qui admettent une Communauté légale, même dans celles qui ne l'admettent que

---

(*) Homme & femme conjoints enfemble par mariage, *dit l'article cité*, font communs en biens meubles, & conquers immeubles faits durant & conftant ledit mariage ; & commence la Communauté du jour des époufailles & bénédiction nuptiale.

quand le mariage a duré un an & un jour. La raison en est à l'égard de celles-ci, que la co-habitation des conjoints pendant un an & un jour fait présumer qu'ils ont eu intention de contracter une Communauté en même temps qu'ils se sont mariés.

Par le droit général des coutumes, & singulièrement par l'article 220 de celle de Paris, *les conjoints sont communs en biens meubles & conquêts immeubles faits durant & constant le mariage.*

Suivant cette règle, tous les meubles de chacun des conjoints de quelque nature que ce soit, entrent dans la Communauté, soit que ces meubles leur appartiennent lorsqu'ils se marient, soit qu'ils les acquièrent durant le mariage par succession, donation, legs ou autrement, & qu'il n'y a aucune stipulation ou convention contraire dans le contrat de mariage, ni dans la donation, le testament, &c.

Il faut entendre sous la dénomination de biens meubles, non-seulement les meubles corporels, tels qu'un carrosse, un lit, un vaisseau; mais aussi les effets mobiliers incorporels, tels que certaines dettes actives, &c.

La régle qu'on vient d'établir reçoit les exceptions suivantes :

1°. Toutes les choses, quoique meubles, qui durant le mariage proviennent de l'héritage propre de l'un des conjoints, sans en être des fruits, n'entrent pas dans la Communauté légale. La raison en est qu'un conjoint ne peut pas durant le mariage, augmenter la Communauté aux dépens de ses propres, attendu qu'il contreviendroit par ce moyen aux lois qui défendent tout avantage direct ou indirect entre conjoints après la bénédiction nuptiale.

Ainsi dans le cas où le mari feroit abattre des arbres de haute-futaie fur fon héritage propre ou fur celui de fa femme, ils n'entreroient point dans la Communauté légale, quoi qu'ils fuffent devenus meubles après avoir été féparés du fol. La raifon en eft qu'ils ne font pas cenfés faire partie des fruits & du revenu de l'héritage : ils appartiendroient en conféquence au conjoint fur l'héritage duquel ils auroient été coupés, & lors de la diffolution de la Communauté, il pourroit les reprendre en nature, s'il n'en avoit pas encore été difpofé, ou en répéter le prix à la communauté fi elle l'avoit reçu.

Il n'en feroit pas de même des arbres de haute-futaie dont il n'auroit pas encore été difpofé, mais qui auroient été coupés avant le mariage : comme les arbres auroient appartenu en qualité de meubles à l'un des conjoints avant qu'il fe mariât, ils entreroient dans la communauté légale, fans confidérer la qualité de haute-futaie qu'ils auroient eue dans l'origine.

Un autre exemple de l'exception propofée auroit lieu dans le cas où durant le mariage on trouveroit un tréfor dans l'héritage propre de l'un des conjoints. Quoique ce tréfor fût un effet mobilier, il ne pourroit pas être cenfé faire partie des fruits de l'héritage, & par conféquent le tiers qui en appartiendroit au conjoint propriétaire de l'héritage n'entreroit point dont la communauté.

Il faudroit décider différemment à l'égard du tiers qui appartiendroit dans le tréfor trouvé à l'un des conjoints en qualité de feigneur haut-jufticier ; comme ce tiers feroit un fruit du droit de juftice, il entreroit dans la communauté.

2°. Les effets mobiliers qui durant le mariage font substitués à quelque héritage propre de l'un des conjoints, n'entrent pas dans la communauté légale & appartiennent à ce conjoint.

Suppofez que l'on ait vendu durant le mariage une maifon appartenante à l'un des conjoints, le prix qui peut en être du appartient à ce conjoint quoi qu'une telle créance foit un bien meuble. La raifon en eft que cette créance tient lieu de la maifon vendue.

Il en feroit de même de la créance d'une fomme d'argent due à l'un des conjoints pour retour du partage qu'il auroit fait d'une fucceffion immobilière durant le mariage. Cette créance quoique mobilière, ne pourroit être confidérée comme un effet de Communauté parce qu'elle feroit la repréfentation du droit que ce conjoint auroit eu dans une fucceffion d'immeubles & ce droit eft un droit immobilier.

C'eft fans fondement que cette doctrine adoptée par le Brun, (*) a été critiquée par Bourjon. Cet auteur a prétendu qu'une fomme de

_____

(*) Le Brun avoit même étendu fa décifion au cas où la créance compofée du prix d'un héritage vendu ou de deniers donnés pour un retour de partage, auroit une date antérieure au mariage : mais en cela cet auteur s'eft trompé. On ne peut pas dire qu'une créance dont l'objet eft le prix d'un héritage aliéné avant le mariage provienne d'un propre de Communauté ; puifque lorfque le conjoint s'eft marié cet héritage ne lui appartenoit plus. Cette décifion de le Brun fe trouve d'ailleurs profcrite par une fentence du féné chal du Maine rendue le 2 juin 1655 entre Catherine Cherny & Mathurin Vallée ; & cette fentence a depuis été confirmée par un arrêt que rapporte Louis fur l'article 25 de la coutume du Maine.

deniers donnée pour retour de partage, devoit entrer dans la Communauté légale fans que le conjoint put à cet égard exercer aucune reprife. Il a appuyé fon avis fur ce que les partages ayant parmi nous un effet retroactif, le conjoint étoit préfumé avoir fuccédé directement aux feuls immeubles échus en fon lot, & au retour en deniers dont fes co-héritiers étoient chargés envers lui; & en conféquence il a conclu que ce retour en deniers étant une chofe mobilière qui ne repréfentoit aucun immeuble dont le conjoint eût eu la jouiffance, il devoit entrer dans la Communauté légale. Mais ce raifonnement n'eft que fpécieux. Il eft évident qu'on ne peut pas foutenir que le retour dont il s'agit ait été un effet mobilier de la fucceffion, puifqu'elle n'étoit compofée que de biens immeubles : ce n'eft donc pas avec les deniers de la fucceffion que ce retour s'eft acquitté, ça été avec ceux du co-héritier qui a été chargé de cette dette. Ainfi un tel retour doit être confidéré comme une créance qui quoique mobilière, tient néanmoins lieu d'un droit immobilier indéterminé. En effet, elle fupplée à ce qui manquoit au lot du conjoint pour former fa part dans une fucceffion immobilière.

Il en feroit différemment, fi par le partage d'une fucceffion compofée de meubles & d'immeubles, il étoit échu beaucoup plus de meubles à proportion que d'immeubles dans le lot du conjoint : tout ce qui lui feroit échu de mobilier entreroit dans la Communauté fans qu'il put à cet égard exercer aucune reprife. La raifon en eft que les meubles & les immeubles de cette fucceffion ne compofant qu'une même fucceffion, le conjoint feroit cenfé n'y avoir eu de droit que pour les chofes qui auroient formé fon lot ; ainfi on ne pourroit pas dire que ce qu'il auroit eu de mobilier plus que le montant de fa part dans le mobilier de fa fucceffion dut lui tenir lieu d'un droit immobilier , & être fubrogé à ce qu'il auroit eu de moins que fa part dans la maffe des immeubles.

3°. Les deniers ou autres meubles donnés ou légués à l'un des conjoints , foit avant, foit durant le mariage , n'entrent pas dans la Communauté légale, lorfqu'ils ont été donnés ou légués avec la claufe qu'ils tiendront nature de propres au donataire ou légataire. La raifon en eft que celui qui donne peut appofer à fa libéralité telle condition qu'il juge à propos. Or , lorfqu'il donne des meubles pour qu'ils tiennent nature de propre au donataire, il annonce fuffifamment que fon intention eft qu'ils n'entrent pas dans la Communauté.

4°. Quand un mineur fe marie , & qu'il a en biens meubles échus plus que le tiers de fa fortune , ce qui excède ce tiers n'entre pas dans la Communauté légale.

M. Louet rapporte deux arrêts conformes à cette décifion : l'un eft du 9 avril 1591 , & l'autre du mois de janvier 1598. Ils font cités par Renuffon. Il fuit de cette jurifprudence , que quand par contrat de mariage, l'apport que fait le mineur dans une Communauté conventionnelle excède le tiers dont on vient de parler, le mineur doit être reftitué fans difficulté contre le confentement formel qu'il a donné à cet apport exorbitant. Il doit en être de même à plus forte raifon , lorfque le mineur n'a donné à un tel apport qu'un confentement tacite, comme quand il s'eft marié fans contrat de mariage. Il faut donc en pareil cas réduire au tiers de l'univerfalité des biens du mineur la partie de fon mobilier qui doit entrer dans la Communauté.

Cette réduction du mobilier du mineur ne doit avoir lieu que quand il fe marie avec des biens échus : car fi c'eft fon père ou quelqu'autre qui lui donne une dot en argent ou autres meubles, le donateur eft le maître de faire entrer cette dot en entier dans la Communauté de ce mineur, parce qu'il peut appofer à fa libéralité telle condition qu'il juge à propos.

5°. Le principe que tous les meubles de chacun des conjoints entrent dans la Communauté légale fouffre enfin une exception qui dérive des difpofitions de l'édit des fecondes nôces. Ainfi lorfque dans une Communauté de biens établie entre une veuve & fon fecond mari, l'apport eft inégal, & que la veuve, par exemple, a apporté en Communauté vingt mille livres tandis que le mari n'y en a apporté que cinq mille, cette inégalité forme au profit du fecond mari un avantage fujet à la réduction ordonnée par l'édit. Cet avantage, fi les enfans viennent à accepter la Communauté, eft de la moitié de ce que la femme a apporté de plus que le mari. Mais fi les enfans renoncent à la Communauté, & qu'il n'y ait aucune claufe dans le contrat de mariage qui leur accorde la reprife de l'apport de leur mère, l'avantage eft du total de ce que la femme a apporté de plus que le mari : ainfi dans l'exemple propofé où la femme a apporté quinze mille livres de plus que fon fecond mari, l'avantage, en cas d'acceptation de la Communauté, sera de sept mille cinq cens livres, & en cas de renonciation de quinze mille livres : c'est pourquoi si la part de l'enfant le moins prenant se trouve au-dessous de sept mille cinq cens livres, dans le cas d'acceptation de la Communauté, ou au-dessous de quinze mille livres dans le cas de renonciation, il y aura lieu à la réduction ordonnée par l'édit des secondes nôces.

Les conquêts immeubles sont comme on l'a vu la seconde espèce de choses qui entrent dans la Communauté légale.

Il n'y a que les acquêts faits durant le mariage, qui puissent être conquêts de la Communauté légale : tous les héritages & autres immeubles qui sont propres en matière de succession, sont aussi propres de Communauté, quoique les choses qui sont propres de Communauté, (*) ne soient pas toujours propres de succession.

Les offices & les rentes constituées dans les coutumes où elles sont immeubles, ne peuvent pas être réputés conquêts de la Communauté légale : ainsi lorsque ces choses viennent à échoir à l'un des conjoints durant le mariage, soit par succession directe ou collatérale, elles lui sont propres de succession, & par conséquent propres de Communauté.

Remarquez au sujet des rentes constituées

_____

(*) En matière de Communauté, on appelle propre tout ce qui appartient à l'un des conjoints sans faire partie des biens de la Communauté qu'il a avec l'autre conjoint. Ainsi une maison acquise par un conjoint avant son mariage sera un propre de la Communauté légale sans être un propre de succession.

que

que si l'un des conjoints domicilié sous la coutume de Paris où elles sont immeubles, succède durant le mariage à un parent domicilié en Lorraine où elles sont réputées meubles, celles qui lui seront échues par cette succession ne seront pas pour lui des propres, mais de simples acquêts. Le parlement de Paris l'a ainsi jugé par arrêt du 14 mars 1697 contre les héritiers des propres maternels de la dame de Machault, qui étant domiciliée à Paris avoit succédé à sa mère domiciliée sous la coutume de Rheims selon laquelle les rentes constituées sont réputées meubles.

Il suit de cette décision, que quand l'un des conjoints domiciliés à Paris recueille une succession, soit à Rheims, soit en Lorraine ou sous quelqu'autre coutume semblable, les rentes constituées qui font partie de cette succession doivent entrer dans sa Communauté, parce que selon le droit général des coutumes, la Communauté est composée de *tous les acquêts faits par les conjoints durant le mariage.*

L'annotateur de le Brun a publié une opinion opposée à cette doctrine : mais les raisons sur lesquelles cet auteur s'est appuyé ont été solidement réfutées par M. Pothier au chapitre second de la première partie de son traité de la Communauté.

Les immeubles donnés ou légués à l'un des conjoints par son père, sa mère ou quelqu'autre parent de la ligne directe ascendante sont propres à ce conjoint de même que s'ils lui étoient échus par la succession de ces personnes, & par conséquent ils ne doivent pas entrer dans la Communauté. Mais il en est autrement des immeu-

bles donnés par tout autre parent; ceux-ci ne
font que des conquêts qui entrent en Communauté, quand même le conjoint donataire feroit
héritier préfomptif du donateur, pourvu toutefois qu'il n'y ait rien de contraire dans le contrat
de mariage ou dans la donation.

La raifon de la différence eft que felon l'ordre de la nature il n'y a que nos parens de la
ligne directe afcendante qui nous doivent la
fucceffion de leurs biens; les autres ne nous la
doivent pas : c'eft pourquoi lorfque ceux-ci nous
font une donation, on ne peut pas dire qu'ils
acquittent par anticipation la dette de leur fucceffion, puifqu'ils ne nous la doivent pas.

Il y a néanmoins des coutumes telles que
celles d'Anjou & du Maine, où les donations
faites à l'héritier préfomptif en ligne collatérale,
font confidérées comme avancement d'hoirie,
& alors les immeubles donnés font réputés propres de fucceffion, & par conféquent propres de
Communauté.

La coutume de Paris ayant déclaré propres de
Communauté les donations faites en *ligne directe*,
on a demandé fi les immeubles donnés par un
enfant à fon père marié devoient être propres
de Communauté à celui-ci ? Renuffon a adopté
l'affirmative, & il s'eft appuyé fur ce que la
coutume s'eft exprimée par les termes de *ligne
directe*, fans diftinguer la ligne defcendante de
l'afcendante. Mais il faut préférer à cette opinion l'avis de M. Pothier, qui a judicieufement
remarqué que fi la coutume n'a point exprimé
la diftinction de la ligne directe defcendante &
de l'afcendante, c'eft qu'il a paru que cette diftinction fe fous-entendoit facilement fans qu'il

fût besoin de l'exprimer. En effet, la décifion de la coutume n'eft fondée que fur ce que les donations en ligne directe font des avancemens d'hoirie, ou des actes qui en tiennent lieu : c'eft pourquoi les immeubles ainfi donnés font des propres & non des acquêts, ni par conféquent des conquêts : il eft évident que tout cela ne peut s'appliquer qu'aux donations faites à l'un des conjoints par quelqu'un de fes parens de la ligne directe afcendante, attendu qu'il n'y a que ces donations qui foient des avancemens d'hoirie : on ne peut pas fans bleffer l'ordre naturel des chofes, dire que les donations faites à l'un des conjoints par quelqu'un de fes enfans foient un avancement d'hoirie : les immeubles ainfi donnés ne font donc pas des propres, mais des acquêts, & par conféquent des conquêts qui doivent entrer dans la Communauté légale.

Lorque l'un des conjoints rentre durant le mariage dans la poffeffion d'un héritage, foit par la refcifion, par la réfolution de la vente, ou par la fimple ceffation de l'aliénation qu'il en avoit faite, il redevient propriétaire au même titre qu'il l'étoit avant l'aliénation ; c'eft-à-dire que fi l'héritage lui étoit propre de fucceffion ou de Communauté il reprend la même qualité, tout comme il redevient conquêt, s'il l'étoit avant d'avoir été aliéné.

Les fruits des héritages ou biens propres de chacun des conjoints, qui font perçus & échus durant la Communauté font la troifième efpèce de chofes qui compofent la Communauté légale. Ils font particulièrement accordés pour aider à foutenir les charges du mariage.

Ces fruits se divisent en fruits naturels & en fruits civils.

Les fruits naturels sont ceux que la terre produit & qui ont une existence physique : on les subdivise en fruits purement naturels & en fruits industriels. Les fruits purement naturels sont ceux que la terre produit sans culture, comme l'herbe des prés, les noix, les pommes, les poires que produisent les arbres : les fruits industriels sont ceux que la terre ne produit qu'autant qu'on la cultive : tels sont les blés, les avoines, le raisin d'une vigne, &c.

Les fruits civils sont ceux qui n'ont qu'une existence morale : tels sont les fermages des métairies, les loyers des maisons, les arrérages des rentes, les droits seigneuriaux, &c.

Les fruits naturels de quelque espèce qu'ils soient, sont acqus à la Communauté lorsqu'ils ont été perçus avant qu'elle fût dissoute.

Ces fruits sont censés perçus aussitôt qu'ils ne sont plus attachés à la terre qui les a produits : ainsi dans le cas où les blés produits par les héritages propres de l'un des conjoints auroient été moissonnés le matin, & que ce conjoint vint à mourir le soir, ils appartiendroient à la Communauté, quand même ils n'auroient pas été enlevés, parce qu'ils auroient été séparés de la terre tandis que le défunt vivoit encore, & que par conséquent la Communauté subsistoit.

Quoique les fruits des biens propres des conjoints soient accordés à la Communauté, pour soutenir les charges du mariage, ce n'est cependant pas à proportion du temps que la Communauté a supporté ces charges, que ces fruits lui appartiennent : car si la récolte des fruits de l'héritage de l'un des conjoints s'est faite immédiatement après la bénédiction nuptiale, elle appartient en entier à la Communauté quand même le mariage n'auroit duré que trois où quatre jours.

Cette décision s'étend même au cas où les fruits perçus immédiatement après le mariage, seroient le produit de plusieurs années. Suppofez, par exemple, qu'à l'instant où la Communauté commence, il se soit fait une coupe de bois dans un taillis qui ne se coupe que tous les quinze ans, & qui est propre à l'un des conjoints : cette coupe appartiendra à la Communauté, quelque peu de temps que le mariage ait duré.

D'un autre côté, si le mariage a duré plusieurs années sans qu'il y ait eu aucune coupe à faire dans ce taillis, la Communauté venant à se dissoudre, n'aura rien à prétendre dans la coupe qui devra se faire postérieurement.

Comme il n'y a que les fruits des propres perçus durant le mariage qui appartiennent à la Communauté, ceux que les conjoints ont perçus avant d'être mariés entrent bien dans la Communauté, mais c'est en qualité d'effets mobiliers, & non en qualité de fruits.

Quant aux fruits qui n'étoient point séparés de la terre lors de la dissolution de la Communauté, & qui n'ont été perçus que postérieurement, ils n'entrent point dans la Communauté, & ils appartiennent en entier au conjoint propriétaire de l'héritage ou à ses héritiers, à la charge toutefois de payer la moitié des frais de culture. C'est ce que décide l'article 231 de la coutume de Paris (*) , qui forme à cet égard le droit commun.

Observez sur cette matière que si le mari voyant sa femme attaquée d'une maladie mortelle , différoit de recueillir les fruits de son héritage propre afin de les percevoir en entier après la dissolution de la Communauté , les héritiers de la femme seroient fondés à demander part dans cette récolte comme ayant été retardée en fraude du droit de Communauté. Tel seroit le cas où le mari n'auroit pas fait la coupe d'un bois taillis dans l'année qu'on avoit coutume de la faire.

Et si le mari avoit recueilli les fruits de l'héritage propre de sa femme avant qu'ils fussent mûrs , parce qu'il la voyoit à l'extrémité , les héritiers de celle-ci seroient en droit de prétendre contre lui des dommages & intérêts.

_____

(*) *Cet article est ainsi conçu :*

» Les fruits des héritages propres pendant par les racines » au temps du trépas de l'un des conjoints par mariage, » appartiennent à celui auquel advient ledit héritage, à la » charge de payer la moitié des labours & semences. »

Il y a quelques coutumes particulières qui se sont écartées de celle de Paris & du droit commun , en abandonnant à la Communauté pour ses frais de culture la récolte qui se fait sur les héritages propres des conjoints après la dissolution de la Communauté ; lorsqu'au temps de cette dissolution les terres se trouvent ensemencées & les vignes taillées. Telle est la coutume de Blois dont l'article 184 est ainsi conçu :

» Si lors du trépas de l'un desdits conjoints, les terres » sont ensemencées , & les vignes marnées & taillées, qui » étoient propres de l'un desdits conjoints , les fruits desdites » terres & vignes se diviseront pour ladite année entre le » survivant & les héritiers du premier décédé également. »

Quant aux fruits civils, il n'entre dans la Communauté que ceux qui ont été produits pendant qu'elle subsistoit : ceux qui ne sont produits qu'après qu'elle est dissoute, appartiennent au conjoint propriétaire de la chose qui les a produits.

Ces sortes de fruits sont censés produits lorsqu'ils commencent à être dus.

Il suit de cette règle que les fermages étant le prix des fruits recueillis sur l'héritage affermé, & le fermier ne les devant qu'après la récolte, ils n'entrent dans la Communauté qu'autant que la récolte s'est faite ou a dû se faire avant la dissolution de la Communauté. Si elle s'est dissoute pendant la récolte, les fruits se divisent, & il doit entrer dans la Communauté à proportion de ce qu'il y en avoit de recueillis lorsqu'elle a cessé de subsister.

Pareillement, lorsqu'un héritage qui produit différentes sortes de fruits a été affermé pour une certaine somme par année, & que la Communauté s'est dissoute après la récolte d'une sorte de fruit & avant celle des autres sortes, on ne peut attribuer à la Communauté que le prix de l'espèce de fruits recueillie, lequel doit se régler par estimation relativement au prix total de la ferme. Le surplus de ce prix total doit appartenir au conjoint propriétaire de l'héritage ou à ses héritiers.

Tout ce que nous venons de dire des fermages des biens de campagne, doit aussi s'appliquer aux dixmes & aux champarts, soit qu'on les perçoive en nature ou qu'ils soient donnés à ferme. Ils ne sont dus qu'au temps que se fait la récolte des fruits fur lefquels ils doivent être perçus.

Il en eft autrement des loyers de maifon : ils entrent dans la Communauté à proportion du temps qu'elle a duré, & ils font cenfés échus jour par jour, quoiqu'ils ne foient pas payables chaque jour & que le terme fixé par le bail pour les payer, ne fût pas encore arrivé lorfque la Communauté s'eft diffoute.

Cette différence eft fondée fur ce que le fermage d'un bien de campagne étant le prix des fruits que le fermier doit recueillir, il ne le doit qu'après qu'il les a recueillis. En effet, fi par quelque événement de force majeure tel qu'une grêle, une inondation, les fruits venoient à périr entiérement avant la récolte, il ne feroit dû aucun fermage. Au contraire, un loyer de maifon eft le prix de la jouiffance que le locataire a chaque jour de cette maifon ; il échoit donc chaque jour une partie du loyer.

Ce que nous venons de dire des loyers de maifons doit auffi s'appliquer aux arrérages des rentes foit foncières, foit conftituées, foit perpétuelles ou viagères : ces arrérages échoient auffi chaque jour. C'eft pourquoi lors du rachat d'une rente, on eft obligé de payer avec le principal non-feulement les arrérages échus jufqu'au dernier terme, mais encore ceux que l'on doit pour chaque jour qui s'eft écoulé depuis le dernier terme jufqu'au moment du rachat.

Au furplus, comme ce qui eft dû de loyer ou d'arrérages de rente pour un jour ne fe fubdivife pas & n'eft véritablement dû que quand ce jour eft entièrement écoulé, il faut en conclure que la Communauté n'a rien à prétendre dans le

jour de loyer ou d'arrérages auquel elle s'eſt diſſoute.

Les arrérages de cens ſont une autre eſpèce
de fruits civils qui ſuit des règles particulières.
Si la diſſolution de la Communauté a lieu avant
le jour où ces arrérages échoient, les héritiers
du conjoint prédécédé n'ont rien à y prétendre.
La raiſon en eſt que le payement du cens n'étant
en quelque façon que la reconnoiſſance que les
cenſitaires font de la ſeigneurie directe, il n'eſt
dû qu'au jour où cette reconnoiſſance doit avoir
lieu : mais ſi la Communauté n'a été diſſoute
que le jour même où le cens doit être payé,
c'eſt à elle que les arrérages en doivent appartenir. La raiſon en eſt qu'auſſi-tôt que ce jour eſt
arrivé, il y a ouverture au devoir de la reconnoiſſance de la ſeigneurie directe ; & par conſéquent, le cens a commencé d'être dû quoique
les cenſitaires aient depuis le matin juſqu'à la
nuit pour s'acquitter de cette dette.

Quant aux défauts encourus par les cenſitaires
qui ont négligé de payer le cens au jour fixé, ils
n'appartiennent pas à la Communauté lorſqu'elle
a été diſſoute le jour que le cens eſt échu. La
raiſon en eſt que ces défauts étant une peine qui
dérive de ce que le cens n'a pas été payé au jour
marqué, ils ne peuvent commencer à être dus
qu'après que ce jour eſt entièrement écoulé, &
par conſéquent après la diſſolution de la Communauté.

Les droits caſuels tels que les profits ſeigneu-
riaux exigibles en cas de vente ou de mutation
des biens qui relèvent en fief ou en cenſive de
la ſeigneurie de l'un des conjoints, ſont une
autre ſorte de fruits civils : ils ſont acquis à la

Communauté lorſque les cauſes qui les produiſent ont lieu avant qu'elle ſoit diſſoute. Ainſi
auſſi-tôt qu'il y a une convention écrite au ſujet
de la vente d'un bien de l'eſpèce de ceux dont
on vient de parler, le profit ſeigneurial en eſt
dû à la Communauté ſi elle ſubſiſtoit au moment
de la convention.

A l'égard de l'amende encourue pour ventes
récélées, comme elle n'eſt due qu'à cauſe que le
cenſitaire n'a pas déclaré ſon contrat, elle ne
doit point appartenir à la Communauté ſi le
temps fixé pour faire la déclaration dont il s'agit
n'eſt expiré qu'après que la Communauté a été
diſſoute.

Les profits de rachat dus pout les mutations,
ſont acquis à la Communauté auſſi-tôt que les
morts & les mariages qui ont opéré ces mutations ont eu lieu avant qu'elle fût diſſoute.

Si la mort du vaſſal qui a donné lieu au profit
de rachat, & celle de l'un des conjoints qui a
diſſous la Communauté, ſont arrivées le même
jour, le profit eſt acquis à la Communauté, ſi
la mort du vaſſal a précédé celle du conjoint ; ſi
au contraire, la mort du conjoint a précédé
celle du vaſſal, le profit doit appartenir en entier
au propriétaire de la ſeigneurie.

Mais que doit-on décider dans le cas où l'on
ignore laquelle des deux morts eſt arrivée la
première ? M. Pothier penſe que dans le doute
le profit doit appartenir au propriétaire de la
ſeigneurie, & que la Communauté n'y peut
rien prétendre. La raiſon qu'il en donne eſt qu'un
propriétaire en ſa qualité de propriétaire a de
droit commun, un droit général aux fruits produits par la choſe qui lui appartient, tandis

qu'un autre ne juſtifie pas qu'il a un droit particulier pour les prétendre à ſon excluſion. C'eſt
par conſéquent à celui qui veut faire valoir les
droits de la Communauté, à prouver que le
profit eſt arrivé avant qu'elle fût diſſoute ; & à
défaut de cette preuve, la Communauté ne doit
point participer à ce profit. Cet avis nous paroît
juſte.

Les amendes, les épaves, les droits de déshérence & ceux de confiſcation ſont les fruits civils d'un droit de juſtice. Ils appartiennent ſans
difficulté à la Communauté lorſqu'ils ont été
produits avant qu'elle fût diſſoute.

T R O I S I È M E   P A R T I E.

*Des dettes paſſives & des autres charges de la
Communauté.*

Les dettes mobilières dont chacun des conjoints étoit tenu lors de la célébration du mariage, ſont à la charge de la Communauté légale. Les coutumes de Paris, d'Orléans, du
Maine, d'Anjou, de Bourbonnois, de Bretagne
& d'Auxerre, contiennent à cet égard des diſpoſitions préciſes. C'eſt d'ailleurs le droit commun & général des coutumes où il y a Communauté.

Les dettes mobilières ſont celles qui ſont exigibles en deniers ou en effets mobiliers : telles
ſont des ſommes d'argent dues par promeſſe,
par obligation, &c. ou de certaines quantités
de bled, d'huile, de vin, &c.

Si l'un ou l'autre des conjoints a contracté
avant ſon mariage une dette mobilière ſolidairement avec d'autres débiteurs, la Communauté

est chargée de toute la dette, sauf son recours contre les co-débiteurs.

Mais si lorsque le conjoint s'est marié, il n'étoit personnellement débiteur que pour partie d'une dette mobilière, quoiqu'il en fût tenu hypothécairement pour le tout, la Communauté ne seroit chargée que de l'obligation personnelle. Ainsi dans le cas où l'un des conjoints auroit, avant son mariage, hérité le tiers d'une succession, sa Communauté ne seroit obligée que pour le tiers des dettes mobilières hypothécaires de cette succession. Et si à cause de l'insolvabilité des co-héritiers, le total de ces dettes venoit à être payé des deniers de la Communauté, le conjoint dont les biens auroient été libérés par ce payement, devroit à la Communauté une indemnité pour les deux tiers des dettes dont il s'agit.

Quoiqu'en général toutes les dettes mobilières dues par les conjoints lorsqu'ils se marient soient à la charge de leur Communauté, cette règle reçoit une exception relativement aux dettes mobilières dont l'objet est le prix d'un propre de Communauté de l'un ou de l'autre des conjoints.

Supposons, par exemple, qu'avant de vous marier vous ayez acheté une métairie pour une somme de vingt mille livres, & que cette somme ne se soit point trouvée acquittée lors de votre mariage, la Communauté n'en sera pas chargée, quoique la dette soit mobilière, puisqu'elle consiste dans une somme d'argent. Il faudroit en dire autant des deniers dont vous seriez débiteur pour un retour de partage d'immeubles d'une succession qui vous seroit échue avant votre mariage.

Cette doctrine est fondée sur ce qu'il seroit trop dur qu'un conjoint fît payer à la Communauté un bien qu'il retient pour lui seul & qui lui est propre.

Observez que quoique les créanciers anté-rieurs au mariage de la femme aient contr'elle des titres exécutoires, ils ne peuvent néanmoins procéder contre le mari par voie d'exécution, qu'ils n'aient auparavant obtenu sentence qui le condamne à payer, ou qui déclare leurs titres exécutoires contre lui.

Quant aux dettes passives immobilières, le conjoint qui en est débiteur en se mariant, y demeure seul obligé, & la Communauté légale n'en est pas tenue. C'est pourquoi si avant de vous marier vous avez vendu un immeuble dont vous n'aviez pas encore mis l'acquéreur en pos-session, vous êtes seul tenu d'acquitter la dette envers cet acquéreur, & de lui délivrer l'objet de la vente.

Si le conjoint qui en se mariant se trouve dé-biteur d'un immeuble qu'il s'est obligé de donner à une personne, doit en même-temps une somme de deniers à la même personne, relativement à cet immeuble, soit parce qu'il en a perçu les fruits ou pour quelqu'autre cause analogue, il n'y a que la dette de l'immeuble qui ne soit pas à la charge de la Communauté. Ce qui est dû pour les fruits perçus est une dette mobilière, & par conséquent elle entre dans la Commu-nauté.

Le mari en sa qualité de chef de la Commu-nauté, en est seul le maître tandis qu'elle dure; ensorte qu'il peut en disposer comme bon lui semble, tant pour sa part que pour celle de sa femme ; & par une conséquence néceffaire , toutes les dettes qu'il contracte durant le mariage font à la charge de la Communauté , foit qu'elle en ait profité ou non.

Obfervez même que fi durant le mariage le mari vient à commettre un délit, quoiqu'on ne puiffe pas dire que fa femme y ait participé, la réparation du délit n'en eft pas moins une dette de la Communauté à laquelle la femme eft cenfée s'être obligée avec fon mari en qualité de commune.

Il faut dire la même chofe des amendes auxquelles le mari peut être condamné durant le mariage , tant en matière de police qu'en matière criminelle.

Exceptez toutefois l'amende à laquelle le mari feroit condamné par un jugement qui prononceroit contre lui une peine capitale. Une telle amende ne feroit point une dette de la Communauté. La raifon en eft que ce jugement faifant perdre au mari fon état civil, opère de plein droit la diffolution de la Communauté ; ainfi on ne peut pas dire que la dette de l'amende ait été contractée durant la Communauté.

Comme le mari ne peut fe faire aucun avantage fur les biens de la Communauté au préjudice de la part que doit y avoir fa femme , il faut en tirer la conféquence que les dettes qu'il contracte pour des affaires qui le concernent feul , & dont il n'y a que lui qui profite , ne doivent point être à la charge de la Communauté. C'eft une exception au principe, que la Communauté eft tenue de toutes les dettes que le mari contracte durant le marirge. Ainfi dans le cas où le mari fe feroit obligé de payer une certaine fomme pour affranchir fon héritage propre d'un droit de fervitude , comme il profiteroit feul de cette dette , elle ne feroit point à la charge de la Communauté.

Une autre exception au principe qui charge la Communauté des dettes contractées par le mari, confifte dans celles qu'il contracte en faveur de quelqu'un des enfans qu'il a d'un mariage précédent, ou même s'il n'a pas d'enfans , en faveur de quelqu'un de fes héritiers préfomptifs. La raifon en eft qu'il n'a pas plus de droit d'avantager ces perfonnes que lui-même au préjudice de la part que fa femme doit prendre dans la Communauté.

Il en feroit différemment d'une dette contractée par le mari fans le confentement de fa femme , en faveur de quelqu'un de leurs enfans communs : cette dette feroit à la charge de la Communauté. La raifon en eft que cet enfant étant à la femme comme au mari, on ne pourroit pas lui imputer d'avoir contracté la dette pour attirer de fon côté au préjudice de fa femme les biens de la Communauté.

Lorfqu'une femme a été autorifée par fon mari à contracter des dettes pour les affaires de la Communauté , ces dettes font fans difficulté à la charge de la Communauté.

Il en eft de même des dettes qu'elle contracte relativement au commerce qu'elle fait au vu & fçu de fon mari , quoiqu'il ne l'ait pas autorifée expreffément pour les contracter : on préfume alors que le mort ayant donné fon confentement au commerce de fa femme , il a auffi confenti, au moins tacitement, qu'elle contractât les dettes qui étoient une fuite de ce commerce.

A l'égard des autres dettes qu'une femme contracte sans l'autorisation de son mari, dans le cas même où elle s'est fait autoriser par justice à les contracter, la Communauté n'y peut être obligée que jusqu'à concurrence du profit qu'elle a tiré de l'affaire pour laquelle elles ont été contractées.

Il suit de cette décision que si durant le mariage une femme a commis un délit à l'occasion duquel on l'a condamnée à des dommages & intérêts, la Communauté qui n'a pas profité du délit ne peut pas être obligée à payer ces dommages & intérêts. Or, comme tous les revenus des biens de la femme appartiennent à la Communauté, il faut en conclure que la partie qui a obtenu les dommages & intérêts, ne peut s'en faire payer sur les biens de la femme qu'après la dissolution de la Communauté. Tel est le droit commun.

Quelques coutumes, telles que celles d'Anjou & du Maine, ont néanmoins des dispositions différentes, & ne font en matière de réparation de délit, aucune distinction entre le mari & la femme. Elles veulent que le créancier du conjoint coupable puisse faire payer sur les biens communs les dommages & intérêts qu'on lui a adjugés, sauf au conjoint innocent à demander la séparation des biens de la Communauté, à l'effet de restreindre le créancier à la part qu'y doit avoir l'auteur du délit.

Observez d'ailleurs que la déclaration du 18 mars 1683 veut que les condamnations prononcées contre une femme en matière de faux-saunage, soient exécutées contr'elle & contre le mari solidairement, même par corps.

Comme

Comme une femme qui se marie étant majeure, pourroit après son mariage faire des billets d'une date antérieure, & éluder ainsi la règle qui ne lui permet pas de charger la Communauté sans le consentement de son mari, des dettes qu'elle contracte durant le mariage ; la jurisprudence des arrêts a établi que la Communauté ne devoit pas être tenue des dettes que la femme avoit contractées par des billets sous seing privé, quoique d'une date antérieure au mariage, à moins que le créancier ne justifiât que la date étoit vraie ou que les circonstances ne la fissent présumer telle.

L'auteur de la collection de jurisprudence rapporte trois arrêts conformes à cette doctrine : l'un du 19 août 1729, a déchargé le mari de la demande en payement d'un billet sous seing privé, sauf au créancier à se pourvoir sur les biens de la femme après la dissolution de la Communauté.

Le second a été rendu entre le sieur Paris Duvernay & le marquis d'Herbouville dans l'espèce suivante :

La dame d'Herbouville avoit avant son mariage, fait un billet de douze mille livres au sieur Paris Duvernay, qui depuis le mariage en demanda le payement. Une sentence des requêtes du palais mit sur la demande les parties hors de cour, & condamna le sieur Duvernay aux dépens. Ayant été interjeté appel de cette sentence, elle fut confirmée par arrêt du premier juin 1733, qui réserva néanmoins au sieur Duvernay son action contre la femme, pour l'exercer s'il le jugeoit à propos, après la dissolution de la Communauté.

Le troisième arrêt a été rendu le 11 décembre 1743 en faveur du marquis de Melun, à qui le sieur Meiller, receveur des domaines & bois de Marseille, demandoit le payement de 113753 livres contenues au billet de la marquise de Melun, lequel avoit une date antérieure au mariage.

Le marquis de Melun répondit qu'il n'avoit eu en se mariant aucune connoissance de ce billet : en conséquence, l'arrêt infirma la sentence du Châtelet qui avoit condamné le marquis de Melun à payer, & le billet fut déclaré nul.

Puisque la coutume fait entrer dans la Communauté légale les effets mobiliers des successions échues aux conjoints durant le mariage, il faut en conclure qu'elle a entendu que la Communauté seroit tenue des dettes mobilières dont ces successions pourroient être chargées.

Observez néanmoins qu'il y a cet égard une différence à faire entre le mari & la femme. Lorsque le mari a accepté une succession mobilière plus onéreuse que profitable, la Communauté doit supporter toute la perte qui peut résulter d'une telle acceptation. Si au contraire la femme s'est, d'après le refus de son mari, fait autoriser par justice pour accepter une telle succession, la Communauté ne peut être obligée à payer les dettes de cette succession, que jusqu'à concurrence de l'actif dont elle a profité.

Cette différence est fondée sur ce que le mari étant le maître absolu des effets de la Communauté, elle doit être chargée de toutes les dettes qu'il contracte pendant qu'elle dure, & par conséquent de celles des successions onéreuses qu'il juge à propos d'accepter : la femme au contraire n'ayant aucunement le droit de difpofer des effets de la Communauté, elle ne peut la charger des dettes qu'elle contracte fans l'autorifation de fon mari, que jufqu'à concurrence du profit qui réfulte des affaires pour lefquelles ces dettes ont été contractées. Ainfi dans le cas où la femme autorifée par juftice accepte une fucceffion onéreufe, les créanciers de ce qui excède l'actif dont la Communauté a profité, font obligés d'attendre que la Communauté foit diffoute pour fe faire payer par cette femme qui par fon acceptation s'eft rendue leur débitrice.

Quand une fucceffion échue à l'un des conjoints durant le mariage n'eft compofée que d'immeubles, tout le paffif doit être à la charge de ce conjoint, parce que tout l'actif lui devient propre, & que la Communauté n'a rien à y prétendre. Il ne peut donc y avoir en pareil cas à la charge de la Communauté, que les arrérages ou les intérêts qui peuvent courir depuis l'ouverture de la fucceffion jufqu'à ce que la Communauté foit diffoute, & cela parce qu'ils font des charges des revenus, lefquels appartiennent à la Communauté, ainfi que ceux de tous les autres biens propres de chaque conjoint.

Mais que doit-on décider dans les cas où la fucceffion qui échoit à l'un des conjoints durant le mariage, eft compofée en partie de meubles qui entrent dans la Communauté, & en partie d'immeubles qui n'y entrent pas?

Le Brun & Renuffon font d'avis que la Communauté doit être chargée de toutes les dettes mobilières de cette fucceffion, & que le conjoint auquel elle eft échue eft feul tenu des prin.

cipaux des rentes; ils ajoutent que si les dettes mobilières excèdent l'actif mobilier, la Communauté doit être indemnisée à cet égard jusqu'à concurrence de ce que le conjoint profite des immeubles qui lui sont propres de Communauté, & que si les principaux des rentes dont le conjoint est chargé, excèdent la valeur des immeubles auxquels il succède, il doit pareillement être indemnisé par la Communauté jusqu'à concurrence de ce qu'elle profite de l'actif mobilier, déduction faite du passif.

M. Pothier fait à ce sujet une distinction judicieuse : il pense que dans les coutumes qui chargent le mobilier d'une succession de toutes les dettes mobilières, la Communauté est tenue d'acquitter ces dettes : mais qu'il doit en être autrement dans les coutumes qui, comme celles de Paris, font contribuer les héritiers des différentes espèces de biens aux différentes espèces de dettes soit mobilières ou rentes, à proportion de ce que chacun d'eux perçoit dans l'actif de la succession. En effet, l'esprit de ces coutumes est que chaque sorte de biens dont l'universalité de la succession se trouve composée, soit chargée d'une portion de chaque espèce de dettes, soit mobilières, soit rentes, proportionnément à la valeur qu'a chaque espèce de biens, relativement à ce que vaut toute la succession. Ainsi lorsque le mobilier compose le quart de toute la succession, il doit être chargé du quart de toutes les dettes, soit mobilières ou rentes.

La nourriture, l'habillement & le logement des conjoints sont des charges de la Communauté, ainsi que l'éducation des enfans communs.

Quant aux alimens & aux frais d'éducation des enfans que chaque conjoint peut avoir d'un précédent mariage, si ces enfans ont un revenu suffisant, la Communauté n'en doit pas être chargée ; mais si ce revenu ne suffit pas pour les frais dont il s'agit, ils deviennent alors une dette naturelle du père ou de la mère, que la Communauté est tenue d'acquiter.

Comme la Communauté jouit des propres de chaque conjoint, elle doit entretenir les héritages en bon état & faire pour cet effet les dépenses nécessaires. Telles sont celles qu'il convient de faire pour cultiver une vigne, pour la fumer, pour la garnir d'échalats, pour marner les terres d'une métairie, pour peupler un colombier, pour empoissonner un étang, &c.

Il en est de même des réparations qu'exigent les bâtimens des héritages propres de chaque conjoint. Mais il faut excepter celles qu'on appelle grosses réparations, parce qu'elles sont plutôt des reconstructions que des réparations. C'est ce qui sera développé à l'article RÉPARATIONS.

Observez à ce sujet que quoique régulièrement les grosses réparations ne soient point à la charge de la Communauté, cependant si elles étoient à faire sur un heritage propre de la femme, & qu'elles eussent été occasionnées par la négligence du mari à entretenir cet héritage, la Communauté en seroit tenue. Cette décision est fondée sur ce que le mari étant le chef de la Communauté, elle doit répondre de sa mauvaise administration.

On compte aussi entre les charges de la Communauté, les frais à faire, lorsqu'elle est dissoute, pour inventorier les effets dont elle est composée, pour liquider les reprises que chaque conjoint peut avoir à exercer, & pour parvenir au partage des effets communs.

Quant aux frais funéraires du conjoint prédécédé, ils sont à la charge de sa succession, & non à celle de la Communauté. C'est ce que décident plusieurs coutumes & particulièrement celle de Meaux : on doit en suivre les dispositions dans les coutumes muettes à cet égard: la raison en est que ces frais n'ayant lieu qu'après la mort, la Communauté se trouve alors dissoute & n'existe plus. Dans les frais funéraires, la somme qu'on adjuge à la veuve pour son habit de deuil doit être comprise.

Les legs faits par le prédécédé ne sont point à la charge de la Communauté, quand même ce seroit le mari qui les auroit faits. La raison en est que le pouvoir qu'il avoit de disposer à son gré des biens de la Communauté, n'a pû avoir d'effet que tandis qu'elle duroit & qu'il vivoit : or les dispositions testamentaires ne devant s'exécuter qu'après la mort du testateur & par conséquent après la dissolution de la Communauté, il faut en conclure qu'elles ne peuvent être à la charge de la Communauté.

Observez toutefois que si le legs avoit pour cause la séparation de quelque tort occasionné par le mari au légataire, la Communauté en seroit chargée, parce qu'alors ce legs seroit bien moins un legs qu'une dette de la Communauté; mais pour qu'il en soit ainsi, il faut que la cause d'un tel legs soit justifiée.

Cette cause n'étant pas justifiée, les héritiers du mari qui prétendent que la Communauté doit être tenue d'acquitter le legs, n'ont d'autre parti à prendre que de déférer à la veuve le ferment pour favoir fi elle a connoiffance du fait qui a donné lieu à la réparation.

QUATRIÈME PARTIE.

De la Communauté conventionnelle, & de differentes claufes ou conditions qui y font relatives.

La Communauté conventionnelle eft celle qui eft fondée fur les claufes & conditions que les conjoints ont inférées dans leur contrat de mariage.

Ils peuvent convenir que la Communauté n'aura lieu entr'eux qu'à une certaine époque, comme après fix mois, après un an, après deux ans de mariage.

Ils peuvent auffi convenir qu'il n'y aura Communauté entre les conjoints que dans le cas où ils auront des enfans iffus de leur mariage. Cette ftipulation a donné lieu à une difficulté dans l'efpèce fuivante.

Il étoit né un enfant du mariage, mais il étoit mort avant fon père & fa mère. Après le décès de l'un des conjoints, fes héritiers & le furvivant ont prétendu, ceux-là, qu'il y avoit eu Communauté, & celui-ci, qu'il n'y en avoit point eu; & par arrêt du 22 mai 1759, le parlement de Paris à jugé qu'il y avoit eu Communauté au moyen de la naiffance d'un enfant, & qu'elle n'avoit été ni interrompue ni diffoute par fa mort.

Si par le contrat de mariage les parties ont fimplement ftipulé qu'il y auroit entr'elles Communauté de biens; cette Communauté conventionnelle ne diffère en rien de la Communauté légale.

Comme la Communauté conventionnelle commence ordinairement ainſi que la Communauté légale, à l'inſtant de la célébration du mariage, il faut en conclure que c'eſt à cet inſtant qu'il faut s'arrêter pour déterminer ſi les effets appartenans aux conjoints doivent entrer dans la Communauté. Ainſi lorſqu'un Pariſien va épouſer une femme en Lorraine, où les rentes conſtituées ſont réputées meubles, & qu'il ſe propoſe de revenir à Paris avec ſa femme, les rentes qui appartiennent à celle-ci deviennent immeubles au moment qu'elle ſe marie, ſi les parties n'ont rien ſtipulé au contraire. La raiſon en eſt qu'elle perd ſon domicile de Lorraine & qu'elle acquiert celui de ſon mari qui eſt de Paris, & où les rentes conſtituées ſont immeubles.

Si au contraire, un Lorrain épouſoit une femme à Paris avec intention de retourner en Lorraine, les rentes conſtituées qui appartiendroient à cette femme, deviendroient meubles d'immeubles qu'elles étoient auparavant.

Les parties peuvent ſans difficulté convénir par leur contrat de mariage que leur Communauté ſera réglée par une coutume différente de celle du domicile du mari, & une telle clauſe doit produire ſon effet.

Obſervez que cet effet ne peut s'étendre qu'aux choſes qui ont rapport à la Communauté. Mais ſi la clauſe portoit que les *parties promettent de s'épouſer ſuivant une telle coutume* cette clauſe s'étendroit à toutes les conventions matrimoniales, tant celles qui concerneroient

Communauté que celles qui auroient rapport au douaire, &c.

Au surplus une telle clause ne donne pas aux conjoints le droit de disposer selon cette coutume, des biens dont la loi de leur domicile a défendu la disposition : la raison en est qu'aucune convention ne peut autoriser des conjoints à faire ce que la loi de leur domicile leur défend. Ainsi dans le cas où ils se seroient soumis par leur contrat de mariage, à une coutume qui permet à la femme de s'obliger pour autrui avec l'autorisation de son mari, une telle obligation ne produiroit aucun effet, si elle étoit défendue par la coutume sous l'empire de laquelle les conjoints sont domiciliés.

Souvent les parties stipulent dans leur contrat de mariage, que la Communauté ne sera pas chargée des dettes que chaque conjoint a contractées avant de se marier.

Une telle clause s'applique non-seulement aux dettes dont chaque conjoint peut être débiteur envers des tiers, mais encore à celles dont l'un des conjoints se trouve débiteur envers l'autre. C'est pourquoi si Ferdinand épouse Emilie, débitrice envers lui d'une somme de mille écus, & qu'il y ait séparation de dettes, il ne se fera ni confusion, ni extinction de cette dette, si ce n'est lors de la dissolution de la Communauté, pour la moitié qu'auront dans les biens de la Communauté Emilie ou ses héritiers, qui continueront d'être débiteurs de quinze cens livres envers Ferdinand ou ses héritiers : si Emilie venoit à renoncer à la Communauté, elle seroit toujours débitrice des mille écus.

D'un autre côté, si c'étoit Ferdinad qui dut mille écus à Emilie en l'époufant, la claufe de féparation de dettes feroit que lors de la diffolution de la Communauté, Ferdinand continueroit d'en être débiteur envers Emilie ou fes héritiers, pour la part qu'ils auroient dans la Communauté. Si en vertu de fon contrat de mariage, Emilie devoit reprendre fes apports en renonçant à la Communauté, Ferdinand refteroit débiteur des mille écus envers elle.

De ce que la claufe de féparation de dettes exclut de la Communauté les dettes antérieures au mariage, il faut en tirer la conféquence qu'une dette contractée avant le moriage, fous une condition qui n'a été accomplie que depuis le mariage, n'eft pas moins exclue de la Communauté.

Il faut en dire autant à plus forte raifon d'une dette contractée avant le mariage, quoique le terme du payement ne foit échu que depuis le mariage.

La féparation de dettes comprend pareillement les dettes contractées avant le mariage, & qui n'ont été liquidées que poftérieurement. C'eft pourquoi fi durant le mariage, l'un des conjoits a été condamné à payer une fomme de dix mille livres pour réparation civile d'un délit commis avant le mariage, cette fomme ne fera pas à la charge de la Communauté : la raifon en eft qu'elle a été contractée par le délit commis avant le mariage, & que la fentence qui a adjugé la réparation, n'a fait que liquider la dette.

Il doit en être de même, felon la décifion de le Brun, adoptée par M. Pothier, de l'amende à aquelle l'un des conjoints a été condamné durant le mariage, pour un délit commis antérieurement.

Lorsque le mari a été condamné aux dépens, d'un procès commencé avant le mariage, ces dépens ne doivent point être à la charge de la Communauté, lorsqu'il y a entre les conjoints une convention de séparation de dettes. La raison en est que quoique la dette n'ait été formée que durant le mariage, elle dérive d'une cause antérieure ; savoir, l'entreprise d'un procès mal fondé : cette considération doit suffire pour faire regarder une telle dette comme antérieure au mariage.

Observez toutefois qu'il n'y a que les dépens relatifs aux contestations formées avant le mariage, qui soient compris dans la clause de séparation de dettes : c'est pourquoi lorsque postérieurement au mariage & pendant le cours du procès, le mari a formé des demandes incidentes, ou qu'il en a été formé contre lui, les dépens faits à cet égard concernent la Communauté.

Quand c'est la femme qui s'est trouvée engagée dans un procès avant le mariage, & que le mari a repris l'instance, la clause de séparation de dettes ne s'étend pas au de-là des dépens faits avant la reprise d'instance : ceux qui ont été faits postérieurement & auxquels le mari a été condamné, doivent être à la charge de la Communauté.

Il en seroit différemment si le mari ayant refusé de reprendre l'instance, la femme s'étoit fait autoriser par justice à poursuivre le procès : dans ce cas la condamnation qui pourroit intervenir contre elle ne seroit point à la charge de la Communauté.

Lorsqu'avant le mariage le mari étoit chargé de quelqu'administration, soit publique ou particulière, qu'il a continuée durant la Communauté, le reliquat de son compte ne doit être compris dans la séparation de dettes que relativement aux articles dont il étoit débiteur avant de se marier : le surplus est une dette de Communauté, soit qu'il dérive des recettes faites par le mari depuis le mariage, ou des fautes qu'il a commises dans sa gestion.

Les intérêts des dettes contractées avant le mariage, & les arrérages des rentes constituées, viagères ou foncières, dus par chacun des conjoints, sont des charges de la Communauté pour tout le temps qu'ils ont couru depuis le mariage.

Quant aux intérêts ou arrérages qui ont couru jusqu'au jour du mariage, ils sont compris dans la clause de séparation de dettes, & la Communauté n'en doit pas être chargée.

Il suit de la clause de séparation de dettes, que si elles ont été payées avec les deniers de la Communauté, le conjoint qui en étoit débiteur en doit récompense à la Communauté lorsqu'elle vient à se dissoudre.

Au reste, une telle clause n'empêche pas que les créanciers ne puissent exiger du mari durant la Communauté, le payement des dettes contractées par la femme, à moins qu'il ne soit en état de leur représenter l'inventaire des effets mobiliers qu'elle lui a apportés, & qu'il ne soit disposé à leur en compter.

Cette doctrine est fondée sur l'article 221 de

coutume de Paris (*), qui forme fur cette matière le droit commun.

L'inventaire dont il s'agit doit être faite pardevant notaires, ou fi on l'a fait fous feing privé,
il faut qu'il ait été reconnu par un acte devant
notaires, avant la célébration du mariage, afin
d'en rendre la datte certaine.

Si le contrat détaille les effets mobiliers que
la femme a apportés en mariage, il tient lieu
d'inventaire.

Il doit en être de même du compte rendu à
la femme, quoique poftérieurement au mariage,
quand le tuteur ou le curateur qui lui rend
compte, a adminiftré fes biens jufqu'au moment
ou elle s'eft mariée.

Par arrêt de réglement du 14 mars 1731, le
parlement a établi une jurifprudence particulière pour le cas où une veuve, débitrice d'un
compte de tutelle envers fes enfans d'un premier
mariage, convole en fecondes noces avec une
convention de féparation de dettes. Cet arrêt a
ordonné que dans ce cas, foit qu'il y eût Communauté ftipulée, ou exclufion de Communauté,
l'inventaire ne feroit réputé valable qu'autant
qu'il feroit antérieur au mariage, & fait devant
notaires, en préfence d'un tuteur nommé pour
cet effet par le juge fur un avis de parens, aux
enfans à qui le compte feroit dû : faute d'obfer-

(*) *Cet article eft ainfi conçu :*
Combien qu'il foit convenu entre deux conjoints qu'ils
payeront féparément leurs dettes faites auparavant leur mariage ; ce néanmoins ils en font tenus s'il n'y a inventaire
préalablement fait : auquel cas ils demeurent quittes, repréfentant l'inventaire ou l'eftimation d'icelui.

ver ces formalités, le fecond mari feroit tenu folidairement avec fa femme, du compte de tutelle envers les enfans, nonobftant la convention de féparation de dettes, ou même d'exclufion de Communauté, fauf fon recours contre fa femme.

Lorfque le mari prend envers les créanciers le parti de leur compter des effets mobiliers de fa femme conformément à l'inventaire, il doit leur remettre le prix de ceux qui ne fe trouvent plus en nature, ou juftifier de l'emploi qu'il en a fait pour acquitter les dettes de fa femme.

Si depuis le mariage, la femme a hérité de quelques biens mobiliers, le mari doit en compter aux créanciers, comme de ceux qui ont été inventoriés.

Quant aux fruits des biens de la femme perçus durant le mariage jufqu'à la demande des créanciers, le mari n'en doit aucun compte, attendu qu'il eft cenfé les avoir employés de bonne foi à fournir les charges du mariage.

Au furplus ce n'eft que pendant la durée de la Communauté que les créanciers de la femme peuvent pourfuivre le mari faute de repréfenter un inventaire : lorfque la Communauté eft diffoute, il ne leur refte contre lui que la voie de faifie-arrêt de ce qu'il peut devoir à la femme leur débitrice.

Quelquefois les parens de l'un des futurs conjoints, & c'eft communément ceux de l'homme, déclarent & certifient à l'autre, *qu'il eft franc & quitte de dettes.*

Il réfulte de cette déclaration que fi l'homme ne fe trouve pas exempt de dettes comme ils l'ont affuré, ils font obligés d'indemnifer la femme jufqu'à concurrence du préjudice que lui auront caufé les dettes contractées par fon mari avant le mariage.

Remarquez que l'indemnité dont on vient de parler ne s'étend pas aux dettes chirographaires de l'homme antérieures au mariage. La raifon en eft que la date des dettes de cette efpèce ne fait pas contre des tiers une foi fuffifante du temps où le débiteur les a contractées.

Si après la diffolution de la Communauté les biens du mari fe trouvent fuffifans pour acquitter en entier les créances de la femme, l'obligation que les parens du mari ont contractée envers elle en le *déclarant franc & quitte de dettes*, ne peut plus leur nuire.

Obfervez qu'il ne faut pas confondre la claufe par laquelle les parens de l'homme le déclarent franc & quitte de dettes, avec la convention de féparation de dettes. Celle-ci intervient entre les deux conjoints, & dans celle-là au contraire l'homme ne figure pas : il n'y a que les parens & la femme qui contractent.

D'ailleurs, la convention de féparation de dettes concerne la Communauté de biens qui doit être entre les futurs conjoints; elle a pour objet d'exclure de cette Communauté les dettes antérieures au mariage, & de lui affurer une indemnité proportionnée aux fommes qu'elle pourroit employer à l'acquit de ces dettes.

Au contraire, la claufe par laquelle les parens du mari le déclarent franc & quitte de dettes, ne fe rapporte pas à la Communauté de biens qui doit avoir lieu entre les futurs conjoints : elle peut s'inférer dans un contrat de mariage qui exclut la Communauté; & lorfqu'il y a

Communauté, tout l'objet de cette convention est que les dettes antérieures au mariage ne soient point un obstacle a ce que la femme soit payée sur les biens de son mari.

Les parens de la fille déclarent aussi quelquefois en la mariant qu'*elle est franche & quitte de dettes*. Dans ce cas, si la fille a par son contrat de mariage, fait donation à son mari, en cas de survie, d'une certaine somme à prendre sur ses biens, la clause dont il s'agit peut signifier que les parens de la fille se sont obligés d'indemniser le mari jusqu'à concurrence de ce que le payement des dettes de sa femme antérieures au mariage aura diminué cette donation.

Mais si la femme que ses parens ont déclarée franche & quitte de dettes n'a fait aucune donation à son mari, il ne peut avoir aucune créance à exercer contre elle : tout l'intérêt qu'il a alors consiste donc à ce que les dettes de sa femme, antérieures au mariage ne diminuent pas sa Communauté : ainsi par la clause dont il s'agit, les parens sont censés s'être obligés envers le mari, à acquitter ces dettes à la décharge de sa Communauté. Si par une convention de séparation de dettes, elles étoient déja exclues de la Communauté quant aux capitaux, les parens seroient censés s'être obligés d'acquitter a la décharge de la Communauté les intérêts & les arrérages des rentes constituées échus durant le mariage. Telle est la doctrine de le Brun adoptée par Pothier.

La clause par laquelle les parens de la femme la déclarent franche & quitte de dettes est une convention dans laquelle cette femme n'est point partie : c'est pourquoi si le mari n'a pu se faire

indemniser

demnifer par les parens avec lefquels il a contracté, relativement aux deniers tirés de la Communauté pour acquitter les dettes de fa femme antérieures au mariage, les héritiers n'auront aucun recours contre cette femme pour cette indemnité, à moins qu'outre cette claufe il ne foit intervenu celle de féparation de dettes. Dans ce cas-ci le mari ou fes héritiers auront un recours contre la femme pour les capitaux dus avant le mariage & acquittés des deniers de la Communauté, mais ils ne pourront répéter les intérêts échus durant le mariage, qu'aux parens qui auront déclaré la femme franche & quitte.

Il ne faut pas confondre la claufe par laquelle les parens de la femme la déclarent franche & quitte de dettes, avec celle par laquelle ils s'obligent d'acquitter les dettes qu'elle a contractées antérieurement au mariage. Cette dernière claufe eft proprement une donation qu'ils font à leur fille de la fomme à laquelle montent fes dettes. Il faut en tirer la conféquence qu'ils n'ont pour l'acquit de ces dettes aucun recours à exercer contre leur fille, lorfque la Communauté eft diffoute, & qu'au contraire elle a action contre eux pour les leur faire payer fi cela n'eft pas encore fait.

Mais lorfque les parens de la femme n'ont fait que la déclarer franche & quitte de dettes, ils n'ont contracté d'obligation qu'envers le mari : c'eft pourquoi fi en vertu de leur engagement ils viennent à payer des dettes que leur fille a contractées avant le mariage, ils feront en droit de lui répéter, lorfque la Communauté fera diffoute, ce qu'ils auront débourfé pour l'ac-

quit de ces dettes, pourvu toutefois que leur
action ne produise aucun effet contre le mari ou
ses héritiers.

Régulièrement & suivant les dispositions des
coutumes, la Communauté lorsqu'elle est dissoute doit se partager par portions égales entre
les conjoints ou leurs héritiers, sans avoir
égard à ce que chacun d'eux y a apporté ; cependant les parties peuvent convenir par leur
contrat de mariage qu'elles auront dans la Communauté des parts inégales. On peut par exemple stipuler que la femme ne sera commune que
pour un tiers, pour un sixième, &c.

On peut aussi convenir que quand la Communauté viendra à se dissoudre par le décès de
l'un des conjoints, le survivant prendra pour
sa part les trois quarts, les deux tiers de la
Communauté, & les héritiers du défunt le
surplus.

Il faut remarquer que quand il intervient entre les parties quelque convention de ce genre,
chaque conjoint doit supporter dans le passif de
la Communauté, la même part que celle qu'il
prend dans l'actif. Ce seroit une clause vicieuse que celle par laquelle on attribueroit à
l'un des conjoints une part plus considérable
dans l'actif que dans le passif de la Communauté : la raison en est que par ce moyen on pourroit rendre sans effet les lois qui défendent aux
conjoints de s'avantager l'un l'autre durant le
mariage.

Quelquefois on stipule dans le contrat de
mariage que les héritiers de la femme auront
pour tout droit de Communauté une certaine
somme.

On demande fi d'après cette ftipulation, &
le cas arrivant que les effets communs fuffent
infuffifans pour acquitter la fomme convenue,
le mari feroit fondé à pretendre que la claufe
n'étant intervenue qu'en fa faveur, il peut y renoncer, & fe décharger de l'obligation de payer
la fomme dont il s'agit, en offrant d'admettre
les héritiers de fa femme à partager à l'ordinaire
la Communauté ? il faut répondre qu'une telle
prétention ne feroit pas fondée. La raifon en
eft que la convention intervenue entre les conjoints ne peut pas être confidérée comme une
fimple faculté de garder de la part du mari
tous les biens de la Communauté en payant
une certaine fomme ; c'eft une ceffion que la
femme fait à fon mari, au cas qu'il lui furvive,
de la part qu'elle auroit pu avoir dans les biens
de la Communauté : ainfi le prix de cette ceffion
eft dû aux héritiers de la femme, en quelque
état que foit la Communauté lorfqu'elle vient à
fe diffoudre. Si elle fe fût trouvée opulente, le
mari en auroit eu le bénéfice ; il eft par conféquent jufte que fi elle eft mauvaife, il en fup-
porte la perte. C'eft ce qu'ont jugé deux arrêts
des 15 avril 1608 & 19 février 1646, rapportés par Brodeau fur Louet.

Il n'en feroit pas de même fi à la claufe qui
attribue une certaine fomme aux héritiers de la
femme pour tout droit de Communauté, on
avoit ajouté cette reftriction, *fi tant s'en trouve*:
dans ce cas, la fomme convenue ne feroit due
que jufqu'à concurrence de ce qui fe trouveroit
de biens dans la Communauté.

Pareillement, fi la claufe étoit ainfi conçue:
il fera loifible au futur furvivant de retenir tous les

*biens de la Communauté, en donnant aux héritiers
de la future épouse, une somme de dix mille livres;*
ces termes, *il fera loisible,* signifient que le mari
a la liberté de retenir tous les biens de la Communauté en donnant dix mille livres aux héritiers de la femme, ou de les admettre au partage de ces biens.

Observez que la convention qui attribue aux
héritiers de la femme une certaine somme pour
tout droit de Communauté, n'exclut qu'eux &
non la femme du droit de partager la Communauté: c'est pourquoi cette convention ne peut
avoir d'effet que dans le cas où la dissolution
de la Communauté a lieu par le décès de la
femme: car si la Communauté venoit à se dissoudre par une sentence de séparation de corps,
le droit de partager les effets communs avec le
mari se trouvant ouvert au profit de la femme,
par cette sentence, il passeroit à ses héritiers, si
elle venoit à mourir avant le partage.

Lorsque le mari retient tous les biens de la
Communauté sous la condition de donner la
somme convenue aux héritiers de la femme, il
demeure seul chargé de toutes les dettes de la
Communauté: ainsi ces héritiers ont droit d'exiger de lui, outre cette somme, tout ce que la
Communauté peut devoir à la femme soit par
rapport à ses reprises, soit pour quelque autre
cause.

Il arrive quelquefois que par le contrat de
mariage on assigne à la femme elle-même, une
certaine somme pour tout droit de Communauté: alors quelle que soit la cause de la dissolution de la Communauté, il n'y a pas lieu au
partage des effets dont elle étoit composée. La

femme ni ſes héritiers n'ont aucun droit pour
le demander , parce qu'ils ne ſont que des
créanciers de la ſomme convenue. Le mari ni
ſes héritiers ne peuvent pareillement ſe diſpen-
ſer de payer cette ſomme en offrant d'admettre
la femme à partager la Communauté.

Quelquefois auſſi on ſtipule dans le contrat
de mariage que les héritiers du conjoint prédécédé n'auront pour tout droit de Communauté
qu'une certaine ſomme , & alors la clauſe s'é-
tend aux héritiers du mari comme à ceux de la
femme.

Les parties peuvent ſtipuler par leur contrat
de mariage qu'il n'y aura entre elles aucune
communauté de biens. L'effet de cette clauſe eſt
que la femme ni ſes héritiers n'ont rien à prétendre dans ce que le mari a pû acquérir ſoit en
meubles ou en immeubles durant le mariage ;
mais auſſi ils ne ſont nullement tenus des dettes
qu'il a pu contracter , & ſi ſa femme s'eſt obligée conjointement avec lui il doit l'en in-
demniſer.

D'un autre côté, le mari n'a rien à prétendre
dans la propriété des biens de ſa femme ; il doit
les rendre tous après la diſſolution du mariage ;
mais avant cette diſſolution, il doit jouir tant
de ceux qu'elle avoit en ſe mariant que de ceux
qu'elle a pu acquérir depuis à quelque titre que
ce fût : on tient pour maxime dans les pays
coutumiers que tous les biens d'une femme ſont
dotaux.

Les parties ont auſſi la liberté de ſtipuler par
leur contrat de mariage, non-ſeulement qu'il
n'y aura point de Communauté de biens entre
elles, mais encore que chaque conjoint jouira

de fes biens féparément. Cette convention fe nomme *féparation contractuelle*, & elle diffère de la fimple exclufion de Communauté en ce qu'elle prive le mari du droit de jouir des biens de fa femme.

Une telle convention attribue à la femme le droit d'adminiftrer fes biens fans le concours d'aucune autorifation ; mais elle ne peut les aliéner que fon mari ou la juftice ne l'aient autorifée pour cet effet.

Obfervez que fi la femme qui jouit féparément de fes biens en vertu de la convention dont il s'agit, refufoit de contribuer aux charges du mariage, le mari feroit en droit d'agir pour la faire condamner à cette contribution. Il feroit de règle en ce cas que le juge fixât, eu égard au bien de cette femme & à fa qualité, la fomme qu'il conviendroit qu'elle payât à fon mari, tant pour fa penfion que pour les alimens & l'éducation des enfans communs.

Il faut remarquer que la féparation contractuelle diffère de celle qui eft prononcée par un jugement durant le mariage, en ce que les parties peuvent fe défifter de ce jugement lorfqu'elles le jugent à propos, & fe remettre en Communauté comme auparavant ; au lieu que la féparation contractuelle eft irrévocable comme le font toutes les conventions portées par les contrats de mariage : c'eft ce qu'ont jugé divers arrêts rapportés par M. Louet.

De ce qu'il eft permis de ftipuler valablement qu'une femme jouira féparément de tous fes biens durant le mariage, il faut en tirer la conféquence qu'elle peut de même convenir qu'elle jouira d'une partie de fes biens, & que pour le furplus il y aura entre elle & fon mari une Communauté de biens. Cette décifion eſt fondée fur la maxime que, *qui peut le plus, peut le moins.*

CINQUIÈME PARTIE.

Du droit des conjoints fur les biens communs & des caufes qui opèrent la diffolution de la Communauté.

En qualité de chef de la Communauté, le mari eſt comme nous l'avons déja dit, feul maître des biens de la Communauté tandis qu'elle dure, & il peut en difpofer à fon gré fans le confentement de fa femme. Cependant fes difpofitions feroient vicieufes ſi elles paroiffoient faites en fraudes de la femme ou de fes héritiers, & furtout ſi c'étoit pour s'avantager lui-même à leur préjudice. C'eſt ce qui fera plus particulièrement développé par la fuite.

Puifque le mari eſt le feul maître des biens de la Communauté, il peut à fon gré les diffiper, fans être obligé d'en rendre compte : il peut pareillement les aliéner par des actes entrevifs de quelque forte que ce foit, même à titre de donation, pourvu que ce ne foit pas envers les perfonnes prohibées dont nous parlerons bientôt. C'eſt ce qui réfulte de l'article 225 de la coutume de Paris (*).

(*) *Voici cet article.*
Le mari eſt feigneur des meubles & conquêts immeubles par lui faits durant & conſtant le mariage de lui & fa femme. En telle manière qu'il les peut vendre, aliéner ou hypothéquer, & en faire & difpofer par donation ou autre difpofition faites entre-vifs à fon plaifir & volonté, fans le confentement de fadite femme, à perfonne capable, & fans fraude.

La plupart des autres coutumes ne diffèrent aucunement de celle de Paris à cet égard. Il y en a cependant quelques-unes, telles que celles d'Anjou, du Maine & de Lodunois, qui en permettant au mari de vendre, échanger & hypothéquer les biens de la Communauté ne l'autorisent pas à les donner entrevifs, si ce n'est pour la part qu'il peut y prétendre personnellement.

Suivant la coutume de Saintonge, la liberté attribuée au mari de disposer sans sa femme des meubles & conquêts, ne s'étend pas à ceux qui ont été acquis par le mari & par la femme *contractans ensemble*.

D'autres coutumes telles que celle de Bayonne, exceptent de la règle commune les choses acquises par la femme & par son industrie.

La Communauté étant composée de tous les effets mobiliers des conjoints, & le mari étant le chef de cette Communauté, il faut en conclure, conformément à l'article 233 de la coutume de Paris, qu'il peut seul agir en justice, tant en demandant qu'en défendant, relativement aux actions mobilières qui appartiennent à sa femme, ou qu'on peut avoir contre elle.

La même décision s'étend aux actions possessoires concernant la jouissance des héritages propres de la femme, puisque cette jouissance appartient à la Communauté.

Observez toutefois que quoiqu'on puisse procéder contre le mari seul relativement aux actions qu'on a contre la femme, il est néanmoins prudent d'agir en même-temps contre l'un & contre l'autre, afin que le jugement qui doit intervenir donne hypothéque sur les biens de la femme.

Sur le fondement que le mari eft chef de la Communauté & qu'il peut en aliéner les biens, on avoit établi autrefois que s'il venoit à être condamné à une peine capitale qui emportât confifcation, les biens de la Communauté devoient être confifqués en entier au profit du feigneur.

Plufieurs coutumes & entr'autres celle d'Orléans, avoient des difpofitions conformes à cette mauvaife jurifprudence contre laquelle le célèbre Dumoulin s'eft élevé: ce grand jurifconfulte a obfervé que le mari n'étant le maître des biens de la Communauté que tandis qu'elle duroit, fon droit fe trouvoit réduit à la moitié de ces biens auffitôt qu'elle étoit diffoute, & l'autre moitié appartenoit à la femme ou à fes héritiers: or dans le cas d'un jugement qui condamne le mari à une peine capitale, la Communauté fe trouve diffoute à l'inftant même du jugement puifqu'il fait perdre au mari fon état civil; ainfi la confifcation qui eft une fuite de la peine capitale, n'a lieu que dans un temps où il n'y a plus de Communauté, & où le droit du mari fur les effets communs fe trouve réduit à moitié: il faut donc en conclure qu'il ne peut y avoir que la moitié appartenante au mari fujette à être confifquée.

Ces confidérations ont prévalu, & dans le cas où le mari feroit aujourd'hui condamné à une peine capitale, la confifcation ne s'étendroit qu'à fes propres, & à la moitié des meubles & conquêts immeubles de la Communauté.

Puifque le droit attribué au mari fur les biens de la Communauté tandis qu'elle dure, fe

trouve réduit à moitié lorfqu'elle eſt diſſoute ;
il faut en tirer la conſéquence qu'il ne peut diſpoſer par teſtament des biens de la Communauté que juſqu'à concurrence de la moitié : la
raiſon en eſt que les diſpoſitións teſtamentaires
ne doivent produire leur effet qu'après la mort
du teſtateur : or à cette époque, la diſſolution
de la Communauté eſt opérée, & le droit du
mari réduit par conſéquent à moitié dans les
biens de la Communauté. La plupart des coutumes ont expreſſément établi cette juriſprudence.

Nous avons dit précédemment que les diſpoſitions que le mari fait des effets de la Communauté, ſont vicieuſes, lorſqu'elles paroiſſent faites en fraude de la part que la femme ou ſes héritiers doivent y avoir. Or l'excès d'une donation fait préſumer cette fraude. C'eſt ce qui réſulte de l'article 244 de la coutume de Poitou,
& de l'article 67 du titre 8 de la coutume de
Saintonge.

La fraude ſe préſume auſſi, comme le remarque le Brun, par le temps où la donation a été
faite. C'eſt pourquoi ſi le mari a fait une donation un peu conſidérable pendant la dernière
maladie de ſa femme, elle doit être préſumée
faite en fraude de la part que les héritiers
de cette femme doivent avoir dans la Communauté.

Au reſte, le principal cas de la fraude conſiſte
dans les diſpoſitions des biens de la Communauté qui avantagent le mari ou ſes héritiers au
préjudice de la part de la femme. Il faut donc
tenir pour maxime que le mari ne peut pas s'a
vantager des biens de la Communauté directe

ment ni indirectement au préjudice de la part que la femme ou ses héritiers doivent y prendre. Ainsi dans le cas où le mari donneroit à son père ou à quelqu'autre parent dont il seroit héritier, un conquêt de sa Communauté, la donation seroit présumée faite en fraude. La raison en est qu'elle seroit jugée n'avoir eu lieu qu'afin que ce conquêt lui revint comme propre dans la succession du donataire.

Le mari ne peut pareillement pas faire passer les biens de la Communauté aux enfans qu'il peut avoir d'un précédent mariage, ni même à ceux de ses parens qui sont habiles à lui succéder.

Non-seulement on regarde comme suspectes de fraude les donations faites à des gens incapables, mais encore celles qui sont faites aux enfans de ces incapables, surtout lorsqu'il y a lieu de présumer que ces dernières n'ont été faites qu'à cause que la loi avoit défendu de les faire aux incapables mêmes.

Observez toutefois qu'il n'y a que les donations faites par le mari à ses héritiers présomptifs qui puissent être présumées faites en fraude de la part que la femme peut prétendre dans la Communauté : lorsqu'il les a faites à des collatéraux, qui quoique parens proches, ne sont cependant pas ses héritiers présomptifs, on ne les présume pas frauduleuses. C'est ce qui résulte d'un arrêt du 14 août 1571, rapporté par Guérin.

Observez aussi que c'est au temps où la donation a été faite qu'il faut avoir égard pour décider si elle a été faite contre les dispositions de la loi. Ainsi la qualité d'héritier présomptif du mari, dans la personne du donataire, établissant la préfomption de fraude, il fuffit que cette qualité ait exifté au temps de la donation, pour que la femme ou fes héritiers puiffent valablement demander récompenfe relativement à cette donation ; & il faudroit fuivre cette décifion quand même le donataire n'auroit pas recueilli la fuceffion du mari, foit parce qu'il y auroit renoncé, ou pour quelqu'autre caufe que ce fût.

La règle qui défend au mari de donner des biens de la Communauté à fes héritiers, au préjudice de la part de fa femme, ne s'étend pas aux enfans nés de fon mariage avec elle ; & le Brun s'eft trompé quand il a prétendu que le mari ne pouvoit fans le confentement de fa femme, donner aucun bien de la Communauté à ces enfans. Le parlement de Paris a profcrit cette opinion par l'arrêt de Tribouleau rendu en 1708, ainfi que par un autre plus récent, rendu en faveur des fieurs Billard, & a jugé que les enfans communs devoient être mis au rang des perfonnes capables en faveur defquelles l'article 225 de la coutume de Paris permet au mari de difpofer des effets de la Communauté.

Cependant s'il étoit juftifié qu'en donnant des effets de la Communauté à un enfant commun, le mari avoit eu intention de les lui donner en fon nom & non comme chef de la Communauté, il feroit tenu de faire compte de cette donation fur fa part, lorfque la Communauté feroit diffoute. Le parlement l'a ainfi jugé par un arrêt du 30 avril 1677 dont M. Pothier rapporte l'efpèce.

Ce qui vient d'être dit des enfans communs peut auffi s'appliquer à une perfonne qui feroit en même-temps héritière préſomptive du mari & de la femme.

Quoique le mari ne puiſſe pas valablement donner les biens de la Communauté à des perſonnes incapables telles que ſont ſes héritiers préſomptifs, obſervez néanmoins que cette incapacité n'eſt relative qu'à la femme, c'eſt-à-dire que les donations de cette eſpèce ne peuvent porter aucun préjudice à la femme ; mais elles ne ſont pas nulles relativement aux donataires, & elles produiſent l'effet dont elles ſont ſuſceptibles ſur la part qui appartient au donateur dans les biens de la Communauté.

Puiſqu'en qualité de chef de la Communauté, le mari a comme on l'a vu le droit de diſpoſer des effets qui la compoſent, il faut en conclure que le droit de la femme eſt réduit à la ſimple eſpérance de partager ces effets lorſque la Communauté ſera diſſoute : c'eſt à cette époque ſeulement que ce droit devient réel.

Mais quoique la femme ne puiſſe diſpoſer en rien de ſa part dans la Communauté non diſſoute, elle a la faculté d'en diſpoſer conjointement avec ſon mari.

Cette faculté de diſpoſer qu'a la femme peut ſe pratiquer de deux manières différentes ; ſavoir, en ſa ſeule qualité de commune, & en ſon propre & privé nom.

Quand le mari en ſa qualité de chef de la Communauté, diſpoſe ſeul des effets qui la compoſent, il eſt cenſé contracter, tant pour lui que pour ſa femme ; enſorte que quoiqu'elle ne ſoit ni préſente, ni nommée au contrat, elle n'eſt pas moins réputée s'être engagée avec lui pour la part qu'elle peut prétendre dans ces effets, mais son engagement n'est qu'en sa qualité de commune, & non en son propre nom : c'est pourquoi elle peut en renonçant à la Communauté, se faire décharger de toutes les obligations qui résultent du contrat passé par son mari.

Si au contraire la femme duement autorisée & présente au contrat dispose conjointement avec son mari des effets de la Communauté, tant en qualité de commune en biens qu'en son propre nom, elle ne peut point dans ce cas, par une renonciation à la Communauté, se faire décharger des obligations qui résultent de ce contrat, il lui reste seulement le droit de répéter une indemnité à son mari ou aux héritiers qui le représentent.

Quand une marchande publique dispose des biens de la Communauté par des actes concernant son commerce, son mari est censé approuver ces actes & les passer avec elle : mais comme c'est la femme qui dans ce cas contracte elle-même, elle s'oblige tout a la fois en qualité de commune & en son propre nom.

Comme le droit de la femme est ouvert lorsque la Communauté est dissoute, on a demandé si quand cette dissolution arrive par un jugement qui condamne la femme à une peine capitale, la part de cette femme dans les effets communs doit être confisquée ? Les coutumes de Touraine & de Bourbonnois ont adopté l'affirmative, mais la plupart des autres prononcent la négative, & celles-ci forment le droit commun, qui se trouve confirmé par un arrêt du 14 mai 1703, rapporté au journal des audiences. Il a été rendu en faveur du sieur de Quercy contre

e fieur de Bercy, maître des requêtes, le fémi-
naire de Chartres, & le donataire de M. le duc
d'Orléans.

La Communauté fe diffout non-feulement par
la mort naturelle de l'un ou de l'autre des con-
oints, mais auffi par la mort civile qui dérive
d'une condamnation à une peine capitale.

Lorfque l'un des conjoints eft abfent & qu'on
ignore s'il eft mort ou vivant, la Communauté
eft cenfée diffoute provifionnellement dès le
jour que les héritiers préfomptifs qui fe font fait
envoyer en poffeffion des biens de l'abfent, ont
formé une demande en partage contre le conjoint préfent, ou qu'il en a formé une contre
eux.

Si l'abfent vient à reparoître, la Communauté
eft cenfée n'avoir jamais été diffoute, & ceux qui
ont obtenu la poffeffion provifionnelle des biens
de l'abfent doivent en rendre compte.

La Communauté fe diffout auffi par la fépara-
ration de biens, & particuliérement par la féparation de corps, qui emporte toujours avec elle
la féparation de biens. *Voyez à ce fujet l'article*
SÉPARATION.

Lorfque fur la plainte du mari la femme a été
déclarée coupable d'adultère, il en réfulte pareillement la diffolution de la Communauté, &
la femme n'a aucune part à prétendre dans les
effets communs.

Cependant fi le mari accorde à fa femme le
pardon de fa faute, & qu'il la reprenne chez lui
dans le temps fixé par le jugement de condamnation, la Communauté fera cenfée n'avoir pas
été diffoute.

Lorfqu'un mariage vient à être déclaré nul,

il en réfulte une diffolution de Communauté,
ou fi l'on veut, une déclaration qu'il n'y a jamais eu entre les parties de véritable Communauté conjugale : mais comme il y a eu entre
elles une fociété de fait, elles doivent en partager les profits & retirer chacun ce qu'elles
ont mis dans cette fociété. C'eft ce qu'a jugé
l'arrêt intervenu entre les héritiers de Sailli &
ceux de Charlotte de Créqui.

L'état de fureur ou de démence du mari font
des caufes fuffifantes pour faire prononcer la
féparation de biens, & par conféquent la diffolution de la Communauté.

Voyez *les coutumes de Paris, de Poitou, de
Berry, d'Orléans, d'Anjou, du Maine, de Chartres, du grand Perche, de Normandie, &c. ; les
œuvres de le Brun, de Renuffon & de Pothier ; Dumoulin fur la coutume de Paris ; d'Argentré, fur
la coutume de Bretagne ; Brodeau fur Louet ; le
droit commun de la France ; les principes de la
jurifprudence françoife ; la collection de jurifprudence ; les arrêts d'Augeard ; le journal des audiences ; Dupleffis, traité de la Communauté ; le journal du palais ; les arrêts de l'Epin, de Grain-
ville, &c.* Voyez auffi les articles, DOT, BOUR-
GAGE, ALIÉNATION, HYPOTHÈQUE, SÉPARA-
TION, AMEUBLISSEMENT, AVANTAGE, MA-
RIAGE, CONQUÊT, DOMICILE, SECONDES
NOCES, USUFRUIT, OFFICE, RENONCIATION,
CONTINUATION, PARTAGE, MEUBLES, IM-
MEUBLES, PROPRES, RÉPARATIONS, APPORT,
RÉALISATION, REPRISE, PRÉCIPUT, ACCEP-
TATION, CONFISCATION, ADULTÈRE, &c.

COMMUNAUTÉ TACITE. C'eft une
fociété qui fe forme autrement que par le ma-

riage & fans écrit dans certaines coutumes entre certaines perfonnes par une habitation & une vie commune pendant un an & jour, avec communication de gains & de profits & une intention marquée de vivre en Communauté.

Anciennement ces Communautés tacites avoient lieu · dans tout le pays Coutumier, mais depuis l'ordonnance de Moulins qui a voulu que les contrats & les conventions en général fuffent rédigés par écrit, on n'admet plus de ces fociétés tacites que dans les coutumes où elles ont été expreffément confervées. Ces coutumes font celles d'Angoumois, d'Auxerre, de Bourbonnois, de Chartres, de Château-Neuf, de Chaumont, de Dreux (*), de Montargis, de Nivernois, de Poitou, de Saintonge, de Sens & de Troyes.

Nous ne commenterons point les difpofitions de chacune de ces coutumes en particulier ; nous établirons fimplement quelques principes qui pourront être communs aux unes & aux autres pour les cas fur lefquels elles ne fe font point expliquées.

Pour traiter cet article avec une certaine méthode, nous fuivrons les divifions de le Brun fur cette matière (**), nous examinerons :

(*) La coutume de la Marche admet auffi une Communauté tacite entre gens de *ferve* ou de *mortaillable* condition. L'ufage confacré dans le pays de temps imméinorial interprête les articles 151, 152 & 153 de la coutume pour cette Communauté tacite. Voyez ci-après fur la fin de la fixième fection.

(**) Il eft fâcheux que le traité de la *Communauté tacite* par le Brun que nous avons particuliérement confulté fur cet article, n'ait pas été donné au public par l'auteur lui-

1°. Entre quelles perſonnes les Communautés tacites peuvent avoir lieu.

- 2°. Comment elles ſe contractent.

3°. Ce qui entre dans ces ſortes de Communautés.

4°. Comment elles ſe regiſſent.

5°. Comment elles finiſſent.

6°. Enfin comment elles ſe partagent.

SECTION PREMIÈRE.

Des perſonnes entre leſquelles les Communautés tacites peuvent avoir lieu.

D'abord on doit tenir pour maxime que les Communautés tacites..n'ont lieu qu'entre les perſonnes dont les coutumes parlent nommément. Ainſi quand ces ſociétés ſont ſimplement autoriſées entre parens, elles n'ont pas lieu entre étrangers, ni même entre alliés. S'il eſt dit, comme dans celle du Bourbonnois, qu'elles n'ont lieu qu'entre *deux frères*, on ne doit pas y donner d'extenſion pour le frère & la ſœur, à moins que la coutume ne le porte expreſſément comme celle de Berry qui parle de l'un & de l'autre.

Si ces Communautés ne ſont admiſes que pour les roturiers, les nobles n'y ſont pas compris ni les eccléſiaſtiques non plus. Si la coutume ne parle que des gens de la campagne ou des gens de condition ſerve & main-mortable, ce qu'elle

---

même de ſon vivant; il l'auroit ſans doute corrigé; & en ſe renfermant dans ſon objet, il n'auroit pas confondu avec les regles des Communautés tacites, d'autres regles qui ne s'appliquent qu'aux ſociétés conventionnelles, & qui par conſéquent peuvent induire en erreur ſur la matière dont il s'agit.

dit ne s'étend ni aux habitans des villes ni aux personnes de condition libre, parce que comme nous l'avons dit, ces sortes de sociétés n'étant pas de droit commun, elles ne sauroient recevoir plus de faveur & d'extension que chaque coutume ne leur en donne.

Quand un des associés se marie, sa femme ne diminue en rien la Communauté pour l'autre associé, par la raison que le mari & la femme ne sont censés faire qu'une seule personne ; d'ailleurs comme on dit, *l'associé de mon associé n'est pas mon associé.*

L'âge est encore à considérer : il faut être majeur de vingt-cinq ans & libre de ses droits pour contracter une société. La raison en est qu'une association est une espèce d'engagement dont des aliénations peuvent être la suite ; mais il y a des coutumes qui n'exigent qu'une majorité de vingt ans.

L'habitation du père & de la mère avec les enfans ne fait point présumer de Communauté tacite, parce que leur vie commune se réfère toujours à cette familiarité que la nature entretient entr'eux.

Lorsque deux particuliers qui ne sont point de qualité requise par la coutume pour faire présumer entr'eux une Communauté tacite, se réunissent pour une affaire particulière comme pour l'entreprise d'une manufacture, l'exploitation d'une ferme, une régie de quelques droits seigneuriaux, il ne s'ensuit entr'eux d'autre Communauté tacite que pour les objets qui ont donné lieu à la réunion de ces particuliers : de sorte que si l'un d'eux pendant ce temps-là fait des acquisitions ou des dettes étrangères à la cause de la fociété, l'autre affocié n'y entre pour rien directement ni indirectement. Si en fe réuniffant ils ont en même-temps apporté des meubles meublans & des uftenfiles, chacun reprend lors de la féparation ce qu'il a apporté fans autre compte, ni partage entr'eux que des pertes ou des profits de leur affociation.

SECTION DEUXIÈME.

De la manière dont fe forment les Communautés tacites.

Ces Communautés fe forment de la manière déterminée par chaque coutume où elles font autorifées. Voici en général les règles auxquelles on peut reconnoître fi les parties ont été communes ou non : il faut,

1°. Qu'il y ait eu une habitation & une vie commune pendant l'an & jour & fans interruption fous le même toit au même pot & feu (*), à d'autre titre qu'à celui de bienfaifance ou de familiarité ; car fi un ami n'étoit reçu chez fon parent que par bienfaifance, cet ami ne feroit point recevable à fe dire commun dans la maifon.

2°. Que ceux qui ont vécu enfemble aient agi dans un efprit de fociété, en acquérant les uns pour les autres, & fe communiquant leurs pertes & leurs profits ; car fi l'un d'eux avoit

---

(*) L'habitation fous le même toît, au même pot & feu peut ceffer quelquefois fans que pour cela on doive méconnoître la Communauté ; comme quand les communs ne fe féparent que pour être plus au large, & que d'ailleurs l'efprit de communion fubfifte entr'eux.

acquis en son nom seul au sçu des autres, l'intention de n'être point commun seroit marquée, quoique d'ailleurs il y eût une habitation & une vie commune : en effet , il faut ces deux choses, la vie commune & la communication des intérêts respectifs : c'est pourquoi que si l'un des parens acquéroit tant pour lui que pour son parent avec lequel il ne vivroit pas, il ne seroit point réputé commun pour cela, mais simplement mandataire , pour acquérir & lui communiquer une moitié de l'acquisition.

Lorsqu'on doute s'il a été dans l'intention de ceux qui ont vêcu ensemble, d'être communs ou non, on doit se décider par les circonstances : cet esprit de Communauté se présume facilement dans des co-héritiers qui n'ont point encore partagé & qui n'ont qu'une même habitation : la présomption n'est pas la même envers ceux qui ont partagé & qui cependant ont continué de vivre comme auparavant. La diversité des états & des occupations des *co-personniers* peut encore influer pour beaucoup sur les jugemens qu'on peut porter en pareille occasion. On a moins de peine à présumer une Communauté entre des gens d'un même état ou d'une condition à peu près égale, comme entre deux laboureurs, ou entre un maçon & un charpentier, qu'entre un maître d'école & un commerçant. Au reste tous ces doutes s'évanouissent, quand d'ailleurs l'esprit de Communauté est clairement marqué.

Il faut distinguer encore entre une Communauté ou société de *gestion* comme entre marchands , & une Communauté ou société de *propriété* comme celle dont nous entendons parler par cet article. S'il paroît que les co-perſonniers n'ont eu intention d'être aſſociés que pour le commerce, leur ſociété ne s'étend pas au délà des objets de leur négoce ; mais dans le doute on doit donner à leur aſſociation tout l'effet qu'elle peut avoir ſuivant la coutume, ſur-tout à l'égard des créanciers, faute par les aſſociés d'avoir fait un inventaire de ce qui appartenoit à chacun d'eux avant leur réunion.

S E C T I O N T R O I S I È M E.

De ce qui entre dans une Communauté tacite.

Dès l'inſtant que la Communauté eſt formée par l'an & jour, elle a un effet retroactif au moment où elle a commencé ; les co-perſonniers ſont depuis ce temps-là communs pour tout le mobilier que chacun deux avoit alors (*) de même que pour celui qui leur eſt ſurvenu depuis à quelque titre que ce ſoit, ainſi que pour les immeubles qu'ils ont acquis durant la Communauté.

Les propres non plus que les autres immeubles que les aſſociés avoient avant la formation de la Communauté n'entrent point comme on peut bien le penſer, dans ces ſortes de Communautés, quand même ces biens n'auroient point été encore partagés entre les aſſociés. Si l'un d'eux ou tous enſemble achetent un héritage de la ligne d'un des aſſociés, celui qui

(*) Ce qui comprend les meubles, les effets & les creances perſonnelles & mobilières. Voyez Coquille ſur l'article 3 du chapitre 22 de la coutume de Nivernois.

auroit été habile à en exercer le retrait peut le retenir lors du partage moyennant une recompenſe en argent : autrement il fait partie de la Communauté.

Si l'un des aſſociés vend durant la Communauté un de ſes propres & qu'il le rachete enſuite, l'héritage lui demeure toujours propre; & s'il ne le rachete pas, il lui eſt dû une récompenſe.

Si avant d'entrer en Communauté l'un des co-perſonniers a acheté un héritage ſous faculté de réméré, & que durant la Communauté le vendeur rachete cet héritage, le prix du rachat n'entre en Communauté qu'à la charge d'un rembourſement lors de la diſſolution de cette Communauté. Il eſt vrai que l'article 12 du chapitre 22 de la coutume de Nivernois s'explique différemment ; mais nous penſons avec le Brun, que ce qu'elle décide à ce ſujet ſort du droit commun, & ne peut s'étendre à d'autres coutumes qui ſont muettes en pareil cas.

Nous avons obſervé que les immeubles propres ou autres que les co-perſonniers poſſédoient au moment de la formation de la Communauté n'entroient point dans les autres biens de leur ſociété ; cependant, ſi par des écrits il paroiſſoit que leur intention a été de mettre en commun tous les biens qu'ils avoient alors, meubles ou immeubles, propres ou acquêts, la Communauté ſeroit alors générale pour toute ſorte de biens. Les actes à la faveur deſquels cette intention pourroit ſe reconnoître, ſeroient, ſuivant le Brun, des contrats de vente ou d'échange, par leſquels les propres ſeroient vendus au nom de tous les aſſociés ; au ſurplus, pour des Communautés différentes de celles que les coutumes admettent, il faut des·conventions expresses & par écrit.

SECTION QUATRIÈME.

De la manière dont se regissent les Communautés tacites, soit à l'égard des associés entr'eux, soit à l'égard de leurs créanciers ou de leurs débiteurs.

Les associés ont entr'eux une égalité de droit pour le régime·de leur Communauté ; ce que l'un fait, il est censé le faire de l'aveu & du consentement des autres ; ils sont entr'eux comme des mandataires respectifs. Ainsi quand l'un s'oblige pour le fait de la Communauté, il oblige tous les autres avec lui.

.Il y a néanmoins des coutumes comme celle de Berri (titre 8, article 22), où tous les associés n'ont pas un pouvoir égal d'administration pour les biens de la Communauté. Lorsque dans cette Communauté il y en a un qui est notoirement connu pour *maître*, c'est-à-dire pour chef & pour principal administrateur, il n'appartient qu'à lui seul de contracter pour lui & pour les autres activement & passivement ; ce qu'un étranger feroit avec l'un des autres associés sans la participation de ce chef, seroit regardé comme l'ouvrage du dol & de la fraude ; cet étranger n'auroit d'action directe ou en recours que contre celui avec lequel il auroit traité, à moins qu'il ne prouvât que l'engagement à été tacitement approuvé par les autres associés, ou qu'il a tourné au profit de la Communauté.

Observez toutefois que le chef d'une Cominauté semblable, n'a de pouvoir particulier que pour des emprunts nécessaires, comme pour faire rétablir des ruines, pour avoir des grains, pour faire ou pour accepter des baux ; car s'il s'agissoit d'une aliénation, il ne pourroit la faire sans le consentement de ses associés, parce qu'un acte pareil passe les bornes d'une simple administration. Il n'en est pas d'une Communauté telle que nous la supposons comme d'une Communauté conjugale ; dans celle-ci les deux conjoints sont tenus des dettes contractées par le mari seul, quand même les dettes n'auroient point tourné au profit de la Communauté, au lieu que dans une association tacite, les dettes sont seulement pour le compte de celui qui les a faites quand la société n'en a point profité.

Lorsqu'il s'agit d'action en justice, le chef peut agir ou être actionné, tant pour lui que pour ses *confors*, sans procuration spéciale de leur part ; c'est ce qui résulte de l'article 263 de la coutume de Bourbonnois, & de l'article 5 du titre 22 de celle de Nivernois : mais ceci ne s'entend que des affaires de pure administration, car s'il s'agissoit d'actions réelles, le concours de toutes les parties intéressées seroit nécessaire.

Chacun des associés a droit d'user pour son service particulier des choses communes. Les frais de maladie sont à la charge de la société. Si l'un des associés a une femme & des enfans, l'entretien de cette femme & de ces enfans se prennent aussi sur les choses communes ; on y prend encore les frais d'étude & de pension, ainsi que tous les autres frais dont les enfans ne doivent point le rapport à leurs co-héritiers (*) : mais les frais extraordinaires, comme de doctorat & autres, se précomptent lors du partage ; on prélève de même les dots qu'on tire de la Communauté pour le mariage des filles, parce que ces objets-là tiennent lieu d'une portion héréditaire dont le pere & la mere sont seuls tenus.

Pendant que les associés jouissent en commun, ils ne peuvent point opposer de prescription à ceux qui sont absens, lorsque cette absence est de leur aveu & pour le profit de la Communauté. Il en seroit autrement si l'on faisoit une sommation à l'absent de se rendre sur les lieux, avec déclaration, que faute par lui d'y avoir satisfait dans un tems convenable qu'on lui fixeroit, la Communaté cesseroit d'avoir lieu dès ce jour-là : il est certain que dès ce moment il n'auroit plus qu'une action en partage qui pourroit se prescrire comme les autres actions.

Si l'un des associés faisoit une acquisition particulière en son nom, & de manière à faire connoître qu'il veut seul en profiter, ses co-personniers pourroient-ils y prendre part malgré lui, ou suffiroit-il de leur tenir compte de ce qui auroit été pris dans la Communauté pour cette acquisition ?

Ces co-personniers pourroient le forcer à leur communiquer le profit de cette acquisition, parce que les principes sur cette matière veulent que tous les acquêts soient communs, & que le sort d'un des associés ne soit ni plus ni moins fa-

---

(*) Les autres associés ne peuvent point se plaindre de ces sortes de dépenses : il ne dépendoit que d'eux de les éviter en demandant une séparation.

vorab'e que celui des autres. Cependant si à la veille d'une dissolution de Communauté, l'un des consors qui n'auroit point de logement faisoit l'achat d'une maison pour s'y retirer au moment de la séparation, il ne seroit point obligé de faire entrer dans le partage cette acquisition, il lui suffiroit d'offrir le remboursement de ce qu'il auroit pris dans la société pour se procurer ce logement.

SECTION CINQUIÈME.

De la dissolution des Communautés tacites.

Les Communautés dont il s'agit peuvent finir de différentes manières. D'abord elles finissent par une séparation de fait & une cessation de rapport de gains & de profits, quand même le partage des biens communs ne seroit pas encore commencé. Elles finissent aussi par la mort naturelle ou la mort civile d'un des associés (*), sans que ses héritiers puissent le remplacer. Mais si les autres associés continuent de vivre entr'eux comme auparavant, la Communauté subsiste à leur égard.

Lorsque les héritiers de l'associé décédé sont ses enfans, & qu'ils demeurent avec les autres associés, la Communauté n'est point interrompue de plein droit à l'égard de ces enfans majeurs ou mineurs, à moins que les associés survivans

---

(*) Elles sont censées aussi avoir pris fin par une condamnation aux galères ou au bannissement à temps, parce que ces sortes de peines empêchent les condamnés de continuer de faire pour la Communauté ce qu'ils faisoient auparavant.

n'aient déclaré par leur conduite qu'ils n'entendent point continuer de Communauté avec eux. La féparation de vie commune d'avec les enfans majeurs eft fuffifante pour marquer qu'on n'eft point dans l'intention de continuer cette Communauté. A l'égard des enfans mineurs, il faut un inventaire des biens de la Communauté commencé dans les trois mois du décès du père, avec un légitime contradiĉteur & une déclaration qu'on arrête la Communauté, fans quoi elle continue de plein droit avec eux ; & lorfque par la fuite il eft queftion de partage, ils ont la liberté ou d'arrêter la Communauté au jour du décès de leur père, ou de la prendre dans l'état où elle fe trouve par la continuation.

Mais obfervez que cette continuation n'a lieu entre tous les enfans que pour la part qu'auroit eue le père s'il avoit vécu plus long temps. Cette même continuation ne commence à avoir lieu par tête entr'eux, qu'au moment où chacun d'eux a atteint l'âge auquel fuivant la coutume la fociété tacite peut fe former ; c'eft ce qui réfulte de l'article 4 du chapitre 22 de la coutume de Nivernois. Ainfi fuppofons que l'affocié ait laiffé trois enfans après fa mort, ces trois enfans n'auront enfemble que la portion qu'auroit eue leur père. Si l'un de ces enfans enfuite acquiert la Communauté de fon chef par une habitation d'an & jour, à compter du moment qu'il a eu l'âge néceffaire à cet effet, il a dès lors lui feul une portion égale à celle de fon père décédé ; & pour lui régler cette portion, on commence par diftraire avant partage les portions des deux autres enfans qui ne font pas encore d'âge compétent.

SECTION SIXIÈME.

Du partage des Communautés tacites.

Quand il s'agit de partage, les affociés doivent fe rendre compte de bonne foi de ce que chacun d'eux a reçu & de l'emploi qu'il en a fait. Les preuves de fraude peuvent en ce cas être admifes par témoins, & la moindre peine pour celui qui a voulu s'approprier furtivement quelques effets de la Communauté, eft d'être privé de la portion qu'il pouvoit avoir dans les effets détournés. Cette fraude peut s'oppofer en tout temps, même après le partage, lorfque la découverte ne l'a pas précédé.

Quand il y a des mineurs, le partage peut fe faire avec eux s'ils font émancipés, ou avec leur tuteur s'ils ne le font pas, mais pour le mobilier feulement; car pour les immeubles, le partage n'en peut être que provifionnel pour les jouiffances durant la minorité, à moins que ce partage ne foit fait en juftice, parce qu'en général on regarde les partages comme des actes d'aliénation & que les mineurs ne peuvent point aliéner.

Lors du partage, ce que chacun a mis en Communauté & ce qui a été acquis en conféquence, eft commun aux uns & aux autres, fans qu'on puiffe prélever aucun apport particulier, par la raifon que l'induftrie de l'affocié qui a moins apporté, eft cenfée compenfer l'avantage d'un apport plus confidérable de la part de l'autre affocié. Ainfi en fuppofant que Pierre en fe réuniffant avec Paul ait mis beaucoup de mobilier dans la Communauté, & que

Paul n'en ait eu de son côté que peu ou même point du tout, celui-ci lors de la dissolution de la Communauté, n'aura pas moins la moitié de tout ce mobilier devenu commun, parce qu'il est à présumer que Pierre s'est contenté de l'industrie de Paul comme d'un équivalent du mobilier qu'il a rendu commun.

Nous observerons néanmoins que si peu de temps après la formation de la Communauté par an & jour, Paul en demandoit le partage dans un esprit de fraude pour s'approprier la moitié du mobilier de Pierre, avant d'avoir eu le temps par son travail & son industrie, de faire fructifier la Communauté, ce dernier seroit fondé à demander le prélèvement de l'apport de son mobilier, parce qu'il ne seroit pas juste qu'il souffrît de la mauvaise foi de son associé.

Mais quel est le temps que doit avoir duré une Communauté pour que le partage en ait lieu par égalité & sans prélèvement d'apport ? C'est ce qui n'est ni ne peut être facilement déterminé : ceci doit dépendre des circonstances & de la sagesse des juges. Si ceux qui se sont associés étoient à-peu-près égaux en mobilier, on ne doit presque plus considérer la durée de l'association ; & nous pensons qu'après qu'elle a subsisté trois ans depuis l'an & jour qu'elle a été formée, on ne doit plus élever de contestation à ce sujet.

Que faut-il penser du cas où Pierre qui auroit apporté beaucoup de mobilier viendroit à mourir, supposé dans les trois mois après la formation de la Communauté par an & jour ; Paul qui n'auroit mis en commun que son industrie, seroit-il recevable à demander en partage la moitié du mobilier apporté par le défunt, fous prétexte que ce mobilier compofe la Communauté ?

Nous penfons qu'il y feroit recevable, par la raifon que la diffolution de Communauté ne feroit point de fon fait : on peut appliquer à ce cas particulier la même décifion qu'en matière de Communauté conjugale où la femme qui n'auroit rien apporté ne laifferoit pas de partager dans le mobilier provenant du mari, quand même celui-ci viendroit à mourir le lendemain de la célébration du mariage.

Il faut dire la même chofe de l'affocié qui feroit obligé de fe féparer plutôt qu'il ne l'auroit fait après l'an & jour, fans les mauvais traitemens exercés envers lui injuftement ; une injure pareille feroit une raifon de plus pour ne le point priver du droit qui lui feroit acquis. Il en feroit différemment s'il étoit querelleur ou que fa femme & fes enfans rendiffent l'affociation infupportable.

A l'égard des prélèvemens qui, comme nous l'avons dit en la fection quatrième, auroient pour objet des dots payées pour le mariage des filles d'un des affociés, l'acquifition d'un office, le payement de dommages-intérêts ou de dépens prononcés contre cet affocié, ou contre l'un de fes enfans à raifon de quelque délit perfonnel, & d'autres prélèvemens femblables, il eft jufte qu'il en foit fait raifon lors du partage ; mais le furplus doit fe divifer avec cette égalité & cette équité naturelle, qui doit être l'ame de tous les partages.

Obfervez toutefois qu'il y a une diftinction à faire entre le mobilier & les acquets immeu-

bles : le mobilier se divise suivant le nombre
de tous les associés lors du partage, au lieu que
les acquets immeubles n'appartiennent qu'à ceux
qui étoient communs lors de l'acquisition qui en
a été faite; & cela par une raison tirée du
principe que nous avons établi en la section troisième, que les immeubles déja acquis n'entrent
point dans une nouvelle Communauté.

Observez encore que quoique la femme &
les enfans d'un associé ne soient pas membres de
la Communauté & qu'ils n'y aient aucune part, ils
ne laissent pas néanmoins lors du partage des grains
& des fruits de l'année, de participer à ces grains &
à ces fruits, pourvû que ces enfans soient au dessus
de l'âge de sept ans, âge auquel les enfans de
campagne sont censés être en état de gagner
leur vie ; mais cette portion qu'on leur donne
n'est que par forme de dédommagement, &
pour leur tenir lieu de la nourriture dont ils ont
besoin le reste de l'année.

Quand l'un des associés vient à mourir, ses
héritiers, comme nous l'avons dit, peuvent
demander sa part & portion, & cette faculté
est dans l'ordre naturel; mais la coutume de la
Marche renferme à ce sujet une disposition sin-
gulière ; l'article 215 porte qu'entre parens
communs en biens, les survivans succèdent seuls
au parent décédé lorsqu'il meurt sans enfans,
quand même il auroit d'autres parens plus proches que les associés survivans. Le Brun qui
rapporte les notes de Dumoulin & de Jubely
sur cette coutume, n'a pas donné la juste explication de l'article. Il falloit distinguer avec M.
de Fournoue qui a commenté ce même article,
entre parens de condition *serve* ou *main-mortable*,

&

& parens de condition *franche*. Entre parens de condition ferve ou main-mortable, il eſt ſans difficulté que la ſimple indiviſion de biens de cette qualité ſuffit pour donner un droit de ſucceſſion pour ces mêmes biens ſeulement, en faveur de ces parens à l'excluſion des autres parens qui ſe ſont ſéparés & qui ont partagé.

A l'égard des parens de condition franche, il eſt reçu dans l'uſage, qu'une Communauté en-tr'eux n'emporte le droit ſucceſſif qu'autant que cette Communauté eſt de convention & par écrit, & qu'elle eſt générale de tous biens, & alors ſans même qu'il ſoit néceſſaire de pacte ſucceſſif, ils ſe ſuccèdent par la vertu ſeule des diſpoſitions de la coutume.

Une queſtion eſt de ſavoir ſi les acquêts aux-quels un des parens aſſociés ſuccède par la mort de ſon aſſocié, ſont des biens propres ou des acquêts dans l'hérédité de ce ſucceſſeur ſurvi-vant ?

Le cas s'eſt préſenté dans la coutume de Char-tres : le prévôt jugea que ces ſortes de biens formoient des propres. Son jugement fut con-firmé par une ſentence du bailliage du même endroit, & enſuite par arrêt du parlement de Paris du 12 juin 1705, au ſujet de la ſucceſſion du ſieur Louis le Febvre, chanoine de la collé-giale de ſaint André de Chartres, lequel avoit ſuccédé à la portion des acquêts qui s'étoient faits dans une Communauté ſubſiſtant depuis près de trente ans entre lui & ſa ſœur avec la-quelle il demeuroit, quoique cette ſœur l'eût valablement inſtitué ſon légataire univerſel.

Tout ce que nous venons de dire ſur cet ar-

Tome XIII. T

ticle ne concerne que les Communautés tacites: à l'égard des Communautés conventionnelles, nous en parlerons à l'article SOCIÉTÉ.

Voyez *Coquille sur la coutume de Nivernois; la Thaumassière sur celle de Berry; Boucheul sur celle de Poitou; le Brun en son traité des Communautés tacites.* Voyez aussi les articles SOCIÉTÉ, PARTAGE, &c. (*Article de M. DAREAU, avocat, &c.*)

COMMUNAUTÉ D'HABITANS. C'est le corps des habitans d'une ville, d'un bourg, d'un village, considérés collectivement pour leurs intérêts communs.

Quoiqu'il ne puisse s'établir dans le royaume aucune Communauté sans lettres-patentes, cependant les habitans de chaque ville, bourg, ou paroisse forment entr'eux une Communauté, quand même ils n'auroient point de charte de commune : l'objet de cette Communauté consiste seulement à pouvoir s'assembler pour délibérer de leurs affaires communes, & avoir un lieu destiné à cet effet; à nommer des maires & échevins, consuls & syndics ou autres officiers, selon l'usage du lieu, pour administrer les affaires communes; des asséeurs & collecteurs dans les lieux taillables, pour l'assiette & recouvrement de la taille, des messiers & autres préposés pour la garde des moissons, des vignes & autres fruits.

Les Communautés d'habitans possèdent en certains lieux des biens communaux, tels que des maisons, terres, bois, prés, pâturages, dont la propriété appartient à toute la Communauté, & l'usage à chacun des habitans, à moins qu'ils ne soient loués au profit de la Communauté, comme cela fe pratique ordinairement pour les maifons & les terres: les revenus communs qu'ils en retirent font ce que l'on appelle les deniers patrimoniaux.

Dans la plupart des villes les habitans poffèdent des octrois, c'eft-à-dire, certains droits qui leur ont été concédés par le roi, à prendre fur les marchandifes & denrées qui entrent ou fortent de ces villes, ou qui s'y débitent.

Les biens qu'une Communauté poffède n'appartenant pas aux membres qui la compofent confidérés comme particuliers, il faut en conclure qu'aucun ne peut détourner pour fon ufage particulier la moindre portion de ces biens.

L'édit de 1683 & la déclaration du 2 août 1687 défendent aux Communautés d'habitans de faire aucune vente ni aliénation de leurs biens patrimoniaux, communaux & d'octroi, ni d'emprunter aucune fomme pour quelque caufe que ce foit, finon en cas de pefte, ou pour logement & uftenfiles des troupes, & réédification des nefs des églifes tombées par vétufté ou incendie & dont ils peuvent être tenus ; & dans ces cas mêmes il faut une affemblée en la manière accoutumée, que l'affaire paffe à la pluralité des voix, & que le greffier de la ville s'il y en a un, finon un notaire, rédige l'acte, & qu'on y faffe mention de ce qui doit être fait. Cet acte doit être enfuite porté à l'intendant pour être par lui autorifé, s'il le juge à propos; & s'il s'agit d'un emprunt il en donne avis au roi, pour être par lui pourvu au remboursement.

Suivant un arrêt du confeil du 24 juillet 1775, les villes, corps, Communautés, hôpitaux &

provinces ne peuvent plus être autorisés à faire des emprunts ni à constituer de rentes perpétuelles, qu'ils ne destinent au remboursement des capitaux, un fonds annuel qui doit être augmenté chaque année du montant des arrérages par les remboursemens effectués successivement ; sans que le fonds ainsi destiné, puisse être employé à aucun autre usage pour quelque cause que ce soit. Les officiers municipaux, les administrateurs, les syndics & autres officiers chargés de l'administration des affaires des villes, corps, Communautés, hôpitaux & provinces ont été déclarés garans & responsables, en leur propre & privé nom, de l'effet des dispositions qu'on vient de rapporter, pour tout le temps de leur administration.

Si par une commission gratuite des seigneurs, une Communauté d'habitans possède des bois sans charge d'aucun cens, redevance, prestation ou servitude, le tiers en peut être distrait & séparé à leur profit lorsqu'ils le demandent, & que les deux autres tiers suffisent pour l'usage de la paroisse : autrement le partage ne doit point avoir lieu & les seigneurs ainsi que les habitans doivent continuer de jouir en commun. La même règle doit s'observer à l'égard des prés, marais, îles, pâtis, landes, bruyères & grasses pâtures. C'est ce qui résulte de l'article 4 du titre 25 de l'ordonnance des eaux & forêts.

Lorsqu'il survient des contestations sur la question de savoir si les deux tiers des communes suffisent aux besoins de la Communauté, il faut avoir recours aux coutumes & aux usages pour porter une décision à cet égard. Jovet dit dans fa bibliothèque qu'il a oui prononcer le 24 mai 1658, un arrêt qui a jugé que le feigneur ne pouvoit prétendre aucun partage lorfque les communes n'excédoient pas cinquante arpens.

Au furplus il n'y a que les feigneurs laïques pui puiffent demander le triage dont il s'agit : cette faculté eft interdite par l'édit du mois d'août 1749 aux gens de main-morte.

On ne permet pas qu'une Communauté d'habitans & le feigneur partagent entr'eux les communes par des actes volontaires. La raifon en eft que l'on craint que le feigneur n'en impofe par fa qualité & qu'il n'obtienne en conféquence au de-là de ce qu'il a droit de prétendre : c'eft pourquoi on veut que ces partages foient faits judiciairement ; qu'il y ait une démande formée pour cet effet ; que la Communauté ait été ouie ; que le miniftère public ait eu communication de la procédure, & qu'il y ait eu un plan & un arpentage ordonnés & préalablement faits. Ce n'eft que d'après ces précautions qu'il peut y avoir lieu à de femblables partages ; & par arrêt du confeil du 20 août 1737, rendu entre le feigneur & la Communauté de Vernot en Bourgogne, le partage fait entr'eux à l'amiable par le miniftère de l'arpenteur de la maîtrife des eaux & forêts de Dijon, a été caffé & annullé : le même arrêt a prononcé contre l'arpenteur une amende de cent livres, pour avoir procédé à ce partage fans commiffion & fans droit : il a en outre fait défenfe à tout arpenteur des maîtrifes de faire de pareils partages fous quelque prétexte que ce fût, à peine de mille livres d'amende.

Comme en accordant au feigneur le droit de

demander le partage des biens communaux, l'ordonnance n'a pas spécifié l'espèce de seigneurie qu'il faut avoir pour exercer cette action, il s'éleva en 1757 une difficulté à ce sujet entre le marquis de Lussan, seigneur de la haute justice de la paroisse de Douvrain, & le sieur de Lestoncq, seigneur vicomtier-foncier direct & immmédiat de toute la paroisse. Le premier prétendoit que quoiqu'il n'eut aucune seigneurie directe dans cette paroisse, il pouvoit néanmoins demander le partage ou triage des marais communs, en sa seule qualité de seigneur haut justicier. Le scond soutenoit au contraire que le triage devoit lui appartenir, & cela lui fut adjugé par sentence du bureau des finances de Lille du 11 mai 1757, qui fut confirmée par arrêt du parlement de Paris du 2 avril 1759.

Suivant l'article 5 du titre cité une concession ne peut être réputée gratuite de la part des seigneurs lorsque les habitans justifient du contraire par l'acquisition qu'ils en ont faite, ou qu'ils sont astreints à quelque charge, à payer quelque reconnoissance en argent, corvées ou autrement : dans ces cas-ci, la concession est reputée pour onéreuse quoique les habitans n'en montrent pas le titre, & il ne peut être fait aucune distraction au profit des seigneurs : ils doivent seulement jouir alors de leurs usages & chauffages.

Un arrêt du 15 juin 1750 a rétabli les habitans de la Commuauté de Chatel-lèz-Cernay, dans le droit de jouir de leurs bois & autres biens communaux, en conséquence des offres par eux faites de continuer au seigneur le cens dont ils se trouvoient chargés envers lui par son propre titre ; & la cour n'a point eu égard à une tranſaction par laquelle ils avoient accordé à ce ſeigneur le tiers de tous les bois & le prix de toutes les ventes de bois, ſoit taillis, ſoit futaies.

Les ſeigneurs qui ont leur triage ne peuvent rien prétendre à la part des habitans, & n'y doivent avoir aucun droit d'uſage, chauffage ou paturage ſoit pour eux ou pour leurs fermiers. C'eſt ce que porte l'article 6 du titre cité.

Obſervez cependant que ſi le ſeigneur avoit des titres en bonne forme qui lui donnaſſent le droit de permettre à des propriétaires de beſtiaux étrangers de les faire pâturer ſur ſon territoire, la communauté ne pourroit l'empêcher d'uſer de ce droit. C'eſt ce qui a été jugé en faveur du marquis d'Eſtiau par arrêt du 11 août 1766.

L'article 7 porte que ſi dans les pâtures, marais, près, & pâtis échus au triage des habitans, ou tenus en commun ſans partage, il ſe trouve quelques endroits inutiles & ſuperflus, dont la Communauté puiſſe profiter ſans incommoder le pâturage , ils pourront être donnés à ferme, après un réſultat d'aſſemblée faite dans les formes, pour une, deux, ou trois années, par adjudication des officiers des lieux, ſans frais ; & le prix employé aux réparations des paroiſſes dont les habitans ſont tenus, ou autres urgentes affaires de la Communauté.

Chaque habitant en particulier ne peut demander qu'on lui aſſigne ſa part de la commune ; ce ſeroit contrevenir directement à l'objet que l'on a eu lors de la conceſſion de la commune,

& anéantir l'avantage que la Communauté en
doit retirer à perpétuité.

Mais chaque habitant peut céder ou louer
son droit indivis de pâturage dans la commune
à un étranger, pourvu que celui-ci en use comme auroit fait son cédant, & n'y mette pas plus
de bestiaux qu'il en auroit mis. Cela a été ainsi
jugé par arrêt du premier septembre 1705 rapporté au journal des audiences.

Suivant l'article 19 du titre cité, les partages entre les seigneurs & les Communautés
doivent être faits par les grands maîtres en connoissance de cause, sur les titres représentés,
par avis & rapport d'experts, & les frais doivent être payés par les seigneurs & les habitans à proportion du droit que chacun a dans
la chose partagée.

Les amendes & confiscations qui s'adjugent
pour les prez & pâtis communs contre les particuliers, appartiennent au seigneur haut-justicier, excepté en cas de réformation, où elles
appartiennent au roi ; mais les restitutions &
dommages & intérêts appartiennent toujours
à la paroisse, & doivent être mis entre les
mains d'un syndic ou d'un notable habitant,
nommé à cet effet à la pluralité des suffrages,
pour être employés aux réparations & nécessités
publiques. C'est ce qui résulte des articles 21
& 22 du titre 25 de l'ordonnance des eaux &
forêts.

Les assignations que l'on donne aux Communautés d'habitans doivent être données un
jour de dimanche ou de fête, à l'issue de la messe
paroissiale ou des vêpres, en parlant au syndic,
ou en son absence au marguillier, en présence

de deux habitans au-moins que le fergent doit nommer dans l'exploit , à peine de nullité ; & à l'égard des villes où il y a maire & éche-vins , les affignations doivent être données à leurs perfonnes ou domiciles.

Les Communautés d'habitans ne peuvent in-tenter aucun procès fans y être autorifées par le commiffaire départi dans la province ; & en général les habitans ne peuvent entreprendre aucune affaire, foit en démandant ou défendant, ni faire aucune députation ou autre chofe con-cernant la Communauté, fans que cela ait été arrêté par une délibération en bonne forme.

La déclaration du 2 octobre 1703 enre-giftrée le 23 novembre fuivant a renouvelé ces difpofitions & prononcé des peines contre ceux qui négligeroient de les obferver : elle a rendu les maires, & autres officiers des Communautés garans & refponfables du défaut d'exécution, & a défendu fous peine de nullité , aux pro-cureurs d'occuper à moins que la permiffion des commiffaires départis ne leur ait été re-préfentée.

La forme en laquelle on doit faire le procès aux Communautés d'habitans & autres, lorfqu'il y a lieu, eft prefcrite par l'ordonnance de 1670, titre XXI : il faut que la Communauté nomme un fyndic ou député, finon on nomme d'office un curateur. Le fyndic député , ou curateur, fubit interrogatoire , & la confrontation des témoins ; il eft employé dans toutes les pro-cédures en la même qualité : mais le difpofitif du jugement eft rendu contre la Communauté même. Les condamnations ne peuvent confifter que dans des réparations civiles , des dommages

& intérêts envers la partie, une amende envers le roi, la privation des privilèges de la Communauté & les autres punitions qui marquent publiquement la peine qu'elle a encourue par son crime. On fait aussi en particulier le procès aux principaux auteurs du crime & à leurs complices ; & s'ils sont condamnés à quelques peines pécuniaires, ils ne sont pas tenus de celles qui ont été prononcées contre la communauté.

Voyez l'ordonnance des eaux & forêts du mois d'août 1669 ; la pratique des terriers, le dictionnaire des eaux & forêts ; l'encyclopédie ; le journa. des audiences ; les lois forestières ; la bibliothèqu de Jovet ; le dictionnaire des arrêts ; l'ordonnan criminelle de 1670 ; l'édit du mois d'avril 1667; le traité du gouvernement des biens des Communautés ; l'édit du mois d'avril 1683 ; les décla rations du 2 août 1687, & du 2 octobre 1703 ; &c. Voyez aussi les articles TRIAGE, PARTAGE, ALIENATION, USAGE, PARCOURS, COLLECTE, OCTROI, TAILLE, LOGEMENT, BOIS, &c.

COMMUNAUTÉ LAIQUE. C'est un corps composé de personnes laïques unies pour leur intérêts communs.

Aucune Communauté quelle qu'elle soit, ne peut s'établir sans lettres-patentes du prince, duement enregistrées ; & si c'est une Communauté ecclésiastique, il faut le concours des deux puissances. Il faut excepter de cette disposition le corps des habitans des villes, bourgs, & paroisses, lesquels forment une Communauté entr'eux quand même il n'auroient aucune charte de commune.

Les Communautés sont des corps perpétuels. tellement que quand tous ceux qui composent une Communauté, viendroient a manquer, on la rétabliroit avec d'autres personnes de la qualité convenable.

Les réglemens défendent aux Communautés d'aliéner leurs biens sans nécessité ou autre motif juste & raisonnable : c'est pourquoi les membres de ces Communautés sont appelés gens de main-morte.

Il ne leur est pas permis non plus d'acquérir aucun immeuble, à quelque titre que ce soit, sans y être autorisées par lettres-patentes dûment enregistrées, & sans payer au roi un droit d'amortissement.

Les biens & droits appartiennent à toute la Communauté, & non à chaque membre qui n'en a que l'usage.

Les statuts des Communautés ne sont valables qu'autant qu'ils sont autorisé par lettres-patentes du roi dûment enregistrées.

Nous parlons de chaque corps ou Communauté en particulier sous le nom qui lui est propre.

COMMUNAUTÉ DES AVOCATS ET PROCUREURS DE LA COUR OU DU PARLEMENT. C'est une juridiction attribuée par le parlement aux avocats & procureurs, pour régler ce qui doit être observé relativement à l'ordre judiciaire, maintenir la discipline qui leur est prescrite, recevoir les plaintes qu'on leur porte contre les contrevenans, & donner leur avis sur ces plaintes : mais ces avis qui sont donnés sous le bon plaisir de la cour, doivent y être homologués avant de pouvoir être exécutés.

On appelle aussi Communauté des avocats & procureurs, la chambre où se tient la juridiction dont nous venons de parler, & les membres qui composent cette juridiction.

Il ne faut pas conclure de cette dénomination, que les avocats & les procureurs ne fassent qu'un même corps ; les avocats ne forment pas même un corps entr'eux, mais un ordre antérieur à l'établissement des procureurs, qui n'a rien de commun avec eux que la juridiction qu'ils exercent conjointement.

Il paroît que la Communauté des avocats & procureurs fut établie sur les remontrances du procureur-général, par arrêt du 18 mars 1508, lequel enjoint aux avocats & procureurs de former assemblée pour entendre les plaintes à porter contre ceux qui s'écartent des formes anciennes, & contreviennent aux stile & ordonnances de la cour, communiquer ces plaintes au procureur-général, & sur son rapport être par la cour ordonné ce que de raison.

Le bâtonnier des avocats préside à la Communauté des avocats & procureurs, & s'y fait assister, quand il le juge à propos, d'un certain nombre d'anciens bâtonniers, & autres avocats en nombre égal à celui des procureurs de Communauté, conformément à l'arrêt de réglement du 9 janvier 1710.

COMMUNAUTÉ DES PROCUREURS. C'est l'assemblée des procureurs au parlement qui sont préposés pour administrer les affaires de la compagnie, & qu'on appelle pour cette raison procureurs de Communauté. Cette assemblée se tient dans une chambre du palais qui est près de la chapelle saint Nicolas, & qu'on appelle la Communauté. On ne doit pas confondre cette assemblée avec la Communauté des avocats & procureurs.

COMMUNAUTÉ ECCLÉSIASTIQUE. C'eſt un corps compoſé de pluſieurs eccléſiaſtiques qui ont entr'eux des intérêts communs.

Les Communautés eccléſiaſtiques ſont ſéculières ou regulières.

On appelle Communautés ſéculières, celles que compoſent des eccléſiaſtiques qui ne font point de vœux, & qui ne font ſoumis à aucune règle particulière : tels ſont les membres des chapitres des égliſes collégiales & cathédrales ; des ſéminaires, &c.

Les Communautés régulières ſont compoſées de religieux qui vivent en commun ſous des ſupérieurs, & ſous une règle établie par leur fondateur, approuvée par l'égliſe & par l'état ; tels ſont les chapitres des chanoines réguliers, les couvens des chanoineſſes régulières, & en général, tous les monaſtères de religieux & de religieuſes.

Voyez ce que nous diſons de chaque Communauté en particulier ſous le nom qui lui eſt propre.

COMMUNES. Ce mot a deux acceptions bien différentes. La première déſigne les forêts, les prairies & autres terres appartenantes à des communautés : on traitera cette matière à l'article USAGES. La ſeconde déſigne ces aſſociations ou confédérations qui, pendant le 12ᵉ ſiècle, s'éleverent en France, & s'y établiſſoient ſous la foi du ſerment pour défendre leurs villes, leurs territoires & leurs perſonnes, contre la tyrannie des ſeigneurs féodaux.

Cette matière eſt de la plus grande importance pour les juriſconſultes ; mais ſans une étude approfondie de notre hiſtoire, jamais on n'aura la clef du droit françois sur ce point ni sur une infinité d'autres. Chaque jour on voit renaître des contestations entre les seigneurs & leurs vassaux, entre les officiers du roi & ceux des villes municipales ; pourquoi ces contestations sont-elles si obscures, si longues, si ruineuses ? parce qu'on ignore quel a été l'état des personnes & l'état des choses pendant les différentes époques de notre monarchie. Incapables d'entendre le langage des anciennes chartres, nous dédaignons de les consulter ; nous assimilons les choses les plus disparates, & voulant expliquer ce qui a été par ce qui existe, on augmente les ténèbres, on multiplie les erreurs, on éternise les procès, on fait commettre aux magistrats des injustices involontaires à la vérité, mais qui n'en sont pas moins des injustices.

Essayons de jetter quelques lumières dans un cahos ou rarement les jurisconsultes ont pénétré sans s'égarer.

Pour se faire des idées nettes sur les Communes, il faut remonter à leur source primitive aux anciennes cités. On en comptoit 150 dans les gaules lorsque Clovis en fit la conquête. Chacune d'elles avoit ses décurions qui rendoient la justice sous l'autorité du gouverneur, & faisoient le recouvrement des impôts selon le cadastre arrêté par l'officier principal.

Les cités avoient aussi des diettes ou assemblées générales qui se faisoient, tantôt à la réquisition de l'empereur, tantôt de leur propre mouvement. Tacite rapporte que sous le régne de Vespasien la cité de Reims convoqua par un édit les autres cités des gaules, afin de délibérer s'il étoit à propos de prendre les armes contre les omains. Un édit de l'empereur Honorius fixe dans la ville d'Arles l'assemblée annuelle des cités des gaules. Auguste, suivant le témoignage de Dion, convoqua à Narbonne les trois gaules cisalpines.

Clovis à son avénement au trône, laissa subsister en partie cet ancien régime. Des gouverneurs sous le titre de comtes ou de ducs, se rendoient dans les cités pour y représenter le nouveau souverain.

Chaque cité outre son sénat, avoit encore ses milices & ses revenus. Ces revenus consistoient dans le produits de certains biens fonds & dans des octrois. Il nous reste une ordonnance d'Arcadius qui confirme les octrois accordés aux cités & déclare nulles toutes les oppositions que les particuliers pourroient faire contre ces impôts. Dans toutes les gaules on rencontroit à côté des douanes impériales, des bureaux appartenants aux cités pour la perception de leurs octrois.

A l'égard de leur milice, elle servoit tantôt l'empereur dans ses guerres contre l'étranger, tantôt la cité contre les cités voisines qui se détruisoient réciproquement. L'abbé du Bos observe que la politique des empereurs toléroit l'indépendance des cités & approuvoit leurs guerres mutuelles, afin de laisser un aliment à leur inquiétude & à leur esprit belliqueux. Il auroit pu ajouter que ces villes furent long-tems une digue contre les irruptions des barbares, & que les cités contribuèrent plus que toute autre cause à suspendre la chute de l'Empire d'occident.

Les choses restèrent à-peu-près dans cet état

fous nos rois de la première race ; mais durant
la feconde les cités dégénérèrent & difparurent
prefqu'entièrement fous les ruines dont les nor-
mands & les grands vaffaux couvrirent la
France entiere ; c'eft en quelque forte de leur
tombeau que s'élevèrent ces confédérations
nouvelles dont nous allons tracer les révolutions.

Lorfque l'anarchie féodale eut réduit les
peuples à l'état d'efclaves & la royauté à un
fimple titre honorifique, alors l'excès des abus
fit naître les réformes. Nos rois cherchèrent à
rentrer dans leurs droits ufurpés ; mais trop
foibles pour attaquer de front les feigneurs,
ils commencèrent par affranchir les ferfs du domaine de la couronne. Ces troupeaux d'efclaves changés en hommes prirent un effor ; on
vit bientôt renaître parmi eux le courage, l'é-
mulation, l'induftrie. Tel fut parmi nous la
renaiffance du peuple de cet ordre d'hommes
qu'on a nommé *tiers-état*, & qui forme aujour-
d'hui la partie la plus nombreufe de la nation.

En même-temps que nos rois rendoient la
liberté à leurs vaffaux, ils effayoient de rétablir les cités en leur accordant des lettres confirmatives de leurs anciens droits.

Philippe-Augufte érigeant Tournai en commune, déclare qu'il ne fait que la rétablir dans
fon état primitif, afin quelle puiffe *continuer à
vivre fuivant les lois & ufages des cités*. La ville
de Reims, dans le 12ᵉ fiécle, demanda une
chartre de commune pour être *maintenue dans
les droits de cité* dont elle confervoit encore une
grande partie.

Bientôt les vaffaux des feigneurs animés par
ceux

ceux du roi, s'agitant sous leurs chaînes, mirent tout en œuvre pour les rompre. Leur premier mouvement se dirigea vers le trône ; ils sollicitèrent des chartres d'affranchissement ; des titres sans droits leur furent d'abord accordés ; le souverain leur permit de se réunir en Commune, *sauf à eux à racheter* de leurs oppresseurs une liberté & des droits qu'ils avoient perdus. Telle est la clause insérée dans les premières chartres qu'obtinrent les habitans des bourgs & des villes.

M. de Bréquigni prétend que ces confédérations prirent naissance sous le régne de Louis VI.

L'origine de la Commune de Noyon est une des premières que l'on connoisse. Guibert dit quelle servit de modéle à celle de Laon. Voici les circonstances qu'il rapporte sur l'établissement de cette dernière. Le despotisme & l'avidité de son évêque en furent la principale cause. Depuis plusieurs années sa ville épiscopale étoit le théâtre de tous les crimes ; lui - même avoit été complice de l'assassinat du célèbre Gérard de Crecy, l'un des habitans les plus vertueux de cette ville ; on y voloit impunément les étrangers ; les domestiques du roi n'étoient pas à l'abri des insultes ; les nobles y exerçoient toutes sortes de brigandages & de cruautés.

Dans cette conjonéture, les habitans ne trouverent d'autre remède à leurs maux que celui d'une confédération générale. Ils profiterent de l'absence de leur évêque pour commencer cette ligue ; ils s'adresserent au roi qui donna la sanction à leur révolte, en leur faisant expédier une chartre de Commune. A cette nouvelle l'évêque prend les armes, rassemble la noblesse de la ville & des environs dans son palais & dans le tours de son église ; après un siége opiniâtre son palais & dix églises furent livrés aux flammes ; lui-même fut massacré par les bourgeois & leur chartre de Commune obtint une nouvelle ratification de la part du monarque.

La Commune d'Amiens , celles d'un grand nombre d'autres villes s'établirent de même parmi le carnage & les incendies. Celle de Beauvais eut une origine différente ; sans autorisation du roi, sans acquiescement préliminaire de la part des seigneurs, tous les habitans de la ville se confédérèrent & pendant plusieurs années furent opposer la force à la force. Louis VI fut obligé en 1104 de s'y transporter, afin de rétablir l'harmonie entre le peuple, la noblesse & le clergé.

Quoique nous n'ayons point la chartre que ce prince accorda aux habitans de cette ville, il existe encore des lettres de Louis VII , confirmatives de leur Commune , datées de 1144 : elles s'expriment ainsi : « Nous confirmons la » Commune que Louis notre pere avoit accor- » dée il y a déja long-temps aux habitans de » Beauvais, & nous la confirmons telle qu'elle » fut instituée & jurée dans sa première ori- » gine ».

Quand une ville n'étoit pas assez puissante pour se défendre contre les ennemis de son voisinage, alors nos rois l'associoient à d'autres villes ou bourgs du même canton. Une chartre de Philippe-Auguste de 1185 réunit en une seule Commune, Condé, Vassy, Chavonnes, Celles, Pargny & Filain. Le même roi l'année précédente avoit rassemblé de même Cerny,

Chamoufilles, Baune, Chevi, Cortone, Verneuil, Bourg & Comin.

Parmi les motifs qui déterminoient nos souverains à créér des Communes, on trouve dans les ordonnances du Louvre qu'en 1189 la ville de Sens obtint cette faveur, *intuitu pietatis & pacis, in posterum conservandæ.* Celle de Compiegne en 1153, *ob enormitates clericorum.* Celle de Mantes, *pro nimia oppressione pauperum.* Celle de la Rochelle, *propter injurias & molestias à potentibus terræ, burgensibus frequenter illatas.*

Rien de plus sacré que ces motifs ; cependant rien ne parut plus injuste & plus scandaleux. Des clameurs universelles s'élevèrent parmi les seigneurs, & sur-tout parmi cet ordre d'hommes qui ne font que passer sous le ciel, & qui ne pouvant connoître leurs successeurs, n'ont aucun intérêt de leur transmettre en bon ou en mauvais état les vassaux & les domaines dont ils jouissent. L'abbé de Nogent témoin oculaire de ces opérations si sages, si nécessaires, si utiles à la France, en parle ainsi : « la Commune, » nom nouveau, nom détestable, a pour but » d'affranchir les censitaires de tout servage, au » moyen d'une redevance annuelle ; n'imposant » à ceux qui manquent à leurs devoirs qu'une » amende légale & *délivrant les serfs de toutes les » exactions auxquelles ils étoient assujettis ».*

Ainsi, l'une des plus belles opérations de la sagesse & de la politique de nos rois fut qualifiée d'acte *injuste & détestable.*

Tandis que les seigneurs déclamoient, les Communes se multiploient dans le royaume ; elles parvinrent à un tel degré de puissance qu'on vit souvent les nobles & le clergé solliciter

V ij

l'honneur de devenir membres de ces confédér
tions. On trouve dans l'ancienne chronique
Flandre, qu'un roi de Navarre *se mit en la bourgeoisie de la cité d'Amiens.*

M. de Bréquigny après un examen très-suiv
des chartres de Communes, assure qu'elles ne
remontent pas au-delà du 12ᵉ siècle ; ensorte
qu'on doit regarder comme suspectes toutes
celles qui portent des dates antérieures. Les titres qui seroient du onzième ou du dixième siècle ne seroient donc pas d'un grand poids
justice ; à moins qu'ils ne réunissent tous les caractères possibles de l'authenticité.

Il est vrai que l'historien du comté de Ponthieu fait remonter à l'année 1030 la chartre d
Commune d'Abbeville ; il prétend même qu'ell
a servi d'*exemple à toutes les autres.* Mais c'es
une erreur palpable ; car l'auteur de cette chartre, Guillaume de Talevas, ne fut comte d
Ponthieu qu'en 1130.

Le comte de Boulainvilliers prétend aussi que l
chartre de Commune de Vervins fut accordé
dans le milieu du onzième siècle par Thomas d
Coucy ; c'est également une erreur, parce qu
ce seigneur second fils de Raoul de Coucy, n'hé-
rita de la seigneurie de Vervins qu'en 1190.

Enfin dans le registre 80 du trésor des chartres, on trouve aussi des espèces de lettres d
Communes accordées aux habitans d'Aigues-
mortes sous la date de 1079. Mais ces lettres ne
sont signées d'aucun des officiers de Phillippe
qui régnoit alors : elles le sont par ceux de Philippe III qui régnoit en 1279. Ainsi ces troi
prétendues chartres du onzième siècle, loin de
détruire l'opinion du savant rédacteur des or

donnances du Louvre, ne fervent qu'à la rendre plus vraifemblable ; & nous croyons que les tribunaux pourroient rejeter comme apocryfes tous les actes de Commune antérieurs au douzième fiécle ; à moins qu'ils ne fuffent revêtus comme nous l'avons dit, des caractères de l'authenticité les plus frappans & les plus complets.

Notre obfervation ne devroit pas fans doute empêcher aujourd'hui certaines villes de réclamer leurs anciens droits de cité & de Commune. Mais telle eft l'inconféquence de notre droit public ; qu'oiqu'on ne puiffe révoquer en doute l'exiftence & les prérogatives de ces fortes d'affociations, néanmoins la prefcription a lieu contre elles. Elles auroient une poffeffion de mille ans, que leurs droits n'en feroient ni plus folides ni plus refpectés ; fi elles ne peuvent repréfenter des actes authentique, on les dépouille de leurs franchifes ; & tandis que les propriétaires de fiefs n'ont befoin d'autres titres que la poffeffion pour établir leurs droits fi odieux dans l'origine, les villes font affujetties pour jouir des droits de Commune à repréfenter non-feulement les chartres du fouverain, mais les conceffions des feigneurs qui poffédoient quelques fiefs fur le territoire de ces villes. Il y a plus ; un feigneur qui pendant cinq à fix cens ans auroit négligé la perception de fes droits féodaux, pourroit aujourd'hui les réclamer en juftice, & fa réclamation feroit accueillie favorablement, & fes vaffaux condamnés à lui payer des reliefs, des lods & ventes, des quints & des requints, pourvu que les droits revendiqués fuffent mentionnés dans la coutume du lieu où ses fiefs seroient situés. Les seigneurs, lors de la rédaction des coutumes, ont eu le crédit d'y faire insérer la plûpart de leurs prérogatives ; les Communes n'ayant pas eu le même avantage, leurs droits ont insensiblement disparu. Ce qui en reste, contesté chaque jour par ces même seigneurs, leur sera peut être enfin enlevé tout entier.

Il n'est pas nécessaire d'observer combien cette bisarrerie ainsi que la maxime *nulle terre sans seigneur*, contribuent à nourir parmi nous l'hydre de la chicane. On a vu dans ces derniers tems la ville de Reims cette antique cité, essuyer contre ses seigneurs une contestation aussi longue que ruineuse. Les villes de Perrone, de Chaulny, de Montdidier, en leur qualité de Communes, ont éprouvé les mêmes disgraces pendant le dernier siécle. Et la seule ville de Dourlens, pour conserver quelques-uns de ses droits de Commune, a été contrainte de plaider contre les gens du roi, contre les engagistes, contre les seigneurs justiciers des environs, contre les officiers royaux de la ville même. Depuis l'ordonnance de Moulins qui porta un coup si funeste à la juridiction des Communes, les officiers municipaux de Dourlens ont eut huit procès à soutenir au parlement, ont obtenu dix-neuf sentences contre leurs prévôts & leurs seigneurs, ont passé avec eux vingt-cinq transactions, & malgré les lettres-patentes de Henri IV & de Louis XIII confirmatives de ses droits, cette ville a été réduite en 1730 à faire encore retentir les tribunaux de la province & de la capitale, pour conserver quelques débris de sa Commune. Nous avons cru devoir appuyer sur

ces détails, afin de rendre plus fenfible la néceffité d'une réforme dans nos lois féodales,
relativement à la prefcription.

Après avoir examiné l'origine des Communes, il faut dire un mot de leurs prérogatives &
de leurs charges.

Une des plus belles prérogatives de ces villes
confédérées étoit d'avoir des lois fixes, des lois
écrites, & de ne pouvoir être régies que par
elles. Quand on vouloit fe réunir en Commune,
on commençoit par recueillir les ufages & les
anciens droits; on examinoit en même-temps
les abus & les remèdes; on traçoit des règlemens, on en formoit un efpèce de code que
l'on confignoit dans le projet de chartre pour
être ratifié par le fouverain. C'eft aux Communes que nous fommes redevables de la rédaction
d'une partie des lois de la feconde & de la troifième race. C'eft d'elles que nous font venues la
plûpart de nos coutumes écrites; leurs chartres
préfentent un tableau naïf des mœurs de ces
fiècles barbares. Dans ces monumens, nos jurifconfultes découvriront les premiers veftiges
de nos coutumes, la raifon de nos ufages & le
véritable efprit du droit françois.

Quand nous difons que les Communes avoient
leurs lois écrites, il ne faut pas en conclure que
chacune d'elles eût un code particulier: comme
les mœurs & les befoins étoient à peu près les
mêmes partout, les Communes nouvelles adop-
toient le code des autres; furtout de ces anciennes villes qui avoient fu conferver une
image des principaux droits de l'homme en fociété. Les grandes cités, telles que Paris, devinrent les légiflatrices de plufieurs Communes.

De-là cette clause si fréquente dans les chartres:
*la Commune de Niort suivra la coutume de Rouen.
Celle d'Athie suivra la coutume de Péronne.*

C'est dans ces petits codes qu'on peut observer jusqu'où s'étendoit la portion de liberté que
le monarque rendoit à ses peuples: tantôt on y
trouve purement & simplement que *les hommes
de la Commune de.... seront libres, eux & leurs
biens :* tantôt qu'ils demeureront à perpétuité
exempts de tous droits de prise, de taille, de
prêts forcés & d'exactions. *Permanent liberi ab
omni taillatu, captitione, creditione & universâ
exactione.* Telles sont les clauses des Communes de Mantes & de Chaumont : tantôt le roi
déclaroit que nul autre que lui ne pourroit lever
aucun droit de main-morte sur les hommes de
certaine Commune ; tantôt il y renonçoit lui-
même & l'abolissoit sans réserve. *Nullus domi-
nus nisi nos mortuam manum capiat.* C'est ainsi
qu'il s'exprime dans la Commune de Compiegne : & dans celles de Laon, de Crespy en Valois, de Bruyères en Languedoc, il ajoute : *mor-
tuus autem manus omnino excludimus.*

D'après ces actes, que nous pourrions mul-
tiplier encore, il semble que nos souverains
jouissent du droit d'éteindre la main-morte:
pourquoi donc les habitans du mont-Jura n'ob-
tiendroient-ils point du monarque un affranchissement que les tribunaux n'ont pu leur accorder ? Le chapitre de S. Claude prétend conserver sur eux tous les droits de main-morte ; mais
les habitans du mont-Jura sont dans la position
où se trouvoient ceux de Beaune, de Verneuil,
de Bourg, de Comin, que Philippe-Auguste
affranchit de cette espèce de servitude en 1184.

On peut voir au tome VII des ordonnances du Louvre, page 500 & 501, ce que le roi fit à l'égard des habitans de Montolieu ; il les exempta non-seulement de tout don gratuit & de prêt forcé, mais encore de toute corvée d'hommes & de bêtes : il leur permit en outre de transporter leur domicile où ils voudroient, de disposer de leurs biens entre vifs ou par testament, de marier à leur gré leur famille, de faire entrer leurs fils dans les ordres ecclésiastiques.

Les Communes n'avoient pas seulement des lois écrites, elles avoient encore des magistrats pour en faire l'application, & des forces pour les faire respecter.

Les magistrats des Communes étoient tirés de leur sein & choisis par les membres de chaque Commune. C'étoit une suite nécessaire de leur institution : il falloit bien affranchir de toute juridiction seigneuriale, des hommes qui n'étoient confédérés que pour éviter la tyrannie des seigneurs. Aussi nos souverains déclaroient-ils les justices de Communes, dépendantes d'eux seuls, non en leur qualité de seigneurs, mais en leur qualité de roi. On trouve un réglement de Charles VI rendu en faveur de la ville de Lautrec, concernant sa juridiction municipale ; le quatrième article porte : que les magistrats de cette ville reconnoîtront solidairement tenir leur caractère du roi, *non à titre de seigneur féodal, mais à titre de souverain* (*).

C'est en effet dans la personne du monarque que réside la plénitude de la justice ; c'est de lui qu'elle émane ; c'est vers lui qu'elle retourne ;

_____

(*) Voyez les ordonnances du Louvre, tom. 9, p. 557.

c'eſt en ſon nom qu'elle doit prononcer en dernier & en premier reſſort; à lui ſeul appartient le droit formidable de juger les juſtices.

La Thaumaſſiere dans ſon ouvrage ſur les anciennes coutumes de Livry dit : « que le privilége des Communes eſt ſemblable au privilége » des grands vaſſaux qui ſont juges les uns des » autres ».

Beaumanoir avoit dit auparavant : « chacun » qui eſt de Commune, laquelle Commune a » juſtice, doit prendre droit pardevant ceux qui » ſont établis en la ville pour y garder la juſtice». Et dans le commentaire ſur les aſſiſes de Jéruſalem, on établit « que les hommes de haute cour » ſont les hommes chevaliers tenus en foi par » l'hommage : & que ceux de la cour de bourgeoiſie ſont les hommes de la cité les plus » loyaux & les plus ſages ». Enfin, dans ſon traité des offices, Loiſeau obſerve «que la juſtice » fut donnée au peuple, *optimo jure*, que le peuple y mit des officiers par élection ; qu'il a » droit de percevoir les émolumens, comme » amendes & revenus de greffe ; que néanmoins » le commandement s'eſt fait au nom du roi & » non des villes, parce qu'en l'état monarchique de France, on trouveroit mauvais de le » faire au nom des officiers de la ville, & qu'il » ne doit jamais s'y faire au nom des juges ».

Pénétré de ces maximes, M. de Thou portant la parole pour le procureur-général, dans une affaire relative à la Commune de Montdidier, diſoit en 1572 «qu'en l'édit de Moulins, » par lequel les juſtices ordinaires furent ôtées » aux maires & gouverneurs des villes, on n'a » pas entendu y comprendre celles qui ont été » vendues à titre onéreux ».

Auffi Montdidier fut-il confervé dans la paifible poffeffion de fa juftice. La plupart des villes
de Commune pourroient faire les mêmes preuves d'acquifition de la juftice ; car on remarque
dans prefque toutes les chartres de cette efpèce,
que les Communes n'obtenoient la fanction du
fouverain, qu'à *titre onéreux*, *à prix d'argent*,
comme nous le verrons ci-après.

A l'égard des forces qu'avoient les Communes pour faire refpecter leurs droits, pour défendre leurs domaines & leurs perfonnes, un
grand nombre de monumens atteftent encore
cette vérité : les tours, les foffés, les remparts,
les fouterrains qu'on rencontre dans toute la
France font des garans non fufpects de l'ancien
état des chofes. Le droit de guerre qu'avoient
les Communes eft attefté d'ailleurs par toutes
nos hiftoires, foit générales, foit particulières.
On y rencontre les Communes aux prifes avec
les moines, avec leurs abbés, avec les évêques
& les autres feigneurs de fiefs. Philippe IV,
dans la chartre de Commune qu'il accorde aux
habitans de S. Jean d'Angély, leur permet, leur
ordonne même d'employer toutes leurs forces
contre quelque perfonne que ce foit. Dans la
chartre de la ville de Roye, il eft fpécifié que fi
quelque étranger, foit noble ou roturier, caufe
quelque dommage à la Commune, & qu'il refufe d'obéir à la fommation du maire pour ré-
parer le dommage, le maire, à la tête des habitans, ira détruire l'habitation du coupable, &
fi c'eft un lieu trop fort, le roi lui-même s'engage à les fecourir (*).

_____

(*) Quæ fi fit adeo fôrtis ut vi burgentium dirui non

Telles furent les principales prérogatives des Communes. Mais à tous ces avantages étoient réunies des charges souvent très-onéreuses.

A l'exemple des hommes de fief, les hommes de Commune étoient obligés d'accompagner le monarque à la guerre. Cependant toutes les Communes ne suivoient point une loi uniforme à cet égard. Chaumont ne devoit pas aller au-delà de la Loire & de la Seine. Bray n'étoit obligé de marcher que dans les guerres générales. S. Quentin ne faisoit que le service *d'ost & de Chevauchée*. Tournai devoit fournir trois cens hommes de pied.

Une chartre de Philippe-Auguste prouve que toutes les Communes sans exception devoient le service militaire. » La ville de Crespy sera tenue » de nous fournir des troupes, ainsi que les » autres Commnes (*).

Quoique la clause du service militaire ne se rencontre pas dans toutes les chartres, il n'en est pas moins vrai que les Communes ont rendu les plus grands services à nos souverains. On doit à leurs efforts, à leur constance la destruction de l'anarchie féodale. Placées entre les seigneurs & le trône, toujours prêtes à repousser la violence par la force, toujours ennemies des desseins ambitieux des tyrans subalternes qui les environnoient, ces villes éparses dans tout le

---

posset, ad eam diuuendam vim & auxilium conferemus. Article 11 de la Chartre, tome 5 du recueil des ordonnances.

(*) Et ipsi nobis debent exercitus & equitationes, sicut aliæ Communicæ nostræ. Tome 11 des ordonnances du Louvre, page 308. •

royaume ont combattu pendant trois siècles,
autant pour la liberté du trône que pour la
leur.

On voit même qu'elles consacrèrent également
leur or & leur sang à la patrie. Avant d'obtenir
le droit de Commune, les villes de Baune &
de Verneuil s'obligèrent à payer le double de
leur taille ordinaire. Pontoise rendoit annuellement 500 livres; Sens, 600 livres; Péronne,
200 livres; Meaux, 140 livres; Neuville, 100
livres; Crespy, 370 livres; Villeneuve-le-
Comte, 220 livres. Ces taxes augmentoient
avec la population & la richesse des Communes:
ces villes se maintinrent dans la plupart de leurs
droits jusqu'au commencement du seizième siècle; mais lorsque l'équilibre & la subordination
commencèrent à se rétablir dans la monarchie,
lorsque nos rois se sentirent assez puissans
pour réprimer sans secours étrangers la cupidité
des grands, alors la politique de la cour chan-
gea de système. On chercha à diminuer les prérogatives des Communes, on augmenta leurs
charges: insensiblement on parvint à rendre ces
confédérations impuissantes & à charge à elles-
mêmes. D'abord on avoit favorisé leurs entreprises contre les seigneurs, ensuite on favorisa
les entreprises des seigneurs contre les droits
des Communes. La ville de Roye en 1374 solli-
cita comme une grâce la suppression de sa chartre. Neuville-le-Roi fit la même demande & obtint la même faveur de Charles V. Le parlement
supprima de sa propre autorité la Commune de
Chelles, sous prétexte qu'elle ne pouvoit représenter ses lettres de confirmation. Ainsi dégéné-
rant de siècle en siècles, les Communes sont devenues de chétives Communautés.

Voyez *le recueil des ordonnances du Louvre,
T. III. IV. V. VI. VII & XI; differtation fur les
Communes, par M. de Brequigny; les établiſſemens de S. Louis; la chronique de Froiſſard; le
Bœuf, hiſtoire d'Auxerre, tome II; établiſſemens
de la monarchie françoiſe, de l'Abbé du Bos; regiſtres Olim, tome II, année 1273; Bergier &
Marlot, fur l'hiſtoire de Rheims; Guibertus, de
vita fua, L. 3. Gloſſaire de Ducange & de Laurière; Bruſſel, traité de l'uſage des fiefs; le recueil
de Pérard; les coutumes de Beauvoiſis; ordonnances de Néron; Loiſeau, Beaumanoir, la Thau-
maſſière, l'abbé de Mably, &c.* Voyez auſſi les
articles COMMUNAUTÉ, BOURGEOISIE, MU-
NICIPALITÉ, FRANCHISES, FRANC-ALEU
SERFS, PEUPLE, TIERS-ÉTAT, PRESCRIP-
TION, &c. (*Article de M. l'abbé* REMY, *avoca
au parlement*).

COMMUNICATION. C'eſt en général
l'action de communiquer, ou l'effet de cette
action.

Ce mot a au palais pluſieurs acceptions que
nous allons expliquer.

Communications de pièces, ſe dit de l'exhibi-
tion d'une ou de pluſieurs pièces, comme billets, contrats, actes de procédure, &c. à la
partie intéreſſée pour les examiner.

Quoique l'ordonnance de 1667 oblige tout demandeur de ſignifier à ſa partie adverſe copie
des pièces en vertu deſquelles il agit, cette
ſignification n'empêche pas que lorſque cette
partie adverſe a lieu de ſoupçonner l'authenticité ou la régularité des pièces qu'on lui oppoſe,
d'en demander Communication. Cette Communication ſe donne alors, ou volontairement ſous

le *récépiſſé* du procureur de la partie qui la demande , ou on fait ordonner judiciairement qu'elle aura lieu par la voie du greffe. Lorſqu'elle eſt ordonnée de cette manière , les pièces ſe remettent entre les mains du greffier , & la partie qui a intérêt de les voir, va les examiner ſans les déplacer. Quelquefois auſſi on les examine entre les mains du procureur qui en eſt muni, & en préſence du juge, lorſque cela eſt ainſi ordonné.

Les avocats & les procureurs ſont d'ailleurs dans l'uſage de ſe communiquer leurs ſacs de la main à la main & même ſans *récépiſſé* ; c'eſt une marque de confiance réciproque dont il eſt très-rare qu'il arrive des abus. Cependant s'il s'adiroit quelque pièce, le procureur qui auroit été trop facile pour cette Communication , en ſeroit reſponſable envers ſa partie.

Communication d'inſtance & de pièces produites, eſt celle qui ſe fait par les mains du rapporteur après que la partie qui la demande a produit elle-même. Cette Communication ſe fait ordinairement en remettant les ſacs au procureur ſous ſon *récépiſſé* , ſurtout lorſque cette Communication a pour objet de faire des écritures ſur la production ; mais elle ne doit avoir lieu , aux termes de l'article 9 du titre 14 de l'ordonnance de 1667, qu'autant qu'on a produit de ſon côté ou qu'on a déclaré par un acte ſigné de ſon procureur & ſignifié, qu'on renonce à produire. Cette Communication une fois faite , elle ne doit plus être réitérée ſous les *récépiſſés* des procureurs , ſauf à eux à la prendre par les mains du rapporteur ; néanmoins dans l'uſage cette Communication s'obtient plus d'une fois

par la trop grande facilité des rapporteurs ; ma
elle ne doit tout au plus être accordée que fa
déplacer, lorfqu'il paroît qu'elle n'a lieu qu
pour éloigner le jugement de l'affaire.

Lorfqu'un procureur a pris une production (
feulement une pièce en Communication, il do
être exact à la remettre dans le temps marqu
fous peine d'y être contraint, même par corps,
& à peine encore d'une fomme de tant par chaque jour de retard jufqu'à la remife.

Il y a au parlement de Paris une police établie dans la Communauté des procureurs pour
la remife des pièces communiquées. A la première plainte, la compagnie ordonne, fous le
bon plaifir de la cour, que le procureur viendra répondre fur cette plainte. A la feconde on
lui ordonne de remettre les pièces dans tel temps
& fous telle peine. A la troifième la peine ef
déclarée encourue.

Il eft défendu aux greffiers de donner les procès en Communication aux procureurs ou à
d'autres perfonnes avant qu'ils aient été diftribués, à peine de cent livres d'amende, applicable, moitié au roi & moitié à la partie qui s'en
plaint : c'eft ce que porte l'article 11 du titre 14
de l'ordonnance citée. Il leur eft pareillement défendu par l'article 16 du titre 11 de la même
ordonnance, de donner cette Communication
ni de mettre les pièces après le jugement du
procès entre les mains des meffagers, à peine
de vingt livres d'amende & de tous dépens,
dommages-intérêts, fauf aux parties à prendre
des copies collationnées de ces pièces ou au
greffe ou à l'hôtel du rapporteur. L'article 15
du même titre défend la même chofe au rapporteur

teur. Mais pour ce qui eſt du jugement, il peut être communiqué, car l'article 6 de l'édit du mois de mars 1673 porte que cette Communication ne pourra être refuſée aux parties, quand même les épices & vacations n'auroient point encore été payées, à peine d'amende contre les greffiers, faute par eux d'avoir ſatisfait dans la huitaine à la première ſommation qu'on peut leur faire à ce ſujet.

Communication au parquet, eſt celle qui ſe fait aux gens du roi dans les cauſes où leur miniſtère eſt néceſſaire. La forme de cette Communication eſt d'aller au parquet aux jours & aux heures déterminés pour chaque ſiége, y expoſer verbalement de part & d'autre les faits & les moyens des cauſes dans leſquelles ces magiſtrats doivent donner des concluſions : enſuite on leur remet les ſacs pour faire l'examen des pièces s'ils le jugent à propos; & cet examen fait, les ſacs ſont rendus aux avocats ou aux procureurs avant la plaidoirie.

Les affaires ſujettes à cette Communication ſont toutes celles qui concernent le roi ou le ſeigneur, l'égliſe, le public, la police, les mineurs, les colléges & les Communautés, comme on le verra plus particulièrement à l'article GENS DU ROI.

Communication dans les affaires criminelles. Il eſt défendu aux greffiers à peine d'interdiction & de cent livres d'amende de communiquer les informations & les autres pièces ſecrettes des procès criminels, & de ſe déſaiſir des minutes, ſinon entre les mains des procureurs du roi ou des ſeigneurs pour y donner des concluſions. C'eſt ce que porte l'article 15 du titre 6 de l'ordonnance de 1670. Les anciennes ordonnances ne défendoient cette Communication qu'à l'égard des accusés; mais l'ordonnance de 1670 la défend indistinctement à l'égard des parties civiles & de toute autre personne, soit en première instance, soit en cause d'appel; ce qui est établi afin que d'un côté les accusés ne puissent point concerter leurs réponses sur le contenu des informations, & que d'un autre, les parties civiles ne soient pas tentées de suborner des témoins pour fortifier la preuve qu'elles sauroient n'être pas suffisante.

Au reste cette Communication ne souffre plus de difficulté en cause d'appel, lorsque la sentence rendue ne prononce aucune peine afflictive ni infamante, & qu'il n'y a point d'appel *à minima* de la part du ministère public. C'est ce qui résulte de l'article 12 du titre 26 de la même ordonnance conforme en cela aux dispositions d'un arrêt de réglement du parlement de Paris du septembre 1667.

On entend par pièces secrettes, la plainte, les procès-verbaux du juge, l'information, les récolemens, les confrontations & même les conclusions de la partie publique, mais non les interrogatoires; car l'article 18 du titre 14 de l'ordonnance criminelle porte qu'il en sera donné Communication dans toutes sortes de crimes à la partie civile. On a douté si l'accusé pouvoit avoir de même Communication des interrogatoires par lui subis : la raison en étoit qu'il falloit éviter que l'accusé ne pût s'étudier à méditer ses réponses à de nouveaux interrogatoires sur celles qu'il avoit déjà faites : mais il a été jugé par un arrêt du 12 mars 1712, rapporté au journal des audiences, qu'il devoit avoir auffi cette Communication, parce que fes réponfes aux interrogatoires font regardées comme des actes de fon fait. La même chofe a été jugée au parlement de Touloufe le 13 avril 1766. On penfe différemment au parlement de Dijon; l'article 15 d'un réglement de cette cour en date du 11 décembre 1747, défend aux greffiers, à peine d'interdiction, de délivrer aux accufés l'extrait de leurs réponfes, pour quelque caufe que ce foit. Les plaignans y font les feuls qui puiffent avoir cet extrait, ainfi que celui de leurs plaintes.

L'article 10 du tite 6 de la deuxième partie du réglement du 28 juin 1738 concernant la procédure à tenir au confeil, porte qu'il ne fera donné aucune Communication des procédures criminelles dont l'apport aura été ordonné incidemment à une inftance, ou à une requête en caffation ou en révifion. Mais ceci ne doit pas vraifemblablement s'entendre à la rigueur quand e procés criminel a été jugé définitivement, & que l'accufé par les recollemens & les confrontations a eu connoiffance de toute la procédure; autrement comment fauroit-on qu'il y a matière à caffation ou à révifion? Auffi M. le chancelier Voifins, ne fit aucune difficulté en 1715, d'écrire aux officiers de Saumur qui avoient condamné un homme à la roue, de laiffer prendre Communication de la procédure à la veuve qui entendoit fe pourvoir par lettres de révifion contre leur jugement.

Les procédures criminelles ceffent d'être fecrettes en plufieurs cas. 1°. Lorfqu'au lieu d'être fuivies par recollemens & par confrontations, on renvoie les parties à l'audience pour leur être fait droit ; car comment pourroit-on alors appeler pièces fecrèttes des pièces qui font dans le cas d'être lues publiquement! Cependant, fi fur ce renvoi à l'audience, il y avoit un appel de la part du miniftère public, cet appel fuffiroit pour tenir encore les pièces dans le fecret. 2°. Lorfque le procès criminel eft converti en procès civil & les informations en enquête. 3°. Lorfque fur l'appel d'un décret les parties ont plaidé à l'audience, parce qu'alors on n'a pu ftatuer fur ce décret que d'après la lecture des informations.

Communication avec des accufés. Les prifonniers détenus pour crimes ne doivent avoir de Communication avec perfonne avant leur interrogatoire, ni même après, fi le juge l'ordonne ainfi. Cette défenfe établie par l'ordonnance de 1670, a pour objet que les accufés ne reçoivent point d'inftructions étrangères capables de leur faire déguifer la vérité (*). Mais après l'interrogatoire, le juge ne doit s'oppofer à cette Communication qu'autant que le crime eft de conféquence, & qu'il y a du danger pour un complot de fouftraire l'accufé aux liens de la juftice; car dans les affaires légères, il y auroit une

_____

(*) Pierre Mathieu en fon hiftoire fur la vie de François II, nous apprend que lors du procès qui fut fait au prince de Condé en 1560, ce prince avant de répondre, demanda qu'il lui fût permis de parler à fa femme, au roi de Navarre & au cardinal fes freres, en préfence de telle perfonne qu'il plairoit au roi de nommer; cela lui fut refufé, on lui permit feulement d'écrire fes intentions. Ce prince demandoit à être jugé par la cour des pairs.

efpèce d'inhumanité de lui interdire toute Communication avec autrui (*).

Quand les prisonniers font au cachot, on doit empêcher qu'il ne leur soit remis aucune lettre ni aucun billet. A l'égard de ceux qui font fimplement dans les prifons, ils peuvent écrire & recevoir des lettres, lorfqu'il leur eft permis de communiquer avec d'autres perfonnes.

Les accufés d'un même crime ne peuvent pas non plus avoir de Communication entr'eux de crainte qu'ils ne concertent leurs réponfes aux interrogatoires qu'ils font dans le cas de fubir. Mais après les premiers interrogatoires fubis, rien n'empêche que cette Communication n'ait lieu à moins que le juge ne l'ordonne autrement.

Voyez *les ordonnances de 1667, 1670 & 1673, & les réglemens cités.* Voyez auffi l'article GENS DU ROI. (*Article de M. DAREAU, avocat au parlement, &c.*)

COMMUNION, fe dit en matière civile & en matière eccléfiaftique.

En matière civile, on dit que deux ou plufieurs perfonnes font en *Communion de biens,* pour dire ou qu'elles font en fociété, ou qu'elles jouiffent par indivis entr'elles de différens biens qui font à partager. Tout ce qu'on peut dire à ce fujet, fe raporte aux articles COMMUNAUTÉ, INDIVIS, PARTAGE, SOCIÉTÉ, &c.

(*) Obfervez toutefois que les défenfes du juge ne regardent point les perfonnes charitables qui s'adonnent au foin de vifiter les prifonniers, de les confoler & de les affifter de leurs aumônes, pourvu que cela fe faffe en préfence du geôlier; c'eft ce qui réfulte de deux réglemens, l'un du 18 juin & l'autre du premier feptembre 1717.

Communion en matière eccléfiaftique , s'entend non feulement de la participation à la fainte
Euchariftie , mais encore de la réunion des ef-
prits pour un même culte , pour une même
religion. Ainfi l'on dit la Communion romaine,
la Communion anglicane , la Communion pro-
teftante.

A l'égard de la Communion euchariftique,
pour abréger fur tout ce que nous enfeigne
l'hiftoire de l'églife à ce fujet , nous nous contenterons d'obferver que dans la ferveur des
premiers fiècles on communioit tous les jours.
Les fidèles emportoient même chez eux le pain
euchariftique pour s'en fervir dans les occa-
fions comme d'un pain de force contre les ten-
tations. La Communion étoit de précepte pour
certains jours de la femaine : le précepte fe
borna dans la fuite aux fêtes de Pâques , de la
Pentecôte & de Noël ; enfin l'obligation de communier fut reftreinte par le concile de Latran
tenu en 1215 , à une fois l'an au temps de
Pâques , pour tous les fidèles de l'un & de l'autre fexe parvenus à l'âge de difcrétion (*). Cette
Communion à toujours été depuis d'un précepte
étroit confirmé par le Concile de Trente (**).

(*) Anciennement , c'eft-à-dire , avant le concile de
Latran , on donnoit la Communion aux enfans comme on
la leur donne encore dans l'églife grecque.

(**) Comme ce précepte eft pour empêcher que les
fidèles ne paffent pas une année entière fans communier,
les conciles ordonnent aux curés & aux prédicateurs de les
exhorter à la fréquente Communion ; & comme ceux qui
font fpécialement deftinés au miniftère doivent les premiers
donner l'exemple , le concile d'Aix de l'an 1585 , ordonne

On communioit dans les premiers temps sous les deux espèces : cet usage qui s'est conservé dans l'église grecque avoit cessé dans l'église latine pour les laïcs long-temps avant le concile de constance. Au lieu de la Communion sous l'espèce du vin on n'offroit plus que du vin non-consacré par forme de purification & ce vin non-consacré a même cessé d'être en usage vers le milieu du dix-septième siècle, si ce n'est dans quelques maisons religieuses, comme chez les Chartreux.

L'église exige que ceux qui communient, laïques ou ecclésiastiques, soient à jeûn. Il n'y a de dispense à cet égard que pour les malades.

Le pain eucharistique étant un pain qui ne doit point être profané, l'église défend d'y faire participer les pécheurs publics. Mais on se tromperoit de croire qu'il appartienne à celui qui administre la sainte eucharistie de réputer pécheurs publics ceux qui ne sont tels que d'après son propre jugement. Les lois de l'église gallicane & celles de l'état se règlent à cet égard sur le scandale seulement pour approuver ou pour condamner un refus concernant la Communion.

On ne repute pour pécheurs publics que ceux qui sont denoncés & juridiquement condamnés comme tels, & dès-lors comme il y auroit autant de scandale de leur part de s'approcher de la sainte table qu'il y en auroit de les y admettre avant leur réconciliation, le ministre

aux diacres & aux soudiacres de communier au moins deux fois dans le mois, & aux autres clercs d'un grade inférieur, au moins une fois.

X iv

de l'église peut & même doit leur réfuser la Communion. La notoriété publique n'a lieu que quand elle est établie par un jugement, parceque sous ce prétexte de notoriété un ministre mal-intentionné pourroit exercer sa haine ou son humeur : ainsi quoique deux concubinaires vivent ensemble publiquement, que même on soit offensé & que l'on murmure de leur conduite, ce n'est pas une raison pour le ministre de l'église de leur refuser la Communion : tout ce que son zele peut faire, c'est de les dénoncer au juge, ou pour les faire séparer ou pour leur faire interdire la participation à l'eucharistie s'ils refusent d'obéir.

Cependant s'il arrivoit qu'un homme après une action scandaleuse commise publiquement se présentât tout de suite après à la sainte table sans s'être auparavant réconcilié, le ministre pourroit être fondé à lui refuser la Communion quoiqu'il n'y eût point encore de sentence contre lui, parce que dans cette occasion il y auroit trop de scandale, soit à raison de la mauvaise action commise publiquement, soit à raison de la hardiesse du coupable de se présenter immédiatement après à la Communion, soit enfin à raison de la facilité avec laquelle il y seroit admis.

Il en seroit de même si l'on s'y présentoit dans un état d'ivresse ou dans tout autre état indécent. Si le ministre ne doit pas dans ce moment se rendre juge de l'intérieur de la personne, il doit regarder comme indécent ce qui est jugé tel par le monde. Ainsi sa conduite en cette occasion ne pourroit être blâmée.

Plusieurs curés sont dans l'idée que pour la

ommunion pafchale, ils peuvent refufer ouvertement ceux qui étant d'une paroiffe étrangère viennent fe mêler à leurs paroiffiens pour la fainte table, & il en réfulte fouvent des plaintes contr'eux & des demandes en reparation de l'offenfe. Mais ils font abfolument mal fondés en cette occafion : chaque fidèle, à la vérité, eft obligé de recevoir la Communion pafchale de fon curé, mais ce n'eft pas au curé de la paroiffe étrangère où il va communier à juger s'il a enfreint ou non le précepte. La charité veut au contraire qu'on préfume que le particulier qui fe préfente a été difpenfé, ou qu'ayant déjà fatisfait à fon devoir pafchal, il ne communie hors de la paroiffe que par quelque dévotion particulière. Il n'en eft pas du facrement de l'euchariftie comme du facrement de mariage. L'un ne produit que des effets fprirituels, l'autre produit en même-temps des effets civils. L'églife defire que l'on communie le plus fouvent qu'il eft poffible, en laiffant la liberté de le faire dans telle paroiffe qu'on juge à propos, pourvu qu'on reçoive la Communion pafchale de fon curé ou qu'on la reçoive ailleurs de fon confentement : au lieu que pour le mariage un prêtre étranger ne peut point l'adminiftrer fans l'aveu formel du propre curé des parties.

Ainfi quand il y a des plaintes contre un curé pour avoir refufé la Communion, la première chofe eft de favoir quel a été le motif de fon refus ; fi ce motif a été fuffifant, on ne peut que louer fa conduite au lieu de la blâmer. Si le refus a eu pour bafe l'ignorance ou un zèle mal entendu, fans aucune intention de fa part de commettre d'injure, une fimple admonition eſt la peine qu'il doit encourir en pareil cas (*) mais ſi au contraire il étoit évident qu'il eût cherché par ſon refus à témoigner de l'humeur ou du reſſentiment, au lieu de mériter de l'indulgence, il ſeroit dans le cas d'être ſeverement repris.

Obſervez que l'injure qui réſulte d'un refus de Communion eſt un cas royal dont le juge ſéculier peut prendre connoiſſance. Le parlement d'Aix l'a ainſi jugé par un arrêt du mois d'avril 1711.

L'article 24 du titre 25 de l'ordonnance de 1670 porte que le ſacrement de confeſſion ſera offert aux criminels condamnés à mort : elle ne dit rien ſur l'uſage où l'on a toujours été de ne leur point offrir la Communion. Elle fut réfuſée au connétable de ſaint Pol condamné le 19 décembre 1475 à perdre la tête : on lui accorda ſeulement de faire chanter une meſſe à laquelle il aſſiſta, & où il reçut l'eau bénite & le pain béni (**), la fameuſe marquiſe de Brinvil

---

(*) La plupart des curés plus verſés dans l'étude des théologiens & des caſuiſtes, que dans celle de nos loix & de nos uſages, ſont ſouvent induits en erreur par des maximes ultramontaines qui ne ſont point dans nos mœurs. Ils appliquent quelquefois au for externe des règles qui ne regardent que le for de la conſcience ; mais ils doivent ſavoir que hors du tribunal de la pénitence ils n'ont plus d'autorité, & qu'ils compromettent leur miniſtère en ſe rendant publiquement les juges de la conduite de leurs paroiſſiens.

(**) Néanmoins quelques années auparavant Jeanne d'Arc, dite la *Pucelle d'Orléans*, ayant demandé à communier avant de ſubir le ſupplice du feu auquel elle étoit condamnée, elle obtint cette faveur comme on le remarque par l'hiſtoire de ſon procès. En Allemagne les condamnés peuvent communier ſuivant le chapitre 79 de l'ordonnance Caroline.

liers condamnée le 16 juillet 1676, avoit auſſi demandé la Communion, mais elle lui fut refuſée. Anciennement l'uſage étoit encore de refuſer des confeſſeurs aux condamnés ; ce fut Pierre de Craon qui ſollicita auprès de Charles VI la faveur du ſacrement de Pénitence pour eux, & il l'obtint par une ordonnance du 11 février 1396.

Voyez *l'hiſtoire eccléſiaſtique par l'abbé Fleury ; le concile de Trente ; les mémoires du clérgé,* &c. Voyez auſſi les articles CONFESSION, SACREMENT, &c. (*Aricle de M. DAREAU, avocat,* &c.)

COMMUTATION, ſe dit quelque fois en ſtile de palais pour *échange*, mais il eſt plus ordinaire de ne l'employer qu'en matière criminelle pour ſignifier le changement d'une peine encourue en une autre peine moins rigoureuſe.

Il n'appartient qu'au ſouverain de commuer les peines prononcées contre les criminels : c'eſt une grâce qu'il peut leur faire ſans être obligé d'en rendre compte à perſonne ; elle s'accorde par des lettres expédiées en la grande chancellerie.

Les exemples de Commutation de peine ne ſont point rares parmi nous : Paſquier nous* apprend que Jean de Poitiers ſeigneur de ſaint Valier, condamné en 1523, à perdre la tête, alloit ſe mettre à genoux pour recevoir le coup de mort, lorſqu'on lui apporta des lettres de Commutation en une priſon perpétuelle.

Quand le comte d'Auvergne & le ſeigneur d'Entragues furent condamnés à mort au parlement, Henri IV, par des lettres-patentes du 5 avril 1605, commua la peine du premier en une prison perpétuelle à la Bastille & celle du second en une demeure perpétuelle dans sa maison de Malesherbes.

Depuis ce temps-là jusqu'à présent nous avons eu d'autres exemples, mais beaucoup moins mémorables, de Commutation de peine.

Pour solliciter des lettres de Commutation, il faut que la peine ait été prononcée par un arrêt ou par un jugement en dernier ressort ; car s'il y avoit encore lieu à un appel, il faudroit auparavant épuiser cette voie, parce que pour commuer une peine il faut au moins être assuré que l'accusé mérite celle qu'on substitue à la première.

Il faut encore que l'arrêt ou le jugement en dernier ressort où la condamnation est portée soit attaché sous le contre-scel des lettres : l'article 6 du titre 16 de l'ordonnance de 1670, l'exige ainsi ; sans quoi il est défendu aux juges d'avoir égard à ces lettres. Et celà sans doute afin que l'on soit certain & du genre de la peine prononcée, & des motifs qui y ont donné lieu.

Lorsque ce sont des gentils-hommes qui font solliciter ces sortes des lettres, ils sont tenus de déclarer *nommément leur qualité*, à peine de nullité. C'est ce qui résulte de l'article 11 du titre 16 de l'ordonnance citée (*).

Il n'est pas nécessaire que la peine dont on demande la Commutation soit une peine capitale ; on peut l'obtenir de toute peine afflictive ou infamante.

_____

(*) Cette déclaration est exigée parce que toutes les lettres de grâce concernant les gentilshommes doivent être adressées aux cours desquelles ils dépendent.

Quel est l'effet des lettres de Commutation de peine ? les suites de la peine se règlent-elles sur la peine prononcée ou sur la peine substituée ? s'il faut s'en rapporter aux observations de Legrand sur la coutume de Troyes, un homme qui ayant été condamné aux galères à perpétuité, peine qui emporte avec elle la mort civile, auroit fait modérer par le prince cette peine aux galères à temps, ne laisseroit pas de demeurer dans la mort civile ; & d'après cette observation il faudroit dire que lorsque la peine qui emporte confiscation est commuée en une autre peine qui ne l'emporte pas, la confiscation qui est la suite de la première peine n'en est pas moins acquise ; cependant il a été jugé par un arrêt du 23 février 1708 en faveur du sieur François Poullier qu'il n'y avoit plus lieu à la confiscation lorsque la peine substituée à la première ne l'emportoit pas ; décision qui nous paroît dans les bons principes, parce qu'il est de maxime parmi nous que les suites d'une peine n'ont lieu que par l'exécution de la peine même & que dès quelle a été commuée en une autre, ce n'est plus la première mais simplement la peine substituée & infligée qu'on doit considérer. D'ailleurs dès que le prince supprime une peine, il est présumé en supprimer tous les accessoires.

Ainsi quand l'auteur du traité de la justice criminelle a dit que des lettres de Commutation ne rendoient au condamné ni ses biens ni son honneur, à moins que ces lettres ne le portassent expressément, il auroit dû y ajouter l'explication que voici, & distinguer si la Commutation a eu lieu avant ou après la peine infligée, c'est-à-dire exécutée : lorsque la peine a été exécutée, que le coupable, par exemple, a été flétri & envoyé aux galères à perpétuité, dès ce moment il a été noté d'infamie, & ses biens ont été acquis au fisc ou à ses héritiers. Si pendant qu'il est aux Galères il parvient à faire commuer sa peine en un bannissement local & pour un temps limité sans que le prince le restitue expressément dans sa renommée & dans ses biens, il est certain que l'infamie étant par elle même sans retour ainsi que la perte de ses biens, il demeurera infâme & sans aucune prétention légitime pour revendiquer sa fortune. Mais si la Commutation a eu lieu avant l'exécution de la peine prononcée; comme le coupable n'a pu perdre son honneur & ses biens qu'en subissant la peine à laquelle cette perte étoit attachée, si au lieu de subir cette peine, il en a subi une autre qui n'emporte ni deshonneur ni mort civile, ce seroit contrarier & l'état des choses & l'effet de la Commutation, que de lui faire perdre en vertu de cette peine non subie ce qu'il ne pouvoit perdre qu'en la subissant.

Observez que lorsque le prince juge à propos d'accorder des lettres de Commutation, les juges à qui elles sont adressées doivent les entériner sans entrer dans l'examen si elles sont conformes ou non aux charges & informations (*), parce que dans ces sortes de grâces la volonté du souverain n'a rien d'équivoque ni de conditionnel, il ne fait qu'adoucir une peine qu'il suppose avoir été justement prononcée. Cependant rien n'empêchèroit que les cours

_____

(*) Voyez l'article 7 du titre 16 de l'ordonnance de 167o.

ne fiffent des repréfentations en pareil cas , s'il
étoit néceffaire d'un exemple de rigueur pour
arrêter des défordre trop multipliés dans le
genre de celui qu'elles auroient voulu punir.

Voyez *l'ordonnance de 1670 & le traité de la
juftice criminelle.* (*Article de M.* DAREAU *avocat , &c.*)

COMPACT. On a ainfi appelé une convention faite entre les cardinaux avant l'élection
de Paul IV. Ce pape , après fon élection , ratifia
en 1555 cet accord par une bulle appelée bulle
de Compact. Cette bulle revêtue de lettres-
patentes du 16 janvier 1558 , adreffées au grand
confeil , a été enregiftrée dans cette cour le 15
février fuivant , pour jouir par les cardinaux des
droits y mentionnés , en ce qui ne déroge
point aux faints décrets , concordats , priviléges
& libertés de l'églife gallicane.

Voici les principaux articles de ce Compact.

1°. On convint que le nombre des cardinaux
feroit réduit à quarante , fans que les deux frères non plus que l'oncle & le neveu puffent être
cardinaux en même-temps.

2°. Il fut réglé que les cardinaux pourroient
difpofer de leurs biens par donation ou teftament , & que s'ils mouroient fans avoir fait de
difpofition , leurs biens appartiendroient à leurs
héritiers fans pouvoir être appliqués à la chambre apoftolique.

3°. Les cardinaux pauvres doivent obtenir
des biens ou des penfions jufqu'à concurrence
de fix mille ducats de rente.

4°. Les cardinaux doivent être exempts de
décimes & de gabelles dans l'état eccléfiaftique.

5°. Ils peuvent conférer librement tous les

bénéfices qui font de leur collation, excepté l
réserve *continuæ familiaritatis* du pape.

6°. Enfin les papes ne peuvent point au pré
judice de la collation des cardinaux déroger à l
règle des vingt jours, ou *de infirmis refignanti
bus*, qui eſt la dix-huitième règle de chancel
lerie, ni aux indults accordés aux cardinaux fu
la demande des rois ou des princes.

On appelle *Compact Breton*, un ancien ac
cord fait entre le pape & le faint fiège d'un
part, & tous les collateurs & la nation Bre
tonne d'autre part, pour la partition des·moi
par rapport à la collation des bénéfices.

Conformément à ce Compact, tous les colla
teurs ordinaires ont droit de conférer les béné
fices qui vaquent pendant quatre mois, qui fon
les derniers de chaque quartier de l'annnée, &
les huit autres appartiennent au pape. Ainſi er
Bretagne, les collateurs ordinaires, autres que
les évêques, n'ont que ces quatre mois pour
conférer les ·bénéfices vacans *per obitum*. Ces
mois font appelés mois de partition, à la diffé
rence des mois de l'alternative.

Quand un fiège épifcopal vaque en Bretagne
le chapitre peut conférer les· bénéfices dont la
collation auroit appartenu à l'évêque par le
Compact; mais il ne peut conférer ceux qui
viennent à vaquer *per obitum*, dans les mois de
l'alternative de l'évêque, & qui ne font pas fu
jets à la régale.

On appelle *Compact de l'alternative*, une convention faite entre le pape Martin V & le roi
Charles VI, pour ufer en France de la règle de
chancellerie, dite de l'alternative. Ce fut Innocent VII qui établit dès 1404 l'alternative pour

la collation des bénéfices, entre le pape & les évêques, en faveur de la résidence.

Voyez *la pratique de la cour de Rome par Pezard-Castel*; *le dictionnaire des arrêts*; *le journal des audiences*; *les lettres-patentes du 16 janvier 1558*; *le dictionnaire de droit canonique*; *Hevin sur Frain*; *les mémoires du clergé*, &c. Voyez aussi les articles PAPE, CARDINAL, DÉCIMES, ALTERNATIVE, RÉSERVE, &c.

COMPAGNIE. C'est dans l'art militaire, un certain nombre de gens de guerre sous la conduite d'un chef appelé capitaine.

Le roi a réglé par son ordonnance du 25 mars 1776, que les régimens d'infanterie, tant Françoise, qu'Allemande, Irlandoise, Italienne & Corse feroient à l'avenir composés chacun de deux bataillons, & que chaque bataillon feroit composé de quatre Compagnies de fusiliers.

Il y a d'ailleurs dans chaque régiment une Compagnie de grenadiers, une Compagnie de chasseurs & une Compagnie d'auxiliaires.

La Compagnie de grenadiers est commandée par un capitaine, un capitaine en second, un premier lieutenant, un lieutenant en second, & deux sous lieutenans; & composée d'un sergent major, d'un fourrier écrivain, de quatre sergens, de huit caporaux, d'un cadet gentilhomme, d'un frater, de quatre-vingt-quatre grenadiers, & de deux tambours ou instrumens formant un total de cent huit hommes y compris les officiers.

Chaque Compagnie de fusiliers ou de chasseurs est commandée par un pareil nombre d'officiers que la Compagnie de grenadiers, & composée d'un sergent major, d'un fourrier écrivain, de cinq sergens, de dix caporaux, d'un cadet gentilhomme, d'un frater, de cent quarante-quatre fusiliers ou chasseurs, & de deux tambours ou autres instrumens formant un total de cent soixante-onze hommes, y compris les officiers.

La compagnie d'auxiliaires doit être commandée & composée comme une Compagnie de fusiliers, à cela près que le nombre des fusiliers auxiliaires n'est pas fixe. Cette Compagnie doit pourvoir en temps de guerre au remplacement des hommes qui viennent à manquer dans les Compagnies de fusiliers ou de chasseurs.

Conformément à trois autres ordonnances du même jour 25 mars 1776, il y a dans chaque régiment de cavalerie, de dragons & de hussards, cinq Compagnies formant chacune un escadron. Chaque Compagnie est commandée par un capitaine commandant, un capitaine en second, un premier lieutenant, un lieutenant en second & deux sous-lieutenans; & composée d'un maréchal des logis en chef, d'un second maréchal des logis, d'un fourrier écrivain, de huit brigadiers, d'un cadet gentilhomme, de cent cinquante-deux hommes, soit cavaliers, dragons ou hussards, de deux trompettes, d'un frater & d'un maréchal ferrant, formant un total de cent soixante & quatorze hommes y compris les officiers.

Il y a en France plusieurs Compagnies militaires qui ne sont point enrégimentées, ou qui ne composent point de régimens : telles sont celles des gardes du corps, des gendarmes & chevaux legers de la garde, &c. Nous parlons de ces corps sous les noms qui leur sont propres.

COMPAGNIES s'eſt dit autrefois en France, de certaines troupes de brigands que les princes prenoient quelquefois à leur ſolde, pour s'en ſervir à la guerre.

Ces troupes étoient compoſées de ſujets de différentes nations, & elles cauſèrent une infinité de maux aux peuples par leurs violences & leurs rapines. Charles V en délivra le royaume par l'entremiſe de Dugueſclin. Ce ſeigneur fut chargé d'aller faire la guerre en Eſpagne à Pierre le Cruel, ſouillé du meurtre de ſon frère, & de celui de Blanche de Borbon ſa femme, & belleſœur de Charles V, qu'il avoit empoiſonnée, pour ſe livrer à l'amour qu'il avoit conçu pour Marie de Padille : Dugueſclin emmena avec lui les Compagnies, & s'en ſervit pour vaincre ce prince, à la place duquel il mit ſur le trône Henri de Tranſtamare. Les Compagnies périrent preſque toutes ou ſe diſſipèrent dans cette expédition, & Charles V donna de ſi bons ordres en France, qu'il n'y en reparut plus.

Voyez *les ordonnances citées*, & les articles RÉGIMENT, CAPITAINE, COLONEL, GARDES DU CORPS, GENDARMERIE, CHEVAUX-LEGERS, &c.

COMPAGNIES DE JUSTICE. Ce ſont des tribunaux compoſés de pluſieurs juges. il ne ſe qualifient pas de Compagnie dans les jugemens ; les cours ſouveraines uſent du terme de *Cour* ; les juges inférieurs uſent du terme collectif *nous* ; mais dans les délibérations qui regardent les affaires particulières du tribunal, & lorſqu'il s'agit de cérémonies, les tribunaux, ſoit ſouverains ou inférieurs, ſe qualifient de Compagnie : ils en uſent de même pour certains arrêtés concernant leur difcipline ou leur jurifprudence ; ces arrêtés portent que *la Compagnie a arrêté*, &c.

COMPAGNIE DE COMMERCE. C'eft la réunion de plufieurs perfonnes pour faire le commerce.

Les Compagnies entreprennent les branches de commerce qui exigent des avances audeffus des facultés d'un particulier.

Il y a deux efpèces de Compagnies de commerce ; les premières fe forment en vertu des actes & des contrats qu'exigent les lois pour affurer les conventions des particuliers : comme on les appelle communément fociété, nous en traiterons à l'article SOCIÉTÉ.

Les fecondes obtiennent pour leurs établiffemens des priviléges exclufifs ; elles ne peuvent être formées que par des lettres patentes, où par d'autres actes publics : elles s'appellent proprement Compagnies. Ce font celles qui feront l'objet de cet article.

Les plus anciennes Compagnies de commerce connues exiftoient dans les Gaules à l'arrivée de Jules Cefar : elles commerçoient fur les principales rivières, d'où les Romains les appelèrent *Nautes* (*). Les Francs les nommèrent enfuite *Hanfe* ; mot allemand qui fignifie affociation. Leurs priviléges confervés par les rois de la première race, furent étendus par ceux de la feconde, & l'ordonnance de Charles VI fur l'adminiftration de la ville de Paris, apprend que

(*) Ces Compagnies étoient très-honorables felon la loi 5 du code Théodofe ; elles avoient des affociés parmi les décurions, les décemvirs & les chevaliers ; & felon la loi 16 du même code, les habitans des Gaules qui s'y diftinguoient paffoient dans la claffe des chevaliers.

hanfe y faifoit fous fon règne un commerce exclufif très-nuifible à la profpérité de l'état.

Le commerce extérieur du royaume étoit alors borné à celui des villes de France affociées à la hanfe teutonique ; cette affociation étoit plutôt une confédération qu'une Compagnie, comme celles qui s'établirent peu de temps après pour le commerce des mers du Levant & du Nord, d'abord en Hollande, enfuite en Angleterre, enfin en France & dans la plupart des gouvernemens de l'Europe.

Les Compagnies Françoifes furent réunies par Louis XIII, en 1626, à une feule appelée Compagnie de Morbiban, dont le monopole étoit trop étendu, pour ne pas entraîner fa chûte ; elle fubfifta à peine deux ans.

On ne peut lire fans intérêt les réglemens donnés aux Compagnies qui s'élevèrent après celles de Morbiban : les uns font l'ouvrage de Colbert, d'autres occafionnèrent fous le miniftère de Law ces bouleverfemens qui livrèrent à un petit nombre de particuliers les richeffes de la nation : les derniers font le fruit des recherches & des difcuffions de plufieurs citoyens diftingués par leur patriotifme & leurs connoiffances.

Pour préfenter autant qu'il nous eft poffible ces actes & ces monumens publics avec ordre & précifion, nous ferons d'abord connoître les Compagnies Françoifes qui ont été établies pour le commerce de l'Afrique ; enfuite nous parlerons de celles qui ont eu pour objet le commerce de l'Amérique, & enfin de celles qui ont commercé en Afie ou dans les Indes orientales.

Compagnies établies en France pour le commerce de l'Afrique.

Les Compagnies de commerce se sont divisées l'Afrique, en commerçant, les unes exclusivement sur les côtes de Barbarie, & les autres sur les côtes situées au de là de Gibraltar. Les premières sont les Compagnies d'Afrique & les Compagnies du Levant ; les autres sont les Compagnies du Sénégal & de Guinée.

Compagnies d'Afrique. Ces Compagnies doivent leur origine à deux marchands de Marseille qui obtinrent des Maures en 1560, moyennant une forte redevance, la permission de former un établissement pour la pêche du corail dans le voisinage de Tabarque, île située sur les côtes d'Alger.

Ce premier établissement appelé depuis bastion de France, fut détruit en 1568 & rétabli en 1597. Mais la première Compagnie Françoise ne s'y fixa qu'en 1604, après avoir renouvelé ses capitulations avec la Porte.

Louis XIII fit bâtir en 1637 un fort sur les ruines du bastion de France : quelque temps après ce fort ayant été abandonné, la Compagnie transféra son établissement à la calle où elle ne prospéra qu'après 1694.

Cette année le dey & le divan d'Alger déclarèrent la Compagnie propriétaire incommutable du bastion de France, de la Calle, de Caprosse & de Bonne. Elle obtint encore le privilége exclusif pour la pêche du corail dans les mers dépendantes d'Alger & pour la traite des laines, de la cire, du cuir, des peaux, &c. dans ses établissemens.

Le dey & le divan convinrent auffi avec elle ,
que fi par malheur les François & les Algériens
étoient en guerre, les établiffemens de la Compagnie, ne feroient point inquiétés par les Algériens : *les affaires de l'état*, dit le traité, *ne devant pas préjudicier au commerce.*

Pour jouir librement de ces avantages, la Compagnie devoit payer annuellement au divan d'Alger quatre mille doubles d'or.

Par un autre traité paffé le 15 juillet 1714 avec le bey de Conftantine, la Compagnie obtint la permiffion de charger à l'exclufion des Mufulmans mêmes, des bleds, de l'orge & des féves dans les villes de Bonne, de Tarcul & de Stora.

Des arrêts du confeil d'état ordonnèrent dans le même-temps en France l'exécution de ces traités. Par celui du 15 juin 1712, le roi avoit concédé à la Compagnie d'Afrique le commerce exclufif de la côte de Barbarie. Il le concéda par arrêt du 4 juin 1719 pour vingt-quatre ans à la Compagnie des Indes orientales.

Mais cette Compagnie ayant fupplié fa majefté d'accepter la rétroceffion du commerce de Barbarie, le roi par arrêt du 21 novembre 1730, accorda à Jacques Auriol & à fes affociés tous les droits & les exemptions dont avoient joui les précédentes Compagnies d'Afrique. Le privilége d'Auriol expira en 1740.

L'année fuivante le roi créa par édit du mois de février enregiftré au parlement de Provence le 23 mars, la Compagnie royale d'Afrique. Il lui concéda le privilége exclufif du commerce des états d'Alger & de Tunis excepté celui de ces capitales & de quelques villes déclarées libres.

En 1743, Dureil agent de la Compagnie, ratifia avec le dey & le divan d'Alger les anciens traités paſſés par les Compagnies précédentes.

Les commencemens de la Compagnie royale d'Afrique ne furent pas heureux ; elle fut privée par la guerre de Tunis en 1742, d'un établiſſement élevé au Cap-Negre. La peſte qui ravagea le royaume d'Alger interrompit enſuite ſon commerce ; des corſaires Algériens lui enlevèrent en 1744 preſque tous ſes pêcheurs de corail; les Maures maſſacrèrent ſoixante-dix de ſes employés & réduiſirent en captivité les habitans de la Calle ; enfin juſqu'en 1751, la chambre du commerce de Marſeille a été obligée par divers arrêts du conſeil de la ſécourir annuellement de quarante mille livres.

Cependant la Compagnie comptoit en 1751 un bénéfice de deux cens ſoixante-dix mille livres : peut-être eût-elle continué à proſpérer ſans les malverſations de quelques-uns de ſes employés. Son capital porté à douze cens mille livres, & diviſé en douze mille actions, n'étoit plus que de cinq cens mille livres en 1766.

M. Martin nommé en 1766, directeur par la chambre du commerce de Marſeille & par les actionnaires de Paris parvint à rétablir l'ordre & l'économie : ſa ſageſſe a conduit la Compagnie à un point de proſpérité auquel elle ne pouvoit eſpérer d'atteindre ; au mois de décembre 1773, le capital étoit d'un million

huit cens douze mille quatre cens quarante-
cinq livres.

On a reconnu que la Compagnie étoit redevable de fes fuccès non-feulement à la guerre
des Ruffes & des Turcs qui a augmenté le commerce de la Compagnie dans le Levant, mais
encore à une décifion du 15 juillet 1772, qui
défendant l'entrée des bleds du Levant & de
Barbarie, dans le port de Marfeille par les vaiffeaux Anglois, a laiffé la Compagnie maîtreffe
du commerce des bleds étrangers, tandis que
les défenfes faites en 1770, d'embarquer dans
nos ports des grains & des farines pour les pays
étrangers, & par conféquent pour le port libre
de Marfeille, procuroient à cette même Compagnie le commerce exclufif des grains dans
cette ville & dans une grande partie de la Provence, dont Marfeille eft le feul entrepôt.

Les pêches de corail de la Compagnie ont
auffi été favorifées fous le miniftère de M. l'abbé
Terray par l'interruption des pê:hes de Corfe.

En 1773 le roi permit à la Compagnie de
faire une nouvelle répartition, à raifon de deux
cens cinquante livres par action, ce qui faifoit
pour les douze mille actions trois cens mille
livres.

En 1774, felon l'arrêt du confeil du 26 février de cette année, la Compagnie prêta au
roi un million deux cens mille livres, pour la
conftruction des formes du port de Toulon.

Enfin l'adminiftration de la Compagnie n'a pas
changé de forme depuis l'édit de 1767, qui l'a
fixée à Marfeille.

Le bureau de cette adminiftration eft compofé d'un directeur principal à appointemens

fixes, d'autant de directeurs qu'il y a d'actionnaires qui se présentent en déposant vingt actions dans la caisse de la Compagnie, de quatre députés de la chambre du commerce de Marseille & du secrétaire archiviste de cette chambre.

La Compagnie a un agent à Paris qui paye les dividendes aux actionnaires & leur communique le bilan que lui envoye le bureau d'administration.

L'inspecteur du commerce de Marseille est président de la Compagnie : ce commissaire du roi doit surveiller & autoriser les délibérations, arrêter les dépenses & rendre compte du tout au ministre.

Compagnies du Levant. La plus considérable fut établie en 1670 par lettres-patentes pour le commerce des échelles de la mer méditerranée & des possessions du grand seigneur situées sur les côtes de Barbarie & d'Afrique.

Son privilége lui fut accordé pour vingt ans; elle obtint en vertu d'un arrêt du 18 juillet de la même année dix livres de gratification pour chaque pièce de drap qu'elle exporteroit au Levant, l'exemption de tout droit d'entrée pour les munitions de ses vaisseaux, un prêt de deux cens mille livres sans intérêt pour six ans, enfin plusieurs droits lucratifs & honorables pour les actionnaires. Cette Compagnie ne fut pas renouvelée après le terme de sa concession.

Compagnie du Sénegal. Le commerce de la partie méridionale & occidentale de l'Afrique située au-delà du détroit de Gibraltar, commença par une association de quelques négocians qui vendirent leur établissement de la petite île de Saint-Louis, située à l'embouchure du Niger, à la grande Compagnie des Indes occidentales formée en 1664 par M. Colbert, & qui fut supprimée en 1674.

L'édit qui supprima cette Compagnie déclara libre le commerce qu'elle faisoit précédemment dans les îles de l'Amérique ; mais il lui permit de céder ses priviléges ainsi que ses établissemens, pour soixante-dix-huit mille livres & la redevance d'un marc d'or chaque année à la Compagnie portant le nom de Sénégal établie par arrêt du 8 novembre 1673.

Les engagemens de la Compagnie du Sénégal envers le gouvernement étoient de porter pendant huit ans deux cens nègres chaque année aux îles françoises d'Amérique, pour lesquels elle devoit recevoir une gratification de treize livres par tête, & le roi lui assuroit toutes les facilités qu'elle pouvoit desirer pour ce commerce ; les marchandises qu'elle importeroit devoient être affranchies de la moitié des droits dans le royaume ; & elle s'étoit obligée de payer chaque année un marc d'or au domaine d'Occident.

Cette Compagnie vendit son privilége & ses concessions pour dix mille quinze livres à une autre Compagnie qui se forma en 1681, & qui en vertu d'un édit de cette année jouit des mêmes avantages que la précédente, en contractant ses engagemens.

Le conseil jugeant en 1684 que le commerce de cette Compagnie étoit trop étendu, le partagea entr'elle & une Compagnie qui s'établit alors sous le nom de Compagnie de Guinée.

La même année il se forma en vertu de lettres-patentes une nouvelle Compagnie du Sénégal qui commerça fans fuccès jufqu'en 1696. La Compagnie qui lui fuccéda ne fut pas plus heureufe ; ce qui détermina le duc régent à la réunir à la Compagnie d'occident en 1719.

Quelques mois après la Compagnie d'occident ayant été fubrogée aux droits de celle des Indes orientales, continua le commerce exclufif du Sénégal jufqu'en 1766 qu'il fut déclaré libre.

Compagnie de Guinée. L'arrêt du confeil rendu le 12 feptembre 1685 pour divifer entre deux Compagnies le commerce des côtes d'Afrique fituées entre le Cap de Bonne-Efpérance & le Cap Blanc, fixa le commerce de la Compagnie du Sénégal fur les côtes comprifes depuis le Cap Blanc jufqu'à la rivière de Serre-Lyonne ; & celui de la Compagnie de Guinée, depuis cette rivière jufqu'au Cap de Bonne-Efpérance.

Le commerce exclufif des nègres fut concédé pour vingt ans à la Compagnie de Guinée ; elle ne fut tenue d'aucune indemnité envers la Compagnie qui avoit précédemment joui de ce privilége.

Ses engagemens envers le gouvernement furent de porter mille nègres dans les Colonies françoifes de l'Amérique, & douze mille marcs de poudre d'or dans le royaume.

Ayant eu la permiffion du roi de traiter avec les miniftres de Philippe V roi d'Efpagne, pour le tranfport des nègres dans les Colonies de cette monarchie en Amérique, elle prit le nom de Compagnie d'Affiente ; & pour favorifer fon commerce le roi ordonna par arrêt du 28 octobre 1701 que toutes les marchandifes qu'elle feroit venir de l'Affiente jouiroient du droit d'entrepôt ; que fans payer aucun droit elle pour-

oit faire paffer dans le royaume des marchandi-
es de l'Amérique ; qu'elle jouiroit de l'exemp-
ion de la moitié des droits d'entrée fur le cacao
qu'elle feroit venir pour la confommation du
royaume ; enfin, qu'elle feroit pareillement
exempte de tout droit de fortie fur les marchandifes qu'elle exporteroit du royaume en Afrique
& en Amérique.

Le privilége de cette Compagnie ceffa à la
paix d'Utreck ; & en vertu des lettres-patentes
du 16 janvier 1716 le roi donna à tous fes fu-
ets la liberté de commercer fur les côtes de
Guinée.

Compagnies établies en France pour le commerce
de l'Amérique.

Compagnie des îles de l'Amérique. C'eft la plus
ancienne du nouveau monde. Elle obtint, fous
le miniftère du cardinal de Richelieu en 1626,
des lettres-patentes qui lui abandonnèrent la
propriété de toutes les îles qu'elle mettroit en
valeur, lui concédèrent le droit d'y commercer excluſivement & l'autoriſèrent à fe faire
payer cent livres de tabac ou cinquante livres
de coton par chaque habitant depuis feize jufqu'à foixante ans.

Le gouvernement exigea pour ces encouragemens que la Compagnie entretint trois prêtres dans chaque habitation ; qu'elle ne fît paffer
dans fes établiſſemens que des naturels françois & catholiques, & qu'à chaque mutation
de roi elle prêtât foi & hommage, & préfen-
tât une couronne d'or.

Quoique les moyens de la Compagnie fuffent
bornés , fes établiſſemens profpérèrent telle-

ment que les françois arborèrent bientôt leur pavillon dans toutes les îles voisines ; desorte que par arrêt du 12 février 1635 le roi permit à la Compagnie de nommer un commandant général, des capitaines & des gens de guerre pour la défense des îles, & de créer des officiers pour y exercer la justice.

Ce n'est qu'à cette époque qu'elle prit le titre de Compagnie des îles de l'Amérique : ses succès la dévorèrent bientôt d'ambition ; des gains excessifs empêchèrent que ses établissemens fussent fructueux à l'état. Elle auroit anéanti les Colonies par la cherté du prix des vivres qu'elle leur vendoit & le bas prix des marchandises qu'elle en acheroit, si les colons n'eussent formé des liaisons avec les hollandois qui vendoient & achetoient à des conditions plus avantageuses.

Ce commerce interlope entraîna la ruine de la Compagnie. Envain obtint-elle de nouveaux priviléges & un renouvellement pour vingt ans par l'édit de 1642 ; elle ne profita que de la permission qui lui fut donnée de vendre ses possessions.

Poiseret acheta en 1649, pour soixante mille livres, la Guadeloupe, Marie-Galande, les Saintes & tous les effets qui appartenoient à la Compagnie dans ces îles : il céda la moitié de son marché à Houel son beau-frère. La Martinique, Sainte-Lucie, la Grenade & les Grenadins furent vendus pour soixante mille livres à Duparquet. Poincy, commandeur de l'ordre de Malthe & commandant général des îles de l'Amérique, acquit au nom de l'ordre de Malthe en 1651, Saint-Christophe, Saint-Martin, Saint arthelemi, Sainte-Croix & la Tortue, pour quarante mille écus. Ces traités furent confirmés par des lettres-patentes qui réfervèrent au roi la fouveraineté des îles cédées à l'ordre de Malthe. La religion devoit les poſſéder comme fief de la couronne, & n'en pouvoit confier l'adminiſtration qu'à des françois.

Telle fut la fin de cette Compagnie dont les priviléges furent, ainſi que ceux de toutes les Compagnies de l'Amérique, accordés à celle des Indes occidentales formée par M. Colbert.

Compagnie de la nouvelle France. L'édit de ſa création fut donné par Louis XIII au mois de mai 1628. Il accordoit à la Compagnie la conceſſion du Canada ou de la nouvelle France, du fort Quebec & des pays qu'elle découvriroit. D'autres diſpoſitions cédoient à la Compagnie deux vaiſſeaux, le privilége excluſif de toute eſpèce de commerce, excepté celui de la morue & de la baleine, parce que la pêche en étoit déclarée libre aux françois habitans du Canada; enfin, par cet édit le roi permettoit à la Compagnie de bâtir les forts & fortereſſes qu'elle jugeroit néceſſaires à la défenſe du pays, d'ériger des terres en fiefs, marquiſats & comtés, & d'établir des tribunaux pour exercer la juſtice en ſon nom.

Pour rendre ces avantages utiles à l'état, la Compagnie devoit faire paſſer au Canada pendant la première année de ſon établiſſement trois cens hommes de différens métiers, françois & catholiques, & quatre mille pendant les quinze années ſuivantes, & elle devoit pourvoir à tous leurs beſoins pendant trois ans.

Cette Compagnie auſſi avide de gains exceſſifs

que la précédente, n'eut que quelques inftans de fuccès; elle laiffa les hollandois s'emparer de fon commerce, & elle n'exiftoit plus lorfque le privilége excluſif du commerce du Canada fut concédé par Louis XIV en 1664 à la Compagnie des Indes occidentales.

Compagnies de la France équinoxiale. Cette contrée fituée entre l'Orénoque & l'Amazone a toujours été le tombeau des françois qui ont voulu s'y établir.

Les premiers négocians qui y vinrent en 1643 fous la conduite de Poncet de Bretigny, n'y firent qu'une feule expédition.

En 1651 il fe forma une nouvelle Compagnie qui paroiſſoit devoir prendre un plus grand effor. L'abbé de Marivault, auteur de l'entreprife, fe noya en s'embarquant. Royville, envoyé à Cayenne pour y commander, fut affaffiné dans la traverſée. Les principaux intéreſſés qui avoien commis cet attentat fe conduiſirent avec la même atrocité dans la Colonie; ils périrent tous miférablement; le commandant de la citadelle paffa chez les hollandais avec une partie de fa garniſon. Les colons qui échappèrent à la miſère, à la faim, à la fureur des fauvages, gagnèrent les îles du Vent fur un bateau & deux canots, & abandonnèrent ainſi Cayenne quinze mois après leur débarquement.

La Compagnie qui fe forma en 1663 fous la direction de la Barre, maître des requêtes, chaffa de Cayenne les hollandois qui s'y étoient établis. Elle n'avoit que deux cens mille francs de fonds & elle devoit étendre ſes établiſſemens dans toute la Guyanne.

En 1664 elle fit partie de la grande Compagnie

gnie des Indes occidentales qui réunit les possef-
sions & les priviléges de toutes les autres.

Compagnie des Indes occidentales. Pour former
cette Compagnie Louis XIV racheta les îles de
l'Amérique pour sept cens quarante-cinq mille
livres ; & par son édit de 1664 il concéda à la
même Compagnie le commerce d'Afrique, de
la France équinoxiale & de l'Amérique septen-
trionale. Ce corps puissant devoit proscrire des
établissemens françois la concurrence des hollandois ; l'état lui prêtoit pour quatre ans, sans
intérêt, le montant du dixième de ses capitaux,
& déchargeoit de tout droit les denrées qu'il
porteroit dans ses établissemens.

Mais l'infidélité des agens de la Compagnie,
les besoins de ses colons, les dettes qu'elle
avoit contractées, les déprédations des guerres,
une multitude d'obstacles que le bureau de Paris
ne pouvoit prévenir, portèrent le plus grand dé-
sordre dans ses affaires. En 1674 le ministère
comprit qu'en favorisant par la liberté le commerce des denrées de l'Amérique, les possessions
françoises parviendroient à des succès que des
Compagnies ne pouvoient leur procurer. La
Compagnie fut révoquée solemnellement par un
édit, & le roi se chargea de payer ses dettes qui
montoient à trois millions cinq cens vingt-trois
mille livres.

Compagnie de Saint-Domingue. Toute la partie
de l'île Saint-Domingue située depuis le Cap
Tiberon jusqu'à la pointe du Cap Beate, ne
comptoit pas cent habitans en 1698, quoiqu'elle
ait cinquante lieues de côte au moins, trois de
profondeur & qu'elle soit très-fertile. Pour en
tirer les avantages que le sol, la prospérité des

établiſſemens voiſins promettroient, Louis XIV établit la Compagnie de Saint-Domingue.

Les engagemens de la Compagnie étoient de faire paſſer dans ſa conceſſion quinze cens européens & deux mille cinq cens nègres pendant les cinq premières années de ſon établiſſement ; de tranſporter, chacune des vingt autres années, deux cens eſclaves & cent blancs, & d'empêcher les habitans du Cap françois, de Leogane, du petit Goave & autres lieux d'y venir s'établir. Son capital devoit être d'un million deux cens mille livres : le privilége de ſon commerce l'exemptoit de toute eſpèce de droit. Cette Compagnie pouvoit faire des traités de paix & former des alliances ; les emplois militaires étoient à ſa nomination, & elle avoit droit d'établir les tribunaux qu'elle jugeroit néceſſaires pour exercer la juſtice.

La Compagnie devoit, à l'imitation des îles angloiſes, ouvrir un commerce interlope avec le continent eſpagnol & défricher les vaſtes campagnes ſoumiſes à ſes priviléges : les anglois écartèrent facilement ſa concurrence ; mais pour accélérer la jouiſſance des richeſſes que le ſol prodigue aux cultivateurs de Saint-Domingue, la Compagnie diſtribua gratuitement des terres à ceux qui en demandoient : chacun ſelon ſes beſoins & ſes talens obtenoit des eſclaves payables en trois ans. Le même crédit étoit accordé pour les marchandiſes, quoiqu'elles duſſent être livrées au cours du marché général ; on devoit acheter toutes les productions du ſol au prix même qu'elles auroient dans les autres quartiers.

Une telle modération auroit ſans doute fait

prospérer la Compagnie ; mais de nouveaux administrateurs changèrent les premiers projets ; l'avidité de s'enrichir succéda à la prudence qui semoit pour recueillir. Qu'arriva-t-il ? l'esprit des administrateurs gagna les subordonnés , & bientôt même les colons, pour leur rendre plus insupportable le joug du privilége exclusif. Abhorrée des habitans , ruinée par les infidélités de ses agens , trompée dans ses spéculations , la Compagnie remit ses droits au gouvernement en 1720.

Par édit du mois d'avril de la même année le roi rendit à tous ses sujets la liberté de commercer dans toute l'étendue de la concession de la Compagnie ; mais au mois de septembre suivant la Compagnie des Indes se fit subroger aux droits de la Compagnie de Saint-Domingue , & obtint en même-temps le commerce exclusif des négres dans toute l'île, à la charge d'en fournir deux mille par an ; c'étoit le cinquième des esclaves dont la colonie avoit besoin.

L'exercice d'un monopole aussi onereux occasionna une sédition & des troubles qui durèrent deux ans, pendant lesquels on se porta aux plus grands excès ; les magasins & tous les édifices de la Compagnie furent brûlés , les négres apportés par les vaisseaux de la Compagnie furent refusés , le commandant fut arrêté ; on alloit se porter plus loin lorsque le gouvernement arrêta l'orage en 1724 Il permit au lieutenant-général, qui par sa commission pouvoit destituer les officiers , de révoquer les priviléges de la Compagnie ; depuis ce tems le commerce a toujours été libre à *Saint-Domingue.*

Compagnie de l'Accadie. Elle se forma en 1683.

Z ij

pour le commerce exclusif des pelleteries & du castor ; selon les lettres - patentes sa concession étoit pour vingt années. Ce terme expira en 1703.

Compagnie du Canada. Elle fut formée en 1706 pour le commerce du castor de cette contrée. Ses priviléges furent réunis en 1717 à la Compagnie d'occident que nous allons faire connoître.

Compagnie d'Occident. Le commerce d'Occident fut concédé en 1684 à François de la Salle, qu'assassinèrent ensuite les colons qu'il y avoit menés.

Après sa mort la concession fut transférée à d'Hiberville, qui depuis le Canada avoit découvert par terre le Mississippi. Il bâtit le premier fort françois de la Louisiane ; mais sa Compagnie eut peu de succès.

En 1712 Crozat obtint le privilége exclusif du commerce de toute la Louisiane, excepté celui du castor, afin de ne pas préjudicier à la Compagnie du Canada.

Crozat fit des établissemens plus vastes que ses prédécesseurs ; mais en 1717 le commerce de la Louisiane fut concédé à la célébre Compagnie d'Occident , berceau du systême de Law.

Le systême étoit fondé sur ces principes erronnés que toutes les matières qui ont des qualités propres au monnoyage peuvent devenir espèces ; que l'abondance des espèces est le principe du travail de la culture & de la population, enfin que le papier est plus propre que les métaux à devenir des espèces.

Colbert avoit déja sacrifié une partie des ressources de la nation à l'idée que les françois n'avoient pour profpérer d'autres moyens que le luxe & les fuperfluités ; Law les perdit toutes en voulant les réduire à des richeffes fictives. C'étoit par des principes bien oppofés que la peuplade de Sparte avoit étonné la terre ; Lycurgue lui avoit perfuadé que le courage & le produit des terres étoient les feuls bien néceffaire à fa gloire.

Law n'ayant encore pu en 1716 faire adopter au régent l'idée d'une banque royale qui fubftitueroit des papiers aux efpèces d'or & d'argent, & qui felon lui, par le crédit qu'elle donneroit à l'état décupleroit fes revenus, obtint la permiffion d'établir une banque générale pour rendre un libre cours à la circulation. Le gouvernement féconda la fageffe qui préfida aux premières opérations de cet établiffement, en ordonnant que les billets de banque feroient reçus dans les caiffes publiques & en banniffant l'argent des gros payemens.

Law pour augmenter enfuite le cours des billets de l'état reçus dans la caiffe de la banque générale & retirer du public cent millions de ces billets, imagina la Compagnie d'Occident.

Les principales claufes du privilége furent le commerce exclufif de la Louifiane pendant vingt-cinq ans, & celui du caftor depuis le premier janvier 1718 jufqu'au dernier décembre 1742.

Les fonds de cette Compagnie furent fixés en vertu de l'édit du mois de décembre de la même année à cent millions payables en billets d'états, pour lefquels le roi créa quatre millions de rentes au profit de la Compagnie, fur les fermes générales.

En 1718 la Compagnie fe rendit adjudicataire de la ferme générale du tabac pour quatre millions vingt mille livres : afin de favoriſer ſes plantations de la Louiſiane & d'augmenter la conſommation du tabac, elle en rendit la vente libre.

Au mois de ſeptembre de la même année elle fut autoriſée à acheter les priviléges de la Compagnie du Sénégal : ils lui procurerent le commerce excluſif de cette contrée aux mêmes conditions que les Compagnie qui en avoit joui.

Telle étoit la ſituation de la Compagnie d'Occident lorſqu'on lui accorda les priviléges de la Compagnie des Indes orientales.

Compagnies établies en France pour le commerce des Indes orientales.

Compagnies des Indes orientales. La première de ces Compagnies fût formée ſous le régne de Henri IV, par Gérard Leroi. Il arma en 1605. Les capitaines Liévres en 1616 & Beau-Lieu en 1619 entreprirent des voyages qui leur furent peu profitables.

Ricault en fit de plus heureux qui le déterminérent à former une Compagnie à laquelle Louis XIII concéda pour dix ans le commerce des Indes orientales : ſes opérations furent arrêtées pendant la minorité orageuſe de Louis XIV, & le duc de la Milleraie ſuſpendit entièrement l'exercice de ſon privilége en s'emparant de Madagaſcar.

En 1664 le duc de Mazarin fils de la Milleraie & la Compagnie ayant cédé leurs droits au roi, Colbert forma une nouvelle Compagnie.

Les lettres-patentes lui accorderent le privilége exclusif de commercer depuis le Cap de Bonne-espérance jusqu'au de-là des mers de la Chine, pendant cinquante ans ; la propriété & même les droits de souveraineté de toutes les terres qu'elle acquéreroit; l'exemption de tout droit d'entrée, de sortie & d'amirauté pour les marchandises des Indes mises en entrepôt, & pour les agrès qu'elle feroit entrer dans le royaume ; une gratification de cinquante livres par tonneau de marchandises du royaume qu'elle porteroit dans ses concessions, & une de soixante-quinze livres pour celles de l'Inde que ses vaisseaux rapporteroient en France.

La Compagnie reçut des encouragemens encore plus avantageux. Le principal fut une avance de trois millions faite sans intérêts qui ne devoit se rembourser que dans dix ans & sur lesquels devoit se prélever la perte que le capital pourroit souffrir jusqu'à ce terme ; les autres rendoient regnicoles les étrangers qui acheteroient pour vingt mille livres d'actions ; ils dispensoient de résidence les officiers de quelque corps qu'ils fussent ; la noblesse pouvoit prendre part au commerce des Indes sans déroger, & le roi promettoit à ceux qui se distingueroient des honneurs & des titres héréditaires. Enfin la Compagnie avoit le pouvoir de nommer dans les établissemens tous les officiers de guerre & de justice, & d'envoyer des ambassadeurs au nom du roi aux princes des Indes.

En recevant tant de bienfaits, la Compagnie ne contracta que de legers engagemens ; faire passer quelques prêtres dans ses possessions, prêter foi & hommage-lige, offrir à chaque mutation de roi une couronne & un fceptre d'or, former un cappital de quinze millions ; voilà à quoi ils étoient bornés.

Le capital ne monta cependant qu'à neuf millions qui vaudroient aujourd'hui dix - huit millions, la valeur du marc d'argent étant à cette époque de vingt-fix livres dix fous.

Le roi n'avoit d'abord avancé à la Compagnie que deux millions ; il en prêta encore deux autres en vertu de l'arrêt du 21 feptembre 1668, fur lefquels devoient auffi fe prélever les pertes que le capital de la Compagnie fupporteroit pendant dix ans.

Les guerres de 1667 & de 1672, le peu de fuccès des efcadres du roi dans les mers des Indes & le retard des foufcriptions furent fi nuifibles à la Compagnie que le roi lui abandonna en vertu d'une déclaration du 13 feptembre 1675, les quatre millions qu'il lui avoit prêtés, & il ordonna qu'après le premier juillet de l'année fuivante, les actionnaires qui n'acheveroient pas leur payemens perdroient leurs avances dont le capital feroit augmenté.

Un arrêt du confeil convoqua pendant le mois de feptembre 1684 une affemblée générale des actionnaires de la Compagnie dans laquelle on délibéra qu'il feroit fait un bilan général des effets de la Compagnie, & fur l'avis des commiffaires du roi qui affiftèrent à cette affemblée, le roi prefcrivit par l'arrêt du 18 octobre 1684 à tous les actionnaires d'augmenter leurs intérêts d'un quart en fus ; mais n'y ayant en février 1685 que quatre-vingts actionnaires qui euffent fatisfait à cet arrêt, le roi déclara tous s autres déchus de leurs intérêts, & il fubrogea à leurs droits ceux qu'il lui plût d'en rendre maîtres, en les obligeant de payer fept cent vingt-huit mille neuf cent foixante & quinze livres pour le fupplément qui n'avoit pas été fourni, & de payer une fomme femblable aux anciens actionnaires qui avoient refufé de payer le fupplément, pour les rembourfer du quart de leurs actions, auquel elles étoient réduites.

En même-tems que la continuation de ce monopole exigeoit des réductions auffi rigoureufes, l'adminiftration de la Compagnie éprouva des changemens dont les actionnaires ne fe plaignirent pas fans fondement. Les anciens directeurs généraux avoient été fupprimés ; il en avoit été nommé vingt nouveaux qui à la vérité devoient fournir chacun trente mille livres de fupplément, mais à la charge de jouir de trois mille livres de droits de préfence. Ces directeurs n'avoient point été nommés à la pluralité des voix, mais fur l'avis des commiffaires du roi, & c'étoit encore eux qui faifoient changer la forme de l'ancienne adminiftration ; « qu'on » n'attribue pas, difoient les actionnaires, notre » peu de profpérité à la forme de notre établif- » fement : en quoi notre conftitution actuelle » reffemble-t-elle à celle que le grand Colbert » nous a donnée; ce ne font pas feulement les dé- » faftres de la guerre qui nous ruinent, mais le » peu de liberté dont nous jouiffons depuis que le » gouvernement a imprudemment confié l'admi- » niftration des nos affaires à des étrangers ».

On n'étoit pas alors affez inftruit pour répondre à la Compagnie, que l'état ayant participé à la formation de fon capital, & lui ayant facrifié des avantages confidérables, le gouvernement devoit veiller à l'emploi des avances publiques; l'éclat de plufieurs opérations de Colbert avoit féduit, on n'ofoit par refpect pour la mémoire de ce miniftre foupçonner qu'il eût pu fe tromper?

Les fermiers généraux accélérèrent encore la ruine de la Compagnie ; ils obtinrent fucceffivement plufieurs arrêts & un nombre infini de décifions qui privèrent la Compagnie de fes plus grands avantages fans lui en procurer de nouveaux ; on prohiba le commerce des marchandifes des Indes dans l'intérieur du royaume avec une févérité, peut être trop précipitée; la Compagnie ne put vendre à la nation celles de fes marchandifes que refufoient les étrangers. (*).

La Compagnie crut rappeler fon crédit en s'empreffant de repartir de legers bénéfices, mais rien ne put le ramener, foit à caufe des vices inféparables de l'adminiftration des monopoles de ce genre, foit comme la Compagnie le publioit, parce que les françois font trop peu conftans pour fuivre des entreprifes longues & fuivies.

A la fin de 1687 la Compagnie concéda fon privilége exclufif pour le commerce de la Chine

_____

(*) Arrêts des 30 avril, 11 mai, 15 & 26 octobre 1686; des 27 janvier & 30 decembre 1687; des 26 janvier, 8 février, 6 avril, 14 août, 30 novembre & 30 décembre 1688; des premier février, 15 mars & 14 mai 1689, du 3 mars 1691, du 13 mars 1693, du 22 janvier 1695, du 30 décembre 1698, & du 13 juillet 1700, &c. &c. &c.

à Jourdan; & ses affaires étoient en si mauvais
état en 1701, que le roi lui prêta huit cens cinquante mille livres, à condition que chacun des
directeurs augmenteroit son fonds de quarante
mille livres, & les actionnaires le leur à raison
de cinquante pour cent.

Depuis 1701 jusqu'en 1705 il fut rendu plusieurs arrêts concernant la police & l'administration de la Compagnie, dont le motif étoit
d'empêcher sa chute; ils ne firent que la retarder : bien loin d'accorder les directeurs avec
les actionnaires, on a reconnu depuis, mais
trop tard, qu'ils devoient produire des effets
contraires. La Compagnie ne pouvant faire des
expéditions, vendit en 1698 à différens particuliers des permissions pour commercer dans les
Indes, en se réservant quinze pour cent sur leurs
bénéfices, & quatre ans après elle abandonna
son commerce aux habitans de Saint-Malo en
conservant les mêmes droits.

Si ces commerçans, de même que la Compagnie de Jordan pour le commerce de la Chine,
achetoient bien cher les avantages du privilége
exclusif, ils n'avoient point fait les préparatifs
& les premières dépenses nécessaires à d'aussi
grandes entreprises; ils profitoient des établissemens de la Compagnie sans être chargés de les
entretenir; ils ne contribuoient pas aux dépenses de la souveraineté qui les protégeoit; enfin
ils n'avoient que des vaisseaux à freter : ils firent
des voyages dont le succès faisoit déjà pressentir
combien la liberté du commerce des Indes seroit
avantageuse à l'état; mais leur commerce fut in-
terrompu par les guerres désastreuses de la succession d'Espagne, & il cessa en 1719 par la

réunion de la Compagnie des Indes orientales; à la Compagnie d'Occident , à laquelle le roi avoit déjà concédé le privilége de plusieurs autres : telle est l'origine de la Compagnie des Indes.

C'est Law qui imagina la réunion de la Compagnie des Indes orientales à celle d'Occident. La banque générale administrée par cet étranger & ses adhérens avoit fait renaître la circulation, rétabli le commerce & rendu aux françois l'espoir des succès : on regardoit comme un bienfait la valeur que la Compagnie d'Occident (*) donnoit aux billets d'état avilis par le *visa* & la chambre de justice : une reconnoissance sans bornes entraîna une confiance aveugle & séduisit même ceux qui dirigeoient les rênes du gouvernement. Le roi acheta les actions de la banque générale , ordonna qu'elle fût régie en son nom , & enfin il confia à une seule Compagnie le commerce des deux Indes.

La Compagnie d'Occident commerçoit alors avec un fonds de cent millions ; elle avoit déja fait d'heureux essais ; elle secondoit les opérations de la banque ; elle avoit réuni à son commerce la ferme générale du tabac & les priviléges de la Compagnie du Sénégal : les actions des fermes régies par les sieurs Paris étoient, il est vrai , plus avantageuses à l'acquéreur que celles d'Occident ; mais le public ne voyoit dans

---

(*) Nous éviterons de répéter ce qui a déja été rapporté à l'article BANQUE , où l'on doit recourir pour ce qui concerne particulièrement la banque ou le système de Law & ce visa. On ne traite ici que de ce qui a immédiatement rapport à la Compagnie des Indes.

les sieurs Paris que des traitans, & ne croyoit à Law d'autre ambition que celle de la gloire. Si le parlement (*) toujours opposé aux innovations dont le succès n'est pas démontré, faisoit des efforts pour qu'on ne réduisît pas à un expédient unique les ressources de l'état, les grands protégeoient Law, & dans les sociétes on l'appeloit le *restaurateur d'un royaume ruiné*.

Mais étoit-il possible qu'un petit nombre de particuliers suffit à d'aussi vastes entreprises ? Le préambule de l'édit de réunion des deux Compagnies, donné au mois de mai 1719, en persuada la nation (**).

(*) Le parlement défendit par un arrêt pendant le mois d'août 1718, aux officiers ayant le maniment des deniers royaux, de recevoir les billets de la banque.

Il refusa l'enregistrement des déclarations, édits & lettres-patentes; ce qui détermina le régent à les faire enregistrer dans un lit de justice le 21 août 1718.

(**) *Tel est ce préambule remarquable :*

« Louis...... Le crédit que la Compagnie d'Occident »s'est acquis, quoique nouvellement formé, nous a déter-»miné d'examiner la situation des anciennes Compagnies; »& nous avons vu avec douleur que malgré les bienfaits »qu'elles ont reçu de la libéralité du feu roi...... elles »n'ont pu se soutenir. La Compagnie des Indes orientales.... »au lieu d'employer à l'aggrandissement du commerce le »privilége exclusif qui lui avoit été accordé pendant cin-»quante années, & les secours réitérés d'argent & de vais-»seaux que le feu roi lui avoit donnés après avoir contracté »des dettes dans le royaume & aux Indes, a totalement »abandonné sa navigation & s'est déterminée à céder son »privilége à des particuliers moyennant dix pour cent du »produit des ventes en France, & cinq pour cent des prises; »elle a retenu cinquante livres par tonneau des marchan-»dises de sortie, & soixante & quinze livres de celles »d'entrée qui lui avoient été accordées par forme de gra-

Les priviléges qu'accordoit l'édit étoient au-
deffus de ceux de toutes les autres Compagnies.

» tification. Nous favons que çe n'eft point à la nature de ce
» commerce que le manque de fuccès doit être attribué,
» mais à la mauvaife régie ; & que cette Compagnie à
» l'exemple de celles des états voifins, auroit pu rendre
» ce commerce utile à fes actionnaires & au royaume,
» L'entreprife avoit été formée avec un fond qui n'étoit
» pas fuffifant, les directeurs ont confommé une partie de
» fes fonds par des répartitions prématurées & des droits
» de préfence, dans un temps où il n'y avoit aucuns pro-
» fits ; & pour fuppléer à ces fonds, l'on avoit fait des
» emprunts fur la place à des intérêts exceffifs, jufqu'à dix
» pour cent, & l'on avoit pris en d'autres temps de l'argent
» à la groffe aventure, à raifon de cinq pour cent par mois...
» Les Indiens nous ont porté des plaintes réitérées que la
» Compagnie ne leur payoit ni intérêt ni capitaux, & que
» depuis plus de feize ans elle n'avoit envoyé aucun vaiffeau
» à Surate...... Nous avons réfolu de fupprimer les pri-
» viléges accordés aux Compagnies des Indes & de la Chine,
» & de réunir à celle d'Occident l'etabliffement de cette
» Compagnie formée depuis quelque temps ; la protection
» que nous lui accordons, fa bonne adminiftration, le crédit
» qu'elle s'eft acquife, les fonds confidérables qu'elle aura
» par la jonction de ces différentes Compagnies, tous ces
» avantages nous font juger que nous ne pouvons remettre
» en de meilleures mains le commerce des Indes & de la
» Chine : d'ailleurs par ce moyen & par la jonction qui a
» été faite à la Compagnie d'Occident de celle du Sénégal,
» nous réuniffons dans une feule Compagnie un commerce
» qui s'étend aux quatre parties du monde ; cette Compagnie
» trouvera dans elle-même tout ce qui fera néceffaire pour
» faire ces différens commerces ; elle apportera dans notre
» royaume les chofes néceffaires, utiles & commodes ; elle
» en enverra les fuperflues à l'étranger ; elle entretiendra la
» navigation & formera des officiers, des pilotes & des
» matelots, & toute fa régie fe faifant dans le même efprit,
» il en naîtra l'union & l'économie dont dépend le fuccès
» de toutes les entreprifes de Commerce »,

de commerce formées jufqu'alors ; ils opérèrent l'effet furprenant que Law s'en promettoit. Avant la publication de l'édit, les anciennes actions qui fe payoient en billets de banque & en billets d'état, étoient montées à cent trente pour cent ; & le concours fut fi grand pour y foufcrire, qu'on en créa encore de nouvelles.

C'eft ainfi que les opérations de la Compagnie des Indes combinées avec celles de la banque, ne laiffoient plus douter des fuccès du fyftême. Pour accélérer la circulation des papiers, le roi autorifa la Compagnie par arrêt du 27 juillet 1719, à ne recevoir de foufcriptions pour les vingt-cinq millions de nouvelles actions créées par l'édit de réunion, que de ceux qui repréfenteroient pour quatre fois autant d'anciennes actions qu'ils voudroient en acheter de nouvelles.

La même année le privilége de la Compagnie d'Afrique fut réuni à celui de la Compagnie des Indes, à condition qu'elle rembourferoit à la première le montant de fes effets & le prix de fes établiffemens ; & par arrêt du 10 novembre 1719, il lui fut permis d'employer telle partie de fes fonds qu'elle jugeroit convenable pour l'accroiffement de la pêche & l'établiffement des manufactures.

La Compagnie ambitionna de jouir non-feulement des avantages du commerce des deux Indes & de l'Afrique, mais encore de tous ceux que l'adminiftration des revenus de l'état procuroient aux traitans. Elle avoit demandé & obtenu pendant le mois de juillet 1719, le bénéfice des monnoies pour neuf années ; elle étoit en poffeffion des droits fur la vente du tabac ; elle paffa le 2 feptembre le bail des fermes géné-

rales ; le 22 du même mois celui des gabelles &
domaines de l'Alface, de la Franche-Comté &
des trois évêchés ; le 12 octobre, on lui réuni
l'exercice général des recettes des finances, &
le 22 novembre elle prit poffeffion du domaine
d'Occident.

Il faut avouer que l'ambition de la Compagnie
n'avoit plus de bornes ; jouiffant de tous les établiffemens qu'avoient jufqu'alors formés les François dans l'Inde, à la Chine, aux îles de France,
de Madagafcar & de Bourbon, au Sénégal &
dans la Louifiane, & vendant exclufivement les
caftors de l'Afrique & de l'Amérique, les marchandifes qu'elle commerçoit étoient non-feulement exemptes de droits, mais même elle recevoit à ce fujet des gratifications ; on lui avoit
affermé les bénéfices de toutes les affaires de
finances ; la Compagnie poffédoit enfin tous les
meubles, immeubles & priviléges des Compagnies aux droits defquels elle avoit été fubrogée : elle fongea encore à rembourfer les dettes
de l'état.

Son fonds étoit de trois cens millions : favoir,
de cent millions pour les actions d'Occident,
de cinquante millions pour les actions créées par
l'édit de réunion des Compagnies & en vertu
de l'arrêt du 27 juillet 1719, & de cent cinquante
millions de nouvelles actions créées par les
arrêts des 13 & 28 feptembre, & du 2 octobre
1719.

Pour parvenir au rembourfement projeté des
dettes de l'état, la Compagnie fut d'abord autorifée à emprunter en actions rentières au porteur ou contrats à trois pour cent (*), payables

_____

(*) Article 4 de l'arrêt du 2 feptembre 1719.

de

de fix mois en fix mois, la fomme de douze cens
millions. Le haut prix de fes actions montées à
plus de neuf pour cent, la détermina de porter
à quinze cens millions (*) le prêt qu'elle avoit
fait au roi de douze cens millions. Elle prêta de
plus cent millions pour le remboursement des
quatre millions constitués au profit de la Compagnie fur la ferme du tabac ; elle consentit enfin
à la suppression des quatre deniers pour livre
fur les entrées du poisson, qu'elle foufermoit
deux cens mille livres.

Tant d'engagemens avoient dû faire contracter à la Compagnie beaucoup de dettes. Elle
s'étoit d'abord chargée de toutes celles des
Compagnies dont les priviléges lui avoient été
concédés ; elle n'avoit obtenu le bénéfice fur
la fabrication des monnoies, qu'en fe rendant
débitrice envers l'état de cinquante millions qui
ne devoient fe payer qu'en quinze termes, d'un
mois chacun; enfin la banque lui avoit fourni
pour vingt-cinq millions de billets à diftribuer à
la Louifiane.

La Compagnie diminua encore fes fonds par
la remife qu'elle fit au peuple de différens impôts : elle convertit le droit exclusif de la vente
du tabac en un droit d'entrée ; elle réunit divers
droits des aides de la ville de Paris en un feul
de vingt-trois livres par muid de vin ; enfin
elle régla le dividende des actions pour l'année
1720 à quarante pour cent ; ce qui ne faifoit pas,
il est vrai, deux pour cent, relativement au prix
exceffif des actions.

Comme la Compagnie avoit confervé cent

mille actions, & que le roi en possédoit cen
mille autres, il n'y avoit en circulation que
quatre cens mille actions qui valoient deux cens
millions, mais qui au courant du commerce
montoient à quatre milliards : ces deux cens
millions devoient selon les derniers engagemens,
exiger un dividende de quatre-vingt millions
pour l'année 1720 ; & les cent mille actions remises au roi, celui de vingt millions. Il falloit
donc avoir un revenu de cent millions pour acquitter le dividende, & trouver en outre un
produit qui pût faire face aux autres engagemens ; or, les revenus & les bénéfices de la
Compagnie n'étoient pas suffisans. Law ne les
estimoit que quatre-vingt-onze millions : savoir, 1°. quarante-huit millions assignés par le
roi sur la ferme générale ; mais si on se rappelle
que pour former les douze cens premiers millions qu'elle prêta au roi, la Compagnie avoit
emprunté cette somme en actions rentières à
trois pour cent, on réduira à douze millions les
revenus de quarante-huit millions ; 2°. on éva-
luoit le bénéfice sur les monnoies à douze cens
millions ; mais il ne pouvoit avoir été porté si
haut que par les nouvelles fabrications qui ne
pouvoient être que momentanées. 3° Law exa-
gérant ses calculs, estimoit le revenu du tabac
des fermes & recettes genérales à dix-neuf millions, & le produit du commerce à douze millions ; la Compagnie n'avoit donc tout au plus
qu'un revenu net de cinquante-huit millions ; ce
qui ne suffisoit pas, à beaucoup près, pour le
dividende qui lui étoit nécessaire.

Ainsi la haute idée que la Compagnie avoit
conçue de sa puissance, devoit entraîner sa
ruine.

Une sage administration auroit peut-être pu
la retarder & empêcher la confusion qui s'intro-
duisit dans les détails du nombre prodigieux
d'affaires qu'elle avoit entreprises; mais bien
loin de songer à écarter les abus par la plus sé-
vère exactitude, elle se fit illusion sur l'objet de
sa constitution : si elle dépensa des sommes immenses pour l'exploitation de son commerce,
ce fut sans ordre & sans règle : pleine de confiance dans le système, elle borna toutes ses spéculations à donner aux actions une valeur ima-
ginaire de quatre milliards, qui fit circuler les
mille quatre cens millions de billets que la banque avoit fait éclore. Cette banque étoit un
gouffre où alloient s'engloutir le peu d'espèces
que l'erreur publique procuroit encore à la
Compagnie.

Mais l'illusion duroit encore ! L'autorité par
des actes que défavouoit le parlement (*) crut
en secondant le système, la Compagnie & la
banque, travailler à la félicité publique ; on
s'aveugla jusqu'à vouloir ôter aux espèces leur
valeur par des diminutions successives. On défendit de se parer de pierreries, d'avoir des
équipages fastueux, & d'étaler dans les fes-
tins des vaisselles d'or & d'argent (**). Loin

(*) Un arrêt du conseil ordonna que les réglemens du
roi relatifs à la Compagnie & à la banque, seroient exécutés
sans être enregistrés au parlement.
(**) Quatre arrêts du conseil du 19 septembre 1719
ordonnèrent la confiscation des anciennes espèces d'or &
d'argent trouvées chez des particuliers.
La déclaration du roi du 4 février 1720 défendit de porter
des diamans, des perles & des pierres précieuses, & la

de rappeler la confiance, on fit naître l'effroi :
on laiſſa appercevoir au peuple que la valeur
des papiers ne pourroit être que momentanée ;
la méfiance devint telle qu'on ne put procurer
de nouveaux fonds à la Compagnie en vendant
des actions ſous le nom de ſouſcription, &
en la favoriſant par de nouvelles fabrications (*).
Les reſſources étoient épuiſées, & on ne les
recouvra pas en défendant au public ces engagemens connus ſous le nom de primes, par leſquels on recevoit ou on fourniſſoit des actions à
un terme fixé.

La banque ne pouvoit plus réaliſer ſes billets,
& les actions de la Compagnie perdoient de leur
prix. Le gouvernement crut qu'il remédieroit
aux déſordres en chargeant la Compagnie de
l'adminiſtration de la banque, & Law qui l'avoit
régie juſqu'alors, fut fait contrôleur-général des
finances. Cette jonction fut conſommée par une
délibération de l'aſſemblée générale des actionnaires, & par l'arrêt du 23 février 1720 (**).

---

déclaration du 18 février 1720, l'uſage de la vaiſſelle
d'argent.

L'arrêt du 10 décembre 1719 diminua le cours des pièces
de vingt ſous, & l'arrêt du 12 janvier 1720 le prix des
pièces d'or & d'argent.

(*) Un édit du premier décembre 1719 ordonna une
nouvelle fabrication de nouvelles eſpèces d'or & d'argent fin.

L'arrêt du 9 décembre 1719 attribua à la Compagnie
tous les profits de cette fabrication.

D'autres arrêts du mois de mars 1719, & janvier 1720,
eurent pour objet la vente des ſouſcriptions.

(**) *Arrêt du conſeil du 23 février 1720, qui réunit la
régie de la banque royale à la Compagnie des Indes.*

« Le roi étant informé que les opérations de la banque
» ont une étroite liaiſon avec celles de la Compagnie des

» Indes, & sa majesté regardant ces deux établissemens
» comme le soutien de l'état, elle a jugé à propos pour les
» assurer de plus en plus , de faire faire à la Compagnie des
» Indes différentes propositions, lesquelles ayant été accep-
» tées dans l'assemblée générale de la Compagnie, suivant
» la délibération prise le 22 du présent mois...... sa ma-
» jesté a résolu de faire connoître sur cela ses intentions.
» Vu ladite délibération .... Oui le rapport du sieur Law
» sa majesté..... ordonne ce qui suit :

ARTICLE PREMIER. « Sa majesté ayant chargé la Com-
» pagnie des Indes de la régie & administration de la banque
» pour tout le temps qui reste à expirer du privilège de ladite
» Compagnie, veut que ladite Compagnie jouisse des pro-
» fits & bénéfices de la banque, même de ceux faits depuis
» la déclaration du 4 décembre 1718 , qui l'a convertie en
» banque royale, lui permet de commettre telles personnes,
» en tel nombre & en tels lieux qu'elle jugera convenables,
» pour les opérations de la banque.

Article II. » Attendu que la banque étant royale, le roi
» demeure garant envers le public de la valeur des billets
» de la banque, la Compagnie des Indes sera responsable
» envers sa majesté de l'administration & maniment de la
» banque ; à l'effet de quoi les seize cens millions prêtés à
» sa majesté par ladite Compagnie , & les fonds de ses ac-
» tions demeureront spécialement affectés. Fait au surplus,
» sa majesté , défenses aux directeurs de faire de nouveaux
» billets de banque, qu'en vertu d'arrêt du conseil, obtenu
» sur les délibérations des assemblées générales de la Com-
» pagnie des Indes.

Article III. » Ordonne sa majesté que la Compagnie des
» Indes comptera de la recette & dépense, tant par état au
» vrai au conseil, qu'en la chambre des comptes.....

Article IV. » Attendu la remise à la Compagnie des Indes,
» des profits & bénéfices de la banque , sa majesté ordonne
» que ladite Compagnie ne pourra exiger les cinq pour cent
» sur l'argent qui sera porté aux bureaux de la banque, ni
» recevoir & donner les espèces qu'au prix courant.

Article V. » Sa majesté a cédé & cède à la Compagnie
» des Indes cinquante millions d'actions de ladite Compa-

cet événement, auroient voulu que loin d'aug-

» gnie, appartenantes à fa majesté, avec la cinquième ré-
» partition ; lesquelles actions feront remifes aux caiffiers de
» ladite Compagnie par le tréforier de la banque.

Article VI. » Pour le prix & valeur defdits cinquante
» millions d'actions, la Compagnie des Indes payera à fa
» majesté la fomme de neuf cens millions de livres ; favoir,
» trois cens millions dans tout le courant de la préfente
» année 1720 ; & les fix cens millions reftans, en dix an-
» nées, de mois en mois, à compter du premier janvier
» 1721, à raifon de cinq millions par mois, fans qu'il puiffe
» être fait aucune compenfation defdits neuf cens millions
» avec les fommes que fa majesté doit à la Compagnie des
» Indes, attendu que fa majesté s'eft engagée par l'article
» 12 de l'arrêt du 31 août dernier, & par celui du 12 octo-
» bre fuivant, de ne point amortir pendant vingt-cinq ans
» les rentes par elle conftituées au profit de ladite Compa-
» gnie, lesquelles fa majesté continuera de payer à raifon de
» trois pour cent.

Article VII. » Veut fa majesté que les trois cens millions
» payables dans le courant de la préfente année foient dé-
» pofés en banque au compte de fa majesté, pour fervir dans
» fes befoins extraordinaires, & que les fix cens millions ref-
» tans, payables dans les termes indiqués par le précédent
» article, foient remis au fur & à mefure des échéances à
» qui fera par fa majesté ordonné.

Article X. » Comme l'intention de fa majesté eft d'étein-
» dre totalement les rentes perpétuelles conftituées fur
» l'hôtel-de-ville, même celles qui ne font pas libres
» à caufe des faifies & autres empechemens apportés aux
» rentiers, & que cependant elle veut bien procurer à fes
» fujets les moyens de s'affurer un revenu fixe & d'em-
» ployer utilement des fonds dont ils ne pourroient dif-
» pofer, elle a permis & permet à la Compagnie des
» Indes de créer pour dix millions d'actions rentières, à
» raifon de deux pour cent par an, faifant cinq cens mil-
» lions de capital, lesquelles actions pourront être dépofées
» à la volonté des porteurs & infcrites dans le livre des ac-
» tions libres, ou dans celui des actions fujettes à hypo-
» thèques, dans la forme & ainfi que fa majesté le réglera
» dans la fuite.

menter les papiers par l'édit de réunion, on les eût diminués ; & ils ont regardé comme un coup funeste au système l'engagement contracté par la Compagnie, de payer au roi neuf cens millions de nouvelles actions ; *ce qu'elle ne pouvoit faire*, remarque M. de Forbonnais, *au moins pour le premier payement, qu'en multipliant une espèce décriée.* Les arrêts suivans donnés pendant les premiers mois de 1720 en faveur de la Compagnie & du système, furent des remèdes administrés au hasard à des malades dont le médecin désespéroit.

L'arrêt du 27 février en fixant à cinq cens livres la valeur des espèces que chaque particulier pourroit conserver chez lui, remplit les citoyens de consternation & de méfiance. Celui du 5 mars ordonnoit que les soumissions & primes que la Compagnie avoit délivrées seroient rapportées dans le cours du mois, ainsi que les actions répandues dans le public sous le nom d'Occident, afin de les remplacer par trois cens millions de nouvelles actions qualifiées actions de la Compagnie des Indes. On rapporta peu de ces soumissions & de ces anciennes actions, parce qu'on présumoit que celles qu'on rapporteroit ne seroient pas remplacées, & c'est ce qui arriva. Le même arrêt ordonnoit qu'il seroit ouvert à la banque un bureau pour convertir à la volonté des porteurs les actions en billets de banque & les billets en actions ; ainsi l'action ne devint plus que la valeur d'un certain nombre de billets qui commençoient à n'en avoir aucune.

L'arrêt du 11 mars abolit l'usage des espèces d'or, & ordonna une diminution d'un huitième fur les efpèces d'argent. Que de nouveaux motifs ne donnoit pas cet arrêt pour réalifer les actions & les billets !

On effaya enfin de diminuer la valeur idéale de ces richeffes fictives, mais c'étoit trop tard. Il fallut rétablir le prix des monnoies dans une proportion qui convînt au commerce étranger ; ce fut l'objet de l'arrêt du 21 mai. Il ordonna une diminution fucceffive fur les actions pour les fixer au premier décembre à cinq mille cinq cens livres, & il réduifit les billets de banque ; de forte qu'au premier décembre ils ne devoient valoir que la moitié de leur valeur numéraire.

Ces dernières difpofitions furent fi funeftes au fyftême, que les partifans de Law les attribuèrent à M. d'Argenfon qui lui avoit toujours été oppofé. La Compagnie en trembla, & tous les citoyens furent en rumeur. En vain cet arrêt fut-il révoqué, les billets perdirent leur prix, les actions diminuèrent fucceffivement, & le roi augmenta la valeur des monnoies. Sans doute qu'effrayés de la prodigieufe révolution qu'avoit occafionné la marche hardie, combinée, mais précipitée de Law, les adminiftrateurs voulurent remédier au fyftême fans adopter un plan ni des idées fuivies : delà toutes les contradictions qui fe trouvent dans leurs réglemens.

On trouve étrange les diftinctions qu'ils firent d'actionnaires de bonne foi & de mauvaife foi, ainfi que l'expreffion qu'ils donnent de fortune odieufe à l'égard de celle qu'avoient faire les actionnaires, qui en négociant les actions n'avoient pu démériter. S'il étoit jufte qu'ayant habilement profité de ces circonftances, ils rendiffent à l'état une partie d'un bénéfice exceffif, il n'étoit pas équitable de décrier leur réputation, puifque le malheur public n'avoit pour véritable caufe que des fpéculations erronnées. Ces actionnaires enregiftrés fur des rôles pour rapporter chacun un certain nombre d'actions, faifis d'effroi, tremblèrent qu'on ne leur enlevât des richeffes qu'ils avoient légitimement acquifes. Plufieurs pour fe fouftraire aux recherches, allèrent avec leurs effets dans les pays étrangers, après avoir réalifé leurs billets & leurs actions, quoique par arrêt du 20 octobre 1720, le roi eût défendu à tous fes fujets de fortir du royaume fans permiffion jufqu'au premier janvier 1721.

Pendant les opérations de l'année 1720, des citoyens remplis de talens, les fieurs Paris, qui avoient été victimes du fyftême, furent rappelés de leur exil : confultés fur les remèdes qu'il falloit adminiftrer à l'état, ils optèrent pour ôter à la Compagnie la recette générale des finances, pour déclarer nuls les traités paffés avec elle à raifon du bénéfice des monnoies, & pour annuller les baux des fermes unies. Tels furent les objets de l'arrêt du 5 janvier 1721.

La banque fut auffi réunie à la Compagnie, de manière que les opérations de l'une devoient répondre de celles de l'autre. Il fut décidé enfuite que la Compagnie rendroit compte de fa dépenfe & de fa recette, & que fes opérations feroient provifionnellement régies par des commiffaires du confeil; enfin le 26 janvier 1721, un arrêt ordonna *le vifa* des actions, qui, de tous les débris du fyftéme, reftoient dans le public.

Fixons la fituation de la Compagnie à cette

époque. Son fonds confiftoit en deux cens cinquante mille actions de trois cens livres chacune, capital de foixante & quinze millions. Elle ne pouvoit avoir un revenu de commerce auffi confidérable qu'en 1719, eftimé alors douze millions. Elle avoit cédé vingt-cinq millions de fes rentes fur les fermes générales pendant le mois de juin 1720, & quatre millions pour fatisfaire à l'arrêt du 16 mars de la même année. Un million de cette même rente avoit été rembourfé par le roi en actions rentières; & felon l'arrêt du 20 juin 1720, elle avoit concédé les dix-huit millions reftans pour fervir à la création de nouvelles rentes viagères fur la ville.

Il reftoit encore à la Compagnie la rente de cent millions à trois pour cent, conftituée par le roi pour les actions d'Occident fur le produit de la vente du tabac.

La Compagnie devoit le capital de douze cens millions empruntés en actions rentières de trois pour cent, en vertu de l'arrêt du 2 feptembre 1719; le capital de deux cens millions empruntés en actions rentières à deux pour cent, en vertu de l'arrêt du 23 février 1720; enfin, quatre millions d'actions rentieres que l'arrêt du 16 mars de la même année l'avoit autorifé à créer; mais cette dette demeurant fixée fur les rentes créées en vertu de la rétroceffion que la Compagnie avoit faite au roi du revenu public, elle demeuroit éteinte.

Le roi informé que felon les comptes qui devoient être rendus par la Compagnie, elle préfenteroit des décharges fuffifantes pour être foldée de l'adminiftration de la banque qui lui avoit été confiée en janvier 1720, l'a rétablit

par arrêt du 22 mars 1723 dans la première
jouissance de ses effets, & entr'autres dans celle
de trois millions de rente, au principal de cent
millions, originairement constitués sur la ferme
du tabac, dont la Compagnie d'Occident avoit
été en possession avant que la Compagnie des
Indes lui fût réunie. Le roi abandonnoit pour
l'acquittement de cette rente, le privilége exclusif de la ferme du tabac, au moyen de quoi il
devoit demeurer quitte envers elle de deux millions sept cens mille livres; & pour quittancer
aussi les trois cens mille livres restans, il fut
selon l'arrêt du 23 du même mois, passé un
contrat d'aliénation à titre d'engagement des
droits du domaine d'Occident, à condition que
la Compagnie en acquitteroit les charges.

Le nombre des actions fut le lendemain fixé
à cinquante-huit mille, & il en fut par arrêt de
ce jour, créé quarante-huit mille autres. Le dividende de la première année fut en même-temps
fixé à cent livres par action, dont les six premiers mois devoient être payés par ordre de
numéro, à commencer du premier avril 1722,
& les six deniers à commencer du premier
juillet : enfin pour les années suivantes, il devoit
être accordé différens priviléges & d'autres
avantages à la Compagnie, au moyen desquels
les dividendes seroient fixés à cent cinquante
livres, indépendamment des bénéfices du domaine.

On voit par cet édit que les actionnaires devinrent rentiers non-seulement à raison du capital des actions, mais encore à raison du bénéfice que la Compagnie présumoit vraisembla-
blement faire sur le Commerce, puisque le

dividende pour l'année 1722 devoit être de cinq millions six cens mille livres ; & pour les années suivantes, de huit millions quatre cens mille livres, tandis que les revenus certains ne montoient qu'à trois millions trois cens mille livres, les revenus de la ferme du tabac n'appartenant pas alors à la Compagnie (*).

Pour favoriser le cours des actions, le roi permit à la Compagnie par arrêt du 15 février 1724, d'établir telles loteries qu'elle jugeroit nécessaires.

Enfin par édit du mois de juin 1725, le roi déchargea la Compagnie de toutes les opérations de la banque générale.

Mais les loteries de la Compagnie n'eurent pas le succès qu'elle s'en promettoit, & les défenses faites en 1717 d'introduire des marchandises des Indes ayant été renouvelées par l'édit du mois d'octobre 1726, la Compagnie fut encore privée de grands avantages.

En 1730, la Compagnie pour rembourser les dépenses auxquelles l'avoit obligée en 1716 & en 1727 la guerre du Malabar, céda à la Compagnie qui jouit encore exclusivement du commerce de Barbarie, le privilége qui lui avoit concédé ce commerce.

En 1731 la Compagnie supplia le roi de la recevoir à lui payer en dix ans un million cent cinquante mille livres, au moyen de ce qu'elle lui remettroit la colonie de la Louisiane dont la concession lui étoit onéreuse, parce que la garde du pays excédoit beaucoup les forces d'une Compagnie. En acceptant cette rétrocession, le roi rendit à

_____

(*) Ils ne lui furent concédés que le 31 août 1723.

les sujets la liberté de commercer dans la Louisiane, & la Compagnie fut privée de la gratification annuelle affectée à l'entretien des forts de cette colonie.

Vers le même temps la Compagnie afferma à l'adjudicataire des cinq grosses fermes la vente exclusive du tabac, affaire dont l'augmentation du produit de cette vente lui donna bientôt occasion de se repentir.

Ce fut en vain qu'elle s'opposa en 1732 à l'entrepôt du café des Colonies dans plusieurs ports du royaume, cet entrepôt fut autorisé par un édit de cette année.

Les guerres & les vues ambitieuses qui occupèrent la Compagnie depuis 1738 jusqu'en 1745, firent éclater la supériorité des chefs que M. Orry avoit placés dans les établissemens, mais elles entraînèrent la ruine de son commerce. En étendant ses possessions, la Compagnie oublioit qu'elle s'obligeoit à des dépenses immenses pour les garder & s'y maintenir, semblables à celles qui lui avoient fait acheter quelques années auparavant la rétrocession de la Louisiane. Ses entreprises trop vastes pour être exécutées par des commerçans, ne pouvoient réussir qu'en secondant les talens de Dumas, de Dupleix & de la Bourdonnais, également célébres par leur crédit dans le pays, par une fermeté qui les mettoit au-dessus de tout revers, & par un génie digne de toute confiance.

Des opérations si contraires à l'esprit de commerce obérèrent tellement la Compagnie, qu'elle fut obligée pour les soutenir, de recourir à des emprunts ruineux, de suspendre le payement du dividende, & de demander aux actionnaires en vertu de l'arrêt du 26 juin, un supplément de deux cens livres de fonds.

En 1747, le roi consentit en vertu de l'édit du mois de juin, à porter l'intérêt de cent millions qu'il devoit à la Compagnie à cinq pour cent, au lieu de trois qu'il avoit été payé jusqu'alors, & il se reconnut en outre débiteur de quatre-vingt millions envers la Compagnie : de sorte que depuis cette époque la dette annuelle du roi se monta à neuf millions au-lieu de quatre. On a depuis discuté la légitimité de cette dette. On a avancé que le gouvernement n'y avoit consenti que par la nécessité de protéger & de soutenir dans ces circonstances la Compagnie en lui procurant un crédit nécessaire aux emprunts dont elle avoit besoin.

Ce sont sans doute des motifs semblables qui déterminèrent le gouvernement en 1748, 1°. à avancer à la Compagnie huit millions cent dix-sept mille cinq cens vingt livres pour la mettre en état de payer les dividendes des années 1746, 1747 & 1748 ; 2°. à lui faire remise des dividendes dus pour les onze mille, huit cens trente-cinq actions qui appartenoient au roi ; 3°. à homologuer par arrêt du conseil du 13 mai 1748, la délibération de la Compagnie qui créoit un million deux cens mille livres de rentes viagères sur une ou deux têtes, à dix & à sept & demi pour cent.

Ces encouragemens n'eurent pas les succès que le gouvernement en attendoit ; & la paix de 1748 ne procura pas aux commerçans européens la tranquilité qu'ils en espéroient. Les compagnies crurent qu'il étoit d'une politique judicieuse de se mêler des querelles des princes des Indes, mais elles devinrent partie principale : les Anglois s'oppoſèrent aux ſuccès des princes que les françois appuyoient & portèrent bientôt l'animoſité dans les établiſſemens françois : les ſuccès mêmes devinrent nuiſibles. La Compagnie ſe fit donner en dédommagement des dépenſes qu'elle avoit faites pour les princes des Indes quatre provinces qui ne produiſirent aucun revenu, & l'on ſe vit de cette ſorte forcé à de nouveaux emprunts. Il fut permis à la compagnie par arrêt du 4 janvier 1752, d'emprunter une ſomme de dix-huit millions. Elle obtint encore en 1755, par un arrêt, un emprunt à conſtitution de rente de douze millions, & durant la guerre qui dura juſqu'en 1764, des arrêts du conſeil retardèrent le payement des créances & lettres de change venant des établiſſemens de la compagnie.

Ces emprunts lui procurèrent une grandeur apparente & paſſagère qui entraîna ſa ruine. Le public s'attendoit que la paix ſeroit l'époque de l'abolition de la Compagnie ; dès 1755, M. de Gournai, intendant du commerce, avoit obſervé au miniſtre que la régie de la compagnie étoit peu analogue à l'eſprit de commerce, parce qu'elle ne travailloit pas ſur ſes propres fonds ; qu'on ne pouvoit propoſer que des ſecours impraticables pour lui procurer les reſſources dont elle avoit beſoin, évalués alors à cinquante-cinq millions ; que quand même les expédiens propoſés fourniroient ces ſecours, on ne pourroit ſe flatter de ſoutenir la Compagnie ; que bien loin de remplir l'objet pour lequel elle avoit été établie, au lieu d'étendre le commerce de l'inde, elle n'avoit fait que le reſſerrer, enfin qu'en rendant libre la communication des îles de France & de Bourbon avec le royaume, le commerce particulier des Indes orientales pourroit se soutenir avec les seuls établissemens que la Compagnie avoit alors dans l'inde.

On accusoit d'ailleurs la Compagnie d'absorber les richesses nationales ; on remontoit à l'origine & aux suites de son commerce, & on démontroit qu'il avoit toujours été très-borné; on prétendoit que le gouvernement avoit sacrifié les vingt-quatre millions dont il s'étoit reconnu débiteur en 1747 : on se récrioit de toute part que le monopole de la Compagnie retardoit les progrès & détruisoit le commerce de la nation.

Quoi qu'il en soit, le gouvernement ne voulant rien précipiter, assura la liberté de la Compagnie par un édit solemnel, lui céda les onze mille huit cens trente-cinq actions dont le roi étoit propriétaire, & les onze mille huit cens trente-cinq billets d'emprunts créés en 1745, qui appartenoient aussi au roi, ainsi que les intérêts & les dividendes qui pouvoient lui être dus, à condition que la Compagnie payeroit jusqu'à extinction les soixante & douze mille livres accordées par sa majesté sur les dividendes & les intérêts par forme de pension aux personnes désignées dans l'état qui en seroit dressé.

Par ce même édit le roi reprit à la Compagnie les îles de France & de Bourbon, & il l'autorisa à faire un appel de quatre cens livres sur ses actions & à proportion par dixième d'action. Afin d'assurer aux actionnaires un sort indépendant de tout événement, l'article 13 voulut qu'il fût détaché de la partie du contrat de

cent

cent quatre-vingt millions qui se trouvoit libre alors, le fond nécessaire pour former à chaque action un capital de seize cens livres, & un intérêt de quatre-vingt, sans que cet intérêt ni le capital fût tenu de répondre en aucun cas & pour quelque cause que ce fût des engagemens que la Compagnie pourroit contracter postérieurement à cet édit.

La Compagnie adopta en même-temps les statuts que lui présenta M. Neker, au génie de qui elle devoit son rétablissement.

» Le but de ces institutions, dit un auteur » connu par ses lumières, étoit que la Compa- » gnie ne fût plus conduite par des hommes qui » souvent n'étoient pas dignes d'en être les fac- » teurs ; qu'elle fût également préservée, & de » la servitude sous laquelle elle gémissoit, & de » l'esprit de mystère qui y perpétuoit la corrup- » tion ; qu'il y eût des relations continuelles » entre les administrateurs & les actionnaires ; » que Paris privé de l'avantage dont jouissent les » capitales des autres nations commerçantes, » celui d'être un port de mer, pût s'instruire du » commerce dans des assemblées libres & paisi- » bles ; que le citoyen s'y formât enfin des idées » justes de ce lien puissant de tous les peuples, » & qu'il apprît, en s'éclairant sur les sources de » la prospérité publique, à respecter le négo- » ciant qui la nourrit ».

Cet esprit d'ordre s'étendit jusque dans les Indes ; on y envoya des réglemens sages pour les divers comptoirs, & le 18 nomvembre 1764, la Compagnie obtint des lettres-patentes concernant la liquidation de ses dettes qui ordonnoient que tous ses créanciers seroient tenus de recevoir en payement de leurs créances des contrats au denier vingt-cinq sur la ferme du tabac, à prendre dans les portions libres du contrat des neuf millions. Les syndics & les directeurs furent autorisés à vendre & à aliéner cent soixante-dix-sept mille livres de rentes viagères sur ces neuf millions de rentes perpétuelles ; il leur fût aussi permis d'ouvrir une loterie dont la mise seroit de six millions : la Compagnie fut encore autorisée à établir d'autres loteries en 1764 & en 1769.

La liquidation des dettes montoit en 1766 à quarante-un millions six cens mille livres ; douze millions avoient été payés comptant, & le reste tant en billets qu'en contrats à quatre pour cent, & en marchandises envoyées aux îles de France & de Bourbon & dans l'Inde, affectées particulièrement à l'acquittement des dettes.

Il restoit à liquider les billets de caisse créés en 1744, 1753, 1759 & 1761, & des ordonnances délivrées par les conseils souverains de France & de Bourbon. La masse en montoit à six millions ; il fut arrêté qu'on les retireroit annuellement par la voie du commerce & par les traites que la compagnie accorderoit proportionnément à la possibilité de sa caisse.

Il sembloit qu'avec l'ordre, l'économie devoit renaître dans les affaires de la Compagnie ; cependant le temps ne les améliora pas ; si elle avoit liquidé en 1766 quarante millions, de nouveaux établissemens dans l'Inde, des procès perdus, les réclamations inséparables des grands priviléges laissoient encore en 1769 cinquante-trois millions de dettes à la Compagnie.

Elle avoit d'ailleurs perdu des branches con-

fidérables de fon commerce : fur les inftances
réitérées des colonies de l'Amérique, le gouvernement lui avoit ôté en 1766, le privilége
exclufif d'y vendre des efclaves : ce n'étoit pas
la dédommager que de porter la gratification de
chaque tonneau d'exportation à foixante &
quinze livres, & à quatre-vingt celle des ton-
neaux d'importation. L'année fuivante la Compagnie perdit encore fans dédommagement la
vente exclufive du café moka.

C'eft en réclamant publiquement ces pertes,
qu'elle fit connoître combien fes priviléges
étoient onéreux à l'état, & le peu de fruit qu'occafionnoient les facrifices continuels que le Gouvernement lui faifoit.

Des vices effentiels furent d'abord reprochés
à la conftitution de la Compagnie. Le mot de
liberté de commerce paffa de bouche en
bouche, & dès cet inftant, on préfenta dans
plufieurs ouvrages tous les défavantages que
caufoient à l'état les priviléges exclufifs, &
particulièrement ceux de la Compagnie. Le mémoire de M. l'Abbé Morellet attira toute l'attention des actionnaires, du public, du gouvernement & des tribunaux. Il démontroit,
1°. qu'il n'étoit pas de l'intérêt des actionnaires
de conferver leur privilége exclufif, parce que
le capital du commerce de la Compagnie & fon
revenu libre avoit toujours diminué, & qu'attendu la diminution graduelle des bénéfices, les
actionnaires ne pouvoient efpérer de mieux conferver leur capital en continuant le commerce :
des calculs profonds & exacts prouvoient cette
affertion ; il ne s'éleva même aucun actionnaire
pour défavouer que la forme des bilans avoit

toujours été vicieuse, en ce qu'on y présentoit les fonds morts comme capital de commerce, & qu'on n'en avoit jamais souftrait le principal des rentes viagères.

2°. Que les actionnaires étoient dans l'impuiffance de continuer leur privilége par l'impoffibilité de faire de nouveaux emprunts fans payer des intérérêts exorbitans, à caufe du peu de crédit des effets de la Compagnie, & parce que le principal des cent quatre-vingt millions fur le roi étoit abforbé par les anciennes dettes & par l'hypothèque accordée aux actionnaires en vertu de l'édit de 1764.

3°. Que le privilége de la Compagnie étoit inutile à l'état, parce qu'une entreprife de commerce qui ne fe foutient pas par elle-même doit être abandonnée ; parce qu'il y avoit une infinité d'ufages à faire du revenu public plus légitimes & plus utiles que d'aider la Compagnie à foutenir un commerce ruineux par lui-même ; parce qu'enfin les demandes que la Compagnie faifoit au roi, n'avoient aucun fondement folide, & que fi le roi les accordoit, ce fecours feroit même encore infuffifant.

» C'eft cette Compagnie, répondit M. Neker,
» qu'on juge inutile, qui a formé tous les établif-
» femens de l'Inde, c'eft elle qui a changé deux
» îles incultes & défertes en deux îles commer-
» çantes & cultivées ; c'eft elle qui avoit élevé
» la ville de Pondichéry & ces établiffemens flo-
» riffans qui excitoient l'envie de toutes les na-
» tions avant la dernière guerre ; c'eft cette
» Compagnie qui a pour ainfi dire créé la ville
» de l'Orient ; c'eft cette même Compagnie,
» qui depuis la paix a relevé les établiffemens de

» la nation détruits par la guerre ; c'eſt cette
» Compagnie qui depuis 1764, a liquidé ſoi-
» xante millions de dettes contractées par ſa ma-
» jeſté dans les Indes ; c'eſt cette même Compa-
» gnie qui nourrit aujourd'hui quatre mille ma-
» telots, qui emploie un nombre infini de com-
» mis & de ſerviteurs tant en Europe qu'aux
» Indes, qui occupe des manufactures de toute
» eſpèce, &c. ».

Les ſiècles les plus éclairés ne préſentent point
d'ojet public qui ait été plus ſavamment diſcuté que celui-ci ; le miniſtère ne laiſſa il eſt vrai
que huit jours à la Compagnie pour répondre
au mémoire de M. l'abbé Morellet ; mais avant
d'enregiſtrer l'arrêt rendu le 13 août 1769, pour
la ſuſpenſion des privilèges de la Compagnie, le
parlement conſulta les adminiſtrateurs de cette
Compagnie, & les députés des principales villes
de commerce du royaume. Il arrêta des repré-
ſentations au roi, non pas contre cette ſuſpenſion, mais ſur la forme dans laquelle les volon-
tés de ſa majeſté avoient été rendues publiques,
& ſur quelques-unes des diſpoſitions ſecondai-
res de l'arrêt.

Cette ſuſpenſion ne fut effectuée qu'en 1770, par
l'arrêt du 17 février. Le roi créa un contrat d'un
million deux cens mille livres de rente, au principal de trente millions au profit de la Compagnie des Indes pour ſe libérer des ſommes qu'il
lui devoit. Il accepta auſſi tous les meubles &
immeubles de la Compagnie, & ſes droits &
propriétés tant dans le port que dans la ville de
l'Orient.

Des lettres-patentes avoient autoriſé le 9 février de la même année, les ſyndics & direc-

teurs de la Compagnie à ouvrir une loterie dont le fonds feroit de douze millions & dont les produits devoient être appliqués au paye- ment des dettes; mais le vide que produifit dans les caiffes de ceux qui la remplirent, & la fufpenfion du payement des billets des fermes & des refcriptions fur les recettes générales, laiffèrent cette loterie fans effet.

Enfin par l'arrêt du confeil du 8 avril 1770, le roi accepta la ceffion de tous les biens & droits appartenans à la Compagnie, & fe rendit propriétaire de tous les immeubles réels & fic- tifs; de tous les meubles, les effets, les mar- chandifes & fonds de commerce; de toutes les créances, demandes & répétitions actives & généralement de toutes les propriétés de la Com- pagnie des Indes, à l'exception feulement du ca- pital hypothéqué aux actions.

Cet arrêt déclara encore que conformément à l'édit du mois d'août 1764 & aux lettres- patentes du 9 février 1770, les actionnaires devoient fournir une fomme de quatorze mille fept cens foixante huit livres, par la voie d'un appel à raifon de quatre cens livres par action; que le roi demeureroit chargé de toutes les rentes tant perpétuelles que viagères conftituées par la Compagnie, ainfi que de celles qui ré- fulteroient du tirage de la Loterie établie par les lettres-patentes du 9 février & du payement des lots en argent ; que le roi acquitteroit toutes les dettes contractées par la Compagnie tant en Europe que dans l'Inde & aux îles de France & de Bourbon, les penfions & les de- mies foldes accordées par la Compagnie, le roi fe réfervant d'ailleurs de pourvoir aux demifoldes & penfions qu'il lui paroîtroit convenable d'accorder à ceux qui par leurs fervices étoient dans le cas de mériter des récompenfes de la Compagnie.

Enfin l'article quatre du même arrêt ordonna que le capital de chaque action fixé par l'édit du mois d'août 1764, à feize cens livres produifant la rente de quatre-vingt livres, feroit & demeureroit invariablement fixé à deux mille cinq cens livres, valant cent vingt-cinq livres de rente, & que les actionnaires jouiroient de cette augmentation de neuf cent livres de principal à compter du premier janvier 1770, en payant un appel de quatre cens livres par action en fix payemens différens : favoir cinquante livres avant le dix mai de cette année, cinquante livres avant le dix juin, cent livres avant le premier juillet, cent livres avant le premier août, cinquante livres avant le premier feptembre & cinquante livres avant le premier octobre.

Voyez *le dictionnaire de commerce & le parfait négociant, par Savarri ; le droit public des colonies, par M. Petit ; l'hiftoire du fyftême ; l'édit du mois de décembre 1674, portant révocation de la Compagnie des Indes occidentales ; l'édit du mois de novembre 1769, portant fuppreffion de la Compagnie des Indes ; les mémoires de M. l'abbé Morellet ; le mémoire de M. Neker ; les recherches & les confidérations fur les finances ; l'hiftoire philofophique & politique des établiffemens & du commerce des Européens dans les deux Indes ; l'encyclopédie ; l'hiftoire de la Compagnie des Indes.* Voyez auffi les articles COLONIE, COMMERCE, ACTION, DIVIDENDE, SOCIÉTÉ, &c. (*Article de M.*

HENRY DE RICHEPREY , ingénieur & commis des finances).

COMPAGNON. C'eſt celui qui a appris un métier & qui travaille pour un maître.

Suivant l'article 40 de l'édit du mois d'août 1776 , il eſt défendu aux Compagnons de quitter leurs maîtres ſans les avoir avertis dans le temps fixé par les règlemens , & ſans avoir obtenu d'eux un certificat de congé , où les maîtres doivent rendre compte de la conduite & du travail des mêmes Compagnons. Cette loi défend aux maîtres de refuſer le certificat dont il s'agit , ſous quelque prétexte que ce puiſſe être , après le temps de l'avertiſſement expiré: dans le cas de ce refus , les gardes , ſyndics ou adjoints , ou à leur refus , le lieutenant général de police , peuvent après avoir entendu le maître , délivrer au Compagnon une permiſſion d'entrer chez un autre maître. Il faut obſerver à ce ſujet que les maîtres ne peuvent recevoir acun Compagnon qu'il ne leur ait repréſenté le certificat de congé ou la permiſſion dont on vient de parler , le tout ſous telle peine que de droit contre les maîtres ou les Compagnons.

Le règlement du 28 février 1723 contient les diſpoſitions ſuivantes , relativement aux Compagnons imprimeurs :

« ARTICLE XXXI. Les imprimeurs & les » veuves d'imprimeurs , ne pourront faire tra- » vailler chez eux aucun Compagnon ou ouvrier » qui ait travaillé dans une autre imprimerie de » Paris , qu'ils n'ayent ſu du dernier maître ou » veuve de maître d'où ledit Compagnon ou » ouvrier ſera ſorti , ſi ledit Compagnon ou ou-

» vrier eſt libre & en état de travailler où bon
» lui ſemblera, à peine contre les contrevenans
» pour la première fois, de trois cens livres d'a-
» mende, & de trois livres par jour au profit du
» maître ou maitreſſe que le Compagnon ou
» ouvrier aura quitté ſans congé, à compter du
» jour qu'ils auront commencé de s'en ſervir;
» & en cas de récidive, d'interdiction pendant
» un an, & pour la troiſième fois, d'interdic-
» tion pour toujours; leſquelles peines ne pour-
» ront être réputées comminatoires, ni modé-
» rées ſous quelque prétexte que ce ſoit. Et
» pour prévenir de pareils abus, les maîtres
» imprimeurs & les veuves feront tenus de dé-
» clarer de ſemaine en ſemaine à la chambre
» ſyndicale, les Compagnons ou ouvriers qui
» manqueront dans leurs imprimeries, ou ceux
» qu'ils auront agréés pendant le cours de la
» ſemaine, afin qu'aucun maître ou veuve ne
» puiſſe prétexter qu'ils ignorent d'où peuvent
» ſortir les Compagnons ou ouvriers qui ſe pré-
» ſenteront dans leurs imprimeries pour y travail-
» ler, le tout ſous les peines que deſſus: & ſera le
» préſent article exécuté pareillement à l'égard
» de ceux qui tiennent des fonderies de carac-
» tères d'imprimerie, & de leurs Compagnons
» & ouvriers.

» XXXII. Les imprimeurs feront tenus de
» faire continuer les ouvrages commencés, ſans
» les pouvoir interrompre, ſi ce n'eſt pour cauſe
» raiſonnable; auquel cas ils feront tenus de
» donner aux Compagnons ou ouvriers quel-
» qu'autre ouvrage de pareille qualité, en atten-
» dant que le premier puiſſe être repris & con-
» tinué; & ſi la diſcontinuation dure plus d'un

» mois il fera permis auxdits Compagnons ou
» ouvriers , huit jours après en avoir averti
» le maître, de fe retirer , & d'entreprendre
» d'autres ouvrages chez un autre maître , fans
» qu'ils puiffent être contraints de retourner chez
» le premier , qui fera tenu audit cas de leur
» donner un congé par écrit.

» XXXIII. Les imprimeurs pourront con-
» gédier les Compagnons & ouvriers, en les
» avertiffant huit jours auparavant, même avant
» ledit terme pour des caufes juftes & raifon-
» nables ; hors que lefdits Compagnons & ou-
» vriers ne travaillent en confcience chez lefdits
» imprimeurs, ·& à l'égard defquels il fera ci-
» apres pourvû.

» XXXIV. Ne pourront les Compagnons
» & les ouvriers, à peine de cinquante livres
» d'amende , laiffer fans le confentement du
» maître qui les aura employés, les ouvrages
» par eux commencés ou fur lefquels ils auront
» travaillé, foit que lefdits ouvrages aient un
» ou plufieurs volumes, lorfque l'impreffion en
» eft faite fans une interruption qui dure plus d'un
» mois ; & feront lefdits Compagnons & ou-
» vriers tenus lofqu'ils finiront leurs labeurs,
» d'avertir leurs maîtres huit jours avant de les
» quitter , à peine de vingt livres au profit du
» maître

» XXXV. Sera loifible au maître qui voudra
» accélérer l'ouvrage commencé, d'en donner
» partie à d'autres ouvriers & Compagnons , fans
» qu'il foit permis à ceux qui l'auront commencé
» de le quitter, fous quelque prétexte que ce foit, à
» peine de cinquante livres d'amende & de tous
» dépens, dommages & intérêts envers le maître.

» XXXVI. Si l'un defdits ouvriers & Com-
» pagnons laiffe fon labeur pour quelque occa-
» fion ou prétexte que ce puiffe être, le maître
» ne pouvant le faire revenir aura la liberté de
» fubftituer en fon lieu & place tel ouvrier &
» Compagnon que bon lui femblera, fans que
» ceux qui travaillent fur le même ouvrage
» puiffent le difcontinuer, fous pareilles peines
» que deffus.

» XXXVII. Les directeurs des imprimeries,
» Compagnons & ouvriers qui travailleront chez
» les imprimeurs à la femaine ou à la journée,
» & qu'on appelle vulgairement travaillant en
» confcience, ne pourront quitter leurs maîtres
» qu'en les avertiffant deux mois auparavant ;
» s'ils avoient commencé quelque labeur, ils
» feront tenus de les finir fous les peines por-
» tées par l'article 34 ; & les maîtres ne pour-
» ront congédier lefdits ouvriers qu'en les aver-
» tiffant un mois auparavant, fi ce n'eft pour
» caufe jufte & raifonnable.

» XXXVIII. Enjoint fa majefté à tous Com-
» pagnons & ouvriers, travaillant chez les im-
» primeurs, de garder & conferver les copies
» tant manufcrites qu'imprimées fur lefquelles ils
» auront travaillé, pour être par eux rendues à
» leurs maîtres, & remifes par lefdits maîtres
» aux libraires, ou à ceux qui auront fait faire
» les impreffions, fans que pour raifon de ce
» lefdits Compagnons & ouvriers puiffent pré-
» tendre aucun payement ou récompenfe.

» XXXIX. Les imprimeurs & leurs Com-
» pagnons & ouvriers ne pourront retenir plus
» de quatre copies ou exemplaires de tous les
» livres qu'ils imprimeront ; favoir, une copie

» pour le libraire qui fera imprimer le livre,
» une pour le maître imprimeur, une pour le
» correcteur qui lui servira pour faire les tables
» & la quatrième & dernière pour les Compa-
» gnons & ovriers, qui seront tenus néanmoins
» de présenter ladite copie à celui qui aura fait
» faire l'impression & qui pourra si bon lui sem-
» ble, la retenir en payant, en sorte que les
» Compagnons & ouvriers n'aient la faculté d'en
» disposer qu'à son refus.

» XL. Il est expressément défendu à tous im-
» primeurs de faire travailler dans leurs impri-
» meries les dimanches & jours de fêtes, &
» aux Compagnons & ouvriers d'y travailler à
» la composition ou impression d'aucun ouvrage,
» à peine contre les maîtres de cent livres d'a-
» mende, & de dix livres contre chacun des
» Compagnons & ouvriers ; pourront néanmoins
» en cas de nécessité seulement, préparer &
» tremper leurs papiers, hors les heures du ser-
» vice divin.

» XLI. Les Compagnons, ouvriers & ap-
» prentis ne feront aucun festin ou banquet,
» soit pour entrée, issue d'apprentissage, ou au-
» trement, pour quelque cause & raison que ce
» soit.

» XLII. Défenses sont faites à tous Compa-
» gnons, ouvriers & apprentis de faire aucune
» communauté, confrairie, assemblée, cabale
» ni bourse commune ; d'avoir aucun livre ni
» registre de confrairie ; d'élire aucun marguil-
» lier, syndic, prévôt, chef, préposé, ni autres
» officiers ; de faire aucune collecte, ni levée
» de deniers ; & d'agir en nom collectif pour quel-
» que cause & occasion que ce soit, à peine de

» prifon , de punition corporelle & de trois cens
» livres d'amende ».

Un arrêt du confeil du 9 octobre 1724 a défendu aux Compagnons imprimeurs de porter
l'épée ni d'autres armes, fous peine de prifon
& de plus grande peine le cas échéant. La même
loi a défendu aux imprimeurs de fouffrir dans
leurs imprimeries aucun ouvrier portant des
armes, à peine d'en répondre en leur propre
& privé nom.

Voyez *les lois citées*, & les articles ARTS ET
MÉTIERS, IMPRIMEUR, &c.

COMPARAISON D'ÉCRITURES. C'eft la
confrontation que l'on fait de deux écritures
l'une avec l'autre, pour reconnoître fi elles font
de même main.

On appelle pièces de Comparaifon, des pièces
reconnues que l'on produit pour les confronter
avec celles qui font à vérifier.

La Comparaifon d'écritures a lieu tant en
matière civile qu'en matière criminelle. L'ordonnance de 1667 en règle la forme pour les
matières civiles ; & en matière criminelle , les
formalités de la preuve par Comparaifon d'écritures font déterminées par l'ordonnance criminelle de 1670, & par celle du mois de juillet
1737 concernant le faux principal & incident.

Voyez fur cette matière les articles FAUX,
RECONNOISSANCE ET VÉRIFICATION.

Nous obferverons ici en paffant qu'en matière
de Comparaifon d'écritures la dépofition même
uniforme des experts ne fait jamais une preuve
fuffifante, & le juge ne doit la regarder que
comme une femi-preuve à caufe de l'incertitude
de leur art fur cet objet.

En effet des experts écrivains peuvent bien établir qu'il y a de la conformité ou de la différence entre des écritures comparées, mais ils n'ont aucune règle pour prononcer avec certitude que deux écritures font d'une même main ou de deux différentes mains.

On pourroit appuyer cette doctrine fur un grand nombre de faits : nous nous contenterons d'en rapporter deux ou trois.

Des chanoines de Beauvais ayant été accufés d'avoir écrit des lettres qui tendoient à troubler la tranquillité publique, furent arrêtés & conduits au château de Vincennes. M. de la Reynie, lieutenant-général de police & commiffaire en cette partie, leur préfenta ces lettres qu'ils reconnurent fur le champ pour être de leur écriture : mais après qu'elles leur eurent été lues, ils proteftèrent qu'ils ne les avoient point écrites : en effet leur écriture avoit été imitée, & le coupable ayant été arrêté, il fubit la peine due à fon crime.

Le cardinal de Biffy & l'abbeffe de Jouarre ayant reçu différentes lettres anonymes injurieufes, les ennemis du fieur Colot vicaire à Jouarre le firent foupçonner de les avoir écrites. Trois experts maîtres écrivains à Meaux ayant comparé ces lettres anonymes avec de véritables lettres du vicaire, décidèrent unanimement qu'elles étoient toutes de la même main. Le cardinal de Biffy ne s'en tint pas là ; il envoya les lettres à Paris, & quatre autres habiles experts écrivains confirmèrent la décifion de ceux de Meaux. En conféquence il y eut un interdit prononcé contre le fieur Colot, quoiqu'innocent ; car l'auteur du délit, touché de regret, découvrit la fourberie.

Enfin, le fieur Fleury, curé de Saint-Victor d'Orléans, ayant été accufé d'avoir fabriqué une lettre impertinente adreffée à M. le duc d'Orléans, régent, & d'avoir voulu imputer cette lettre à M. l'évêque d'Orléans, par l'imitation de fa fignature, on inftruifit fon procès. Quatre experts écrivains de Paris furent entendus, & rapportèrent que la lettre avoit été écrite par le fieur Fleury ; cependant fon innocence fut reconnue, car on découvrit le véritable auteur de la lettre.

COMPARENCE. Terme de coutume ufité en Normandie dans le fens de préfence. On appelle dans cette province, *jours de Comparence*, ceux où fe tiennent les affifes des juges fupérieurs : ainfi l'on dit qu'*un officier doit Comparence aux affifes d'un tribunal*, pour dire qu'il doit s'y trouver.

COMPARTITEUR. Terme par lequel on défigne celui des juges qui a ouvert le premier un avis contraire à celui du rapporteur, & fur lequel avis la compagnie s'eft partagée.

Il faut remarquer qu'il ne peut y avoir de Compartiteur qu'en matière civile, parce que, quand la compagnie eft partagée en matière criminelle, le jugement paffe à l'avis le plus doux.

Lorfqu'une chambre eft partagée fur une affaire au parlement, le rapporteur & le Compartiteur fe rendent dans une autre chambre où ils expofent chacun les motifs de leur avis, & l'affaire s'y juge conformément à l'opinion de l'un ou de l'autre.

COMPARUIT. Terme ufité au parlement de Flandres & dans les fiéges inférieurs de la même province. C'eft la déclaration que fait un procureur de l'impoffibilité où la mort de fon com-

mettant le met de pourſuivre la cauſe juſqu'à ce
qu'il ait un nouveau pouvoir de ſes héritiers. Il
fait ſignifier cet acte à la partie adverſe, &
celle-ci doit dans l'an de cette ſignification faire
aſſigner les héritiers pour reprendre les erremens de la cauſe ; ſi elle laiſſe écouler l'année
ſans obſerver cette formalité, la cauſe tombe
en *interruption*, ſuivant les coutumes des ville
& châtellenie de Lille, dont les diſpoſitions ſer-
vent à cet égard de loi générale dans les Pays-
Bas, excepté au parlement où l'*interruption* n'a
pas lieu.

*Voyez la coutume de Lille, titre 10 article 7,
& celle de la châtellenie de Lille, titre 25 article 20.*
Voyez auſſi les articles DOUAI, INTERRUPTION,
PÉREMPTION D'INSTANCE, &c. (*Article de M.
MERLIN, Avocat au Parlement de Flandres.*

COMPARUTION. C'eſt l'acte que fait celui
qui ſe préſente en juſtice, ou devant un notaire
ou autre officier public. Il y a des actes de juſtice où la Comparution doit être faite en perſonne : par exemple, en matière civile, lorſqu'une partie doit ſubir interrogatoire ou prêter
ſerment ; & en matière criminelle, lorſque l'accuſé eſt décrété d'aſſigné pour être ouï, ou d'a-
journement perſonnel.

Il y a d'autres actes de juſtice où la Comparution eſt néanmoins différente de la préſentation proprement dite, qui ſignifie l'acte par lequel un procureur ſe conſtitue pour ſa partie.

La Comparution peut être faite par la partie
en perſonne ou par le miniſtère de ſon avocat &
de ſon procureur, comme dans les matières civiles ordinaires.

La Comparution devant un notaire ou autre
officier

officier public , pour les actes extra-judiciaires ; se fait auffi par là partie en perfonne ou par le miniftère de fon procureur *ad lites ;* mais elle peut encore être faite par le miniftère d'un procureur *ad negotia*, qu'on appelle communément un fondé de procuration.

Le demandeur ou autre perfonne qui provoque le miniftère du juge ou autre officier public, fait fa Comparution de fon propre mouvement ; au lieu que le défendeur fait la fienne en conféquence d'une fommation ou d'une affignation , & quelquefois en conféquence d'une ordonnance ou autre jugement, qui ordonne un procès-verbal ou autre acte extra-judiciaire , où les parties doivent comparoître en perfonne.

Dans les procès-verbaux & autres actes faits par les juges, notaires ou autres officiers publics, fur lefquels les parties doivent comparoître en perfonne ou par procureur, on donne acte refpectivement aux parties ou à leurs procureurs de leurs comparutions, dires, & réquifitions ; & s'il y a des défaillans, on donne défaut contr'eux.

COMPARUTION, fignifie en Flandres l'inftruction fommaire qui fe fait d'une caufe en l'hôtel du juge. Comme l'ordonnance du mois d'avril 1667 n'eft point reçue en Flandres , on y fuit la pratique des tribunaux des Pays-Bas, tout s'inftruit par écrit , rien ne fe plaide à l'audience , à l'exception des affaires confulaires , des appels d'inftruction en matière criminelle , des requêtes civiles & des appels des jugemens des confeillers commiffaires. Voici la marche que l'on fuit dans les procès par écrit.

Si la caufe eft privilégiée , ou fi le demandeur

'a intérêt qu'elle soit expédiée promptement, il demande par sa requête l'instruction sommaire. En conséquence le juge ordonne aux parties de comparoître pardevant le premier officier du siége, si c'est une juridiction inférieure, ou pardevant l'un des conseillers si c'est au parlement (*). Si les deux parties comparoissent au jour désigné, elles déduisent brièvement leurs

---

(*) *Formule d'une requête pour obtenir l'instruction sommaire d'une cause.*

A NOSSEIGNEURS.

Nosseigneurs de la cour de parlement de Flandres.

Supplie très-humblement N.... demeurant à.... disant que (*on détaille ici le fait & les moyens*) à ces causes il prend son recours vers votre autorité & justice ;

NOSSEIGNEURS,

Ce considéré, il vous plaise condamner ledit...... (*on place ici les conclusions*) & pour le voir ainsi prononcer, ordonner aux parties de comparoir par-devant seigneur-conseiller-commissaire pour, aux jour & heure qu'il désignera, instruire la cause sommairement par un seul procès-verbal de comparution.

Cette requête étant présentée à l'une des chambres du parlement, on l'apostille ainsi :

La cour ordonne aux parties de comparoir par-devant le conseiller N.... au jour qu'il désignera pour instruire la cause sommairement.

Le demandeur présente ensuite un placet au conseiller nommé commissaire, conçu de cette manière :

Monsieur le conseiller-commissaire est très-humblement supplié de désigner jour & heure de comparution à l'effet requis.

Le commissaire y met cette apostille :

Nous désignons jour à l'effet requis, à mardi (*ou tel autre jour qu'il lui plaît*), 30 de ce mois, une heure de relevée.

moyens (*) ; le demandeur expofe d'abord les conclufions de fa requête ; le défendeur y ré-

---

(*) *Formule d'un procès-verbal de Comparution.*
Du jeudi 7 de feptembre 1776, une heure de relevée.
En la caufe de..... demandeur par requête préfentée à la cour le 19 août dernier, contre N.... fignifié.
Par-devant nous..... chevalier, confeiller du roi en la cour de parlement de Flandres, commiffaire en cette caufe, fouffigné :

Eft comparu le demandeur en perfonne, accompagné du procureur..... fur lequel il a déclaré repaffer établiffement, & de Me...... avocat, fon confeil, & nous a reproduit la requête du 19 août dernier, en marge de laquelle eft couché l'arrêt de la cour, qui ordonne aux parties de comparoir par-devant nous aux jour & heure que nous défignerions pour inftruire la caufe fommairement & nonobftant vacations, notre ordonnance portée en conféquence le même jour, défignant jour de comparution à l'effet requis, à cejourd'hui, heure préfente ; le tout dûment fignifié ledit jour à..... ainfi qu'il nous eft apparu de l'exploit de l'huiffier..... & ramenant la caufe à fait, le demandeur a perfifté dans ce qu'il a dit par fadite requête.

Eft auffi comparu le procureur...... pour le fignifié, affifté de Me..... avocat, qui nous a dit que....

Le premier comparant qui a vu ce qui vient d'être dit par le fecond, nous a dit pour téplique.... foutènant que le fecond comparant devra fervir de duplique fur le champ, à tel péril que de droit.

Le fecond comparant nous a dit pour duplique.....

Et comme au moyen de ce, la caufe fe trouve coulée en droit, nous fommes fuppliés d'ordonner aux parties de fournir dans la quinzaine péremptoirement.

Suivant quoi, nous confeiller-commiffaire en cette caufe, avons donné acte aux parties de leurs dires, foutenemens & réquifitions, pour leur fervir & valoir ce que de raifon, & leur avons ordonné de fournir dans la quinzaine péremptoirement.

Fait à Douai les jour, mois & an que deffus.

pond; le demandeur réplique & le défendeur
auffi. Alors la caufe eft coulée en droit ou en
avis : (voyez les articles COULER EN AVIS &
COULER EN DROIT.) le commiffaire ordonne
aux parties de fournir leurs pièces refpectives;
après le *fourniffement* il fait fon rapport à la
chambre tant du procès-verbal de la Comparution que des mémoires & écrits qui ont été *fer-
vis* depuis.

Si les deux parties ne comparoiffent pas en
l'hôtel du juge au jour indiqué pour la Comparution, une heure après celle qui eft défignée,
la partie qui comparoit demande défaut fi c'eft
le demandeur , & congé fi c'eft l'ajourné.

Ce congé fe prononce contre le demandeur
défaillant avec dépens, mais il n'a pas la force
de chofe jugée; le demandeur peut donner une
nouvelle affignation, en payant tous les dépens
de la première.

Si c'eft l'ajourné qui ne comparoit pas, le demandeur obtient à fa charge un premier défaut,
en conféquence duquel il le fait débouter par le
commiffaire des exceptions déclinatoires &
réajourner.

S'il ne comparoit pas encore à la feconde fois, il
encourt un fecond défaut, pour le profit duquel
le commiffaire le déboute de toute exception
dilatoire & péremptoire, & admet le demandeur à vérifier les faits articulés dans fa requête.

Si la preuve du demandeur ne confifte qu'en
titres , il n'eft pas obligé d'en donner communication à l'ajourné qui a encouru deux défauts : s'il
fait entendre des témoins, il doit le faire affigner
pour les voir jurer & donner fes reproches. Le
défaillant ne .perd en ce cas que l'avantage de

faire une preuve contraire ; il demeure en droit
de combattre celle du demandeur.

Telle est la règle établie par le stile du parlement de Flandres, conforme sur ce point à
l'ordonnance du mois d'avril 1667, qui ne se con-
tente pas du défaut de l'ajourné pour que le demandeur obtienne gain de cause, mais qui exige
encore que la demande se trouve juste & raisonnable.

La coutume du Hainaut n'est pas si exacte ;
elle décide, chapitre 78 article 27, & chapitre
79 article 10, que le second défaut emporte
gain & fin de cause : ainsi il n'est pas nécessaire
en cette province d'admettre le demandeur à
vérifier sa demande, comme l'ont jugé deux
arrêts rendus dans cette coutume, l'un du 22
mars 1695, l'autre du 8 juillet 1697. On jugeroit sans doute autrement aujourd'hui ; car une
déclaration du 17 novembre 1714, article 3,
ordonne que l'instruction des procès civils dans
tous les bailliages, prévôtés & siéges du Hainaut, se règlera à l'avenir sur le stile seul du parlement.

Il y a néanmoins un cas où le second défaut
de l'ajourné suffit même au parlement pour donner gain de cause au demandeur, sans qu'on soit
obligé de l'admettre à vérifier sa demande. C'est
lorsqu'elle n'est appuyée que sur des titres &
qu'il les a joints à sa requête, quand même ce
seroit un billet privé, & qu'il se trouveroit seulement marqué par l'ajourné faute de savoir
écrire, comme l'a jugé un arrêt du 17 juin 1697.

En matière de saisies & *main-mises*, le second
défaut emporte de plein droit le décretement
des exploits, parce que les saisies & main-mi-

fes ne s'accordent par le juge qu'après avoir examiné les titres fur lefquels eft fondée la demande qu'on lui en fait.

Si la coutume du lieu du domicile de l'ajourné exigeoit une preuve dans ce cas, & que l'affaire fe plaidât en première inftance au parlement, la preuve ne feroit point néceffaire ; la feule jonction du titre à la requête fuffiroit pour donner gain de caufe au demandeur. C'eft ce qui a été jugé par arrêt du 30 juin 1712, rendu dans la coutume de Cambrefis. La raifon en eft que les tribunaux fupérieurs ne doivent fuivre les coutumes de leur reffort que pour ce qui regarde le fond ; quant à la forme des procédures il faut toujours obferver le ftile du lieu où l'on plaide.

Voilà ce qui fe pratique en première inftance foit au parlement, foit dans les fiéges inférieurs. En caufe d'appel les Comparutions fe règlent de même, mais la procédure eft différente quant aux défauts.

Si l'appelant ne comparoit point au jour indiqué pour la Comparution, l'intimé obtient défaut à fa charge ; & s'il eft encore défaillant à la Comparution fuivante, le commiffaire fait fon rapport à la chambre, & l'on déclare l'appel péri & défert.

On ne peut fe pourvoir par oppofition contre ces arrêts rendus par défauts, quand même on préfenteroit requête dans la huitaine, comme l'a jugé un arrêt du 12 décembre 1765, rendu au rapport de M. Jacquerie, entre Defmidt, demandeur en oppofition, & le Comte de Béthune. C'eft ce qu'a auffi décidé un autre arrêt du 17 novembre 1766, rendu au rapport de M. Desjardins entre Jean-Baptiste Tranniaux, demandeur en opposition, & M. Boutry & consorts.

C'est ce qui distingue les causes d'appel d'avec celles de première instance : car dans celles-ci on peut, suivant l'article 3 d'un édit du mois de mars 1674, extrait du titre 35 de l'ordonnance de 1667, se pourvoir dans la huitaine en opposition, contre les arrêts rendus par défaut faute de se présenter.

Si c'est l'ajourné qui fait défaut au jour de la Comparution, on le fait réajourner à ses dépens. Après un second défaut la cause est censée *coulée en droit*, & le juge prononce sur les pièces produites en première instance.

Quelquefois il s'élève des incidens dans les Comparutions, & dans ce cas le commissaire peut les juger lui-même ; mais s'il trouve la matière délicate, il ordonne aux parties de *fournir* sur l'incident, & fait son rapport à la chambre. Ce préliminaire est essentiel ; car on ne peut faire droit au principal avant la décision de l'incident, comme l'ont jugé deux arrêts, l'un du 19 novembre 1694, l'autre rendu en révision le 17 avril 1709.

Si le commissaire prononce lui-même sur l'incident, la partie qui se croit lézée par son jugement peut en appeller en *pleine cour* ; & dans ce cas on observe la procédure qui sera détaillée à l'article CONSEILLERS - COMMISSAIRES AUX AUDIENCES.

Voyez le stile du parlement de Flandres ; les arrêts de M. Desjaunaux imprimés à Valenciennes en 1702 ; l'institution de la cour du Hainaut ; les chartes générales de la même province, &c. Voyez

aussi les articles Douai, Opposition, Défaut, Désertion d'appel, &c. (*Article de
M. Merlin, avocat au parlement de Flandres.*)

COMPATIBILITÉ. Ce terme s'emploie en
parlant de charges & de bénéfices, pour marquer que deux charges, deux bénéfices peuvent
être possédés en même-temps par la même personne.

Et l'on appelle *lettres de Compatibilité*, des lettres-patentes par lesquelles le roi permet à un
homme de posséder en même-temps deux charges qui sans cette permission ne pourroient pas
être exercées par une même personne (*).

(*) *Formule de lettres de compatibilité.*

Louis par la grace de Dieu, roi de France & de Navarre:
A nos amés & féaux, &c.; salut. Notre cher & bien amé
le *sieur Nicolas Crubiier de Chandaire* nous a fait exposer
qu'il desireroit se faire pourvoir des offices de nos Commis-
saires-procureurs pour nous en la maîtrise particulière des
eaux & forêts de Châteauroux, & aux bailliage & prévôté
y réunis de ladite ville; mais craignant d'être troublé dans
les fonctions des susdits offices sous prétexte d'incompatibilité, il nous a très-humblement fait supplier de lui accorder nos lettres sur ce nécessaires. A ces causes voulant
traiter ledit sieur exposant, de notre grâce spéciale, pleine
puissance & autorité royale, nous lui avons permis & accordé, permettons & accordons par ces présentes signées de
notre main, de se faire pourvoir dudit office de notre con-
seiller-procureur pour nous en la maîtrise particulière des
eaux & forêts de Châteauroux, & de celui de notre conseiller procureur pour nous au bailliage & prévôté y réunie
de ladite ville de Châteauroux, de les exercer conjointement, sans que pour ce il puisse lui être imputé aucune
incompatibilité, ni prétendre lesdits offices être déclarés
vacans & impétrables en conséquence de nos ordonnances
dont nous l'avons de nos mêmes grâce, pouvoir & autorité
que dessus, relevé & dispensé, relevons & dispensons par

Nous allons parler succeffivement de la Compatibilité des charges ou offices, & de celle qui a rapport aux bénefices.

De la Compatibilité des Offices.

Cette Compatibilité a lieu principalement entre deux ou plufieurs offices dont les fonctions peuvent fe concilier, & dont l'un n'eft pas au-deffous de la dignité de l'autre.

Ainfi la même perfonne peut poffeder en même-temps un office de fecrétaire du roi avec celui de confeiller dans une cour fouveraine.

Plufieurs édits & arrêts ayant déclaré incompatibles les charges de procureur & de notaire, cela s'obferve à la rigueur dans les villes & furtout dans celles où il y a un préfidial ; mais dans les autres endroits où les praticiens font moins communs, on tolère la réunion de ces deux offices dans la même perfonne.

Il a été jugé par un arrêt du 19 mars 1753, que le fubftitut du procureur du roi au bailliage de Roye en Picardie, qui avoit la faculté de poftuler comme procureur, pouvoit auffi poffeder un office de notaire : on doit obferver que les procureurs de Roye étoient en poffeffion d'exercer le notariat.

---

cefdites préfentes, & ce nonobftant tous édits, déclarations, arrêts & réglemens contraires, auxquels nous avons dérogé & dérogeons par cefdites préfentes pour ce regard feulement & fans tirer à conféquence. Si vous mandons que ces préfentes vous faffiez regiftrer, & de leur contenu jouir & ufer ledit expofant pleinement & paifiblement, ceffant & faifant ceffer tous troubles & empêchemens contraires. Car tel eft notre plaifir. Donné à Verfailles le vingtième jour d'avril, l'an de grâce mil fept cent foixante-quatorze ; & de notre règne le cinquante-neuvième. Par le roi.

Un arrêt du 22 février 1760 a aussi décidé que le même substitut pouvoit être en même-temps officier dans une justice seigneuriale.

On s'est souvent élevé contre la réunion de l'emploi de contrôleur des actes avec des charges ou offices. On a même réussi quelquefois à obliger des titulaires à se démettre ; c'est ce qu'on voit par un arrêt rendu au parlement de Rouen le 22 août 1730, contre M. Dulong, avocat & contrôleur des actes à Beaumont-le-Roger.

Cependant les édits d'octobre 1694 & de mars 1696 permettent formellement aux contrôleurs des actes de posséder des charges : cette disposition est sans doute fondée sur la difficulté qu'on auroit à trouver des sujets capables pour remplir l'emploi de contrôleur dans la plupart des villes & bourgs du royaume : & cela a paru d'autant moins susceptible d'inconvénient, qu'il est de l'intérêt du fermier de ne confier cet emploi à des titulaires d'offices qu'en cas de nécessité.

Quoi qu'il en soit, l'exécution de ces édits a été ordonnée presque toutes les fois que des contrôleurs des actes ont éprouvé des difficultés dans les corps où ils possédoient des charges.

Un arrêt du conseil du 12 août 1721 cassa deux sentences du juge du Hainaut en Bretagne, qui avoit ordonné à un contrôleur des actes d'opter entre les fonctions de cet emploi & celles de notaire & de procureur.

Un autre arrêt du conseil du 7 mars 1722 déchargea le particulier qui étoit en même-temps commis au contrôle des actes & élu dans la ville de Provins, d'une assignation qui lui avoit été donnée fous prétexte d'incompatibilité, & défendit à toutes perfonnes de troubler les employés au contrôle fous ce prétexte, à peine de mille livres d'amende & de tous dépens, dommages & intérêts.

Un troifième arrêt du confeil du 14 février 1723 caffa un jugement du lieutenant-général de Bayeux, portant ordre à un nommé Philippe, procureur en ce bailliage & chargé de la perception des droits réfervés, d'opter entre fa charge & fon emploi, le maintint en conféquence dans les fonctions de l'un & de l'autre, & défendit à tout juge de rendre de pareils jugemens, à peine de trois mille livres d'amende, &c.

Un arrêt du parlement de Bretagne rendu le 26 juin en faveur du fieur Guequeu, notaire, procureur & contrôleur des actes à Locornan, fit défenfes à toute perfonne de le troubler, ainfi que les autres officiers de judicature, fous prétexte d'incompatibilité de leurs offices avec l'emploi de contrôleur.

Par arrêt du confeil du 4 mai 1728, le roi évoqua les conteftations pendantes au bailliage de Senlis au fujet d'une convention faite entre trois notaires de Pont-Saint-Maxence, portant que celui d'entr'eux qui accepteroit l'emploi de contrôleur des actes payeroit cinq cens livres à chacun des deux autres pour chaque année de fon exercice ; & par provifion fa majefté ordonna que le nommé Prêcheur, l'un d'eux qui avoit accepté l'emploi, continueroit d'en exercer les fonctions.

Une décifion du confeil du 7 juin 1732 débouta les notaires de Cazères de leur demande tendante à ce que le commis au contrôle des actes, qui étoit en même-temps notaire, fût destitué de son emploi.

Une autre décision du 23 août 1732 débouta les procureurs de Brignoles d'une pareille demande.

Le conseil décida encore de même le 28 mars 1733 contre les syndics généraux des états de Béarn, qui demandoient qu'il fût défendu aux notaires de se charger de l'emploi du contrôleur des actes.

Le contrôleur des actes à Moret étoit en 1738 procureur & notaire : pour empêcher que des parties pour lesquelles ce contrôleur occupoit en qualité de procureur, n'eussent connoissance d'une procédure, le lieutenant criminel commit le greffier du siége pour sceller & contrôler les actes de cette procédure : mais le conseil décida le 21 juin de la même année qu'on pouvoit être en même-temps commis au contrôle & procureur, & que le lieutenant-criminel n'auroit pu être fondé à substituer le greffier au contrôleur qu'autant qu'il y auroit eu preuve de malversation de la part de ce commis.

Un arrêt du conseil du 10 octobre 1752 cassa un arrêt du parlement du Paris, & ordonna en conséquence que le sieur Delaître, contrôleur des actes à Magny, seroit admis à exercer l'office de procureur au bailliage & autres juridictions de la même ville, sans que les autres procureurs pussent s'opposer à la réception sous prétexte d'incompatibilité, à peine de mille livres d'amende & de tous dépens, dommages & intérêts : les sieurs Pigeard & Lemarié formerent opposition à cet arrêt ; mais ils en furent déboutés par un autre du 17 septembre 1754 qui les condamna aux dépens.

Ainsi on peut regarder comme constante la jurisprudence du conseil sur la Compatibilité de l'emploi de contrôleur des actes avec les charges de notaire & de procureur.

Au reste, des charges qui de leur nature ne sont pas compatibles, peuvent le devenir par des lettres de Compatibilité que l'on obtient en grande chancellerie : on ne les accorde que lorsque la réunion des deux offices sur la tête de la même personne n'est sujette à aucun inconvénient. Le gouvernement crut trouver une ressource en 1709, en confirmant moyennant finance la Compatibilité des offices dont les titulaires se trouveroient pourvus : la déclaration qu'il donna à ce sujet est du 28 avril de la même année.

De la Compatibilité des bénéfices.

La Compatibilité ne peut avoir lieu suivant le concile de Trente, qu'entre deux bénéfices qui n'exigent pas résidence ; il n'est même permis de conférer un second bénéfice simple qu'au bénéficier dont le revenu ne suffit pas pour son *honnête entretien* : mais on peut obtenir des dispenses d'incompatibilité en cour de Rome.

On voulut rappeler dans le dernier siècle M. Berthier, évêque de Rieux, à la rigueur des canons : il étoit déjà pourvu de la prevôté de la métropole de Toulouse, lorsqu'il avoit été nommé à son évêché. Quoique l'un ou l'autre de ces bénéfices parut plus que suffisant pour son *honnête entretien*, il avoit obtenu une dispense qui lui permettoit de les posséder en même-temps, & ses bulles avoient été confirmées par

des lettres-patentes enregiſtrées. Un eccléſiaſtique qui avoit obtenu de ſon côté des proviſions pour la prevôté de Touloufe , s'aviſa de
troubler M. l'évêque de Rieux dans ſa poſſeſſion ,
en ſoutenant que ſa diſpenſe étoit abuſive comme
contraire aux canons & aux lois du royaume.
Mais elle fut confirmée par un arrêt de la grand'-
chambre du parlement de Paris du 22 juillet
1688 , & M. Berthier a joui des deux bénéfices
paiſiblement juſqu'à ſa mort.

La même cour a jugé , le 20 août 1739 ,
qu'une penſion ſur un bénéfice étoit compatible
avec un autre bénéfice , quoiqu'ils fuſſent l'un
& l'autre ſujets à réſidence : mais il faut dans
ce cas que les proviſions du penſionnaire ſoient
poſtérieures à la création de la penſion. L'arrêt
a été rendu ſur les concluſions de M. l'avocat-
général Gilbert en faveur de M. l'abbé Boucher,
conſeiller au parlement, contre le ſieur Caſtaing,
au ſujet d'une penſion que le premier s'étoit ré-
ſervée ſur le doyenné de Saint-Emilion avant
qu'il fût chantre en dignité du chapitre de Saint-
·Honoré.

Les canoniſtes ont imaginé qu'il y auroit une
eſpèce d'inceſte ſpirituel à poſſéder deux bénéfices dont le titulaire de l'un ſeroit collateur de
l'autre ; & l'on a conclu qu'il n'étoit pas plus
permis à un eccléſiaſtique de retenir l'un & l'autre en même-temps, qu'il ne l'eſt à un laïc d'é-
pouſer la mère & la fille : telle eſt la doctrine
qui ſubſiſte encore aujourd'hui : on a même prétendu l'appliquer à deux bénéfices indépendans
l'un de l'autre, mais qui dépendroient d'un bénéfice ſupérieur. Cette conſéquence n'a pas été
accueillie au parlement de Paris qui , par arrêt

du 29 août 1598, a jugé que les prieurés de Reuil & du Saint-Sépulchre pouvoient être possédés par la même personne, quoiqu'ils fussent l'un & l'autre à la collation du prieur de la Charité-sur-Loire.

Comme le concile de Trente & les lois du royaume ne déclarent incompatibles que les bénéfices sujets à résidence, il semble que lorsque deux bénéfices de cette espèce sont dans la même église, ou, comme s'expriment les canonistes, *sub eodem tecto*, la présence du titulaire devroit lever l'obstacle de l'incompatibilité : mais on a tiré une induction toute opposée, surtout par rapport aux bénéfices dont les fonctions sont les mêmes, ou dont les titulaires sont obligés d'assister au chœur aux mêmes heures. Garcias & Rebuffe pensent que si l'obligation d'un chapelain se réduisoit à dire quelques messes, il pourroit posséder dans la même église un canonicat avec sa chapelle ; mais Navarre & le plus grand nombre des canonistes sont d'un sentiment opposé. M. Boucher d'Argis dit dans l'encyclopédie qu'un bénéfice simple n'est compatible avec un autre de même nature que lorsqu'ils ne sont pas *sub eodem tecto* : en effet, l'article 73 des libertés de l'église gallicane défend de posséder deux bénéfices dans la même église.

Voyez les édits d'octobre 1694 & de mars 1696 ; le concile de Trente ; les libertés de l'église gallicanne ; les lois ecclésiastiques de d'Héricourt ; M. Boucher d'Argis dans l'encyclopédie ; le diction- naire de droit canonique ; la collection de jurispru- dence. Voyez aussi l'article INCOMPATIBILITÉ. (*Article de M.* GILBERT DE MARETTE, *avocat au parlement*).

COMPELLATIONS. C'eſt le nom que l'on donne dans les pays-bas à ce que l'on appelle en France *interrogatoires ſur faits & articles.* On les connoît encore ſous le nom de *poſitions.*

L'ordre de la procédure n'eſt pas pour cette matière dans les pays-bas comme en France.

En France, il eſt permis de faire interroger ſa partie adverſe en tout état de cauſe : en Flandres on ne peut le faire avant un jugement qui règle les parties a preuve. Tel eſt du moins le langage des praticiens du pays, qui ſe fondent ſur un arrêt du 7 juin 1673, & ſur l'article 32 du chapitre I du ſtile du parlement. Mais d'abord un ſimple arrêt rendu ſur les conteſtations de deux particuliers ne peut l'emporter ſur la loi penultième *digeſt. de interrogationibus in jure faciendis*, dont la déciſion eſt conforme à celle de l'ordonnance du mois d'avril 1667, & l'on peut ajouter, aux règles de la raiſon & de l'équité ; en effet, ſi une partie peut éviter les frais d'un jugement interlocutoire, en tirant la vérité de la bouche de ſon adverſaire, pourquoi l'en empêcher ? la bonne foi n'exige-t-elle pas que celui qu'on interroge réponde ſur le champ, ſans aller chercher de mauvaiſes excuſes dans les détours & dans les ſubtilités de la pratique ? Quant à l'article 32 du chapitre premier du ſtile du parlement, il ne décide rien moins que cette queſtion. Les articles précédens preſcrivent l'ordre & la marche des enquêtes tant littérales que teſtimoniales, & celui ci ajoute que chacune des parties pour éviter de faire des preuves ſuperflues, pourra faire interroger l'autre. D'où l'on voit

que

que cet article n'a pas dérogé aux lois romaines auxquelles les pays-bas font affujettis, fans que les juges puiffent s'en écarter, fi ce n'eft dans les cas où les lois du prince, les coutumes décrétées, ou des ufages bien conftatés renferment des difpofitions contraires.

En France, l'affignation pour répondre doit être donnée à perfonne ou au domicile de la partie ; le ftile du parlement de Flandres permet de la donner auffi au domicile du procureur.

En France, la partie doit répondre en perfonne ; dans le reffort du parlement de Flandres elle peut répondre par procureur chargé d'une procuration fpéciale *contenant le ferment par elle prêté pardevant le juge du lieu de la demeure, & pouvoir de le réitérer & jurer en fon ame fur lefdits faits, felon l'inftruction qui fera donnée au procureur pour ce établi.* Ce font les termes du ftile, chapitre premier, article 32.

En France, fi la partie fait défaut au jour indiqué pour répondre, les faits font tenus pour confeffés & avérés fans réaffignation. En Flandres, il faut réaffigner le défaillant, & ce n'eft que dans le cas d'un fecond défaut que les faits font tenus pour avoués.

En France, les interrogatoires fe font aux frais de ceux qui les ont requis, fans qu'ils puiffent les faire entrer en taxe, en cas de condamnation aux dépens : l'article 6 du chapitre 70, des chartres générales du Hainaut, en permet la répétition. Cette difpofition eft fuivie dans tout le reffort du parlement de Flandres.

En France, la partie qui fait interroger ne

peut être préfente à l'interrogatoire : en Flandres, elle peut s'y trouver en perfonne ou par procureur.

Le juge après avoir pris le ferment de la partie qu'il doit interroger, ou de fon procureur, reçoit fes réponfes de vive voix fur chaque fait, & en fait tenir note en marge de chaque article.

Comme ce ferment purement de calomnie n'engage la partie qu'à repondre ce qu'elle croit de bonne foi, fi la réponfe eft affirmative, on met à la marge de l'article *credit*: fi la réponfe eft négative, on écrit *non credit*.

De là viennent ces expreffions fi familières aux praticiens de la Flandres, *répondre par ferment de calomnie, répondre par credit* vel non.

On ne peut être contraint de répondre de cette forte fur des faits qui tendent à découvrir notre propre turpitude. Le parlement de Flandres l'a ainfi jugé par divers arrêts rendus en 1674, en 1691, & le 8 juin 1698. Il a décidé la même chofe par arrêt du 21 novembre 1775, en faveur de Marie-Charlotte Willaert. Il s'agiffoit de la mettre en curatelle. La preuve des faits articulés pour y parvenir avoit été admife, & pour la faciliter, on avoit interpellé la demoifelle Willaert par un écrit de Compellation de convenir ou difconvenir des faits de diffipation, de débauche, & de foibleffe d'efprit, allégués contre elle. Elle refufa de le faire & foutint qu'on n'eft pas plus obligé de répondre à des faits dèshonorans, que d'avouer fa propre turpitude. L'arrêt cité l'a déclarée bien fondée dans fon refus, & a rejeté la demande en Compellation comme inadmiffible.

Néanmoins un défendeur ne peut fe difpenfer de répondre, quoique le demandeur ait requis l'intervention du miniftère public pour prendre des conclufions à fa charge. C'eft ce qu'a jugé le même parlement par arrêt du 31 juillet 1697, rapporté par M. Pollet, part. 3 art. 99.

On n'eft pas obligé de repondre à des Compellations qui ne contiennent que des queftions de droit. M. le préfident des Jaunaux en rapporte un arrêt rendu par le parlement de Flandres le 21 juillet 1694.

On n'eft pas obligé de répondre dans les enquêtes à futur qui font encore en ufage dans les pays-bas. C'eft ce qu'a jugé un arrêt rendu par le grand confeil de Malines au mois de juin 1585, entre l'abbaye de faint Hubert & la princeffe d'Aremberghe.

La partie publique n'eft pas obligée de répondre par ferment de calomnie aux Compellations de ceux qu'elle pourfuit. Gail, Minfingère, & Chriftin en rapportent des arrêts rendus par la chambre impériale d'Allemagne, & par le grand confeil de Malines. Surdus, decifion 18, rapporte des arrêts contraires du confeil de Mantoue & de celui de Montferrat. Farinacius, après avoir difcuté les deux queftions, dit que celle de Surdus eft la plus juridique, mais que l'autre eft adoptée par l'ufage.

Un défendeur ne peut fe difpenfer de répondre fous prétexte que la dette dont on le prétend redevable, excède la fomme de trois cens florins, dont parle l'édit perpétuel de 1611, modelé fur l'ordonnance de Moulins. Le parlement de Flandres l'a ainfi jugé en 1722. C'eſt auſſi ce que porte une déclaration rendue le 21 mars 1624, par le conſeil privé de Bruxelles, ſur la requête des échevins de Malines.

De ce que les réponſes aux Compellations ne renferment que ce que la partie eſt cenſée croire de bonne foi, il ſuit que ſi elle vient à découvrir l'erreur d'un aveu qui peut lui préjudicier, elle peut s'en faire relever en prenant des lettres de requête civile en la chancellerie près le parlement. (Voyez l'article REQUÊTE CIVILE) dans ce cas, un défendeur même doit prouver qu'il s'eſt trompé & que la choſe eſt autrement qu'il ne l'a avouée, quand même il s'agiroit d'une ſimple négative dont la preuve tombe en toute autre conjonêture ſur le demandeur. Le parlement de Flandres l'a ainſi jugé par deux arrêts, l'un du 15 mars 1691, l'autre du 19 octobre 1692.

Le procureur employé par l'une des parties, n'eſt pas obligé de répondre aux Compellations de la partie adverſe, quand même elles concerneroient ſon propre fait. C'eſt ce que le parlement de Flandres a jugé par arrêt du 11 janvier 1690, rapporté par M. Pollet. Cette déciſion eſt contraire à la loi 39 *digeſt. de procuratoribus*, & à un arrêt du conſeil d'Utrecht, rapporté par Radelant, déciſion 5. Mais, comme dit M. Pollet, l'uſage l'a emporté ſur la loi; on ne peut aujourd'hui faire interroger que ceux qui ſont parties au procès; or un procureur ne l'eſt pas, il ne fait que prêter ſon miniſtère ſans être intéreſſé perſonnellement.

Les délais pour faire enquête ne courent

point tant que la partie n'a pas répondu aux Compellations, parce qu'avant qu'elle ait parlé, son adverfaire ne peut favoir quels font les faits qu'elle avouera & qui n'auront pas befoin d'autre preuve ; quels font ceux qu'elle niera, & qu'il fera chargé de prouver. Chriftin vol. 1 décif. 95, rapporte un arrêt du grand confeil de Malines qui l'a ainfi jugé. C'eft auffi ce que porte un arrêté du parlement de Flandres du 10 décembre 1682.

Voyez *le ftile du parlement de Flandres ; les chartres générales du Hainaut ; de Ghewiet en fes inftitutions au droit Belgique ; les arrêts de Cuvelier, Radelant, Pollet ; Voet ad digefta de interrogationibus in jure faciendis; l'ordonnance de Rouffillon ; l'ordonnance du mois d'avril 1767 ; Imbert en fes inftituts,* &c. Voyez auffi les articles INTENDIT, INTERROGATOIRES SUR FAITS ET ARTICLES, ENQUÊTE, &c. (*Article de M. MERLIN, avocat au parlement de Flandres.*)

COMPENSATION. C'eft une libération reciproque entre deux particuliers qui fe trouvent être en même-temps créanciers & débiteurs l'un de l'autre, de manière que chacune d'eux retient en payement de la fomme qui lui eft due, celle qu'il doit à l'autre. C'eft comme on le voit, une forte de payement fictif qui fe fait de part & d'autre fans bourfe délier.

Nous examinerons dans cet article 1°. les propriétés, la nature & les effets de la Compenfation ; 2°. pourquelle efpèce de dettes elle peut être admife ; 3°. enfin a quels créanciers elle peut être oppofée.

1°. *Des propriétés, de la nature & des effets de la Compenſation* : il réſulte de la définition que nous venons de donner que toute Compen‑ſation ſuppoſe néceſſairement deux dettes , & deux payemens qui s'opèrent en même‑temps, dans leſquels les créanciers & les débiteurs reſ‑pectifs ne ſe donnent autre choſe l un à l'autre que leurs ſeules quittances , au moyen de quoi les dettes ſe trouvent de part & d'autre ou anéanties en totalité ſi les ſommes qui font l'ob‑jet de la Compenſation ſont égales , ou ſeule‑ment diminuées juſqu'a concurrence de la plus petite dette ſur la plus conſidérable ſi les ſom‑mes réciproquement dues ſont inégales.

Suivant tous les docteurs elle eſt un des qua‑tre moyens par leſquels l'action perſonnelle peut s'éteindre : ces moyens ſont la preſcription , la remiſe volontaire faite de la dette par le créan‑cier à ſon débiteur , le payement effectif de la dette , & la Compenſation enfin dont il s'agit ici , qui eſt elle‑même ſuivant la définition que nous en avons donnée un vrai payement.

L'utilité en eſt d'ailleurs ſenſible , puiſqu'on voit qu'elle évite le circuit de deux payemens qu'il y auroit réellement à faire s'il falloit que chacun des deux débiteurs en même‑temps créan‑ciers l'un de l'autre payât d'abord la ſomme qu'il doit & la reprît enſuite pour être payé à ſon tour.

Il eſt de principe conſtant en juriſprudence que la Compenſation étant naturelle & fondée ſur l'équité , elle a d'elle même ſon effet & de plein droit , parce que la loi l'aſſimile à un vé‑ritable payement qui fait ceſſer l'action du créan‑

cier contre fon débiteur. *Compenfatio folutioni æquiparatur & tollit ipfo jure actionem. Leg. 4. ff. qui portiores in pignore.*

Elle eft en conféquence regardée par les docteurs comme un moyen introduit par l'équité naturelle & par la loi civile pour opérer la libération du débiteur & pour le fouftraire aux pourfuites d'un créancier qui lui doit de fon côté. Il ne feroit pas raifonnable d'une part de recevoir une chofe qu'on feroit contraint de reftituer fur le champ, fuivant l'axiome de droit qui dit *dolo facit qui petit quod redditurus eft eidem. Leg. 8. ff. de dolo.* Et il eft d'un autre part infiniment plus avantageux de n'avoir pas à payer que d'être enfuite obligé de fe faire rendre ce qu'on a d'abord été forcé de donner en payement, *ex parte vero rei utilius eft non folvere quam repetere folutum. Leg. 3. ff. de folutionibus.* Il eft fans doute plus utile d'être autorifé a retenir la chofe que de n'avoir enfuite qu'une fimple action pour la repeter.

Il réfulte du principe établi, que le débiteur n'a pas befoin d'obtenir des lettres du prince pour oppofer la Compenfation à fon créancier. Cela eft indubitable à l'égard des pays de droit écrit dont la loi que nous venons de citer fait la règle.

Il faut cependant convenir qu'il y avoit anciennement une différence effentielle fur ce point entre les pays coutumiers & ceux de droit écrit : tandis que dans les premiers il falloit des lettres du prince pour demander la Compenfation, elle s'opéroit *ipfo jure* fans cette formalité dans les provinces régies par le droit écrit.

Maïs aujourd'hui cette diſtinction n'a plus lieu du moins dans les coutumes qui telle que celle de Paris entr'autres, admettent la Compenſation des dettes claires & liquides ; en conſéquence il n'eſt plus beſoin aujourd'hui au châtelet de Paris d'obtenir des lettres en chancellerie. Il ſuffit d'une ſimple requète pour demander la Compenſation ; uſage fondé ſur ce qu'elle n'eſt pas une grâce , mais une exception légale & un moyen de droit autoriſé par la coutume ; ce qui ſe trouve d'ailleurs conforme à cet axiome de droit , *fruſtra à principe impetratur quod à lege conceditur.*

. Remarquez cependant que cela ne ſe pratiquoit ainſi que devant le prévôt de Paris & les autres premiers juges qui ſont dans la prévôté ; car lorſque la Compenſation étoit demandée au parlement ſoit en cauſe d'appel ſoit en première inſtance entre des parties qui n'étoient pas domiciliées dans la coutume de Paris , il fal'oit obtenir des lettres en chancellerie à l'effet d'obtenir la Compenſation.

Il en étoit de même lorſqu'elle étoit demandée devant les juges des autres coutumes qui n'ont pas une diſpoſition ſemblable à celle de la coutume de Paris par rapport à la Compenſation : la demande qu'on vouloit en faire ne pouvoir être introduite ſans lettres du prince ; c'eſt même ce qui a été jugé par un arrêt du 29 juillet 1541 rapporté par Chopin ſur la coutume d'Anjou & par Brodeau ſur celle de Paris.

Cependant ſuivant un autre arrêt du 27 octobre 1595 , cité par Carondas , il avoit été détidé qu'après les partages faits entre les héritiers du mari & fa veuve, s'il y avoit des foutes à faire entr'eux, le juge en pouvoit ordonner la Compenfation fans que les parties fuffent obligées de prendre des lettres en chancellerie.

Mais quoi qu'il en foit, ces fortes de lettres ne font plus en ufage aujourd'hui lorfqu'il s'agit de demander la Compenfation foit au parlement, foit au châtelet ou aux requêtes du palais. L'article 105 de la coutume de Paris qui déclare que la Compenfation de liquide à liquide fe fait de droit, eft devenu une difpofition de droit commun généralement fuivie par-tout en matière de Compenfation.

Suivant ce qui fe pratique aujourd'hui, le défendeur fe conftitue incidemment demandeur par requête de la fomme que lui doit le créancier qui le pourfuit, & il conclut à ce qu'il foit fait Compenfation de cette fomme avec celle qu'il doit au demandeur. Il peut même demander incidemment la Compenfation en tout état de caufe, par une requête qui fe dreffe de la même manière que toutes les autres demandes incidentes.

La Compenfation, difent les docteurs, a d'elle même fon effet & de plein droit fans être demandée, quand même ceux entre lefquels elle peut avoir lieu ne s'en aviferoient pas, & quand même ils ignoreroient la nature & la quotité des dettes qu'ils auroient à compenfer entre eux. Il fuffit qu'ils foient en même temps créanciers & débiteurs l'un de l'autre pour que ces qualités fe confondent & s'anéantiffent réciproquement.

Ainfi par exemple, deux héritiers de deux fuc-

ceffions différentes qui n'auroient pas encore
acquis la connoiffance des biens qui leur feroient
échus, s'ils fe trouvoient en cette qualité refpectivement débiteurs l'un d'une fomme produifant des intérêts & l'autre d'une fomme qui
n'en porteroit pas, ces intérêts dans ce cas cef-
feroient de courir, foit en totalité fi les dettes
étoient égales, foit jufqu'à concurrence de la
moindre dette & a compter du jour que la dernière fe trouveroit être échue.

C'eft encore une conféquence du même principe que fi deux perfonnes, telles, par exemple, qu'un tuteur & fon pupille, des co-héritiers, des affociés ou d'autres ayant des intérêts
communs, fe doivent mutuellement, leurs comptes & calculs doivent être faits année par année,
lorfqu'il s'y trouve des fommes qui produifent
des intérêts, & cela afin que les Compenfations & les déductions fe faffent eu égard aux temps
auxquels les fommes dues fe trouvent concourir
pour les Compenfations, & que les intérêts de
ces mêmes fommes courent ou ceffent de courir felon les changemens que les Compenfations peuvent y apporter par l'extinction des
fommes Compenfées ou déduites.

Lorfque nous difons au refte, que la Compenfation à fon effet d'elle même & fans être demandée, il ne faut pas entendre par la que le
débiteur qui eft auffi créancier foit difpenfé pour
cela de former fa demande en Compenfation
devant le juge fous les yeux duquel il eft indifpenfable de mettre le titre fur lequel elle eft
fondée, pour qu'il foit en état de l'ordonner
avec connoiffance de caufe; car ce juge ne fau-

roit deviner fi , dans le fait , il y a une Compenfation à faire , & fi le créancier eft réciproquement débiteur ; il ne fauroit juger que *fecundum*
allegata & probata ; de forte qu'il ne peut avoir
aucun égard à la Compenfation s'il n'eft pas
inftruit qu'il y a lieu de l'ordonner.

Mais il n'en eft pas moins vrai de dire malgré
cela qu'elle a toujours fon effet par elle même
& de plein droit , en ce qu'elle a lieu non-feulement du jour qu'elle a été demandée en juftice , mais même de celui auquel le concours
des deux dettes a donné ouverture à la Compenfation , de forte que c'eft de ce jour qu'elle
a force de payement , & que les intérêts de la
fomme acquitée par la Compenfation ont ceffé
de courir au profit du créancier. C'eft le fentiment des auteurs & de Dumoulin entr'autres;
& cela , ajoute ce dernier , quand même l'une
des dettes compenfées porteroit des intérêts &
que l'autre n'en produiroit pas.

Du principe établi que la Compenfation fe
fait de droit , il réfulte encore que le juge non
feulement peut mais doit même , dans le cas
de demandes refpectives , compenfer d'office les
dettes , lorfqu'il y a lieu , foit que par cette
Compenfation les parties doivent fe trouver
entièrement quittes l'une envers l'autre , foit
qu'après qu'elle aura été confommée , l'une d'elles
doive être condamnée au payement du furplus
qu'elle fe trouvera redevoir.

Nous devons enfin conclure de ces obfervations qu'en général la Compenfation eft moins
une action & une demande en elle même , qu'une
exception propofée contre la demande d'un

créancier qui par l'événément est le débiteur de
son débiteur.

Cette exception au reste, a paru si indispensable pour entretenir le commerce entre les hommes & pour le maintien de leurs droits qu'elle a toujours été regardée favorablement. Aussi est il libre aux débiteurs de l'opposer à leurs créanciers toutes les fois que ceux-ci se trouvent leur devoir quelque somme susceptible de Compensation.

Elle peut en conséquence se proposer à l'égard d'une dette pour raison de laquelle on auroit déjà commencé a procéder ; on est admis à la demander en cause d'appel quoiqu'on ait négligé d'en exciper en première instance ; on peut enfin la faire valoir en tout état de cause, même après avoir été condamné par sentence ou par arrêt attendu que c'est une de ces exceptions qui tiennent lieu de payement & qui par conséquent se proposent autant contre l'exécution d'un jugement & pour empêcher le payement effectif que contre l'action intentée : d'ailleurs, le débiteur n'est pas obligé d'avoir recours à ce moyen avant d'avoir été condamné.

Il est au surplus à remarquer que lorsque la Compensation est demandée contre l'exécution d'un jugement, elle suffit pour arrêter les saisies exécutions & toutes les poursuites ultérieures du créancier.

Il est pareillement de maxime que si le débiteur qui pouvoit opposer la Compensation a payé une somme à son créancier, il peut la répéter, comme ayant payé ce qu'il ne devoit pas.

Par une suite de la faveur due à la Compensation, il est de règle que lorsqu'une dette peut
se compenser avec plusieurs autres, la Compensation s'impute toujours par préférence sur
la dette la plus dure & la plus onéreuse ; sur
une dette, par exemple, privilégiée & chargée
d'hipothèque, plutôt que sur celle qui ne l'est
pas ; sur celle encore qui produit des intérêts,
plutôt que sur celle qui en est exempte, sur
la dette pour laquelle on a une caution avant
celle qui a été contractée sans caution.

On trouve dans les arrêts de Catelan l'espèce d'une contestation qui a été jugée conformément à la doctrine que nous venons d'exposer, par arrêt du parlement de Toulouse du
mois de février 1693. Jean devoit à Pierre
deux sommes de mille livres chacune, dont
une seulement étoit privilégiée ; mais Jean étoit
en même-temps créancier de Pierre d'une somme de mille livres. Les biens de Jean furent mis
par la suite en distribution, & Pierre y demanda
son allocation pour la plus ancienne & la plus
privilégiée des deux sommes qui lui étoient dues
par Jean, & il observa que les mille livres qu'il
devoit lui-même à Jean avoient été compensés
avec sa créance de mille livres non privilégiée.
Mais les créanciers établirent contre cette prétention de Pierre que le débiteur ni son créancier n'ayant pas dit *in quam causam solutum sit*, &
étant de principe en pareil cas que le payement
étoit censé avoir été fait *in duriorem & anti-
quiorem causam*, il falloit en dire de même de
la Compensation qui étoit reputée avoir été
faite avec la somme la plus privilégiée ; qu'ainsi

celle qui reſtoit due & pour laquelle ſeule
Pierre pouvoit avoir ſon allocation étoit la moins
privilégiée : c'eſt auſſi ce qui fut jugé de la ſorte
par l'arrêt que nous rapportons, nonobſtant la
Compenſation faite par Jean avec celle de ſes
deux dettes qui n'étoit pas privilégiée : conſidération qui ne pouvoit être d'aucun poids auprès
des juges, ſuivant le principe que nous venons
d'établir, d'autant plus que le débiteur diſcuté
n'avoit pas pu favoriſer un de ſes créanciers au
préjudice des autres.

Il eſt bon de remarquer encore qu'un des
principaux effets de la demande en Compenſation eſt d'empêcher le cours de la preſcription,
lorſque les deux dettes ſont liquides & de nature
à être compenſées de droit ; c'eſt entr'autres le
ſentiment de Duperrier dans ſes queſtions, ce
qui eſt conforme au principe ſuivant lequel la
Compenſation équivaut à un véritable payement & en a tous les effets ; d'où il faut conclure que la demande en Compenſation met à
la preſcription le même obſtacle qu'y mettroit
la demande en payement même.

2°. *Pour quelle eſpèce de dettes la Compenſation
peut-elle être admiſe ?* Le premier principe ſur
cette matière eſt qu'il ne ſuffit pas qu'il y ait
dette de part & d'autre pour pouvoir en demander la compenſation, mais il faut encore
qu'il y ait reſſemblance & identité entre ces
dettes. C'eſt le ſeul fondement de la Compenſation, par laquelle ſuivant que nous l'avons
obſervé plus haut, le juge feint que celui qui
doit une ſomme, & à qui pareille ſomme eſt
due a payé ſon créancier & en a été en même-
temps payé.

D'où il réfulte qu'il eft indifpenfable en premier lieu que les dettes qu'il s'agit de compenfer de part & d'autre foient réciproquement claires & liquides ; car celle des deux qui ne feroit pas telle ou qui feroit fujette à conteftation ne pourroit pas être compenfée avec une dette claire & liquide.

Cette règle tirée du droit Romain & particulièrement adoptée par la coutume de Paris, qui en a une difpofition expreffe à l'article 105, eft générale pour toute la France.

Ainfi une dette litigieufe, un droit incertain, une prétention douteufe & non règlée, un compte qui n'eft pas arrêté, une obligation conditionnelle n'empêcheroient pas l'exécution & les pourfuites que feroit le créancier pour une dette claire & liquide, & ne pourroient valablement fe propofer pour compenfation ; car fi l'une des deux dettes feulement eft claire & liquide, & que l'autre foit fujette à conteftation, ce n'eft plus alors le cas de la Compenfation, mais fimplement de la reconvention, action dont l'objet eft de faire conftater & reconnoître la dette.

A l'égard de la liquidité des dettes, c'eft au juge devant lequel la Compenfation eft demandée à difcerner la dette claire & liquide d'avec celle qui ne l'eft pas ; mais fi l'une des parties oppofoit à l'autre que fa dette n'eft pas liquide, il eft évident qu'alors le juge ne pourroit avoir aucun égard à la Compenfation propofée ni fufpendre la condamnation du débiteur au payement d'une dette dont la liquidité ne feroit point conteftée au créancier. Une pareille difcuffion pouvant entraîner des longueurs au préjudice de ce créancier, elle doit être réfervée pour être jugée enfuite féparément.

Si néanmoins le litige élevé fur la queftion de liquidité n'étoit ni fort compliqué ni difficile à réfoudre, le juge pourroit dans ce cas accorder un bref delai pour cette difcuffion, fans préjudicier au créancier auquel la compenfation eft oppofée.

Lorfqu'on dit au refte que les dettes à compenfer doivent être claires & liquides de part & d'autre, la liquidité doit s'entendre uniquement de la certitude des dettes & de leur quotité, mais non pas de l'égalité du titre & de l'eftimation de la chofe.

Deux créances peuvent être claires & liquides, & conféquemment de nature à être compenfés quoiqu'elles procédent de diverfes caufes, de contrats ou engagemens différens. Par exemple, je fuis votre débiteur en vertu d'une obligation paffée par-devant notaire ; vous me devez de votre côté une fomme fixe & certaine contenue en votre fimple billet ; la Compenfation aura lieu entre nous quoique débiteurs & créanciers en même-tems l'un de l'autre par différens titres, parce que nos créances refpectives n'en font pas moins conftantes & moins liquides quoiqu'elles procédent de diverfes obligations.

Au fujet de la liquidité des dettes on demande fi une dette en grains eft liquide, & fi en conféquence on peut en demander la Compenfation avec une dette en argent. Mævius, par exemple, doit cent piftoles à Titius, &

celui-ci

celui-ci doit à Mævius une certaine quantité de grains ; il paroîtroit d'abord que les deux dettes ne font pas de nature à être compenfées. Cependant fi la dette en grains peut être facilement liquidée, Mævius en obtiendra la Comperfation avec la dette en argent ; d'autant plus qu'en matière de Compenfation les dettes en grains font réputées liquides, & elles fe compenfent avec les dettes en argent : c'eft entr'autres le fentiment de Brodeau, qui obferve à ce fujet que la dette en grains eft certaine & liquide. Il eft en effet facile, ajoûte-t-il, d'en faire l'appréciation en argent fur l'extrait de la valeur des gros fruits qui eft au greffe de toutes les juridictions royales, fuivant ce qu'ont prefcrit l'article 17 de l'ordonnance de Charles VII du 19 feptembre 1439, qui eft particulière pour la ville de Paris & les articles 94, 102, & 104 de l'ordonnance de François premier de 1539, qui eft générale pour tout le royaume. Cela eft encore conforme à l'article 76 de la même ordonnance, qui permet de faifir & de mettre en criées les grains ou autres efpèces dues par obligation ou par un jugement exécutoire, quand même il n'y auroit point eu d'appréciation, parce qu'elle peut auffi bien fe faire après les faifies & criées qu'auparavant.

Ainfi une certaine quantité de grains ou d'autres denrées qui ont une évaluation fixe peut être compenfée fans difficulté avec une fomme claire & liquide. Brillon dans fon dictionnaire des arrêts en rapporte un du parlement de Grénoble du 27 feptembre 1653, qui a admis dans un pareil cas la Compenfation d'une dette en

deniers avec des grains appréciés fuivant l'é-
valuation des gros fruits de la chambre des
comptes. Il eſt hors de doute alors que cette
évaluation générale peut tenir lieu d'une liquidation particulière dans les occaſions où de pareils objets ſe trouvent à compenſer.

Ainſi dans ce cas, la diverſité qui ſe trouve
entre nos deux dettes, dont l'une eſt en deniers
& l'autre en grains ou en autres eſpèces non
eſtimées, ne ſauroit mettre obſtacle à la Compenſation demandée.

indépendamment de la raiſon d'équité naturelle, les juriſconſultes appuient cette déciſion
ſur la diſpoſition de l'article 166 de la coutume
de Paris. Cet article porte qu'on ne pourra procéder par voie d'arrêt, ſaiſie, exécution & em-
priſonnement en vertu d'une obligation ou d'un
jugement, ſi la choſe pour raiſon de laquelle
on fait ces ſortes de pourſuites n'eſt certaine &
liquide, *en ſomme ou en eſpèce*, porte expreſſément l'article de la coutume que nous citons ;
& dans ce cas il eſt dit que ſi l'eſpèce eſt ſujette
à appréciation, on pourra ajourner afin de
l'apprécier.

Il réſulte d'une ſemblable diſpoſition, que
puiſque l'on peut exécuter pour une dette *certaine & liquide en eſpèce* à la charge de l'appréciation ; on peut par la même raiſon la donner
en Compenſation, en obſervant néanmoins d'a-
journer, afin d'apprécier les grains dûs ou autres eſpèces, s'il y a lieu à l'appréciation.

Obſervez encore que quoique la Compenſation ne ſe faſſe que d'une dette claire & liquide
avec une autre également liquide, ſi cepen-

ant la dette n'avoit été liquidée qu'en jugeant,
le juge faifant en cela fonction d'arbitre, cette
liquidation auroit fon effet & feroit ceffer les
intérêts de la fomme avec laquelle il s'agiroit
de compenfer celle qui auroit été liquidée par
le juge. Chorier en fa jurifprudence de Guypape, cite un arrêt du parlement de Grenoble
du 19 juillet 1679, qui a jugé conformément à
cette maxime.

Mais ce n'eft pas affez que les dettes qui font
à compenfer foient de part & d'autre claires &
liquides ; il faut encore qu'elles foient échues,
& que les deux créanciers puiffent réciproquement les exiger, au moment où la Compenfation en eft demandée. La raifon en eft fimple,
puifque fuivant que nous l'avons obfervé plus
haut, la Compenfation opère deux payemens,
& que l'on ne peut être contraint de payer que
les fommes dont le terme du payement eft
échû.

Du principe établi qu'on ne peut compenfer
que les dettes exigibles, il réfulte qu'une créance faifie ne peut être compenfée avec une dette
qui eft libre. C'eft ce qu'a jugé un arrêt du 9
décembre 1761 rendu en la grand-chambre du
parlement de Paris. Suivant cet arrêt rapporté
par Denifart au mot *Compenfation*, le parlement
rejeta la Compenfation oppofée par le fieur
Demeaux officier porteur de charbon à fa communauté, qui lui demandoit une fomme de
mille quarante-fept livres treize fous, pour le
montant des droits qu'il avoit perçus, tant pour
elle que pour les hôpitaux comme prépofé à la
diftribution du charbon : la communauté de fon

côté devoit à Demeaux plus de trois mille livres ; mais elle avoit fur lui des faifies antérieures à la manutention qu'elle avoit été forcée de
lui confier, au moyen de ce que les officiers de
cette communauté rempliffoient cette fonction
à tour de rôle. Ce fut donc fur le motif de ces
faifies que l'arrêt dont il s'agit décida qu'il ne
pouvoit y avoir lieu dans la circonftance à la
Compenfation demandée par Demeaux.

Il eft pareillement hors de doute qu'une dette
non exigible, non-feulement par le défaut d'é-
chéance, mais par fa nature même, telle par
exemple , que le principal d'un contrat de
conftitution de rente, ne fauroit être compenfée avec une obligation pure & fimple, parce
que tandis que ce dernier titre produit un engagement actuel l'autre n'en produit pas ; attendu
que le rembourfement du principal d'une rente ne
peut être exigé par le créancier. Tel eft l'avis de
Dumoulin , de Mornac & de Chopin, & la
chofe a été jugée en conformité par plufieurs
arrêts, entr'autres par un du 19 août 1688, qui
fe trouve au deuxième tome du journal du palais, & qui a décidé que la Compenfation ne
devoit avoir lieu que jufqu'à concurrence feulement des arrérages de la rente. Cette jurifprudence eft conforme à la loi 11 §. de Compenfat.

Il eft de plus à remarquer en fait de rentes
que la Compenfation n'eft point reçue du principal d'une rente avec le principal d'une autre
rente, ni l'un ni l'autre ne pouvant être exigés.
Les arrérages feuls des deux rentes peuvent être
compenfés, bien entendu encore que ce foient

des arrérages échus de part & d'autre ; mais à l'égard des principaux des rentes, la compensation ne pourroit s'en faire que de l'aveu & du confentement réciproque des propriétaires de ces rentes, & alors même ce feroit moins une Compenfation proprement dite qu'un échange ou une permutation.

Les dettes conditionnelles & dont l'exigibilité dépend de l'évenement d'une condition exprimée par le titre ou par l'acte obligatoire, ne font pas fufceptibles de Compenfation avec une créance abfolue, exigible actuellement & fans condition, parce qu'on fent bien que la dette conditionnelle ne peut produire aucun engagement que par l'évenement de la condition qui peut feule lui donner de la valeur.

A l'égard des dettes prefcrites, il réfulte des vrais principes fur la matière qu'elles ne fauroient entrer en Compenfation avec une dette exigible.

Cependant Duperrier dans fes queftions décide que la dette prefcrite peut fe compenfer avec celle qui ne l'eft pas, & qui a même été conçue après que la prefcription de l'autre dette a été confommée ; mais cette opinion eft abfolument contraire aux faines maximes, fuivant lefquelles la Compenfation ne doit être admife qu'à l'égard de deux dettes réciproquement exigibles, & l'on ne peut certainement pas dire qu'une dette prefcrite puiffe dans aucun cas être exigée. Auffi les docteurs fe réuniffent-ils à penfer que la Compenfation ne fauroit avoir lieu en pareil cas, & cela malgré la maxime fur laquelle Duperrier fonde l'opinion contraire que *quæ temporalia ad agendum funt perpetua ad excipiendum.* Il y a même un arrêt du parlement de Grenoble du 10 août 1651 , rapporté par Baffet , fuivant lequel la Compenfation d'une dette prefcrite a été rejetée.

En général , il faut pour que la Compenfation puiffe être admife que les dettes oppofées foient de chofes mobilières ; car un meuble , par exemple , ne fauroit fe compenfer avec un immeuble : c'eft le fentiment le plus général des docteurs , & il eft fondé fur la loi dernière , *cod. de Compenfat.* Il faut de plus qu'il s'agiffe de part & d'autre de chofes fongibles de même nature ; ainfi dans l'étroite règle du bled ou toute autre efpèce de grains ne peut fe compenfer avec du vin , fi ce n'eft volontairement & du confentement des parties , quand l'eftimation s'en fait réciproquement. La raifon en eft que la Compenfation étant une efpèce de payement & en tenant véritablement lieu , on ne peut forcer fon créancier d'accepter autre chofe en payement que ce qui lui eft véritablement dû à moins qu'il n'y confente.

Ce n'eft pas tout encore , il eft des engagemens , des obligations qui ne font pas de nature à pouvoir jamais être compenfés avec d'autres dettes quoique claires & liquides , quoique échues & exigibles. Il y a enfin des dettes que les débiteurs font tenus de payer à ceux qui leur doivent d'ailleurs , fans qu'ils puiffent s'y refufer fous prétexte de Compenfation.

Ainfi , par exemple , vous ne devez pas prétendre compenfer une fomme dont je fuis votre débiteur avec un effet que je vous ai con-

fié en dépôt. Deux perfonnes mêmes qui feroient dépofitaires l'une à l'égard de l'autre, ne
pourroient s'oppofer mutuellement la Compenfation de leurs dépôts refpectifs pour fe difpenfer de les rendre. La raifon en eft qu'un dépôt
doit fe remettre en nature tel qu'il a été confié,
& auffitôt qu'il eft demandé : fuivant la difpofition du droit, la détention qu'on en feroit fous
quelque prétexte que ce fût feroit puniffable :
La loi *fi quis vel pecunias C. depofiti*, y eft
formelle.

Auffi le fentiment de tous les jurifconfultes &
la jurifprudence des cours s'accordent dans ce
principe généralement reconnu, que la Compenfation ne peut être oppofée pour s'exempter
de reftituer un dépôt foit volontaire, foit néceffaire, quelque chofe d'ailleurs qui foit due au dépofitaire. C'eft à lui à agir pour fe procurer fon
payement ; mais il ne peut être fondé dans aucun cas à retenir le dépôt. Il y en a plufieurs
arrêts notables, entr'autres trois du parlement
de Dijon des 5 mars 1592, 10 mai 1610 & 12
juillet 1613, dont Brillon fait mention dans
fon dictionnaire des arrêts au mot COMPEN-
SATION.

On ne feroit pas fondé non plus à demander
qu'il fût fait Compenfation d'une dette liquide
& exigible avec une penfion alimentaire, ni avec
les arrérages de cette penfion, attendu que c'eft
un objet privilégié par fa deftination, & qui ne
fauroit fouffrir de retardement. C'eft un principe invariable fur lequel le fentiment des auteurs & la jurifprudence des tribunaux font uniformes. Brillon dans fon dictionnaire cite deux

E e iv

arrêts entièrement conformes à cette maxime ; l'un du 15 décembre 1559 rendu en faveur du sieur Charton principal du collége de Beauvais, contre les boursiers, a jugé qu'à l'égard d'une bourse de collége qui est pour alimens, la Compensation n'est pas admissible ; & l'autre du 6 juillet 1562, rendu au profit du nommé le Blanc, a décidé qu'une provision adjugée au débiteur pour alimens & médicamens, ne pouvoit être sujette à venir en Compensation avec sa dette.

Il en seroit de même d'une provision alimentaire adjugée à une personne blessée contre celui qui l'auroit battue & excédée, & la demande d'une semblable provision ne pourroit être éludée par la Compensation. Il faut convenir cependant que si deux personnes dans une rixe s'étoient mutuellement blessées & avoient obtenu de part & d'autre des provisions de divers juges, ces provisions pourroient dans ce cas être compensées ; le parlement l'a plusieurs fois ordonné ainsi, & l'usage y est conforme. Mais il est défendu à un juge qui instruit un procès criminel d'adjuger des provisions à l'une & à l'autre des parties, à peine de suspension de sa charge & des dommages & intérêts des parties. Telle est la disposition de l'article 2 du titre 12 de l'ordonnance criminelle de 1670.

Il faut encore observer, & c'est le sentiment de Mornac, que ce n'est qu'à l'égard des alimens pour le temps à venir, laissés par testament ou autrement, que la Compensation ne peut être opposée, parce qu'elle seroit contraire aux intentions du testateur ou de celui qui les a donnés.

Mais il en feroit autrement à l'égard des alimens du temps paffé ; ceux-ci n'ont point de privilége, parce que, comme l'obferve cet auteur, celui à qui ils font dus ayant été nourri & ayant vécu d'ailleurs, ce qui peut lui être dû d'arrérages de fa penfion alimentaire n'a plus pour caufe la néceffité de fa fubfiftance & ne mérite plus de faveur.

Il eft également de principe que la Compenfation ne fauroit être propofée contre des condamnations ou des conventions pénales ; d'où il réfulte qu'on ne peut compenfer la peine pécuniaire ftipulée dans un compromis, avec une fomme due à l'appelant de la fentence arbitrale, par celui envers lequel il a été condamné à la peine du compromis. Ainfi dans ce cas l'appelant quoique jugé créancier de l'intimé par la fentence même, doit commencer par payer la peine qu'il a encourue, par cela feul qu'elle eft peine, & toute audience doit lui être déniée jufqu'à ce payement effectif. Cela a été ainfi jugé à la chambre de l'édit le 13 décembre 1623. L'arrêt fe trouve au premier terme du journal des audiences. Il y en a un pareil du 2 juillet 1656, cité par Henrys, tome 2, livre 2, queftion 15.

Il eft auffi à remarquer que les dépens & frais préjudiciaux au payement defquels on a été condamné, ne peuvent être compenfés avec d'autres dettes, ni même avec d'autres dépens, fuivant que l'a jugé un arrêt du 27 mai 1530, dont Brillon a fait mention. La raifon en eft que les dépens préjudiciaux font exigibles par leur nature, & doivent être payés du moment qu'ils

font prononcés, & que celui qui y eft condamné ne peut fans y avoir préalablement fatisfait, fe pourvoir contre le jugement qui lui a
infligé cette peine.

Pour ce qui eft des crimes & délits, la règle
eft qu'on ne compenfe ni les accufations ni les
peines. Il faut dire cependant que lorfqu'il ne
s'agit que de dommages-intérêts ou de l'intérêt
civil de la partie, les docteurs eftiment que fi
l'accufé fe trouve être créancier de cette partie,
il peut demander à compenfer.

La Compenfation d'injures & délits n'eft admife au furplus, fuivant notre droit, qu'à l'égard
des injures verbales & des délits légers qui ne
bleffent & n'intéreffent en aucune manière l'ordre public ; ce qui a lieu dans tous les cas où
fur les plaintes refpectivement faites le juge met
les parties hors de cour & de procès, avec défenfes à elles de s'offenfer mutuellement à l'avenir, ni de médire l'une de l'eutre ; mais ne prononce d'ailleurs aucune amende foit envers le
roi, foit au profit des pauvres.

L'article 673 de la coutume de Bretagne
porte qu'en cas d'injures verbales, fi une injure
eft égale a l'autre, il y a Compenfation ; ce qui
eft appuyé de l'autorité de d'Argentré fur l'article 628 de l'ancienne coutume.

Il faut obferver cependant que la Compenfation d'injures ne fe fait pas de plein droit ni de
l'autorité privée de celui qui prétend avoir fouffert l'injure ; il feroit contre le bon ordre qu'il
lui fût permis d'ufer de voies de fait ou de fe
faire juftice à lui-même pour parvenir à la Compenfation ; mais elle fe fait par l'autorité du juge
& en connoiffance de caufe.

Ce feroit enfin une erreur de croire que la Compenfation de crimes ou délits pût avoir lieu relativement à la peine due pour la vengeance publique, parce qu'il eft de l'intérêt public que les crimes ne demeurent pas impunis. Ainfi quand il eft dit en la loi *viro 39*, *folut. matrim paria delicta mutuâ Compenfatione tolluntur*, ce n'eft pas à dire pour cela qu'un crime femblable commis par deux perfonnes l'une à l'égard de l'autre foit éteint par la Compenfation qu'on voudroit en faire. Il faut faire attention qu'il ne s'agit dans ce texte de la loi que du crime d'adultère pour lequel la femme étant pourfuivie par le mari qui veut lui faire perdre fa dot & l'appliquer à fon profit par cette accufation, peut lui oppofer le même crime pour rendre fa prétention fans effet. C'eft alors le cas de la règle.

Ce n'eft donc qu'à l'égard de la peine pécuniaire & du dédommagement dû à ceux qui ont fouffert quelque préjudice à l'occafion du délit qu'on reçoit la Compenfation. Elle a pareillement lieu dans le cas de négligence ou du dol dont des affociés dans un commerce fe feroient rendus réciproquement coupables ; de forte que s'ils ont été également négligens dans les affaires de la fociété, ils ceffent d'être obligés les uns envers les autres ; il en feroit de même fi l'un des affociés devoit compte à la fociété de quelque fomme qu'il auroit reçue, & que l'autre eût occafionné par fon fait quelque dommage à fes co-affociés, le tout fe compenferoit entr'eux s'il y avoit égalité.

La Compenfation étant regardée, avons nous

dit, comme un véritable payement, il s'enfuit delà que comme on ne peut payer une chose pour une autre contre le gré du créancier, on ne peut, par une conféquence néceffaire, compenfer que ce qui pourroit être donné en payement ; d'où il réfulte que fi un héritier chargé en cette qualité de donner un certain héritage à un légataire, vouloir l'obliger à compenfer avec le fonds légué une fomme de deniers que ce légataire pourroit lui devoir d'ailleurs, cette demande feroit vifiblement mal fondée & infoutenable de la part de l'héritier qui la formeroit.

Mais une dette qui auroit d'ailleurs toutes les qualités requifes pour entrer en Compenfation peut-elle être compenfée avec une donation faite par le débiteur à fon créancier ? La queftion s'eft élevée au parlement d'Aix qui par arrêt du 18 avril 1673 décida l'affirmative & prononça qu'une donation faite au créancier par le débiteur étoit cenfée avoir été faite en Compenfation des fommes dues ; décifion bien moins fondée fur la rigueur de la loi que fur un fentiment d'équité naturelle ; car il feroit dur qu'un débiteur eût à effuyer des pourfuites de la part d'un créancier qui méconnoîtroit ainfi fes libéralités. L'arrêt que nous citons a été recueilli par Boniface, tome 4, livre 8 de fa collection.

Une autre queftion a été de favoir fi l'on pouvoit exciper de la Compenfation contre un billet négocié, pour refufer d'en payer le montant. Voici l'efpèce :

Jean avoit fait un billet au profit de Paul,

payable à ce dernier ou à son ordre ; Paul de son côté, avoit donné un billet à Jean de même date & de pareille somme. Paul ayant négocié le billet que Jean lui avoit fait, Pierre qui étoit le porteur vint à l'échéance en demander le payement à Jean ; mais celui-ci pour se dispenser de payer le billet, prétendit en compenser le montant avec le billet que Paul lui avoit fait. Une pareille Compensation préjudicioit évidemment au porteur du billet, aussi fut-elle rejetée par l'arrêt qui intervint sur cette contestation en la grand'chambre du parlement de Paris le 3 septembre 1700. On le trouve au journal des audiences, & il en est fait mention par Bornier dans son commentaire sur l'ordonnance du commerce du mois de mars 1673.

Un principe encore en matière de Compensation est qu'on n'en admet point de ce qui est adjugé par sentence dont est appel avec ce qui est dû purement & simplement par obligation ; la raison en est que si la sentence étoit infirmée en cause d'appel, la Compensation auroit été faite d'une somme qui n'auroit pas été due, & le créancier seroit réduit à une simple action pour répéter ce qu'on auroit mal-à-propos compensé à son préjudice ; ce qui seroit injuste.

Il faut dire la même chose d'une somme adjugée par provision, quand même il n'y auroit point d'appel de la sentence, parce que cette provision est litigieuse, & qu'elle peut être détruite & révoquée en jugeant le principal. C'est ce qui a été jugé par plusieurs arrêts, entr'autres par un de la grand'chambre du parlement de Paris du 22 juin 1566 ; cité par

Brodeau dans son commentaire sur l'article 105 de la coutume de Paris.

Observez aussi que les sommes qui sont dues pour les épices dans une instance, ne peuvent se compenser avec une autre dette ; c'est du moins ce qui a été jugé en la chambre de l'édit de Beziers le 14 août 1626.

Il y a enfin des dettes qui par leur nature, par leur destination ou par des circonstances relatives à la qualité, soit du créancier, soit du débiteur, ne sont pas de nature à pouvoir être compensés. C'est ce que nous allons expliquer en examinant entre quelles personnes la Compensation peut avoir lieu ou non.

3°. *A quels créanciers peut-on opposer la Compensation ?* Il résulte des principes que nous avons établis, que la Compensation ne peut se faire qu'entre ceux qui en leur nom propre & personnel, sont à la fois créanciers & débiteurs l'un de l'autre.

Ainsi un tuteur qui demanderoit le payement d'une somme due à son pupille, un procureur constitué qui feroit des poursuites contre le débiteur de celui dont il a reçu des pouvoirs à cet effet, un mandataire qui demanderoit ce qu'on doit à son commettant, seroient très-mal fondés à proposer la Compensation de leurs propres dettes contre les débiteurs personnels du pupille ou du commettant, par la raison toute simple que ce tuteur, ce mandataire, ce procureur n'ont aucun droit sur ces créances dont ils poursuivent le recouvrement pour autrui ; & par la même raison, si ce tuteur étoit mon créancier en son nom propre, je ne pourrois lui opposer

la Compenſation de la ſomme que je lui de-
vrois avec celle qui me ſeroit due par ſon mineur. •

Belordeau cite un arrêt du parlement de Bretagne du 27 février 1614, par lequel il a été
jugé qu'un tuteur contraint par ſon créancier en
ſon propre & privé nom, ne peut pas oppoſer
la Compenſation de la dette que ce créancier
doit à ſon pupille, parce qu'il eſt de principe
qu'on ne peut compenſer que ce que le demandeur doit au défendeur, & non pas ce qu'il doit
à un tiers.

A l'égard des mineurs, il eſt de règle générale que la Compenſation ne ſauroit être admiſe
contre eux pour les engagemens qu'ils peuvent
avoir contractés. Un mineur vous doit, par
exemple, une ſomme en vertu d'une obligation ;
la dette eſt claire & liquide ; elle eſt exigible,
du moins quant à l'échéance de la dette ; vous
n'en pourriez pas cependant demander la Compenſation avec une autre dette dont il eſt votre
créancier ; la raiſon en eſt ſimple : c'eſt que d'une
part il peut exiger la ſomme que vous lui devez,
& que de l'autre ſa dette, eu égard à ſon état
de minorité, peut être annullée par quelque
exception, & qu'il peut ſe faire relever de l'o-
bligation qui le conſtitue votre débiteur ; vous
ne pouvez donc lui oppoſer la Compenſation :
ce qui eſt conforme à la loi 14, *ff. de compenſat.*
ſuivant laquelle, *quæcumque per exceptionem pe-
rimi poſſunt in Compenſationem non veniunt.*

C'eſt un principe non conteſté, que la Compenſation ne ſauroit être oppoſée au fiſc relativement aux droits qui lui ſont dus. Cependant

fuivant l'ufage de la chambre des comptes, ce qui eft dû par le fifc à un officier comptable doit être compenfé avec ce qu'il doit lui-même au fifc, pourvu néanmoins que ce foit envers le même bureau & pour les affaires de la même généralité.

Ainfi, par exemple, fi un receveur-général des tailles & autres impofitions d'une province après avoir rendu fes comptes, fe trouve en avance envers le fifc d'une certaine fomme; & fi l'année fuivante, au contraire, il fe trouve à fon tour débiteur du fifc pour une fomme pareille ou même plus grande, il eft hors de doute dans ce cas, que la fomme qui lui eft due de la première année de fon exercice fera compenfée avec celle dont il fe trouve lui-même redevable l'année fuivante.

Mais fi au contraire un receveur des tailles d'une généralité eft pourvu en même-temps d'un autre office femblable dans une autre généralité, & que par le compte de l'un de fes deux offices il fe trouve redevable, tandis que par les comptes de l'autre il eft créancier du fifc, on n'admettra point alors de Compenfation, par la raifon que les deux offices de ce receveur font de deux généralités différentes, & qu'il eft important de ne pas confondre les comptes des deux généralités, confidération qui ne permet pas d'admettre de femblables compenfations.

Elles ne font point admifes non plus contre le fifc dans le cas où un officier comptable créancier de quelques fommes pour des avances faites au roi dans l'exercice de fa charge, fe trouve

en

en même-temps débiteur envers fa majefté pour des droits deftinés à la fourniture des vivres des gens de guerre, ou pour d'autres objets femblables relatifs au bien de l'état & au fervice public.

Il faut dire la même chofe des fommes dues à une ville ou à une communauté d'habitans, relativement aux droits qui fe perçoivent pour le port ou tranfport des marchandifes & autres cas femblables. Ces fortes de droits ne peuvent entrer en Compenfation avec les dettes contrac-tées par les villes & communautés envers les particuliers, par la confidération du bien public qui doit prévaloir dans ces circonftances fur l'intérêt des particuliers.

En fait de tailles fur-tout, vingtièmes, impo-fitions, droits d'aides ou autres charges & re-devances publiques, celui qui les doit préten-droit mal à propos les compenfer avec ce que le prince pourroit lui devoir, parce que la na-ture, la deftination & l'ufage de ces fortes de contributions qui regardent la chofe publique ne permettent pas d'en admettre la Compenfa-tion avec des dettes privées & perfonnelles. Celles-ci ne doivent fous aucun prétexte ar-rêter ou retarder le recouvrement des pre-mières.

Il y a plus; & il eft de maxime certaine qu'un débiteur de tailles & autres impofitions ordinaires ne pourroit valablement oppofer à ceux qui font prépofés au recouvrement des charges publiques la Compenfation de fa dette avec ce qui lui feroit dû par ces prépofés en leur propre & privé nom. Ainfi le contribuable

impofé au rôle des tailles prétendroit mal-à-
propos compenfer avec fa cottifation ce que lui
devroit le collecteur des tailles ou la communauté elle-même. La maxime fur ce point eft
que la provifion eft due au rôle. C'eft ce qui a
été jugé conformément à cette règle par un
arrêt du parlement de Dijon du 17 août 1603,
cité dans le dictionnaire des arrêts de Brillon.

Un arrêt contraire cité par le même auteur
fur cette matière, rendu au parlement de Grenoble le 2 juillet 1613, ne détruit pas le principe que nous venons d'établir ; ce n'eft qu'une
exception à la règle, & cette exception a été
déterminée par des circonftances particulières
qui méritent d'être rapportées. Il s'agiffoit dans
l'efpèce de cet arrêt d'un particulier qui fe trouvoit débiteur envers une communauté d'habitans dont il étoit membre, d'une fomme de deux
mille deux cens livres pour fa taille ; la communauté d'une autre part, lui devoit une fomme
de huit cens livres ; & ce qu'il y a de particulier, c'eft que le terme pour exiger cette fomme
de huit cens livres n'étoit pas encore échu. Cependant malgré des raifons auffi puiffantes pour
exclure la Compenfation demandée par le débiteur à la communauté, le parlement faifant
céder la loi aux fentimens de commifération &
de pitié pour un vieillard octogénaire chargé de
treize enfans, crut dans ces circonftances devoir
accorder la Compenfation, mais la règle générale n'en exifte pas moins.

Par une fuite du même principe, le receveur
des tailles ne peut faire Compenfation des deniers de fa recette qu'il doit verfer dans la caiffe

du receveur - général des finances , avec les
fommes que celui-ci lui peut devoir en vertu
d'un titre particulier.

Il eſt cependant vrai de dire que les tailles
dues par les particuliers ſe compenſent de droit
avec les ſommes impoſées à leur profit dans le
même rôle. La cour des aides de Montpellier
l'a jugé ainſi par arrêt du 12 juillet 1706, entre
les conſuls & les collecteurs des tailles de Fron-
tignan.

Il faut encore convenir que quoi qu'en général on ne puiſſe oppoſer la Compenſation au roi
lorſqu'il s'agit des droits du fiſc ou du payement
des impoſitions , il eſt cependant des droits fiſ-
caux moins privilégiés qui peuvent être com-
penſés avec les ſommes dues en même-temps
par le roi.

Si , par exemple, dans des biens acquis par
confiſcation, par déshérence , par droit d'au-
baine ou de bâtardiſe , il ſe trouvoit des dettes
actives dont les débiteurs fuſſent en même-
temps créanciers de celui dont le roi a les biens,
alors la Compenſation pourroit être oppoſée
avec ſuccès par le débiteur.

Il eſt pareillement de principe certain en fait
de Compenſation, que le vaſſal n'eſt pas en
droit de l'oppoſer à ſon ſeigneur qui lui demande
ſes profits de fief. Mais cependant on penſe
communément que le détenteur peut propoſer
contre le ſeigneur la Compenſation des ſommes
que celui-ci lui doit, pour éviter la commiſe
que ce ſeigneur eſt en droit d'exercer contre
lui ; c'eſt ſur-tout le ſentiment de Coquille & de
Guypape.

Mais on ne pourroit fous aucun prétexte l'oppofer au feigneur à l'égard des arrérages de cens, rentes foncières feigneuriales ou redevances emphythéotiques qui lui feroient dues, parce que ces fortes de redevances, comme l'obfervent les docteurs, fe payent en reconnoiffance de la directe feigneurie dont le feigneur feroit fruftré fi ces fortes de droits fingulièrement privilégiés pouvoient être compenfés. On peut dire que dans ce cas ce n'eft pas feulement de l'argent qui eft dû au feigneur, mais de plus le devoir qu'on lui rend en s'acquittant envers lui de cette redevance ; au moyen de quoi les dettes refpectives n'étant pas égales & de même nature, elles ne peuvent entrer en Compenfation.

On ne peut de même pas demander la Compenfation contre celui qui agit en qualité de receveur ou comme fondé de procuration du feigneur, pour raifon d'une dette contractée par ce procureur ou receveur en fon nom perfonnel, par la raifon que fa dette privée n'eft pas fufceptible d'être compenfée avec la fomme dont le receveur pourfuit le recouvrement au profit du feigneur. Brillon dans fon dictionnaire des arrêts en cite un du parlement de Dijon du 30 juin 1618 qui l'a jugé ainfi.

La Compenfation ne peut pas non plus s'oppofer de la part d'un retrayant contre celui fur lequel il ufe de fon droit de retrait, par la raifon que ce droit étant de rigueur, le retrayant eft indifpenfablement obligé de rembourfer fur le champ le prix de l'héritage qu'il retire, quand même celui fur lequel il exerce fon droit feroit fon débiteur.

En matière de complainte & de réintégrande, il est également de maxime que la Compensation n'est pas proposable contre celui sur la possession duquel on a entrepris.

Les jurisconsultes ont agité la question de savoir si lorsque dans une succession bénéficiaire une même personne est débitrice & créancière de la succession, la Compensation doit être admise.

On tient communément pour maxime, que la Compensation ne peut être valablement opposée contre un héritier par bénéfice d'inventaire qui demande le payement des dettes actives de la succession, parce que ses droits personnels n'y sont pas confondus; au moyen de quoi ce qu'il doit ou ce qui lui est dû est entièrement distinct & séparé de ce que doit la succession & de ce qui lui est dû. Hevin cite deux arrêts des 28 avril 1615, & 16 mai 1626, qui ont refusé la Compensation en pareil cas.

Elle auroit lieu, cependant, suivant l'observation du même Hevin, nonobstant les deux arrêts qu'il cite, si celui qui étoit débiteur du défunt, & qui demande en conséquence Compensation contre sa succession bénéficiaire, n'étoit devenu créancier que depuis la succession ouverte, au moyen, par exemple, d'une cession ou subrogation qui lui auroit été faite par quelque créancier de la succession. C'est aussi le sentiment de Belordeau dans ses controverses, livre 3, chapitre 67, où il rapporte un arrêt du 11 août 1609, qui confirme cette jurisprudence.

A l'égard de l'héritier pur & simple, on peut

fans difficulté lui oppofer la Compenfation s'il
eft en même - temps notre débiteur & notre
créancier, par la raifon que dans ce cas il y
a confufion d'actions, de droits & de biens.

On a demandé encore fi un particulier qui fe
trouveroit être débiteur & créancier d'une diftribution, pourroit oppofer la Compenfation
pour fe libérer. Il faut diftinguer : fi ce débiteur
n'étoit devenu créancier que depuis la diftribution, il eft hors de doute qu'il ne pourroit y avoir
lieu à compenfer ; mais fi au contraire avant la
diftribution, il étoit déja créancier & débiteur
de celui dont les biens ont été enfuite généralement faifis, on peut demander dans ce cas la
Compenfation qui étoit inconteftablement de
droit & auroit pu être faite avant la faifie générale. Catelan rapporte deux arrêts du parlement
de Touloufe des 7 juin 1678, & 21 juillet 1694,
qui l'ont jugé ainfi.

Mais l'acquéreur d'un héritage peut-il oppofer
la Compenfation à fon vendeur qui lui demande
le prix de la chofe vendue, lorfque ce vendeur
fe trouve être en même-temps fon débiteur ?
Les docteurs font pour l'affirmative ; & cela,
foit que l'acquéreur ait payé une dette pour
laquelle le fonds acheté, qui lui avoit été vendu
exempt d'hypothèque, étoit hypothéqué avant
la vente qui lui en a été faite, ou que le vendeur
foit devenu fon débiteur en vertu de tout autre
titre ; doctrine d'ailleurs conforme aux vrais
principes de la Compenfation.

On connoît en Provence une forte de Còm-
penfation particulière, fuivant laquelle les nobles de cette province ont le droit de compenfer

les biens roturiers par eux acquis depuis l'année 1556, avec les biens par eux aliénés depuis la même époque, droit dans lequel ces nobles ont été confirmés & maintenus par un arrêt célébre rendu au conseil d'état le 15 juin 1668. Cet arrêt fait loi dans le pays, & sert de réglement dans les contestations qui surviennent entre les seigneurs & les communautés d'habitans au sujet de l'imposition des tailles.

Par cet arrêt rendu sur les remontrances de la noblesse de Provence, qui avoit formé opposition à l'enregistrement d'une déclaration du roi du mois de février 1666, contraire à leurs priviléges, relativement à la Compensation des biens nobles avec les roturiers par eux acquis, sa majesté a eu intention de terminer entre les gens des trois états des contestations qui se renouveloient sur cet objet malgré un arrêt du 15 décembre 1556, & d'autres subséquens (*), qui

_____

(*) Les seigneurs feudataires de Provence étoient en procès avec les communautés du pays, tant au sujet des biens qu'ils devoient posséder francs & exempts d'impositions, ou dont ils devoient payer les tailles depuis l'année 1471, temps auquel fut fait l'affouagement général, que des biens qu'ils pouvoient donner en Compensation des biens roturiers par eux acquis; il fut en conséquence rendu au conseil un arrêt le 15 décembre 1556, par lequel tous les biens & domaines acquis par les seigneurs & par eux possédés furent déclarés francs & exempts de toutes impositions; & à l'égard de ceux qu'ils pourroient acquérir à l'avenir, il fut dit qu'ils en payeroient la taille, si mieux ils n'aimoient donner en Compensation d'autres biens auparavant par eux tenus en franchise & capables de porter les mêmes impositions que les biens qu'ils auroient acquis,

les avoient plusieurs fois éteintes. Ç'a été surtout pour remédier aux abus qui pouvoient procéder du mauvais usage fait par les nobles de
la faculté de compenser, & pour régler à l'avenir
la forme de ces sortes de Compensations & contributions aux tailles, que le roi par l'arrêt du
15 juin 1668, en exécution de celui du 15 décembre 1556 & autres rendus en conséquence,
a maintenu les nobles dans le droit de compenser
les biens roturiers par eux acquis avec les biens
nobles qu'ils possédent, pour jouir de ce droit
de la même manière qu'avant la déclaration du
mois de février 1666 révoquée par l'arrêt dont
il s'agit.

Mais il a été en même-temps enjoint aux
nobles qui voudroient user de cette faculté,
d'obtenir à cet effet des lettres-patentes qu'ils
seroient tenus de faire enregistrer contradictoirement avec les habitans des lieux où les biens
à compenser seroient situés, & cela sous peine
de nullité.

Il a été ordonné en-outre par le même arrêt,
que le sol & fond noble aliéné entreroit seul en
Compensation, sans pouvoir y comprendre les
maisons & bâtimens, si ce n'étoit toutefois dans
les lieux où les maisons taillables seroient mises
au cadastre. Dans ce cas le seigneur est libre de
compenser d'autres maisons & bâtimens ou tels
autres biens roturiers & sujets à la taille, de

à la réserve toutefois de ceux de ces biens qu'ils auroient
acquis par confiscation, commise ou délaissement, parce
que dans ce cas ces biens doivent être francs & exempts des
impositions.

même valeur & qualité qu'il peut avoir acquis.

Le même arrêt déclare au furplus que les biens nobles qui peuvent être perpétuellement compenfables font ceux qui auront demeuré cinq ans entiers fur le cadaftre, ou qui auront pu porter la taille pendant le même temps. Ces biens & domaines ne peuvent dans tous les cas être compenfés que fur la valeur qu'ils ont au jour de la Compenfation, quand même par la fuite ils feroient détériorés & deviendroient de moindre valeur par la négligence des poffeffeurs ou autrement.

Il eft dit de plus par l'arrêt que fi ces mêmes biens font délaiffés avant les cinq ans qu'ils doivent demeurer au cadaftre, le feigneur ne pourra alors compenfer que les arrérages des tailles de ces biens roturiers.

Si le feigneur donne a nouveau bail des parts & portions de fon domaine noble, il peut compenfer le bien roturier qu'il a acquis dans les cinq années après fon acquifition ; & s'il acqüiert des biens roturiers avant de donner fon bien noble à nouveau bail, il peut pareillement compenfer dans le même temps de cinq années après le nouveau bail de fon bien noble.

L'arrêt ordonne enfin que fi le feigneur diffère ou réfufe de faire cette Compenfation après les cinq ans, depuis les nouveaux baux par lui faits, il fera contraint au payement de la taille pour tout le temps que cette Compenfation n'aura pas été faite, excepté néanmoins le cas où par un acte public fait en plein confeil de la communauté, les feigneurs auroient offert la Compenfation dont il s'agit, & les habitans auroient différé de faire évaluer & mettre au cadastre les fonds à compenser, auquel cas la Compensation est censée avoir été faite du jour des offres.

Par un arrêt de la cour des comptes, aides & finances de Provence du 29 octobre 1669 qui ordonne l'exécution de celui du conseil ci-dessus, il est de plus ordonné que les lettres-patentes que doivent obtenir les nobles pour jouir de la faculté de compenser contiendront une expression particulière & détaillée de la contenance, de la situation & des confronts des héritages compensables, que la vérification & entérinement de ces lettres se feront en la cour, les consuls des lieux appelés, & qu'enfin en cas d'opposition, elle sera pareillement portée en la cour, le tout a peine de nullité.

Les dispositions de l'arrêt du conseil ont encore été renouvelées par un autre arrêt de la cour des comptes aides, & finances de Montpellier du 10 octobre 1670, rendu entre le seigneur & les habitans du lieu de la Garde.

Voyez *les arrêts de Boniface tome 4 ; la collection de jurisprudence ; le dictionnaire de droit & de pratique de Ferrière ; le nouveau praticien François ; le dictionnaire des arrêts de Brillon ; les œuvres de Despeisses ; Choppin ; Mornac ; Dumoulin ; Brodeau sur Louet, & sur la coutume de Paris ; le commentaire sur la coutume de Paris de Ferrière ; les arrêts de Catelan ; le journal des audiences ; &c.* Voyez aussi les mots CRÉANCIER, DÉBITEUR, DÉPÔT, TAILLES, RECONVENTION, PAYEMENT, CESSIONNAIRE, HÉRITIER BÉNÉFICIAIRE, OBLIGA-

TION, &c. (*Cet article est de M. ROUBAUD,
avocat au parlement*).

COMPÉRAGE. C'est le rapport qu'il y a
entre deux personnes qui ont tenu ensemble un
enfant sur les fonts de baptême.

Ce mot se dit aussi du rapport du parrain &
de la marraine avec le père & la mère de l'enfant, parce que le parrain & la marraine sont
regardés comme ayant concouru avec le père
& la mère à donner à l'enfant les uns la naissance temporelle, & les autres la naissance spirituelle.

Le Compérage produit dès-lors une affinité
spirituelle qui s'étendoit fort loin anciennement,
mais qui a été restreinte par le concile de
Trente. 1°. Entre celui qui baptise (*) & la personne baptisée ; 2°. entre celui qui baptise & le
père & la mère de l'enfant; 3°. entre ceux qui tiennent l'enfant sur les fonts, & l'enfant qui est
tenu, ainsi qu'entre son père & sa mère. Cette
affinité par le baptême sans égard à l'âge où elle
se contracte, produit un empêchement pour
le mariage, suivant qu'on a pu le remarquer à
l'article AFFINITÉ.

On donnoit autrefois des parrains & des marraines pour la confirmation, mais l'usage en
est abrogé dans presque toutes les églises de
France. Cette alliance au sujet de la confirma-

(*) Le pere naturel qui baptise son enfant, contracte
une alliance spirituelle avec la mere. Il n'en est pas de
même du pere marié ; cependant lorsqu'il baptise son enfant hors le cas de nécessité, l'église lui impose une pénitence canonique.

tion eſt encore un empêchement au mariage dans les diocèſes où l'on reçoit des parrains & des marraines pour ce ſacrement.

L'alliance qui réſulte d'un Compérage n'eſt point un motif ſuffiſant de recuſation contre un juge : c'eſt ce qu'a décidé un arrêt du 12 janvier 1618 qu'on trouve dans les arrêts d'Auzanet : la raiſon eſt la même au ſujet de la recuſation des témoins : cependant le témoignage d'un parrain pour ſon filleul, ou d'un filleul pour ſon parrain, ne laiſſeroit pas d'être ſuſpect, s'il s'écartoit conſidérablement des dépoſitions des autres témoins. (*Article de M. l'abbé DOURNEAU gradué en droit*).

COMPERSONNIER. C'eſt celui qui tient une même terre avec un ou pluſieurs autres à la charge de payer au ſeigneur une redevance pour laquelle tous les Comperſonniers ſont obligés ſolidairement.

On appelle auſſi *Comperſonniers* ceux qui vivent en commun & en ſociété au même pain, & au même feu comme cela ſe pratique dans quelques provinces. Voyez COMMUNAUTÉ TACITE.

COMPÉTENCE. C'eſt le droit de juger une affaire contentieuſe.

De la Compétence en matière civile : en général, le juge du domicile du défendeur eſt celui qui doit connoître de la conteſtation, ſuivant la maxime, *actor ſequitur forum rei*.

Mais cette règle ſouffre pluſieurs exceptions ; car 1°. le demandeur a le choix en matière réelle de faire aſſigner le défendeur devant le juge de ſon domicile ou devant le juge du lieu où la choſe contentieuſe eſt ſituée.

2°. L'attribution générale qui est faite à un juge de certaines matières réelles ou personnelles le rend seul compétent pour en connoître : ainsi les élections & les cours des aides connoissent seules des tailles ; les juges des eaux & forêts prennent seuls connoissance des matières d'eaux & forêts , sauf l'appel au parlement, &c.

3°. Un juge peut être compétent en vertu d'une attribution particulière qui lui est faite d'une seule affaire , ou de plusieurs contestations qui ont rapport les unes aux autres :

4°. Un juge peut aussi devenir compétent en vertu d'une évocation ordonnée pour cause de connexité ou de litispendance.

5°. Le privilège du demandeur ou du défendeur peut produire le même effet : par exemple, si le défendeur est ecclésiastique & qu'il s'agisse d'une action personnelle, il peut demander son renvoi devant le juge d'église. De même si le demandeur a le droit de *committimus* , des lettres de garde-gardienne , ou le privilège de scholarité , il a le droit d'assigner devant le juge de son privilège : & si c'est le défendeur il a la faculté de demander son renvoi.

Enfin tous les juges sont compétens pour reconnoître une promesse : ainsi ils peuvent donner acte de reconnoissance ou de dénégation de cette promesse , quoiqu'il y ait lieu de renvoyer le fond de l'affaire devant un autre juge.

Mais pour nous renfermer dans la règle générale , nous observerons que si l'on veut appeler en justice plusieurs personnes justiciables de différents juges , on doit les assigner devant le juge supérieur commun, si toutes les parties ont leur domicile dans le même bailliage ou présidial : mais si elles demeurent en différens bailliages ou présidiaux, il est nécessaire de se pourvoir au parlement pour fixer la juridiction à laquelle ou doit s'adresser.

De la Compétence en matière criminelle : le principe général qui a lieu à cet égard est que *la connoissance des crimes* (*) *appartient aux juges des lieux* (**) *où ils ont été commis.*

Ainsi le juge du domicile du délinquant, ou celui de la capture, seroient obligés de renvoyer l'affaire au juge du lieu du délit, s'il le requéroit : c'est en effet la disposition de l'article premier de l'ordonnance criminelle.

Si l'on ignore l'endroit où le crime a été commis & qu'il y ait à ce sujet contestation entre deux juges voisins, il est nécessaire que celui qui requiert le renvoi prouve que le délit a été commis dans l'étendue de sa juridiction : autrement celui des deux qui a prévenu l'autre doit être maintenu dans la poursuite du crime.

La connoissance d'un délit commis sur une rivière appartient au juge le plus prochain de

---

(*) On entend ici par le mot *crime*, tous les délits pour lesquels on peut rendre plainte en justice, soit qu'ils soient graves ou légers.

(**) *Les juges des lieux* sont les juges ordinaires ; savoir, ceux des seigneurs, prévôts, vicomtes, châtelains, viguiers & autres qui ont la connoissance du criminel ; mais non pas ceux qui ne connoissent que du civil, & encore moins les juges extraordinaires tels que les lieutenans de police, si ce n'est dans quelques cas dont la connoissance leur est spécialement attribuée.

l'endroit où il a été commis, & fi l'on trouvoit un homme noyé fur le rivage, ce feroit au juge ordinaire de l'endroit où l'on auroit trouvé le cadavre à en prendre connoiffance.

Si le crime avoit été commis en deux juftices différentes ; par exemple, fi l'on avoit tiré un coup de fufil du territoire d'une juridiction dans une autre & que l'on eût tué quelqu'un, les deux juges pourroient en connoître concurremment, & celui qui auroit commencé le premier les pourfuites auroit la préférence.

On a demandé fi, dans le cas d'un rapt, tous les juges tant celui de l'enlevement que ceux des lieux où le raviffeur a paffé avec la perfonne ravie ont droit d'en connoître ? M. Puffort eft de cet avis dans le procès-verbal de l'ordonnance criminelle. Mais il femble que les juges des lieux où le raviffeur a paffé ne peuvent en connoître qu'au défaut du juge du lieu du rapt & même de celui du viol ou de la féduction confommée : tel eft le fentiment de Farinacius *in theoriâ criminali*, & de d'Argentré fur la coutume de Bretagne : c'eft auffi ce qui a été jugé par un arrêt de la tournelle du 5 mars 1724.

Lorfqu'on a tué quelqu'un dans une juridiction d'après un complot formé dans une autre, c'eft encore un de ces crimes que les jurifconfultes appellent *fucceffifs* & dont la connoiffance appartient au juge du lieu où le délit a été confommé ainfi qu'au juge du lieu où le complot a été formé : Farinacius penfe que le premier doit avoir la préférence fur l'autre, & que les accufés doivent lui être renvoyés, lorfqu'il le requiert : mais il paroît furtout dans le cas dont il s'agit ici que les deux juges ont un droit égal & qu'il ne doit y avoir de préférence qu'en faveur de celui qui a prévenu l'autre.

Le juge qui connoît d'un crime peut auſſi prendre connoiſſance des autres délits que l'accuſé a commis dans d'autres reſſorts : & il n'eſt pas tenu de le renvoyer, quand même les autres juges le requerroient : il convient en effet que l'inſtruction des crimes ne ſoit pas diviſée pour que les coupables ſubiſſent les peines qu'ils ont méritées.

Ainſi dans le cas où il y auroit eu déjà plainte en juſtice pour raiſon des crimes découverts incidemment, ſi le juge qui eſt ſaiſi du crime principal eſt ſupérieur de celui qui a inſtruit pour des crimes incidens, il a droit d'évoquer la connoiſſance de ceux-ci, & d'ordonner que les charges & informations ſeront portées devant lui : s'il n'eſt pas juge ſupérieur, il doit, ſuivant l'article 5 du titre premier de l'ordonnance criminelle, requérir le renvoi devant lui de ces charges & informations, & en cas de refus ſe pourvoir au parlement.

Mais il en ſeroit autrement ſi les crimes incidens n'étoient pas de la Compétence du juge ſaiſi du crime principal : car s'il n'étoit que juge de ſeigneur, & que le bailliage auquel il reſſortit fût ſeul compétent pour juger les délits découverts incidemment, ce ſiége auroit droit de connoître de tous les crimes de l'accuſé ſans exception, à l'excluſion du juge ſeigneurial, quand même celui-ci auroit commencé le premier l'inſtruction. C'eſt ce qui réſulte de l'article 17 de la déclaration du 5 février 1731.

Des

Des lettres d'ampliation données le 30 décembre 1679 sur l'édit des duels du mois d'août de la même année portent que le juge qui connoît d'un duel peut ordonner l'apport devant lui de toutes les procédures faites en d'autres juridictions pour raison d'autres accusations relatives à ce crime : il doit être sursis en conséquence à toutes ces procédures par devant les juges qui les ont instruites, sauf à être renvoyées ensuite devant eux, pour y être pourvu après le jugement du procès qui a le duel pour objet.

Il est sensible qu'un juge compétent pour connoître du crime d'un accusé doit juger ses complices : ainsi le juge qui connoît d'un vol a droit de prendre connoissance du recelé quoique commis hors de son ressort. A plus forte raison tout juge qui connoît d'une accusation peut-il connoître de l'accusation injuste & punir le calomniateur de l'accusé. C'est ce qui a été jugé par un arrêt du 6 septembre 1694 : cependant les prévôts des maréchaux ont été exceptés de cette règle par un autre arrêt du 15 janvier 1724.

Il en est de même du faux incident & de la rebellion aux mandemens d'un juge : ces crimes sont de sa Compétence quand même il seroit du nombre des juges extraordinaires, tel que les officiers des eaux & forêts, les élections, les trésoriers de France, les lieutenans de police, &c. Les juges-consuls & les moyens & bas justiciers sont seuls exceptés de cette règle.

Si l'action pour cause d'adultère a été intentée par la partie publique, c'est le juge du lieu du délit qui doit en prendre connoiſſance, ſurtout s'il y a débauche publique, ſcandale & connivence de la part du mari; mais ſi celui-ci eſt l'accuſateur, comme l'adultère le regarde perſonnellement & ne doit être conſidéré que comme un délit privé, c'eſt le juge du domicile de la femme qui eſt ſeul compétent pour en connoître.

D'ailleurs le juge du domicile de l'accuſé peut connoître de toutes ſortes de délits non-ſeulement ſur la plainte de la partie civile, mais encore ſur l'accuſation du miniſtère public & même d'office : l'ordonnance criminelle le ſuppoſe évidemment lorſqu'elle dit article premier du titre premier, que l'accuſé ſera renvoyé aux juges du lieu du délit, *ſi le renvoi en eſt requis ;* d'où il ſuit que ſi ce renvoi n'eſt pas requis, le juge du domicile de l'accuſé peut continuer ſon inſtruction juſqu'au jugement définitif incluſivement. C'eſt le ſentiment de Julius Clarus, de Covarruvias & de Farinacius qui ſe fondent avec raiſon ſur l'intérêt qu'a la ſociété que les crimes ne demeurent pas impunis par la négligence du juge du lieu du délit.

Le juge de la capture peut même inſtruire & juger le procès de l'accuſé, quoiqu'il ne ſoit juge ni du domicile de l'accuſé ni du lieu du délit; mais ce n'eſt qu'après avoir intimé au juge du lieu du délit ou à celui du domicile, qu'ils aient à envoyer chercher l'accuſé & que ceux-ci refuſent ou négligent de le faire : auſſi Farinacius & Theveneau penſent-ils qu'un voleur peut être pourſuivi criminellement dans le lieu où il eſt trouvé ſaiſi des choſes volées, quoique ce ne soit ni celui du délit ni celui du domicile de l'accusé. C'est même ce qui a été décidé par un arrêt rapporté au journal des audiences sous la date du 13 février 1671.

A plus forte raison le juge de la capture peut-il connoître des délits commis hors de son ressort par ceux qui n'ont point de domicile, tels que les vagabonds & les gens sans aveu; comme ils sont par leur état justiciables de tous les juges dans le ressort desquels ils se trouvent, le juge de la capture peut instruire régulièrement contr'eux & les juger d'office ou sur la plainte de la partie publique.

Il résulte de ces principes que le juge du lieu du délit n'a que le droit de préférence sur le juge du domicile, & celui-ci sur le juge de la capture.

Mais si le juge ne l'étoit ni du lieu du délit, ni du domicile, ni de la capture, l'accusé pourroit demander son renvoi devant le juge du lieu du délit ou de son domicile : il ne seroit pas même nécessaire qu'il comparût pour cela; il suffiroit qu'il formât sa demande par un acte signifié au greffe.

Cependant il ne devroit pas être écouté, si étant poursuivi devant un juge royal supérieur, il demandoit d'être renvoye devant un inférieur, quand même celui-ci seroit juge d'une pairie. C'est ce qui a été décidé par un arrêt du 15 novembre 1554 rendu sur l'enregistrement de la déclaration du 17 juin de la même année : Bacquet en rapporte un autre conforme en date du 20 novembre 1559 : sur quoi cet auteur observe que le seigneur seroit seul fondé à demander le renvoi dont il s'agit, en vertu de son droit de justice.

L'accusé seroit encore moins recevable dans sa demande en renvoi après la lecture de la déposition d'un des témoins lors de sa confrontation : l'article 3 du titre premier de l'ordonnance criminelle est formel à cet égard.

Mais on doit observer que cette fin de non-recevoir n'auroit pas lieu, si le juge étoit radicalement incompétent pour connoître du délit de l'accusé, ou si dans le cas d'une simple incompétence relative l'accusé avoit fait ses protestations avant d'entendre la déposition.

La partie civile peut aussi demander le renvoi du procès devant le juge du lieu du délit ; mais son déclinatoire ne seroit pas admissible si elle avoit rendu plainte devant le juge qu'elle déclineroit, à moins qu'elle ne se fût trouvée dans la nécessité de s'adresser à un commissaire ou à un autre juge sur les lieux : cette restriction est fondée sur un arrêt rendu le 29 août 1719 en faveur de M..... conseiller au parlement de Paris, qui après avoir rendu plainte devant un commissaire au châtelet dans le cas d'un flagrant délit, fut néanmoins autorisé à porter l'affaire au parlement en vertu de son privilége.

D'ailleurs si la partie civile avoit par erreur porté sa plainte devant un juge incompétent, il n'est pas douteux qu'elle ne pût s'en désister & en donner une nouvelle en payant les frais.

Quant au juge du lieu du délit, il peut requérir en tout état de cause que l'accusé lui soit renvoyé.

L'article 4 du titre premier de l'ordonnance

criminelle, veut que les premiers juges renvoient les procès & les accusés qui ne font pas de leur Compétence devant ceux qui doivent en connoître, dans trois jours après qu'ils en ont été requis, à peine de nullité de procédures faites depuis la réquifition, d'interdiction de leurs charges, dommages, intérêts, &c.

Cependant il eft aifé de juger qu'il n'y auroit pas lieu au renvoi requis, fi le juge du lieu du délit étoit d'un autre royaume : il en feroit de même fuivant Julius Clarus & Covarruvias, fi l'accufé n'étoit pourfuivi que civilement devant le juge du domicile, à moins qu'il ne fût auffi pourfuivi criminellement devant le juge du lieu du délit.

Mais il eft bon d'obferver que fi un juge faifi d'une affaire criminelle eft abfolument incompétent pour en connoître, il ne doit pas balancer à la renvoyer d'office fans attendre qu'il en foit requis.

Au refte l'ordonnance criminelle déclare qu'il n'y aura point de prévention entre les juges royaux, fi ce n'eft dans le cas où les juges inférieurs n'auroient pas informé & décrété trois jours après le crime commis ; elle permet alors aux fupérieurs d'en connoître. Elle veut auffi que cette difpofition ait lieu entre les juges des feigneurs ; & fi ceux-ci n'avoient pas informé & décrété dans les vingt-quatre heures, les baillis & fénéchaux feroient également autorifés à les prévenir.

Telles font les règles générales que l'on fuit en matière de Compétence : les exceptions dont elles font fufceptibles ont lieu foit relativement à la nature des délits, foit à caufe de la qualité des délinquans.

D'abord les eccléfiaftiques promus aux ordres facrés ou pourvus de bénéfices, ne font juſticiables que des officialités pour raifon des délits communs : ils peuvent demander leur renvoi même après avoir reconnu la juridiction laïque. L'official peut également le requérir en tout état de caufe : mais s'il y avoit un crime privilégié avec le délit commun, le renvoi ne pourroit être fait devant le juge d'églife qu'à la charge du cas privilégié dont le juge royal fe réferveroit la connoiffance.

Les gentilshommes ne peuvent pas être pourfuivis criminellement devant les châtelains & prevôts royaux ; ils doivent l'être devant les baillis ou fénéchaux : mais l'ordonnance criminelle déclare qu'elle n'entend point préjudicier à la juridiction des feigneurs ; auffi peuvent-ils connoître des délits commis par des gentilshommes fuivant une déclaration du 24 février 1536, rendue en interprétation de l'édit de Cremieu.

Les gentilshommes & les eccléfiaftiques ont auffi la prérogative de pouvoir demander en tout état de caufe d'être jugés en la grand'chambre du parlement affemblée, pourvu toutefois que ce foit avant l'ouverture des opinions : mais lorfqu'ils ont requis d'être jugés en la grand'chambre, ils ne peuvent plus demander d'être renvoyés à la tournelle.

Quelques officiers ont encore le privilége fpécial de ne pouvoir être pourfuivis pour crimes qu'en la grand'chambre du parlement de Paris ; tels font les préfidens, maîtres ordinaires, correcteurs, auditeurs, avocats & procureurs généraux de la chambre des comptes de Paris.

Si cependant ces officiers avoient commis quelques délits hors de la ville, prevôté & vicomté de Paris, les baillis & sénéchaux pourroient informer contr'eux & même les décréter si les crimes étoient capitaux, à la charge de renvoyer les procédures à la grand'chambre pour être instruites & jugées : mais si ces officiers avoient procédé volontairement devant les baillis & sénéchaux, ils ne pourroient plus se pourvoir à la grand'chambre que par appel.

Les officiers des parlemens prétendent aussi ne pouvoir être poursuivis qu'en la cour dont ils font membres & juges, toutes les chambres assemblées : ce qu'il y a de certain, c'est que le parlement de Paris s'est maintenu dans cette prérogative.

Quant aux officiers du grand conseil, le droit qu'ils ont de n'être jugés que par leur compagnie n'est susceptible d'aucune difficulté, puisqu'ils y ont été maintenus par un arrêt du conseil du mois de février 1681.

Il y a d'autres officiers qui jouissent des mêmes prérogatives que les gentilshommes ; savoir, les secrétaires du roi & les principaux magistrats des siéges royaux & présidiaux.

On a mis en question si les juges des seigneurs pouvoient connoître des délits commis par des juges royaux hors de leurs fonctions, ainsi que des crimes de gentilshommes ; mais il semble qu'il ne peut y avoir de doute à cet égard : en effet, il conviendroit peu qu'un officier pût être jugé par son inférieur, & qu'il fût dans le cas de perdre la vie & l'honneur par les ordres de celui qu'il auroit pu lui-même condamner. Cette raison a sans doute déterminé deux arrêts, dont l'un a été rendu le 30 août 1606 en faveur d'un commissaire du châtelet de Paris contre l'abbaye de Saint-Germain-des-Prés, & l'autre du 2 août 1625 a fait défenses au bailli de Vendôme d'informer & décréter à l'avenir contre des officiers royaux, lors même qu'ils auroient commis des délits hors de leurs fonctions : aussi la plupart des jurisconsultes pensent-ils que les juges des seigneurs font incompétens pour connoître de ces délits.

Les officiers des eaux & forêts, ainsi que ceux des maréchaussées, ont leurs causes commises au plus prochain présidial, tant en matière civile que criminelle.

Les sergens à verge & les huissiers à cheval au châtelet de Paris ont aussi leurs causes commises devant le lieutenant-criminel de ce siége, suivant les édits du mois de septembre 1672 & octobre 1712, & leur privilége a lieu lors même que le ministère public est partie, à la différence des eaux & forêts, & autres privilégiés qui rentrent en ce cas dans la classe commune.

Les commis & autres employés aux fermes ne peuvent être décretés que par les juges royaux pour les crimes qu'ils ont commis hors l'exercice de leurs fonctions.

Les seigneurs qui ont droit de justice ne peuvent être poursuivis en matière criminelle, ni poursuivre qui que ce soit à leur requête devant leurs juges ; ils doivent alors se pourvoir devant le juge supérieur.

Enfin il paroît que les écoliers des univerſités doivent jouir du privilége de ſcholarité en matière criminelle, lorſque le crime dont ils ſont prévenus a été commis dans le lieu de la juridiction du conſervateur, & que ce juge a la juridiction criminelle : par exemple, ſi un crime avoit été commis à Orléans par un écolier de droit dans l'étendue de la juſtice de Sainte-Croix, ce ſeroit au bailliage criminel à en connoître comme juge conſervateur & non au bailli de Sainte-Croix.

Les exceptions fondées ſur la nature du crime ſont :

Les cas royaux dont la connoiſſance appartient aux baillis, ſénéchaux & juges préſidiaux privativement à tous les autres juges, même aux prevôts royaux.

Les délits purement eccléſiaſtiques dont les juges d'égliſe connoiſſent, à l'excluſion des juges ſéculiers.

Les délits militaires qui ſont de la Compétence des officiers de guerre.

Les crimes maritimes dont la connoiſſance eſt attribuée aux officiers des amirautés.

Les délits commis à l'occaſion des droits du roi, tant par les employés des fermes que par les contribuables, dont la connoiſſance appartient aux élections, officiers des gabelles, traites foraines, &c. & par appel aux cours des aides.

Les délits commis incidemment au fait des forêts qui ſont de la compétence des maîtriſes (*).

_____

(*) Il faut cependant excepter les crimes qui auroient un rapport trop éloigné aux matières des eaux & forêts : le

Les malverſations des officiers de judicature, dont la connoiſſance appartient à leurs ſupérieurs.

Le crime de duel lorſqu'il eſt commis dans l'enceinte ou aux environs des villes où il y a parlement ; c'eſt à ces cours à en connoître, à l'excluſion de tout autre juge ſuivant la déclaration du 30 décembre 1679.

Enfin les cas prevôtaux que les prevôts des maréchaux jugent ſans appel (*).

Les juges préſidiaux ont droit auſſi de connoître en dernier reſſort des cas prevôtaux.

Mais il eſt néceſſaire que ces crimes aient été commis dans la ſénéchauſſée ou bailliage où le ſiége préſidial eſt établi : à l'égard de ceux qui auroient été commis dans d'autres ſénéchauſſées ou bailliages, quoique reſſortiſſans à ce ſiége préſidial dans les deux cas de l'édit des préſidiaux, les baillis & ſénéchaux doivent en

---

maître particulier d'Angers avoit pris connoiſſance d'un vol & d'un viol ſous prétexte de connexité avec une autre accuſation pour fait de chaſſe & de pêche. Sa procédure fut déclarée nulle par arrêt du 6 février 1710 en ce qui concernoit les crimes de vol & de viol, & les parties furent renvoyées au bailliage criminel d'Angers.

(*) On doit excepter le crime de duel dont les prévôts des maréchaux connoiſſent à la charge de l'appel ſuivant l'édit du mois d'août 1679 & la déclaration du 5 février 1731 : auſſi ce crime n'eſt-il pas regardé comme cas prévôtal, puiſque les juges des lieux en connoiſſent concurremment avec les prévôts des maréchaux.

Il en eſt de même des condamnations prononcées par les prévôts des maréchaux contre leurs archers pour fait de diſcipline : elles ſont ſujettes à l'appel au ſiége de la connétablie ſuivant un arrêt du conſeil du 16 mai 1608.

connoître, à la charge de l'appel aux cours de parlement conformément à la déclaration du 22 mai 1702.

D'ailleurs, les fiéges préfidiaux doivent juger les crimes prevôtaux même préférablement aux prevôts des maréchaux, s'ils ont décrété avant eux ou le même jour.

Cette prévention a lieu dans les cas mêmes où les prevôts des maréchaux auroient décrété de prife de corps, & les juges préfidiaux d'ajournement perfonnel feulement ; parce que ce n'eft pas la nature du décret mais la diligence du juge qui donne la prévention.

Cependant fi le décret d'ajournement perfonnel n'avoit point été fignifié & que le décret de prife de corps eut été exécuté par la capture de l'accufé, il paroît que la préférence feroit due au prevôt des maréchaux tant à caufe de fa diligence que pour punir la négligence des juges préfidiaux.

Quoi qu'il en foit, ni les uns ni les autres ne peuvent juger en dernier reffort un accufé qu'ils n'aient préalablement fait juger leur Compétence (*) par le préfidial : ainfi lorfque ce fiége

_____

(*) Un accufé peut être dans le cas d'être jugé prévôtalement, foit à raifon de fa qualité, foit à raifon de la nature du crime dont il eft prévenu : & l'on peut voir ce qu'on a dit à ce fujet à l'article *Cas royaux & prévôtaux.* Si c'eft à raifon de la qualité de l'accufé elle doit être conftatée par témoins, par écrit ou par fa confeffion ; mais fi c'eft à raifon de la nature du délit elle doit être juftifiée par témoins ou par le procès-verbal du juge ; la confeffion de l'accufé ne fuffiroit pas.

Cette Compétence doit être jugée à la chambre civile du

a prévenu, il eſt lui-même juge de ſa Compétence : le jugement qu'il rend en ce cas eſt en
dernier reſſort, & l'accuſé n'a d'autre voie pour
l'attaquer que celle de la caſſation.

L'ordonnance criminelle veut que la Compétence ſoit jugée au préſidial dans le reſſort duquel la capture a été faite dans trois jours au plus
tard, quoique l'accuſé n'ait point propoſé de
déclinatoire (*).

Que les jugemens de compétence ne puiſſent
être rendus que par ſept juges au moins &
qu'ils ſignent la minute.

Que la Compétence ne puiſſe être jugée que
l'accuſé n'ait été ouï (**) en la chambre en pré-

---

préſidial & non à la chambre criminelle, ſuivant un arrêt
rendu par le conſeil le 18 juillet 1678 pour le châtelet de
Paris : le lieutenant criminel en ce ſiége peut aſſiſter au jugement ; celui du préſidial d'Orléans a la même faculté d'après
une tranſaction paſſée entre les officiers de ce ſiége le premier mars 1652.

(*) Une déclaration du 30 avril 1772 a dérogé à cette
diſpoſition relativement aux officiers des maréchauſſées.
Suivant cette loi, ils doivent faire juger leur Compétence
au préſidial établi dans le lieu du ſiége de la maréchauſſée ;
ou s'il n'y en a point, au préſidial le plus prochain, en
quelque lieu que la capture ait été faite.

(**) Quand l'accuſé eſt contumace, la Compétence ne
peut être jugée que ſur le vu des charges ; mais s'il y avoit
dans un procès criminel pluſieurs accuſés dont il s'agit de
juger la Compétence & que l'un d'eux fût malade & hors
d'état d'être tranſporté en la chambre du conſeil, il faudroit
après l'avoir fait viſiter par les médecins & chirurgiens, &
ſur leur rapport qu'il ne peut être transféré ſans péril de
la vie, ſurſeoir au jugement de la Compétence à ſon égard &
ne la juger que par rapport aux autres accuſés.

fence de tous les juges, & qu'il en foit fait mention dans le jugement ainfi que des motifs qui auront décidé la Compétence.

Que ce jugemeut foit prononcé & fignifié fur le champ à l'accufé (*).

Que ii le prevôt des maréchaux eft déclaré incompétent, l'accufé foit transféré dans deux jours au plus tard dans les prifons du lieu du délit.

Enfin, que le prevôt qui a été déclaré compétent foit tenu de procéder inceffamment à l'inftruction du proces avec fon affeffeur ou avec un confeiller du fiége où l'accufé doit être jugé.

Mais fi après le procès commencé pour un crime prevôtal il furvient de nouvelles accufafations dont il n'y ait point eu de plainte en juftice pour crimes non prevôtaux, elles doivent être inftruites conjointement & jugées prevôtalement.

Obfervez néanmoins que cette difpofition de l'article 23 du titre 2 de l'ordonnance criminelle eft fujette à plufieurs exceptions indiquées par la déclaration du 5 février 1731. Cette loi porte, article 17 & 18 :

1°. Que fi deux accufés font pourfuivis pour des cas ordinaires devant les baillis & fénéchaux, les prevôts, châtelains & autres juges

---

(*) L'ordonnance criminelle & la déclaration du 5 février 1731, veulent que dans les différens interrogatoires que l'accufé doit fubir avant ou après le jugement de Compétence, il lui foit déclaré par les juges qu'ils entendent le juger en dernier reffort.

royaux, même ceux des feigneurs hauts-jufticiers, & qu'ils foient en même-temps prévenus
de cas prevôtaux qui aient donné lieu aux prevôts des maréchaux & aux juges préfidiaux de
commencer des procédures, la connoiffance
des deux accufations appartiendra aux baillis &
fénéchaux, à l'exclufion des prevôts, châtelains ou autres juges fubalternes, & même préférablement aux prevôts des maréchaux & juges préfidiaux, fi les baillis & fénéchaux ou les
juges qui leur font fubordonnés ont informé
avant les prevôts des maréchaux, les juges préfidiaux, ou le même jour.

2°. Que fi le crime dont le prevôt des maréchaux a pris connoiffance n'a pas été commis dans
le reffort des bailliages & fénéchauffées où les
cas ordinaires font arrivés, il doit en être donné
avis aux procureurs généraux par leurs fubftituts, pour que les parlemens puiffent y pourvoir par un acte de renvoi des deux accufations
en tel fiége reffortiffant nuement à ces cours
qu'il appartiendra.

3°. Que lorfque les cas ordinaires ne feront
pas arrivés dans le département du prevôt des
maréchaux qui aura pris connoiffance de cas
prevôtaux, fa majefté fe réferve d'y pourvoir
fur l'avis qui en fera donné à M. le chancelier
en renvoyant les deux accufations pardevant tel
préfidial ou prevôt des maréchaux qu'elle jugera à propos.

4°. Sa majefté entend auffi excepter les accufations dont l'inftruction feroit pendante dans
les cours contre des coupables prévenus de crimes prevôtaux; & veut qu'en tout état de

caufe toutes les accufations foient jointes & portées à ces cours.

Ainfi la difpofition de l'article 23 du titre 2 de l'ordonnance criminelle ne doit être obfervée que dans le cas où il a été informé & décrété par les prevôts des maréchaux ou les fiéges préfidiaux pour le crime qui eft de leur Compétence, avant les juges qui ne connoiffent que des cas ordinaires.

La déclaration du 5 février 1731 veut en conféquence (article 19) qu'en procédant au jugement des accufations inftruites conjointement par le prevôt des maréchaux ou les fiéges préfidiaux, ces juges foient tenus de marquer diftinctement le cas dont l'accufé fera atteint & convaincu; au moyen de quoi le jugement doit être exécuté en dernier reffort fi le cas eft prevôtal, finon il ne peut être rendu qu'à la charge de l'appel dont il doit être fait mention expreffe dans la fentence, à peine de nullité & même d'interdiction contre les juges qui auront contrevenu à cette difpofition.

Il s'enfuit que fi après une inftruction prevôtale faite contre deux accufés prévenus l'un & l'autre d'un cas ordinaire & d'un cas prevôtal, il arrivoit lors du jugement que la preuve ne fe trouvât complette contre l'un que pour le cas ordinaire, & contre l'autre que pour le cas prevôtal feulement, celui-ci ne devroit être jugé ainfi que le premier qu'à la charge de l'appel, parce qu'un jugement ne pouvant fe divifer, la faveur de l'appel doit l'emporter fur le dernier reffort.

La juridiction prevôtale eft fufceptible de plufieurs autres exceptions.

La déclaration du 5 février 1731 porte (article 6) que les prevôts des maréchaux ne pourront connoître des crimes prevôtaux par la nature du délit, telles que les affemblées illicites , &c. lorfque ces crimes auront été commis dans les villes & fauxbourgs du lieu où ces prevôts ou leurs lieutenans font leur réfidence.

M. Jouffe penfe que le motif de cette exception eft de ne pas fournir un prétexte aux prevôts des maréchaux de faire de trop longs féjours dans les villes, au lieu de s'acquitter du devoir qui leur eft propre d'être continuellement en campagne pour maintenir la fûreté publique.

La déclaration de 1731 veut encore (article 20) que fi dans le même procès criminel il y a plufieurs accufés dont les uns foient pourfuivis pour un cas ordinaire, & les autres pour un crime prevôtal, la connoiffance des deux accufations appartienne aux baillis & fénéchaux préférablement aux prevôts des maréchaux & fiéges préfidiaux , foit que les juges qui auront informé & décrété pour le cas ordinaire aient prévenu les prevôts des maréchaux ou juges préfidiaux, foient qu'ils aient été prévenus par eux; & que fi les juges préfidiaux s'en trouvent faifis, ils n'en puiffent connoître qu'à la charge de l'appel.

Cette difpofition a lieu même dans le cas d'une accufation qui n'auroit pour objet que des cas prevôtaux, fi parmi les accufés il y en avoit un feul qui fût eccléfiaftique, gentilhomme, fecrétaire du roi ou officier royal de judicature du nombre de ceux dont les procès criminels ont

coutume

coutume d'être portés en la grand'chambre du parlement : l'article 14 de la déclaration du 5 février 1731 est formel à cet égard, & n'est qu'une conséquence des articles 11, 12 & 13 qui portent que les privilégiés dont il sagit ne feront sujets en aucuns cas ni pour quelque crime que ce puisse être à la juridiction des prevôts des maréchaux, ni jugés en dernier ressort par les siéges présidiaux, à moins qu'ils ne se soient rendus indignes de ce privilége par quelque condamnation qu'ils auroient subie, de peine corporelle, de bannissement ou amende honorable.

Ainsi les prevôts des maréchaux sont tenus d'interrompre toute instruction contre ces privilégiés dès que leur qualité est suffisamment connue, sans attendre ni déclinatoire de leur part ni revendication de la partie publique : autrement leur procédure seroit dans le cas d'être annullée comme faite par des juges incompétens.

Cependant, suivant l'article 15 de la même déclaration, les prevôts des maréchaux peuvent informer contre les ecclésiastiques, les gentilshommes & autres privilégiés pour quelques délits que ce soit & même les arrêter ; & à plus forte raison peuvent-ils en user de la même manière à l'égard des personnes qui ne jouissent d'aucun privilége : bien plus, ils sont autorisés par l'article 21 de la déclaration de 1731 à interroger ceux-ci ; ce qui ne leur est pas permis par rapport aux privilégiés : mais ils n'en sont pas moins obligés à l'égard des uns & des autres d'avertir incessamment les baillis ou sénéchaux royaux dans la juridiction desquels les crimes ont été commis, & de leur remettre les procédures & les accufés fans attendre qu'ils en foient requis.

Les vagabonds & les gens fans aveu, ainfi que les mendians valides, forment une claffe à part : comme ils font dans le cas d'être jugés prevôtalement par la feule raifon qu'ils font tels, l'article premier de la même déclaration enjoint aux prevôts des maréchaux de les arrêter quoiqu'ils n'aient, commis aucun autre crime ou délit, pour leur procès être fait & parfait, conformément aux ordonnances, édits & déclarations, & notamment à celles qui ont été données en 1724 & 1750 fur le fait de la mendicité : & cette difpofition doit être exécutée indiftinctement partout, foit dans les villes où les prevôts des maréchaux font leur réfidence, foit dans celles où font établies les cours de parlement.

Quant à l'infraction de ban, les prevôts des maréchaux n'en peuvent connoître que contre ceux envers lefquels ils ont prononcé la peine de banniffement. La déclaration de 1731 veut qu'en tout autre cas la connoiffance en appartienne aux juges qui ont condamné les infracteurs : mais on doit excepter de cette règle ceux qui par contravention aux déclarations des 8 janvier 1719 & 5 juillet 1722 fe retireroient à la fuite de la cour ou dans la ville, les fauxbourgs & la banlieue de Paris : la connoiffance de cette infraction a été fpécialement attribuée au lieutenant de police de Paris ou au lieutenant-criminel de robe-courte, concurremment & par prévention : ils doivent en connoître en dernier reffort avec les officiers du châtelet ; & s'il s'élève quelque conteftation entr'eux au fujet de la

Compétence, elle doit être jugée au parlement.

L'article 10 de la déclaration de 1731 attribue même aux prevôts, châtelains & autres juges royaux ordinaires & même à ceux des seigneurs hauts-justiciers le droit de connoître, à la charge de l'appel aux parlemens, des crimes qui ne sont pas du nombre des cas royaux ou prevôtaux & qui ont été commis dans leur juridiction par les vagabonds, les gens sans aveu ou qui ont été repris de justice. Le même droit est accordé à ces juges relativement à la contravention aux édits & déclarations rendus sur le fait de la mendicité ; le tout concurremment & par prévention (*) avec les prevôts des marechaux, & même préférablement à eux s'ils ont informé & décrété avant eux ou le même jour.

Ainsi les cas prevôtaux par la qualité des personnes sont de la Compétence des juges subalternes, royaux ou seigneuriaux : mais pour ce qui concerne les cas prevôtaux par la nature du délit, ainsi que les cas royaux, les juges doivent seulement informer, décréter & interroger les accusés : l'article 16 du titre premier de l'ordonnance criminelle réduisoit même ces fonctions aux coupables pris en flagrant-délit ; mais l'article 21 de la déclaration du 5 février

---

(*) L'article 10 de la déclaration de 1731 ne dit point que les juges ordinaires aient la prévention avec les présidiaux : aussi ne l'ont ils point pour les cas prevôtaux par la qualité de l'accusé, bien moins encore pour ceux qui le sont par la nature du délit au sujet desquels il leur est seulement permis d'informer & de décréter.

1731 ne contient point cette reſtriction : elle veut au contraire que tous les juges (*) du lieu du délit puiſſent informer & décréter contre tout accuſé quand il s'agiroit de cas royaux ou de cas prevôtaux; il leur eſt même enjoint d'y procéder auſſi-tôt qu'ils auront eu connoiſſance de ces crimes, à la charge néanmoins d'en avertir inceſſamment les baillis & ſénéchaux royaux dans le reſſort deſquels ils exercent la juſtice, par aête dénoncé au greffe criminel des bailliages & ſénéchauſſées; & ceux-ci ſont tenus d'envoyer quérir auſſi inceſſamment les procédures & les accuſés.

L'article 22 de la déclaration de 1731 ajoute, en interprétation de l'article 16 du titre premier de l'ordonnance criminelle, que ſi les coupables d'un cas royal ou prevôtal ont été pris ſoit en flagrant-délit ſoit en exécution d'un décret décerné pour le juge des lieux avant que le prevôt des maréchaux ait décrété, le lieutenant-criminel de la ſénéchauſſée ou du bailliage ſupérieur doit être cenſé avoir prévenu le prevôt des maréchaux par la diligence du juge inférieur.

Voyez *le titre* de foro competenti *aux décrétales ; l'édit de Cremieu ; la déclaration donnée en interprétation de cet édit le 24 février 1536 ; l'édit*

_____

(*) L'article 21 de la déclaration du 5 février 1731 ne comprend point dans ſa diſpoſition les ſubd. légués des intendans : auſſi ne ſeroient-ils pas compétens pour faire les informations dont il s'agit. Un arrêt du 13 mars 1710 a caſſé une procédure criminelle inſtruite par un ſubdélégué, pour raiſon d'un meurtre commis par un ſoldat en maraude ſur la perſonne d'un habitant du village de Rivières, avec défenſe à ce ſubdélégué de plus connoître à l'avenir de ſemblables cas.

des duels ; les lettres d'ampliation sur cet édit en date du 30 décembre 1679 ; les édits des mois de septembre 1672 & octobre 1712 ; l'ordonnance criminelle de 1670, ainsi que le commentaire de M. Jousse ; la déclaration du 17 juin 1554 & l'arret rendu en conséquence le 15 novembre suivant ; les déclarations des 30 décembre 1679, 22 mai 1702, 8 janvier 1719, 5 juillet 1722 & 5 février 1731 ; Julius Clarus ; Covarruvias ; Farinacius ; Theveneau ; Imbert ; d'Argentré sur la coutume de Bretagne ; Dupinceau sur celle d'Anjou ; le traité des droits de justice de Bacquet ; le traité de la compétence des juges en matière criminelle ; le dictionnaire de droit au mot COMPÉTENCE ; l'encyclopédie. Voyez aussi les articles INCOMPÉTENCE, PRÉVENTION, RENVOI, CAS ROYAUX ET PREVÔTAUX, JUGE, PREVÔT DES MARÉCHAUX, PRÉSIDENT.

COMPLAINTE EN CAS DE SAISINE ET DE NOUVELLETÉ (*). Les actions sont ou personnelles ou réelles.

(*) *Exploit de demande en Complainte.*

L'an.... pour voir dire que le demandeur est légitime possesseur d'une maison & héritage sis à.... dont il jouissoit sans trouble depuis plus de... années consécutives ; néanmoins le défendeur l'a troublé depuis an & jour ; & sur ce qu'il a supposé être propriétaire de ladite maison & héritages, il en a reçu les loyers & perçu les fruits au préjudice du demandeur, lequel conclut à ce qu'il soit maintenu & gardé en la possession & jouissance de ladite maison & héritages ; que défenses seront faites au défendeur de le troubler, ni inquiéter à l'avenir, même qu'il sera condamné à rendre au demandeur les loyers & fruits suivant la prisée qui en sera faite par experts & gens à ce connoissans dont les parties conviendront....

Si le possesseur a été dépossédé par violence ou voie de

Hh iij

Les actions réelles sont celles qui s'intentent, ou pour raison du fond & propriété d'un heritage, ou droit réel dont l'héritage est chargé, ou pour raison de la possession.

Il y a donc deux sortes d'actions réelles, l'une qui concerne la propriété qu'on appelle l'action pétitoire par laquelle le propriétaire demande que celui qui est en possession d'un héritage soit tenu de s'en désister & départir : l'autre qu'on appelle action possessoire est celle qui

---

fait, il peut demander la réintégrande par action civile & ordinaire, ou extraordinairement par action criminelle ; & s'il a choisi l'une de ces deux actions, il ne plus peut se servir de l'autre, si ce n'est que le juge en prononçant sur l'extraordinaire ne lui ait réservé l'action civile, ainsi qu'il est dit en l'article 2 du titre 18 de l'ordonnance de 1667.

Sentence sur l'extraordinaire portant réserve de l'action civile.

Vu le procès criminel extraordinairement fait, &c.

Nous avons déchargé le défendeur de la poursuite extraordinaire contre lui faite à la requête du demandeur, sauf à lui de se pourvoir par action civile, pour raison du fait dont il s'agit, & condamné le demandeur aux dépens.

L'action civile pour être réintégré commence par cet exploit.

Exploit de demande en réintégrande.

L'an.... pour ouïr une requête qui est que le défendeur ayant dépossédé par violence le demandeur d'une maison & héritages dont il jouissoit paisiblement, en a pris & enlevé les grains & fruits. A ces causes conclut à ce qu'il soit réintégré en la possession & jouissance de sa maison & héritages, grains & fruits d'iceux, & le défendeur condamné en les dépens, dommages & intérêts.

Il faut observer les délais & communiquer les pièces comme aux autres instances.

s'intente ou pour être conservé dans la possession quand on y est troublé, ou pour la recouvrer quand on l'a perdue.

Delà se tire la division des actions possessoires. Il y en a deux : *la Complainte en cas de
saisine & nouvelleté* par laquelle celui qui est
troublé en sa possession demande d'y être maintenu & gardé, & que défenses soient faites à
la partie adverse de l'y troubler. Et l'autre
s'appelle *réintégrande* qui est donnée au possesseur
d'un héritage pour en recouvrer la possession
quand il en a été spolié de fait & par force.
La première est l'interdit *uti possidetis*, l'autre
est l'interdit *unde vi*.

Ces termes *saisine* & *nouvelleté* sont de vieux
mots de coutume, dont l'un signifie possession
& l'autre signifie trouble.

La saisine est proprement la tradition ou possession que le seigneur donne au nouvel acquéreur de l'héritage tenu de lui en censive ; c'est
à l'égard des héritages roturiers ce que l'inves-
titure est a l'égard des fiefs. Dans la plupart
des coutumes, celui qui vend un héritage est
obligé de s'en désaisir par lui ou par procureur
entre les mains du seigneur, & ce seigneur donne
ensuite la saisine & possession de ce même héritage à l'acquéreur qui est obligé de lui payer
un droit à cet égard ; & si cet acquéreur s'est
mis en possession sans prendre saisine il encourt l'amende portée par la coutume. Delà
le mot de saisine a été pris chez les anciens praticiens pour signifier possession. Dans la coutume
de Paris cette formalité de prendre saisine a
été abrogée ; il y a un article exprès qui porte,
ne prend saisine qui ne veut. On la prend néan-

moins lorsqu'on craint le retrait lignager parce
que l'an du retrait ne commence à courir que
du jour de la faifine.

Le mot de nouvelleté fignifie trouble ou inno-
vation qui eft faite à notre poffeffion, tellement
que la Complainte en cas de faifine & nouvelleté , eft la plainte du trouble qui nous eft
fait en la poffeffion où nous fommes.

Autrefois le juge ou un fergent en vertu de
fa Commiffion fe tranfportoit fur l'héritage contentieux pour rétablir le trouble & renfaifiner
ou réintégrer l'ancien poffeffeur, & en cas d'oppofition mettoit la chofe en la main du roi pendant le procès ; ce que l'on appelloit *ramener la
Complainte à effet fur le lieu.*

Quatre chofes font néceffaires pour fonder la
Complainte : 1°. Il faut que celui qui intente
la Complainte foit en poffeffion par an & jour.
C'eft une ancienne maxime du droit François
que la prefcription de la poffeffion s'acquiert
par an & jour ; la poffeffion eft la détention &
jouiffance de quelque chofe ; il y en a de deux
fortes, l'une naturelle & l'autre civile. La poffeffion naturelle eft la fimple détention de la
chofe fans deffein ni intention de la poffeder en
qualité de propriétaire : telle eft la poffeffion
du fermier , du créancier auquel on a donné
une terre en engagement , de celui qui ne jouit
que précairement , & autres femblables qui ne
poffedent pas en leur nom , mais au nom d'un
propriétaire, & à proprement parler cette détention n'eft point une poffeffion, elle ne produit
aucun effet civil & ne donne aucun droit, foit
pour la Complainte, foit pour la prefcription ;
elle conferve feulement la poffeffion civile de
celui qui l'a acquife.

La poſſeſſion civile eſt la détention de la choſe avec deſſein & intention de poſſéder pour ſoi en qualité de propriétaire, *animo ſibi habendi ;* telle eſt la poſſeſſion de celui qui a un titre légitime, ou coloré.

Il y a un autre eſpèce de poſſeſſion que quelques praticiens appellent auſſi poſſeſſion civile, mais qui n'eſt qu'une poſſeſſion par fiction, & qui eſt plus d'opinion que de fait. Telle eſt la poſſeſſion après la mort du défunt ſuivant la règle & maxime portée dans toutes les coutumes, *le mort ſaiſit le vif, ſon plus proche héritier habile à lui ſuccéder.* Cette poſſeſſion civile devient naturelle quand l'héritier eſt entré en jouiſſance des biens de la ſucceſſion.

C'eſt la poſſeſſion civile & non pas la ſimple poſſeſſion naturelle qui eſt requiſe pour pouvoir intenter une Complainte. C'eſt ce que l'ordonnance de 1667 entend lorſqu'elle dit que pour former Complainte il faut poſſéder a autre titre que de fermier ou poſſeſſeur précaire : elle requiert encore deux autres conditions pour la poſſeſſion, ſçavoir qu'elle ſoit publique & paiſible. Ainſi la violence & la clandeſtinité rendent la poſſeſſion vitieuſe & inutile pour la Complainte : c'eſt pourquoi l'on dit ordinairement qu'il faut poſſéder *non vi, non clam, non precario.*

Il n'eſt pas néceſſaire pour former Complainte d'être fondé en titre de propriété ni de le communiquer, il ſuffit de juſtifier d'une poſſeſſion annale par les derniers exploits qui ont précédé immédiatement le trouble, & cette poſſeſſion ſe prouve tant par témoins que par titres, c'eſt-à-dire par acte de poſſeſſion, comme par baux à loyer ou à ferme, ventes de coupes de bois. En combat de preuves sur le fait de la possession, on considere celle qui est la mieux circonstanciée ou la plus ancienne ; c'est ce que dit Dumoulin sur l'article 441 de la coutume du Maine. *In conflictu probationum, titulata vel antiquior possessio vincit.* Par exemple, avoir recueilli les fruits est un acte de possession bien plus considérable que d'avoir labouré & semé.

Brodeau dit que l'héritier en conséquence de la regle *le mort saisit le vif* est recevable à former Complainte quoiqu'il ne possede que civilement, n'ayant pas une possession réelle & actuelle ; & qu'il peut former non cette Complainte seulement pour la succession entiere, c'est-à-dire pour le droit universel, mais même pour les corps singuliers qui la composent.

2°. La Complainte n'est reçue que pour héritages ou droits réels reputés immeubles : telle est une rente foncière, une dîme inféodée, ou ecclésiastique. Elle est aussi donnée pour une universalité de meubles, comme est une succession mobilière qui consistant *in jure* est reputée immeuble ; cela est si vrai que l'insinuation est nécessaire dans une donation d'universalité de meubles ; mais la Complainte n'a pas lieu pour choses purement mobilières, & l'interdit *ut ubi* qui avoit lieu en droit n'est point reçu parmi nous.

Nous regardons les meubles comme choses peu considérables, *mobilium vilis est & abjecta possessio.* La lesion d'outre moitié n'est pas reçue en vente de meubles, le retrait lignager n'y a pas lieu quand même ce feroit des meubles précieux venus de nos ancêtres, ils n'ont pas droit de suite par hipothèque, & ne font point fujets aux formalités des criées & décrets de quelque prix & confidération qu'ils foient. Les donations de meubles ne font pas fujettes aux infinuations. En conféquence la Complainte n'a pas lieu pour les meubles.

Un feigneur à qui fes habitans refufent le payement des droits feigneuriaux, prétendant que ces droits ne font pas dus, peut-il intenter Complainte à l'effet d'être maintenu dans la poffeffion de ces mêmes droits? quelques-uns foutiennent la négative & difent que la Complainte poffeffoire n'étant autre chofe qu'un combat de poffeffion entre deux perfonnes qui prétendent le même droit, jamais cette action ne peut avoir lieu contre le débiteur qui contefte le droit, mais feulement de feigneur à feigneur, parce que dès le moment que le droit eft contefté au fond il n'y a plus rien de réel ni d'exiftant qui puiffe donner ouverture à la maintenue par provifion qui eft l'effet de la Complainte.

Mais cette opinion eft une erreur qui dérive de ce qu'on n'a pas entendu la nature & la véritable définition de la Complainte poffeffoire, connu en droit fous le nom, *interdictum uti poffidetis*.

La Complainte n'eft pas feulement un combat de poffeffion entre deux perfonnes qui prétendent ou le même héritage, ou le même droit; c'eft une action que les lois, les coutumes, & l'ordonnance accordent à toute perfonne qui eft troublée dans la poffeffion d'un héritage ou d'un droit réel : or le trouble fe fait par la dénégation ou ceffation de payement, de même qu'il eft excité par la prétention d'un tiers : *ceffatio caufat turbativam*, dit Joannes Faber, &

après lui Guypape. La Complainte peut donc être intentée contre le débiteur puisqu'il trouble en effet en cessant & refusant de payer.

Les auteurs qui ont décidé que cette action pouvoit être exercée contre le débiteur qui refuse la prestation d'un droit, sont, Fontanus sur l'article 99 de la coutume de Blois ; Imbert dans sa pratique, livre premier ch. 16 nom. 7. Papon tome 2 liv. 8 *des interdits & actions possessoires*, page 575 ; *Joannes Faber* sur le titre des instituts *de interdictis*. Guypape question 552 nom. 4, Maguet dans sa pratique, titre des *matières possessoires* ; Bouteiller dans sa somme rurale, titre 11 de sa pratique, qui rapporte nommément l'ancienne formule de la Complainte contre celui qui refuse un droit, ou une rente qu'il avoit payé dans les années précédentes ; & M. Antoine Loisel, livre 5, titre 4, nom. 18, qui en a fait une regle du droit coutumier en ces termes : *cessation, contradiction & opposition valent trouble de fait.*

Enfin la coutume de Bourbonnois en contient une disposition textuelle dans l'article 91 ; & celle de Paris dans l'article 98, prouve assez que la Complainte & la simple saisine peuvent être intentées contre le débiteur en disant que celui qui a été troublé en la possession & jouissance d'une rente peut poursuivre le cas de simple saisine personnelle contre celui qui l'a troublé, *& requérir être remis en la possession en laquelle il étoit auparavant ladite cessation.* Ce mot *cessation* ne peut s'appliquer qu'au débiteur du droit ou de la redevance qui trouble le possesseur par la cessation de payement, comme un tiers le trouble par la contradiction &

oppofition, c'eft-à-dire en prétendant que le droit ou la redevance lui appartiennent & non à celui qui en jouiffoit.

Cette queftion s'eft préfentée à la grand' chambre du parlement de Paris, & a été jugée *in terminis* en faveur de madame la princeffe & madame la ducheffe de Brunfwick, contre les habitans des paroiffes de la Neuville & Eftreux, par arrêt du 5 mars 1728. En voici l'efpèce :

Madame la princeffe & madame la ducheffe de Brunfwick jouiffoient depuis un temps immémorial, par elles & par leurs auteurs ducs de Guife, du droit de terrage fur le terroir de la Neuville & Eftreux, membres du duché de Guife. Les habitans de ces deux paroiffes convinrent au mois de février 1717, dans deux actes d'affemblée, de refufer de payer le droit jufqu'à ce qu'on leur eût produit ou le tire primordial & conftitutif, ou des déclarations & reconnoiffances de leurs prédéceffeurs.

Ces deux actes d'affemblée, & le refus de payer lors de la moiffon, furent pris pour trouble par madame la princeffe & madame la ducheffe de Brunwich, qui firent affigner en Complainte poffeffoire aux requêtes du palais les deux communautés en nom collectif & quelques-uns des principaux habitans : *Illi longè commodius eft & potius poffidere quam petere*, inftit. de interd., paragraphe 5. Voici l'arrêt :

« Notredite cour reçoit les parties de Gin op-
» pofantes à l'exécution de l'arrêt par défaut ; au
» principal, a mis & met l'appellation & ce dont
» a été appelé au néant ; émendant, évoque le
» principal, & y faifant droit, maintient &

» garde les parties de Huart dans la possession
» & jouissance des droits de cens, terrages &
» autres droits seigneuriaux, tant en grains qu'en
» argent qu'elles ont accoutumé de percevoir
» sur les maisons, terres & héritages des pa-
» roisses de la Neuville & Estreux, suivant les
» cueillerets qui sont entre les mains des fer-
» miers : condamne les syndics & habitans des-
» dites paroisses de la Neuville & Estreux, par-
» ties de Gin, à payer lesdits droits de cens,
» terrages & autres droits seigneuriaux échus
» en l'année dernière 1717 ; savoir, les droits
» en argent suivant les cueillerets, & aux en-
» grains, suivant l'estimation & évaluation qui
» en sera faite en la manière accoutumée ; sauf
» aux parties de Gin à se pourvoir au pétitoire.
» Les défenses des parties d'Huart réservées au
» contraire. Cet arrêt est imprimé.

La question ne s'étoit point encore présentée
dans des termes aussi précis. Cet arrêt juge bien
disertement qu'un seigneur peut intenter Complainte pour raison du terrage & autres droits
seigneuriaux, même dans le cas où le tenancier
conteste le fond du droit.

Quelque précise que soit la décision de cet
arrêt, quelque respect qu'il mérite, il faut cependant convenir que la question peut encore
souffrir difficulté. En effet, si l'on jette les yeux
sur les anciens monumens de notre jurisprudence,
on voit que dans le temps de Charles V &
Charles VI, la complainte n'étoit jamais admise
entre le seigneur & ses vassaux : c'est ce que
nous attestent *M. Desmares*, décision 323, &
Joannes Gallus, question 349. On lit dans l'ancien style de la cour, & *ideo dicitur in gallico*,

entre le feigneur & le vaffal, il n'y a point de nouvelleté.

C'eft également la décifion de Dumoulin fur la coutume de Paris, paragraphe 1, gloffaire 4, n°. 44 & fuivans. La Complainte, *dit-il*, ne peut jamais avoir lieu entre le feigneur & fes vaffaux, *interdictum uti poffidetis nunquam habet locum quando fubditus contradicit fuperiori*. On peut voir auffi Papon, liv. 8, titre 4.

Il y a des arrêts conformes à cette décifion. Un entr'autres, du 15 feptembre 1734, fur les conclufions de M. l'avocat-général de Montholon, qui juge que le fubftitut de M. le procureur-général du domaine de Bourbonnois n'avoit pu intenter Complainte contre les habitans d'Ifcure pour dénégation des devoirs, droits & rentes dues au roi, mais qu'il falloit fe pourvoir par action. Il s'agiffoit dans cette affaire d'un droit de blairie : fans avoir égard à la Complainte, on renvoya devant le fénéchal de Bourbonnois pour procéder fur l'action confeffoire.

On trouve dans le recueil de Bardet un arrêt qui juge une queftion non moins importante : celle de favoir fi le juge d'églife peut connoître de la Complainte en matière de dîme. Voici l'efpèce de cet arrêt :

Denis Marteau, prêtre, curé d'Armonville au diocèfe de Reims, ayant fait affigner un particulier fon paroiffien par-devant l'official de M. l'archevêque de Reims, aux fins de fe voir condamner à lui payer les menues dîmes ; tous les autres paroiffiens d'Armonville intervinrent & prirent pour trouble cette demande de menues dîmes faites par le curé ; & fur la Complainte qu'ils en formèrent, foutenant être en poſſeſſion immémoriale de n'en point payer, ils demandèrent leur renvoi pardevant le juge royal des lieux. L'official les ayant déboutés, ils en interjetèrent appel; & y ayant renoncé, l'official rendit ſa ſentence définitive, par laquelle il condamna les habitans & paroiſſiens d'Armonville à payer toutes ſortes de menues dîmes à Marteau leur curé, à raiſon de la treizième de chaque eſpèce, de quoi ils interjetèrent appel comme d'abus, & obtinrent lettres pour être relevés de l'acquieſcement au premier appel. Pour eux, Me. Germain dit que l'abus étoit évident, parce que les ordonnances, particulièrement celle qu'on appelle vulgairement la Philippine, défendent expreſſément aux juges d'égliſe de prendre aucune connoiſſance du poſſeſſoire des dîmes ni d'autres matières bénéficiales. La Complainte eſt un cas royal. Les appelans l'ayant formée, l'official avoit les mains liées & ne pouvoit plus paſſer outre; leur acquieſcement ne pouvoit leur préjudicier, parce que l'abus ne ſe couvre point. Au principal, les appelans payent les dîmes prédiales & des gros fruits. Outre cela, l'intimé veut les aſſervir à d'autres dîmes menues & perſonnelles qui ne leur ont jamais été demandées & qu'ils ſont en poſſeſſion immémoriale de ne point payer; par conſéquent, la ſeule allégation de ce fait de n'avoir point payé telles dîmes, rend le curé intimé non-recevable en ſes fins & concluſions, à quoi il conclut.

M. l'avocat-général Talon dit: l'abus eſt manifeſte. La ſeule allégation de Complainte a lié les mains à l'official; la Complainte eſt un cas royal: *Cauſa momenti, interdictum retinendæ paſſeſſionis, possessionis , quæ celeritate reformatur ne partes ad arma veniant.* L'ordonnance défend nommément cette connoissance au juge d'église ; quand les paroissiens n'auroient point interjeté appel de la première sentence , il l'interjeteroit pour le public. La seconde sentence n'est pas moins abusive. Les appelans mettoient en fait de n'avoir jamais payé cette espèce de dîme que leur demandoit l'intimé , & ils ont été condamnés à la lui payer à raison de la treizième ; il s'agissoit donc de la quotité de la dîme. C'est pourquoi suivant l'ordonnance de Blois & de Melun , la connoissance en appartenoit au juge royal. S'il y a lieu de condamner un intimé en l'amende , c'est en cette espèce ; & néanmoins à cause des procédures volontaires qu'il y a eu pardevant l'official, il y a lieu de compenser les dépens.

_ La cour dit que par l'une & par l'autre sentence il avoit été mal , nullement & abusivement procédé, ordonné & jugé ; ayant égard aux lettres , remit les parties en tel état qu'elles étoient auparavant ; & pour procéder sur la Complainte formée par les appelans , renvoya les parties pardevant le bailli de Vermandois ou son lieutenant à Reims , le lundi 22 décembre 1631 , M. le premier président le Jay prononçant.

Un seigneur haut-justicier peut-il intenter Complainte pour les droits honorifiques dans l'église ? Un simple seigneur de fief le peut-il ?

Dès que les honneurs de l'église appartiennent de droit au seigneur haut-justicier, il est évident qu'il est en droit de les réclamer par la voie de la Complainte ; & si Maréchal la lui refuse &

paroît même étonné (*) qu'un feigneur haut-
jufticier y ait été admis par arrêt du 2 août
1624, c'eft une fuite de l'erreur où il étoit que
ces honneurs ne peuvent appartenir de droit
qu'au feul patron ; mais s'il avoit penfé qu'ils
font auffi-bien dus de droit au feigneur haut-
jufticier qu'au fondateur, il eft indubitable qu'il
auroit lui-même cité cet arrêt, & un autre de
1623 qu'il donne numéro 8, pour prouver que
le haut-jufticier peut agir par voie de Complainte
contre ceux qui le troublent dans la jouiffance
de ces droits ou qui les lui refufent.

C'eft auffi ce que l'on trouve folidement établi dans la feizième des obfervations de M.
Danty fur le traité de Maréchal.

« Quant au feigneur haut-jufticier (dit-il);
» attendu qu'après le patron les mêmes droits
» honorifiques lui font dus à caufe de la puif-
» fance publique que la haute-juftice lui attri-
» bue, il eft jufte auffi qu'il ait droit d'intenter
» Complainte contre ceux qui le troublent dans
» la jouiffance de fes droits. La raifon en eft,
» (ajoute-t-il), qu'il ne les a qu'à caufe de la
» haute-juftice qui eft patrimoniale ; & que ceux
» qui ne font point patrons & qui n'ont aucune
» part à la haute-juftice, ne peuvent concourir
» avec lui dans la participation de ces droits,
» lefquels étant à fon égard des droits d'hon-
» neur & de juftice tout enfemble, ne peuvent
» lui être conteftés, ou du moins il doit avoir
» action privilégiée pour s'y faire maintenir,
» telle qu'eft la voie de la Complainte ».

Comme il y a deux fortes de perfonnes qui

_____

(*) Tome 2, n°. 70.

ont véritablement droit aux honneurs de l'église, il y a aussi deux choses qui peuvent transmettre ce droit.

Quant au patron, quoiqu'il y ait quelques patronages purement personnels attachés à certaines familles sans aucune glébe, comme ils sont plus ordinairement adhérens à quelques seigneuries, c'est cette seigneurie qui suivant la coutume de Normandie, est la glébe suivant laquelle le patronage ne peut passer à aucun laïc.

Pour ce qui est du seigneur haut-justicier, le droit de haute-justice est, pour nous servir des termes de Loiseau, la chose à cause de laquelle les honneurs de l'église lui sont dus, & il n'est pas nécessaire pour cela que cette haute-justice soit attachée à un fief. On voit plusieurs passages de Maréchal où il le dit expressément ; & la raison qu'il en donne, est celle qui avoit été avant lui établie par Dumoulin, & a été depuis adoptée par Bacquet, par Loiseau & par tous les jurisconsultes ; savoir, que fief & justice n'ont rien de commun & peuvent subsister l'un sans l'autre, du moins en entendant comme ils ont tous fait dans cet axiome, une terre féodale ou une directe sous le nom de fief ; car quand Loiseau dit que justice ne peut être sans fief, il a soin d'ajouter : c'est-à-dire qu'elle ne soit attachée à quelque terre féodale ; ou si elle subsiste par elle-même, qu'elle ne soit tenue en fief. Ces mots, ou si elle subsiste par elle-même, font voir que Loiseau pensoit aussi de la même manière.

Mais s'il est constant, comme nous venons de le voir, que les honneurs de l'église appartiennent de droit au patron & au haut-jufticier à cauſe de leur patronage & droit de haute-juſtice, il n'eſt pas moins conſtant auſſi qu'ils n'appartiennent qu'à eux ſeuls, & que perſonne ne peut prétendre aucun des grands droits honorifiques ſans avoir une de ces deux qualités.

On ſouffre bien à la vérité que quelques autres perſonnes cherchent à ſe faire accorder des préférences dans les petits droits honorifiques après le patron & le haut-jufticier, ou à leur défaut : elles y ſont même en quelque façon autoriſées par quelques arrêts; mais comme dans le fond ce n'eſt qu'une tolérance, jamais il ne leur a été permis de prendre la voie de la Complainte lorſqu'elles y ont été troublées.

La Complainte ne peut être formée pour une rente conſtituée, parce que ce n'eſt point un droit réel, n'ayant point d'aſſiette certaine ſur un fonds comme la rente foncière, mais ſeulement une hypothèque générale, & quelquefois même ce n'eſt qu'une obligation perſonnelle lorſqu'il n'y a point d'héritages hypothéqués.

C'eſt une grande queſtion ſi un juge ou autre officier peut former Complainte à raiſon de ſon office. Chopin, *de morib. Paris*, titre 1, num. 33, & Papon en ſes arrêts, livre 4, titre 2 des offices royaux & autres, *arrêt 31. Lucius, liv. 9; Placit. tit. 7 & liv. 3, tit. 1, num. 6*; Loiſeau, liv. 1 des offices, chapitre 2, *num. 64 & ſeq.* tiennent pour l'affirmative, & que l'on peut intenter la Complainte en cas de ſaiſine & de nouvelleté, ſinon pour l'office ſubalterne qui dépend d'un ſeigneur haut-jufticier, du moins pour un office royal lorſqu'il s'agit directement du droit & du titre de l'office, & non des droits parti-

euliers & singuliers de la justice, l'officier n'étant
pas simple usager par droit de servitude, mais
propriétaire & possesseur selon la nature &
condition de l'office.

Rebuffe, Lucius, Papon & les autres, rapportent un arrêt donné aux grands jours de
Moulins, le lundi 13 octobre 1540, plaidans
messieurs Seguier & Marillac, par lequel la
Complainte fut admise & reçue pour le titre
d'un office royal.

Me. Charles Dumoulin, *ad quest.* 137, 10,
galli verbo non erat, & in consuetudines Pari-
siennses, gloss. 5, num. 57, 59, & après lui Bacquet au traité des droits de justice, *chap.* 17,
num. 8, sont d'avis contraire, fondé sur ce que
la coutume de Paris ne reçoit point la Complainte pour une chose mobilière particulière,
& notamment pour celle qui est incorporelle,
en laquelle on ne sépare point la propriété &
le pétitoire du possessoire, & la même coutume
ne répute l'office immeuble en l'article 95, qu'à
l'effet de la saisie des criées & du décret, &
les arrêts, que pour les droits successifs, l'exclusion de la communauté & l'affectation à la ligne
de l'officier, & autres effets semblables, étant
de nature pure mobilière en tous ses autres
effets.

3°. Il faut pour intenter Complainte, que le
possesseur soit troublé en sa possession, lequel
trouble cessant on n'a que la voie d'action pétitoire.

Le trouble se fait en deux manières, ou par
fait ou par paroles. Par fait, lorsque le possesseur est chassé par violence & voie de fait &
spolié de son héritage ; par parole, quand en

plaidant ou par écrit dans quelqu'acte ou exploit, quelqu'un se qualifie seigneur ou propriétaire d'un titre ou d'un droit qui nous appartient : on prend l'acte ou exploit pour trouble en la possession, & on forme Complainte.

4°. La Complainte doit être formée dans l'an & jour du trouble, après lequel temps on n'est plus recevable ; il faut se pourvoir au pétitoire : la raison en est qu'en matière d'interdit ou action possessoire, *est potior qui possidet de facto ultimo anno*. L'article 61 de l'ordonnance de 1539 porte en termes exprès qu'il ne sera reçu aucune Complainte après l'an, parce que pour lors c'est l'autre partie qui a possédé pendant l'an depuis le trouble, qui a la possession, & qui est en état elle-même d'intenter Complainte, ayant acquis la prescription de la possession par une jouissance paisible d'une année. Au reste, en matière de Complainte on juge ou définitivement ou l'on rend une sentence interlocutoire. Si la possession est suffisamment prouvée par l'une des parties, on la maintient & garde en la possession & jouissance de l'héritage, & on fait défenses à l'autre de la troubler. Cette sentence s'appelle la pleine maintenue. S'il n'y a pas lieu de juger définitivement pour lors, on adjuge par provision la possession à celui qui a le droit le plus apparent. On ordonne quelquefois que la chose contentieuse sera sequestrée, c'est-à-dire, régie & administrée pendant le procès par un commissaire ou sequestre qui rend ensuite compte des fruits à celui qui a obtenu gain de cause.

Voilà pour ce qui regarde la Complainte en matière profane ; il y a outre cela la Complainte en matière bénéficiale qui s'intente pour raison de la possession d'un bénéfice, qui est différente de la première, parce qu'elle se juge sur les titres & non pas simplement sur la possession. Il en est parlé ci-après.

L'autre action possessoire est la réintegrande qui est donnée aux possesseurs d'héritages, qui par force & voie de fait, en ont été chassés pour recouvrer la possession dont ils ont été spoliés.

On conclut dans cette action, à ce que le demandeur soit remis & réintégré en la possession & jouissance de l'héritage, ainsi qu'il étoit avant la spoliation; le défendeur condamné à la restitution des fruits, si aucuns il a perçu, aux dommages-intérêts & en l'amende.

Cette action est la même chose que l'interdit *unde vi*, qui est *interdictum recuperandæ possessionis*.

Quelques-uns sur l'autorité de Guypape dans sa décision 552, sont d'avis que saint Louis a établi ce droit en France; d'autres en attribuent l'établissement à messire Simon de Bucy premier président du parlement de Paris, qui fut tué en 1358, selon Froissard, volume 1, chapitre 179; & quoique l'auteur du grand coutumier, qui étoit à-peu-près contemporain de ce magistrat, écrive positivement que c'est lui qui a le premier *mis sur le cas de nouvelleté*, il n'y a personne qui ne croie aujourd'hui que cet auteur en a imposé, parce que saint Louis a fait un chapitre de la saisine dans ses établissemens, & que Beaumanoir qui écrivoit en 1283, en a aussi traité dans le chapitre 32 de ses coutumes de Beauvoisis.

Mais il faut observer que sous le règne de saint Louis & du temps de Beaumanoir, il y avoit trois cas où l'on pouvoit agir en matière possessoire ; savoir le cas de force, le cas de saisine & le cas de trouble : ainsi il y avoit en ce temps-là trois Complaintes en usage en France ; savoir la Complainte de force, la Complainte de saisine & la Complainte du nouveau trouble. *Cy Messes dont nous voulons traiter*, dit Beaumanoir dans le chapitre 12 de ses coutumes de Beauvoisis, *sont divisés en trois manièrs che est à savoir* force, nouvelle dessaisine & nouveau trouble : *si déclarons quelle chose* est force, *& quelle chose* est nouvelle dessaisine, *& quelle chose* est nouveau trouble, &c.

L'auteur du grand coutumier nous a laissé la manière dont se faisoit anciennement cette procédure. Voici comme il s'exprime livre 2, chapitre 21 : « Anciennement l'examinateur, huis-
» sier ou sergent qui étoit exécuteur du mande-
» ment ou Complainte en cas de saisine & de
» nouvelleté, devoit faire appeler les parties par-
» devant lui sur le lieu & la Complainte être faite
» par le complaignant : si l'autre partie en parlant
» se confessoit dessaisie, ou confessoit avoir mis
» l'empêchement, & ne proposoit avoir aucun
» droit en la chose, ou qu'elle n'y avoit mis
» l'empêchement, ou qu'elle ne s'opposoit
» point, l'exécuteur resaisissoit le complaignant ;
» & en le rétablissant, ôtoit l'empêchement &
» assignoit jour pour voir confirmer son exploit
» & depuis la partie n'étoit reçue à opposition ;
» mais si elle partie disoit que ce qu'elle avoit
» fait, avoit été en usant de son droit, & qu'elle
» contendoit posséder ladite chose, alors pour

» raiſon du débat ladite choſe étoit miſe en la
» main du roi ».

Voyez *les coutumes ſuivantes* : *Ponthieu , article 2 & 3* ; *Liſle , article 145* ; *Orléans, article 369, 372* ; *Bourbonnois , article 297* ; *Auvergne, chapitre 2 , article 1* ; *la Marche , articles 4, 7 ; Poitou ; article 55 ; Auxerre, article 221* ; *Bar , article 41 , &c. & les différens commentateurs de ces coutumes.* Voyez auſſi les articles TROUBLE , POSSESSION , &c. (*Article de M. H.*** avocat au parlement*).

COMPLAINTE, EN MATIÈRE CIVILE AU PARLEMENT DE FLANDRES. Dans cette cour , les Complaintes s'inſtruiſent autrement que dans les autres tribunaux du royaume. On leve une commiſſion en la chancellerie établie près de cette cour , on en charge un huiſſier qui prend un adjoint, & vérifie par titres & par témoins les actes poſſeſſoires énoncés dans la commiſſion ; enſuite il aſſigne le *turbateur* à comparoître ſur le lieu contentieux pour voir mettre la Complainte en exécution. Les parties étant ſur le lieu au jour aſſigné, ſi l'ajourné ſoutient que le demandeur n'a point été en poſſeſſion du bien litigieux, l'huiſſier le reçoit à preuve ; mais s'il fait défaut , ou s'il ne fait pas ſa preuve, l'huiſſier prend avis d'avocats , & ſi la poſſeſſion du demandeur eſt trouvée bien vérifiée , il procède à l'exécution de la Complainte & met les choſes litigieuſes en ſequeſtre. Enſuite il aſſigne le défendeur à comparoître au parlement pour inſtruire la cauſe ſur la pleine maintenue. Si les avocats qu'il conſulte ne trouvent pas la poſſeſſion du demandeur aſſez vérifiée , il ne peut

mettre la Complainte en exécution , mais il
doit affigner jour aux parties pour aller plaider
à l'audience des *confeillers commiffaires*. Il en doit
ufer de même quand il y a des enquêtes tenues
tant de la part du demandeur que de celle du
défendeur. Dans l'un & l'autre de ces deux
cas , les *confeillers-commiffaires aux audiences* prononcent fur la provifion & renvoient les parties dans une des chambres du confeil pour
la pleine maintenue.

Tout cela eft prefcrit par le ftyle du parlement de Flandres , & par l'arrêt de reglement
du 16 feptembre 1672 pour les huiffiers. Voyez
les articles CHARGE D'ENQUÊTE ET CON-
SEILLERS-COMMISSAIRES AUX AUDIENCES.

Dans le reffort du même parlement , un
poffeffeur paifible de quelques années qui a
laiffé écouler l'année depuis le trouble formé,
ne peut plus à la vérité intenter l'action de *Complainte en cas de faifine & de nouvelleté* , mais il
peut dans les dix ans en intenter une autre
qu'on appelle *Complainte en cas de fimple faifine*.
Le défendeur cependant demeure en poffeffion
de la chofe litigieufe pendant l'inftruction de la
caufe , & la maintenue s'adjuge à celui qui a
prouvé la plus longue & la plus ancienne poffeffion. C'eft ce que porte l'article 3 du chapitre 4 du ftyle & l'article 3 du chapitre 42
des chartres générales du Hainaut.

On ne reçoit point de Complainte contre
une faifie , comme l'a jugé le parlement de
Flandres par arrêt du 15 janvier 1692 , ni contre tout autre acte de juftice , parce que pour
fe pourvoir par cette voie , il faut que le trou-

ble ait été commis par voie de fait, comme l'établit le préfident Wiélant en fa pratique, chapitre 8 folio 39.

Autrefois on admettoit dans les pays-bas la Complainte contre le roi. Mais aujourd'hui on ne la reçoit plus : le parlement de Flandres profcrivit cet ufage par arrêt rendu le 1 juin 1675, en faveur du grand bailli d'Oudenarde, plaidant au nom du roi. Il s'agiffoit du droit de meilleur cattel. Le fieur de Potteghem fon adverfaire produifit une foule de jugemens qui avoient admis les Complaintes contre le roi, on n'y eut point d'égard.

On ne peut pas non plus prendre la voie de Complainte contre les règlemens de police que font les officiers municipaux des villes. Le confeil provincial de Gand l'a jugé ainfi par fentence du 19 juin 1568, confirmée au grand confeil de Malines en 1571. La feule voie que l'on puiffe prendre en ce cas eft de faire des remontrances aux auteurs des règlemens dont on a à fe plaindre, & alors s'ils ne les retraêtent pas, on en appelle au juge fupérieur.

On ne peut agir par Complainte pour un droit purement perfonnel. Telle eft la jurifprudence de la plupart des coutumes, & de l'ordonnance du mois d'avril 1667 : il en eft autrement de la Flandres Flamande ; on peut en cette province fe pourvoir en Complainte pour être payé des arrérages d'une rente héritière : & pour y obtenir la provifion il fuffit de prouver qu'on a reçu quelque payement depuis dix ans, quoique le payement eut été fait à compte d'arrérages plus anciens, & qu'on en demandât quinze ou vingt années. Le parlement de Flandres l'a jugé ainſi par arrêt du 16 novembre 1690, ſur l'appel d'un jugement des conſeillers commiſſaires aux audiences.

Mais ſi un adjudicataire avoit payé les cours d'une rente hipothéquée ſur l'héritage décreté, & que le décret vint à être déclaré nul , le *crédirentier* ne pourroit ſe prévaloir de ces payemens dans l'action de Complainte qu'il intenteroit après contre le *débirentier*. Le parlement de Flandres l'a jugé ainſi par arrêt du 20 mai 1675.

Les chartres générales du Hainaut prononcent une peine contre les avocats qui engagent leurs parties à prendre la voie de Complainte dans les cas où elle ne doit pas avoir lieu. Voici comme elles s'expliquent, chapitre 77 article 3. » & comme ſouvent les avocats dreſſent leurs » pourſuites par forme de Complainte , pour » toutes actions indifféremment par devant la- » dite cour , dont advient ſouventefois que les » parties ajournées propoſant exception décli- » natoire ; obtiennent leur renvoi , qui n'ad- » vient que par la faute des avocats , portant » grand préjudice tant aux juridictions ordi- » naires qu'aux parties , nous voulons que…. » leſdits avocats ſoient condamnés aux dépens » de l'inſtance en leur propre & privé nom , ne » ſoit que notredite cour trouve cauſe ſuffiſante » pour les excuſer deſdits dépens ».

Dans le reſſort du parlement de Flandres les Complaintes en matière bénéficiale ne s'inſtruiſent pas comme en matière civile , mais par demande , réponſe , replique & duplique, comme les cauſes ordinaires.

Suivant l'article 13 du chapitre 4 du ftile de ce parlement, après que le poffeffoire eft jugé dans un fiège royal, la partie condamnée peut former fa demande au pétitoire devant le juge eccléfiaftique. Mais on n'en a jamais vu d'exemple.

En matière bénéficiale, l'année du trouble fe compte du jour de la prife de poffeffion de celui contre qui l'on veut fe pourvoir, & non du jour de la vacance du bénéfice arrivée par la mort de l'ancien titulaire ou autrement. C'eft ce que décide l'article 15 du chapitre 4 du ftile du parlement de Flandres, & l'article 17 du chapitre 43 des chartres générales du Hainaut.

S'il étoit queftion d'un droit eccléfiaftique, comme de la préféance d'un chapitre fur un autre à une proceffion, l'année devroit-elle être comptée à raifon de 365 jours, ou du jour d'une fête à la même fête de l'année fuivante ? cette queftion s'eft élevée au parlement de Flandres, entre l'évêque de Tournai & le chapitre de la cathédrale de la même ville, & par arrêt du 17 juillet 1702, il a été jugé que l'année devoit fe compter à raifon de 365 jours.

Les chartes générales du Hainaut, chapitre 43 article 5 & le ftile du parlement de Flandres, chapitres 4 article 140, ordonnent au juge de mettre les fruits du bénéfice litigieux en fequeftre, au cas que ni l'une ni l'autre des parties n'ait de titre fuffifant pour tenir le bénéfice. Cette difpofition doit être obfervée quand même les ftatuts du chapitre affecteroient les fruits des bénéfices litigieux à la menſe commune des chanoines. C'eſt ce qu'a jugé un arrêt rendu le 28 mars 1689, par le parlement de Flandres, toutes les chambres aſſemblées.

Le chapitre de la métropole de Cambrai & pluſieurs autres de la Flandres étoient autrefois dans l'uſage d'appliquer à leur profit les fruits des prébendes litigieuſes, d'empêcher la réſidence périlleuſe des nouveaux pourvus pour profiter des gros fruits pendant tout litige, & d'exiger des mêmes pourvus le ſerment d'obſerver les ſtatuts qui autoriſoient cet uſage. Le procureur général du parlement de Flandre appela de ces ſtatuts comme d'abus par ſes réquiſitoires des 3 octobre 1726, & 27 janvier 1730, enſuite dequels fut rendu l'arrêt ſuivant.

· » La cour faiſant droit entre le procureur » général du roi & ledit chapitre, a dit & dé-» claré qu'il y a abus dans leſdits ſtatuts & uſage » de l'égliſe métropolitaine de Cambrai ; en » conſéquence ordonne que les fruits de tous » les bénéfices de ladite égliſe, échus pendant » litige, ſeront réſervés pour être diſtribués à » celui à qui le bénéfice ſera adjugé en défi-» nitif. Ordonne que tous pourvus de bénéfices, » après en avoir pris poſſeſſion, ſeront reçus » à leur première requiſition, à faire dans les » temps ordinaires leur réſidence périlleuſe, » laquelle ſera tenue pour bonne & valable, à » effet de gagner les fruits, nonobſtant litige : » fait défenſes auxdits prévôt, doyen, & cha-» pitre de Cambrai, d'exiger des nouveaux » pourvus de bénéfices, le ſerment d'obſerver » leſdits ſtatuts, & faiſant droit entre ledit Joſ-

» froi , & le chapitre métropolitain de Cam-
» brai , condamne ledit chapitre & tous les
» membres qui le composent solidairement , à
» rendre audit Joffroy lesfruits de sa prébende,
» depuis le jour de sa prise de possession , aux
» intérêts , & en tous dépens : ordonne qu'à
» la diligence du procureur général du roi ,
» copies collationnées du présent arrêt , seront
» envoyées à tous les chapitres des églises du
» ressort , pour s'y conformer. Fait à Douai en
» parlement le 17 mai 1730. Collationné *Signé* ,
» J. Lepan «.

Cet arrêt ne condamne que les statuts qui
appliquent les fruits des prébendes litigieuses
au profit particulier des chanoines, & non ceux
qui les appliquent à la fabrique ; ces derniers
n'ont rien d'abusif & doivent être observés,
comme l'a jugé l'arrêt du 28 mars 1689, cité
ci-dessus.

Les chartes générales du Hainaut, chapitre 43
article 15 renferment une disposition qui paroît
très-juste. Si avant le jugement de la Complainte
l'une des parties résigne son bénéfice , la procédure peut être continuée contre le résignant
jusqu'à ce que le résignataire ait paru en cause &
même la sentence peut être exécutée contre le
dernier , à moins qu'il ne prouve qu'il ignoroit
absolument le litige : car en ce cas après avoir
obtenu au parlement un relief précis, (Voyez
l'article RELIEF PRÉCIS ,) & payé les frais
préjudiciaux , il peut reprendre les erremens
de la cause en l'état où elle étoit lors de la
résignation.

Cette faveur que la coutume de cette province accorde à la bonne foi & à la juste igno-

rance du résignataire, doit sans doute avoir lieu dans les autres pays où il ne se trouve point de loi contraire.

Voyez *Deghewiet en ses institutions au droit Belgique ; les arrêts de M. de Baralle ; le stile du parlement de Flandres ; les chartes générales du Hainaut ; le concile de Trente sess. 24 de reformatione cap. 14 ; Zypæus de jure pontific. lib. 2 , de sequestr. &c. (Article de M. MERLIN , avocat au parlement de Flandres.)*

COMPLAINTE EN MATIÈRE BÉNÉFICIALE. C'est une action possessoire par laquelle celui qui est en possession d'un bénéfice de fait ou de droit , se plaint du trouble que lui fait un autre qui prétend avoir droit au même bénéfice.

Cet article sera divisé en trois parties dans lesquelles on va tâcher de rassembler tout ce qu'il est intéressant de connoître sur cette matière relativement au droit canonique & à notre jurisprudence.

On examinera dans la première à quels juges la connoissance de cette action appartient ; dans la seconde , à qui il appartient de l'exercer , & dans quels cas elle a lieu ; la troisième enfin renfermera les règles de droit & les formalités judiciaires auxquelles cette action est assujettie par les ordonnances du royaume.

1°. *A quels juges appartient la connoissance de la Complainte bénéficiale ?* C'est une maxime consacrée par la jurisprudence universelle du royaume & par nos usages , qu'en général les juges ecclésiastiques ne peuvent sans abus s'attribuer la connoissance des actions réelles.

D'une autre part aussi , il est également reconnu que la connoissance des affaires ecclésiastiques

ques est uniquement du ressort des juges d'église. Aussi voyons nous que suivant une constitution générale les empereurs Théodose & Arcadius avoient défendu expressément d'assigner les clercs devant les tribunaux séculiers pour affaires ecclésiastiques. cette constitution n'étoit elle-même qu'une confirmation du privilége que leur avoit accordé à cet égard Constantin, & que l'empereur Julien avoit ensuite révoqué.

Il étoit bien difficile qu'on n'abusât pas dans bien des circonstances de cette dénomination indéfinie *d'affaires ecclésiastiques*, pour attribuer sous ce prétexte aux juges d'église une juridiction plus étendue que celle qu'ils devoient avoir.

Les choses en étoient venues au point que les partisans des prétentions ultramontaines soutenoient que le possessoire des bénéfices étoit une chose purement ecclésiastique, dont la connoissance ne pouvoit par cette raison appartenir aux juges séculiers; de sorte que le pape Martin V ayant défendu sous de très-sévères peines de porter dans les tribunaux laïques les contestations relatives aux affaires ecclésiastiques, on ne manqua pas d'inférer de cette prohibition que ces peines étoient encourues par les ecclésiastiques de France qui s'adressoient aux juges royaux sur le possessoire des bénéfices.

Pour prévenir les suites dangereuses que pouvoit avoir cette opinion également erronnée & contraire à nos maximes, le roi Charles VII fit demander par ses ambassadeurs au pape Martin V une explication précise qui ne donnât plus lieu à l'avenir de se prévaloir de sa décision pour

Tome XIII. K k

disputer aux juges royaux la connoissance du possessoire des bénéfices & donner atteinte à leur compétence.

C'est ce que fit en effet ce pape par une bulle du mois d'août 1425. Il y déclara formellement qu'il n'avoit point entendu par sa précédente constitution condamner l'usage invariablement observé en France par rapport à la manière d'y juger le possessoire en matière bénéficiale, ni attaquer les droits de la juridiction royale.

Sur cette bulle le roi Charles VII rendit une ordonnance dans laquelle après avoir établi la possession immémoriale où étoient les juges royaux de connoître des demandes formées sur le possessoire des bénéfices, ce monarque enjoignit au parlement & à ses baillis d'enregistrer la bulle du pape Martin V, & de continuer de connoître de ces sortes de contestations suivant l'usage constamment observé en France.

Cette même bulle fut confirmée en 1432 par une nouvelle bulle d'Eugéne IV. Ces monumens consignés dans le recueil des preuves des libertés de l'église gallicane nous attestent suffisamment que le droit de nos rois de connoître du possessoire en matière bénéficiale, par euxmêmes ou par les juges qu'ils ont établis pour rendre la justice en leur nom, leur appartient incontestablement, tant à cause de leur souveraineté qu'en vertu de leur qualité de protecteurs de l'église & de sa discipline extérieure.

Au reste cet usage immémorial dans lequel sont en France les juges royaux de connoître à l'exclusion des tribunaux ecclésiastiques, des contestations relatives au possessoire des bénéfi

ces, n'eſt pas ſeulement établi ſur les autorités
que nous venons de rapporter, il eſt ſurtout
fondé ſur le principe qu'eux ſeuls ont la force
en main & l'autorité néceſſaire pour empêcher
les troubles que pourroient faire naître les conteſtations relatives à la poſſeſſion, ou pour réprimer en vertu de la puiſſance royale dont ils
ſont les dépoſitaires, les voies de fait qui peuvent ſe commettre en cette matière. C'eſt ce
que reconnoît entr'autres le pape Martin V,
dans la bulle dont nous avons parlé plus haut.

Il eſt vrai que les canoniſtes ultramontains
pour attaquer cette maxime que le poſſeſſoire
en matière bénéficiale appartient aux juges
royaux, ſe ſont appuyés ſur une diſtinction
qu'ils ont imaginée entre le poſſeſſoire de fait &
le poſſeſſoire de droit. Ils conviennent que le
poſſeſſoire de fait appartient aux juges royaux,
mais ils ſoutiennent en même temps que le poſſeſſoire des bénéfices n'eſt pas un poſſeſſoire de
fait, mais de droit, parce qu'il s'y agit de ſavoir
lequel de deux contendans a un bénéfice en eſt
le plus légitimement & le plus canoniquement
pourvu, queſtion qu'ils allèguent ne pouvoir
être du reſſort des juges laïcs, parce qu'elle
roule non-ſeulement ſur la poſſeſſion, mais encore ſur la propriété même du bénéfice qui eſt
en litige.

Mais un poſſeſſoire de droit eſt une chimère,
car tout poſſeſſoire eſt purement de fait & du
reſſort des juges ſéculiers; les principales raiſons
que les docteurs en donnent ſont en premier
lieu que celle des parties qui ſuccombe dans
une conteſtation ſur le poſſeſſoire doit être con-

damnée envers l'autre aux termes des ordonnances, à des dommages & intérêts, dont la connoissance ne peut appartenir qu'aux juges séculiers.

De plus il n'appartient qu'au roi ou à ses officiers de maintenir les possesseurs dans leurs droits, & de veiller à ce qu'ils ne soient point obligés de recourir à la force ouverte pour défendre leur possession.

Les juges d'église d'une autre part sont sans force pour faire exécuter leurs jugemens; comment prêteroient-ils main-forte dans le besoin à ceux qui auroient été dépouillés, & comment les réintégreroient-ils ? La justice qu'ils rendroient seroit donc illusoire & sans effet.

Il faut ajouter à ces observations que suivant l'usage du royaume les procès sur le possessoire occasionnent très-souvent des jugemens qui ordonnent ou la recréance ou le séquestre, & ces jugemens, avant qu'il puisse être passé outre, doivent être exécutés nonobstant les oppositions ou appellations. Or, ce sont là des objets purement réels, dont la connoissance ne peut conséquemment appartenir qu'aux juges séculiers.

Il paroît cependant que vers la fin du quatorzième siècle & au commencement du quinzième, du temps de Martin 5, on faisoit encore relativement au possessoire des bénéfices une distinction entre les bénéfices-cures & les simples prébendes.

Jean le Coq, avocat général au parlement de Paris en 1384 & 1414, en établissant cette distinction dit qu'à l'égard des cures, comme elles ont charge d'ame, on ne pouvoit intenter l'action poffeffoire, & qu'elle n'avoit lieu que lorfqu'il s'agiffoit uniquement des prébendes qui font temporelles. Mais une femblable diftinction ne feroit pas admife aujourd'hui, elle feroit trop contraire à nos maximes & à nos libertés mieux connues qu'elles ne l'étoient dans ces tems reculés.

Ainfi il eft conftant que les juges d'églife ne pourroient fans abus connoître d'une demande on Complainte bénéficiale. Il eft même à remarquer que cet abus ne pourroit être couvert par le confentement & par les procédures volontaires des parties litigantes; c'eft ce qu'a jugé un arrêt du parlement de Paris du 3 décembre 1630, rendu fur les conclufions de M. l'avocat général Bignon.

Non-feulement les tribunaux eccléfiaftiques ne font pas compétens pour connoître des demandes fur le poffeffoire des bénéfices, mais il n'y a que les juges royaux auxquels cette connoiffance foit attribuée, c'eft-à-dire que les juges des feigneurs font auffi à cet égard fans compétence, & cela quand même les parties feroient l'une & l'autre jufticiables de ces juges fubalternes.

Il eft vrai que fuivant l'ancienne jurifprudence, les juges des feigneurs pouvoient connoître de la Complainte en matière bénéficiale, lorfque les bénéfices étoient à la collation & difpofition des feigneurs hauts-jufticiers; mais comme nous venons de l'obferver cela n'a plus lieu aujourd'hui, fuivant que l'a remarqué Brodeau fur Louet.

C'eft en conféquence de ce principe que par arrêt du parlement de Paris du 24 janvier 1565,

il fut décidé qu'il avoit été mal, nullement &
incompétemment jugé par le bailli du comté
d'Eu ou son lieutenant, qui avoit connu d'une
demande en Complainte bénéficiale, & avoit
ordonné la récréance. Le même arrêt renvoya
les parties au sénénéchal de Ponthieu. Bacquet a
fait mention de cet arrêt dans son traité des
droits de justice.

Le même auteur observe que suivant un arrêt
de réglement rendu en la grand'chambre du
parlement de Paris le 21 juin 1614 entre les
officiers de la sénéchauffée & siége présidial
de Riom, & ceux de la pairie de Montpensier,
il fut ordonné que les premiers comme juges
royaux connoîtroient des demandes en matière
de possessoire des bénéfices.

Cette exclusion à l'égard des juges des seigneurs de connoître des Complaintes en matière de bénéfices a lieu même dans le cas où
les seigneurs dont ces juges exercent la justice,
auroient la nomination ou la pleine collation
des bénéfices qui feroient l'objet de la Complainte ; une ordonnance de Louis XI du 9 juin
1464, & l'article 4 du titre 15 de celle de
1667 l'ont ainsi décidé.

L'auteur de la collection de jurisprudence
assure cependant qu'il faut excepter les bénéfices
étant à la nomination des seigneurs qui possèdent
les terres données par le roi à M. le duc de
Bouillon en échange des souverainetés de Sedan
& de Raucourt ; il assure qu'à l'égard de ces
bénéfices, les demandes en Complainte auxquelles ils pourroient donner lieu doivent être
portées devant les juges de ces seigneurs, parce

que par le contrat d'échange dont il s'agit, qui
est du 20 mars 1651, & revêtu de lettres-patentes enregistrées tant au parlement qu'aux chambres des comptes dans le ressort desquelles les
terres sont situées, il est dit que les officiers de
ces terres connoîtront de tous les droits qui en
dépendent, & des bénéfices qui sont du patronage, à la nomination ou collation de M. le duc
de Bouillon.

Dumoulin nous en fournit un autre exemple,
c'est celui des seigneurs de Luzarches en France :
leur bailli, suivant qu'il nous l'assure, connoît
des demandes tant au possessoire qu'au pétitoire
des prébendes de l'église de S. Côme ; mais c'est
un droit particulier qui ne sauroit appartenir aux
autres seigneurs, comme nous l'avons observé.

Il y a même plus ; il paroît suivant l'ancien style du parlement que non-seulement la
connoissance des demandes en Complainte bénéficiale appartenoit aux seuls juges royaux, mais
encore que cette connoissance étoit privativement réservée au parlement, de la même manière que les appels comme d'abus.

Mais cette pratique ancienne a été depuis
abrogée, & par l'usage, & par les ordonnances ;
de sorte que tous les juges royaux, à l'exclusion de ceux des seigneurs, sont compétens
pour connoître des Complaintes intentées au
sujet du possessoire des bénéfices.

C'est en conséquence de ce changement, introduit dans notre jurisprudence, que Dumoulin, dans ses notes sur l'ancien style du parlement, a observé que *présentement tout juge laïc*
pouvoit connoître de la Complainte ; mais que le

juge royal qui en étoit saisi par prévention excluoit le juge du seigneur. Sur quoi Dumoulin auroit dû remarquer que sa note ne devoit s'appliquer qu'à la Complainte profane, puisqu'à l'égard du possessoire des bénéfices les juges des seigneurs sont absolument incapables d'en connoître.

C'est au grand conseil que doivent être portées directement les Complaintes bénéficiales qui regardent les brévetaires de joyeux avènement ou de serment de fidélité, les indultaires du parlement, tous ceux enfin qui sont pourvus de bénéfices consistoriaux.

A ce propos, nous observerons que ce tribunal avoit aussi prétendu s'attribuer la connoissance des Complaintes intentées pour les bénéfices que le roi confère dans la province de Normandie dans le cas de litige (*) entre patrons. Ce qui avoit donné lieu à cette prétention du grand conseil étoit que par un édit 1552, le roi avoit attribué à ce tribunal la connoissance de tous les procès concernant les archevêchés, évêchés, abbayes & autres bénéfices dont le roi avoit la nomination ; mais cette attribution ne devoit s'étendre qu'aux bénéfices consistoriaux pour lesquels il est d'usage d'obtenir, par ceux qui y sont nommés, des bulles en cour de Rome. En conséquence le roi rendit une déclaration le 21 septembre 1554, interprêtative de l'édit de 1552,

---

(*) Par le mot de *litige*, il faut entendre un droit qu'a le roi de nommer aux bénéfices de la province de Normandie, lorsque y ayant procès entre deux ou plusieurs patrons, relativement à leur droit de patronage, ils ne peuvent user de leur droit à cause de la litispendance.

par laquelle sa majesté déclara qu'elle n'avoit pas entendu attribuer à son grand conseil la connoissance des procès pour raison des bénéfices qu'elle conféroit à cause *de litige*, mais qu'au contraire son intention étoit que la connoissance en appartint au parlement de Rouen.

A l'égard des contestations qui peuvent survenir relativement aux bénéfices conférés en régale, il est de maxime & d'usage que la connoissance en appartient à la grand chambre du parlement de Paris exclusivement à toutes les autres chambres & à tous les tribunaux du royaume. Celui qui est pourvu en régale, a en conséquence le droit d'y porter sa demande & d'y faire assigner tous ceux qui prétendent avoir quelque droit au même bénéfice, jusques là même que s'il y avoit procès devant d'autres juges, ou même dans un autre parlement que celui de Paris entre d'autres parties relativement au même bénéfice, pour raison duquel celui qui est pourvu en régale, auroit engagé la contestation au parlement de Paris, il est de principe dans ce cas qu'aussitôt que la demande en régale est dénoncée à ceux qui plaident dans un autre tribunal, le procès se trouve par là même évoqué de plein droit à la grand'chambre du parlement de Paris.

Etant de principe, comme nous l'avons dit, que les actions sur le possessoire des bénéfices sont purement du ressort des juges royaux, on demande si sur le pétitoire on peut, soit avant, soit après le jugement du possessoire se pourvoir devant les juges d'église ?

Il est certain que suivant les dispositions du

droit canon, le pétitoire & le possessoire ne
pouvoient se décider en deux tribunaux différens, & le même juge qui avoit connu de la
demande sur le possessoire devoit connoître
du pétitoire ; d'où il devoit naturellement
résulter une difficulté inconciliable avec nos
maximes ; car il faudroit dans ce cas, ou
que le pétitoire & le possessoire se traitassent
devant les juges royaux, puisqu'ils peuvent seuls
prononcer sur le possessoire, ce qui contrarie-
roit les lois canoniques, ou que les tribunaux
ecclésiastiques prissent connoissance de l'un & de
l'autre, puisque le pétitoire est de leur ressort,
ce qui ne seroit pas moins opposé à nos lois &
libertés. Aussi notre jurisprudence a-t-elle à cet
égard abandonné les dispositions du droit canonique, & a-t-elle toujours maintenu les tribunaux du royaume dans le droit de statuer sur les
demandes au possessoire des bénéfices.

A l'égard du pétitoire, il paroît par l'article
49 de l'ordonnance de 1539, qu'après que le
possessoire avoit été jugé dans les tribunaux séculiers, & que le jugement de pleine maintenue
y avoit été exécuté, celui des contendans qui
avoit perdu son procès pouvoit poursuivre sur le
pétitoire devant les juges ecclésiastiques ; mais
on voit aussi que depuis ce temps là cet usage
s'est insensiblement aboli, sans qu'il ait été cependant rendu de loi expresse qui ait révoqué
à cet égard la disposition de l'ordonnance de
François premier de 1539. Mais l'abrogation de
cet ancien usage est aujourd'hui si constante & si
conforme à nos maximes, que ce recours devant l'official sur le pétitoire après la décision

prononcée par les juges royaux fur le poffeffoire feroit déclaré abufif par les tribunaux de France; ce qui eft fondé fur ce que les juges royaux n'adjugent la maintenue des bénéfices qu'après un examen très-férieux des titres des contendans, parce que la règle en matière de Complainte bénéficiale, eft que toute poffeffion fans titre eft injufte. Or, l'on fent qu'alors ce feroit de nouveau faire dépendre de la décifion des juges eccléfiaftiques, ce qui auroit déjà été jugé définitivement par les tribunaux laïcs; ce feroit par conféquent fatiguer les parties par de nouvelles procédures, qui n'auroient pour objet que de faire juger une feconde fois la même chofe, fans parler du rifque qu'il y auroit de voir quelquefois les arrêts des cours réformés par la juridiction eccléfiaftique; ce qui feroit abfurde & contraire au refpect du aux dépofitaires de l'autorité du fouverain : confidérations par conféquent qui ne permettent pas d'admettre qu'on puiffe fe pourvoir devant le juge d'églife fur le pétitoire après avoir échoué fur la demande au poffeffoire devant les fiéges royaux.

Encore moins feroit-il permis aux parties de fe pourvoir d'abord devant le juge d'églife fur le pétitoire d'un bénéfice avant de plaider fur le poffeffoire devant le juge royal; cela feroit abfolument contraire aux règles de la jurifprudence françoife, & à celles du droit civil fuivant lefquelles on doit toujours faire droit fur le poffeffoire avant d'en venir au pétitoire, conformément à la maxime de droit qui veut qu'avant tout celui qui a été dépoffédé foit d'abord réintégré. C'eft fuivant cette jurifprudence qu'il a été jugé par arrêt du parlement du 12 juin 1617, rapporté par Bardet y avoir abus dans une sentence de l'officialité de Poitiers qui avoit ordonné qu'un bénéficier pourvu par le chapitre de Notre-Dame de la Grande d'un canonicat de cette église contesteroit devant lui sur le pétitoire.

2°. *A qui appartient-il d'exercer l'action en Complainte, & dans quels cas a-t-elle lieu?* La Complainte bénéficiale, suivant que nous l'avons définie, étant une action possessoire par laquelle celui qui est en possession d'un bénéfice demande à y être maintenu, il en résulte que pour être en droit de recourir à cette action, il faut être en possession du bénéfice dans lequel on demande à être maintenu.

Ainsi un ecclésiastique, quelque droit qu'il ait d'ailleurs sur un bénéfice, ne peut former aucune action en Complainte contre ceux qui le lui disputent s'il n'a d'abord pris possession de son bénéfice suivant la forme ordinaire, ou en vertu d'une ordonnance du juge pour la conservation de ses droits; ce qu'on pratique surtout dans les cas où sans justes motifs, les supérieurs ecclésiastiques refusent le *visa* à ceux qui sont pourvus de bénéfices. La raison en est que toute action bénéficiale devant être poursuivie par forme de Complainte, il est sensible qu'il faut être en possession pour pouvoir avec fondement se plaindre du trouble.

Mais si deux contendans ont pris l'un & l'autre possession d'un même bénéfice, celui qui a pris possession le dernier sera-t-il admis à intenter la Complainte? Les docteurs décident l'affirmative, parce que, disent-ils, le second en possession peut dans ce cas regarder la continuation de possession de son adversaire comme un véritable trouble & un empêchement réel apporté à la fienne, empêchement & trouble qu'il a par conféquent intérêt de faire ceffer par la voie de la Complainte.

Mais il ne fuffit pas pour former valablement la demande en Complainte d'avoir pris poffeffion du bénéfice dans lequel on demande à être maintenu, il faut de plus en être poffeffeur légitime, en vertu d'un titre valable, du moins en apparence ; par la raifon, difent les canoniftes, que les bénéfices ne peuvent être poffédés que d'une certaine manière, *funt certo modo tantum poffidibilia*, c'eft-à-dire avec des formalités à défaut defquelles ce n'eft plus une véritable poffeffion, telle que les lois puiffent l'avouer, mais c'eft au contraire une détention injufte qui devient puniffable ; ainfi la poffeffion ne doit être ni clandeftine, ni violente, ni précaire : le droit civil ne reconnoît de même point pour poffeffeurs légitimes ceux à la poffeffion defquels on peut reprocher quelqu'un de ces vices.

Suivant la règle de *triennali poffeffor.* On ne fauroit être admis à intenter la Complainte contre un bénéficier qui a poffédé paifiblement pendant trois années confécutives, à moins toutefois que celui qui entreprend de le troubler dans fa poffeffion ne foit en état de prouver que ce poffeffeur n'a jamais eu de titre coloré.

Les docteurs penfent au refte que dans ce cas ce n'eft point à ce poffeffeur triennal à rapporter le titre de fa poffeffion, mais que c'eft à celui qui voudroit le troubler dans fa poffeffion à prouver qu'il n'a pas un titre coloré. Le juge feul de la demande en Complainte feroit autorifé à demander le titre au poffeffeur, mais le demandeur n'eft point partie capable pour cela. Les mêmes doéteurs admettent cependant une exception à cette règle, & ils eftiment que l'on pourroit forcer ce poffeffeur à juftifier de fon titre, fi le droit commun s'élevoit contre fa poffeffion ; d'où il réfulte qu'un féculier par exemple qui auroit poffédé pendant plufieurs années un bénéfice régulier, un jeune homme homme àgé feulement de 16 ou 17 ans, qui auroit poffédé paifiblement & fans trouble un prieuré conventuel qui exige 22 ans, celui encore qui jouiroit de deux bénéfices incompatibles, feroient tenus de juftifier de la difpenfe qui les auroit rendus capables de poff'éder ces bénéfices contre le droit commun.

Enfin il ne fuffit pas d'avoir pris poffeffion du bénéfice pour être autorifé à exercer la demande en Complainte, il faut encore être troublé par un tiers dans fa poffeffion.

Le trouble au refte a lieu de plufieurs manière ; car la poffeffion dans le bénéfice peut être troublée par celui contre lequel on dirige la Complainte, foit qu'il ait pris lui-même poffeffion du même bénéfice, foit qu'il fe foit fimplement qualifié de titulaire du bénéfice, foit qu'il n'ait fait qu'en dénier la qualité au demandeur en Complainte, ou qu'enfin il ait formé oppofition à la prife de poffeffion de fon adverfaire : ces différentes entreprifes font regardées comme un trouble réel qui met obftacle à la poffeffion paifible du titulaire du bénéfice.

Au refte, par l'article 9 de l'édit du mois d'avril 1695, concernant la juridiétion eccléfiaftique, il eft dit que les juges féculiers ne pourront maintenir dans la poffeffion des bénéfices ceux a qui les évêques en ont refufé le *vifa* qu'après s'être inftruits des caufes de ce refus de *vifa*, & qu'ils obligeront au furplus les pourvus d'obtenir le *vifa* des prélats ou de leurs fupérieurs eccléfiaftiques avant qu'ils puiffent faire aucune fonction fpirituelle & eccléfiaftique de leurs bénéfices.

Au fujet de ceux qui peuvent intenter l'action en Complainte, on a agité la queftion de favoir, fi cette demande peut être formée par le titulaire d'un bénéfice qui n'eft agé que de 14 ans.

Suivant tous les canoniftes il eft décidé que le bénéficier mineur peut procéder en juftice fans l'autorifation d'un curateur tant pour le poffeffoire que pour les fruits de fon bénéfice. Il eft de principe reconnu qu'il eft toujours réputé majeur lorfqu'il s'agit de l'adminiftration des revenus de fon bénéfice. C'eft la difpofition précife de l'article 14 du titre 15 de l'ordonnance de 1667. Il y en a même un arrêt du parlement du 18 juillet 1679, rapporté au tome 4 du journal des audiences & cité par d'Héricourt qui en expofe l'efpèce dans fes lois eccléfiaftiques.

Mais fi le bénéficier mineur vient à fuccomber fur la demande en Complainte qu'il a intentée, eft il fujet à la contrainte par corps pour le payement des dépens, dommages & intérêts comme pourroit l'être le bénéficier majeur? La plupart des auteurs font pour l'affirmative & ils fe fondent dans leur décifion fur une

raifon d'équité naturelle fuivant laquelle il paroît que la même loi qui les admet au privilège des majeurs lorfqu'il s'agit de la pourfuite
de leurs droits légitimes , doit également les
foumettre aux mêmes peines que les majeurs
dans le cas d'une mauvaife conteftation , loi
générale dont le bénéficier mineur n'eft excepté
ni par l'ordonnance de Moulins ni par celle de
1667 ; & fous ce point de vue il eft vrai de
dire que la contrainte par corps paroît autant
devoir être exercée contre lui que contre un
marchand mineur à l'égard duquel elle s'exerce
fans difficulté. C'eft la remarque de Brodeau fur
Louet lettre R , & cette opinion a été confirmée
par un arrêt du 13 octobre 1607 , rapporté par
Mornac fur la loi 7 , §. *de minoribus.* Cet arrêt
a prononcé la contrainte par corps contre un
bénéficier âgé de 18 ans fils d'un confeiller au
parlement.

L'auteur des lois eccléfiaftiques cependant
obferve fur la même queftion , qu'il femble
naturel de penfer que l'ordonnance de 1667
ne regarde le bénéficier mineur comme étant
en majorité que relativement à la faculté qui
lui eft accordée par la loi de pourfuivre fes
droits & de plaider ; mais cet auteur eft d'avis
que cette fiction ne peut s'étendre d'un cas a
un autre , ni faire regarder comme majeur un
bénéficier mineur jufqu'au point de lui faire
engager fon patrimoine , & même fa liberté. Ne
pourroit-on pas dire , ajoute le même auteur,
que le mineur pourvû d'un bénéfice doit être
dans cette efpèce affimilé au foldat mineur par
rapport à fon pécule , fuivant le droit romain.

Or

Or sous ce point de vue le bénéficier qui est mineur peut bien s'engager jusqu'à concurrence de ce pécule, il peut par conséquent être sujet à la contrainte par corps pour la restitution des fruits qu'il a perçus, comme ayant pris le premier possession du bénéfice, ou comme dépositaire de justice, lorsque la récréance de ce même bénéfice lui a été adjugée sur la demande en Complainte ; mais il ne peut obliger ses autres biens & son patrimoine, encore moins sa liberté.

Telles sont les considérations, comme le remarque d'Héricourt, qui ont déterminé l'arrêt rendu aux requêtes de l'hôtel le 21 mars 1676. & qui est rapporté au premier volume du journal du palais. Suivant cet arrêt un bénéficier en minorité fut reçu opposant à l'exécution d'un arrêt qui avoit prononcé la contrainte par corps contre lui pour les dépens auxquels il avoit été condamné, sauf néanmoins, porte le même arrêt, à se pourvoir contre le mineur après sa majorité pour la répétition de ces dépens. D'Héricourt observe à ce sujet que cette diversité de préjugés & de raisons très-fortes de part & d'autre, laisse la question encore problématique.

3°. Règles & formalités judiciaires auxquelles l'action en Complainte est assujetie par les ordonnances du royaume.

: Il ne suffit pas, pour réussir dans la demande en Complainte, d'avoir un droit légitime au bénéfice, d'en avoir pris possession suivant les lois canoniques & civiles, & de justifier du trouble apporté par un tiers à cette possession ; il faut de plus, lorsqu'on est forcé de recourir pour le maintien de fes droits à l'action poffeffoire, fe conformer aux réglemens & ordonnances du royaume, qui ont prefcrit tout ce qu'il eft indifpenfable d'obferver dans le cours de cette procédure pour la rendre valable. Ce font ces règles & ces formalités que nous allons expofer.

Elles fe trouvent fur-tout raffemblées dans l'ordonnance de 1667.

Lorfqu'un bénéficier a été troublé dans fa poffeffion il peut former fa demande en Complainte. Elle doit être intentée dans l'an & jour du trouble, fuivant l'article 61 de l'ordonnance de 1539, qui dit qu'*il ne fera reçu aucune Complainte après l'an tant en matière profane que bénéficiale, à moins qu'on ne foit en état de prouver que le défendeur ne peut pas juftifier de fa poffeffion fur un titre apparent & coloré.* Cette difpofition eft au furplus conforme a ce qui eft prefcrit par l'ordonnance de 1667 a ce fujet.

Au refte dans les affignations en Complainte il faut fuivre les formalités fpecifiées par cette dernière loi.

L'exploit (*) d'affignation doit être donné au

_____

(*) *L'exploit d'affignation en Complainte bénéficiale fe dreffe ainfi :*

L'an.... le.... à la requête de.... pour voir dire que le prieuré de.... ayant vaqué par le décès de.... le demandeur a obtenu des provifions *in forma gratiofa*, expédiées en cour de Rome, le.... En vertu defquelles il a pris poffeffion en perfonne dudit prieuré, le.... & dès ce jour il a eu la jouiffance dudit prieuré, dont il a été paifible poffeffeur jufqu'au jour de.... que le fieur J.... en a auffi pris poffeffion, prétendant en être pourvu, & fous

domicile ou à la perfonne du défendeur, ou au lieu du bénéfice. Le demandeur en Complainte doit y exprimer le titre de fa provifion, & le genre de la vacance fur laquelle il a été pourvu du bénéfice; il doit en outre donner au défendeur copie fignée de lui & de l'huiffier de fes titres & capacité. C'eft ce qui eft formellement ordonné par les articles 1 & 2 du titre 15 de l'ordonnance citée.

Les formalites pour les préfentations & défauts fur les affignations, font les mêmes pour les demandes en Complainte que pour toutes les autres procédures.

Si le défendeur affigné en Complainte ne fe préfente pas fur l'affignation qui lui eft donnée, on prend défaut contre lui faute de comparoître, & on le fait juger en la forme ordinaire.

Lorfque le défendeur en Complainte s'eft au contraire préfenté fur l'affignation & a conftitué procureur, il faut le fommer de fournir les défenfes à la demande formée contre lui. Dans fes défenfes il doit ainfi que le demandeur en Complainte exprimer le titre de fa provifion, le genre de la vacance fur laquelle il a été

---

ce prétexte a perçu les fruits dudit prieuré; pourquoi ledit.... requiert être maintenu & gardé en la poffeffion dudit prieuré, comme en ayant été bien & canoniquement pourvu; que défenfes feront faites au défendeur de plus troubler le demandeur en la poffeffion dudit prieuré, & qu'il foit condamné de rendre les fruits par lui perçus avec dommages & intérêts; & en cas de conteftation, ledit. . . . audit nom, requiert comme ayant le plus apparent droit & titre que la récréance lui foit adjugée, & en outre procédé comme de raifon, &c.

pourvu, & donner pareillement copie de ses
titres & capacité.

Il y a surtout cette différence entre le demandeur en Complainte & le défendeur, que suivant l'article 2 du titre 15 de l'ordonnance de
1667, les copies des titres & capacités du demandeur doivent être signées de lui, tandis
qu'au contraire par l'article 6 du même titre
de cette ordonnance, il suffit que les copies
des titres & capacités du défendeur soient
signées de son procureur.

Si le demandeur ou le défendeur ne repré-
sentoit point ses titres, le juge dans ce cas
adjugeroit la recréance ou la pleine maintenue
à celui qui auroit présenté les siens & le jugement en pareil cas s'exécuteroit nonobstant
l'appel. C'est ce qui résulte de l'article 46 de
l'ordonnance de 1537 & de l'article 6 du titre
15 de celle de 1667.

Trois jours après que le défendeur a fourni
ses défenses sur la demande en Complainte intentée contre lui, on peut porter l'affaire à
l'audience sur un simple avenir. Après la plaidoirie il doit intervenir un jugement qui ordonne
ou la pleine maintenue dans la possession du
bénéfice, ou la recréance, ou enfin le sequestre. C'est ce que prescrit l'article 7 du même
titre 15 de l'ordonnance de 1667.

Pour ce qui concerne la recréance, voyez
ce qui en est dit au mot RECRÉANCE. Nous
observerons seulement ici que c'est une possession provisionnelle que les juges accordent
ordinairement à celui des deux contendans qui
a le droit le plus apparent. Celui qui a obtenu
cette recréance jouit en conséquence pendant

le procès & jusqu'à ce qu'on ait prononcé fur la pleine maintenue.

Il faut de plus obferver que lorfque fur une demande en Complainte il y a une recréance adjugée , le rétabliffement des fruits ne doit avoir lieu qu'à compter de l'année du trouble fait au poffeffeur & de la Complainte intentée. C'eft ce qui a été jugé par un arrêt du parlement du 10 février 1563 rapporté par Guenois.

La différence effentielle entre la fimple recréance & le plein poffeffoire confifte furtout en ce que le bénéficier au profit de qui la recréance a été prononcée eft obligé de donner caution & de reftituer les fruits perçus pendant qu'il a joui de la recréance s'il vient à fuccomber définitivement fur le poffeffoire.

A l'égard du fequeftre , les juges ne l'ordonnent que lorfque l'affaire paroît extrêmement compliquée & peut traîner en longueur. Dans ce cas il eft d'ufage lorfque le bénéfice eft chargé du foin des ames ou de fonctions fpirituelles & eccléfiaftiques , que la fentence ou l'arrêt qui prononce le fequeftre renvoie en même-temps par devant l'évêque diocéfain pour commettre un defervant autre que l'un ou l'autre des contendans. C'eft à l'évêque à fixer la rétribution de celui qu'il commet pour defervir le bénéfice pendant la litifpendance. Cette rétribution doit au refte fe régler fuivant la valeur des fruits & la nature des bénéfices.

Il eft en conféquence de maxime que les évêques peuvent dans les circonftances affigner pour les cures une rétribution au-deffus de la portion congrue. C'eft ce qui réfulte de l'article 8 de

l'édit du mois d'avril 1695 & de la déclaration
du roi du 30 juillet 1710 donnée en interprétation de celle du 29 janvier 1686 relativement
à la rétribution affignée aux prêtres prépofés à
la defferte des cures vacantes.

Les fentences de recréance ainfi que celles
de fequeftre s'exécutent nonobftant les oppofitions & appellations & fans y préjudicier,
quand elles ont été rendues par les juges royaux
au nombre de cinq. Ils doivent être nommés
dans la fentence fi c'eft à l'audience que le fequeftre ou la recréance aient été ordonnés ; il
faut de plus que les juges aient figné la minutte
de la fentence fi elle a été rendue fur une inftance. Il eft cependant à remarquer que les juges des requêtes de l'hôtel & du palais font
dans l'ufage de ne pas fe conformer à cette regle
dans les jugemens de féqueftre, de recréance
ou de pleine maintenue qu'ils prononcent, en
conféquence ils ne font point nommés dans leurs
jugemens ; ufage dans lequel on voit que l'article 17 du même titre 15 de l'ordonnance de
1667, a confervé ces juges.

La caution juratoire fuffit pour pour que celui à qui la recréance eft adjugée fe mette en
poffeffion du bénéfice & en puiffe percevoir les
fruits.

Enfin on ne peut procéder fur la pleine maintenue du bénéfice contentieux que les jugemens
de recréance ou de féqueftre n'ayent été exécutés. C'eft ce que prefcrivent les articles 9, 10 &
17 du titre 15 de l'ordonnance de 1667.

Lorfque dans le cours d'une inftance en Complainte l'une des parties contendantes réfigne
fon droit au bénéfice avant le jugement de la

Complainte, on peut continuer la procédure contre le réfignant, jufqu'à ce que le réfignataire ait paru en caufe ; & dans ce cas le réfignataire ne peut revenir par la voie de la tierce oppofition contre le jugement qui vient à être rendu, fous prétexte qu'il étoit titulaire du bénéfice lorfque le jugement eft intervenu. C'eft ce qui réfulte de l'article 15 du titre 15 de l'ordonnance de 1667.

Nous obferverons cependant que fuivant l'ancien ufage le réfignataire de l'un des deux contendans étoit obligé, avant de paroître en caufe, de prendre en chancellerie des lettres de fubrogation ; mais fuivant l'ordonnance de 1667, il peut fe faire fubroger par une fimple requête fur laquelle il lui eft permis de continuer la procédure du réfignant. Il eft bon de remarquer que lorfque le réfignataire a été ainfi fubrogé, il eft tenu de toutes les condamnations tant en reftitution de fruits que de dépens, dommages & intérêts, même des fruits échus & des dépens faits avant que la réfignation ait été admife.

Mais cela n'empêche pas que le réfignant ne demeure toujours garant & refponfable des fruits ainfi que des dépens, dommages & intérêts dûs pour le temps que les pourfuites ont été faites en fon nom.

Si celle des parties qui eft en poffeffion actuelle vient à décéder dans le cours de la procédure en Complainte, celui des contendans qui refte préfente alors une requête par laquelle il conclud à ce que, attendu le décès de fon adverfaire, il foit maintenu dans le bénéfice & il lui foit fait main-levée des fruits.

Sur cette requête, à laquelle il doit joindre l'extrait mortuaire du contendant décédé & les pieces qui justifient de la litispendance, il obtient à l'audience l'état du bénéfice & la main-levée des fruits.

Il est à observer néanmoins que cette main-levée des fruits ne dure pas jusqu'à la sentence ou arrêt de pleine maintenue ; car si un pourvu par mort ou par résignation de la partie prédécédée se fait subroger à celui qui avoit la recréance, il n'est pas douteux qu'il n'entre alors dans tous les droits de son prédécesseur & par conséquent dans la possession des fruits, suivant qu'il est porté par l'article 11 du titre 15 de l'ordonnance de 1667. L'Auteur des loix ecclésiastiques cite à l'appui de cette désicion un arrêt du parlement de Paris rendu le 7 mars 1713, sur les conclusions de M. Joli de Fleuri avocat général, au sujet de la cure d'Ecouen : il rapporte d'ailleurs deux autres arrêts conformes sur ce point à celui de 1713, l'un rendu en la grand'chambre du parlement de Paris le 9 février 1709, & l'autre le 12 mai 1710 en la troisième chambre des enquêtes, tous les deux rapportés par Augeard dans le deuxième volume de ses arrêts notables.

Mais quand le successeur par mort de l'un des contendans a pris possession du bénéfice, sa partie adverse ne peut plus demander l'état & la main-levée des fruits. Il y a à ce sujet un arrêt du 16 mai 1707 également rapporté par Augeard au tome troisième. En effet l'objet de l'ordonnance a été seulement d'empêcher que les bénéfices ne restassent vacans de fait ; ainsi dès qu'il y a un titulaire en possession actuelle qui deffert le bénéfice & en perçoit les fruits, la difpofition de l'ordonnance n'a plus d'application.

Si pendant la conteftation fur la demande en Complainte un troifième contendant prétend avoir droit au même bénéfice, comme en ayant été légitimement pourvu, il peut intervenir dans l'inftance. L'article 12 du titre 15 de l'ordonnance de 1667 veut dans ce cas qu'il établiffe dans fa requête fes moyens d'intervention & qu'il donne copie aux deux parties de fa requête, ainfi que de fes titres & capacités.

A l'égard des dévolutaires, foit qu'ils foient pourvus de bénéfices en cour de Rome ou par les collateurs ordinaires fur l'incapacité ou indignité des titulaires, ils font affujettis à des formalités plus rigoureufes que ceux qui ont été pourvus à tout autre titre. Ce qui les concerne à cet égard trouvera fa place au mot DÉVOLUT auquel nous renvoyons.

. Nous obferverons feulement ici que fi quelqu'un s'oppofe à leur poffeffion ou entreprend de les y troubler après qu'ils l'ont prife, ils font obligés de faire appeler ceux qui les ont troublés trois mois après leur prife de poffeffion, faute de quoi leur négligence les prive de leur droit fur le bénéfice, & de l'effet de leurs provifions fans qu'il foit même befoin pour cela d'un jugement. C'eft la difpofition textuelle de l'article 15 de la déclaration de 1646 concernant les infinuations eccléfiaftiques, difpofition conforme à la règle de chancellerie *de annali poffeffore*, & à l'ordonnance de Blois qui quoiqu'elle ne fixe point de temps aux dévolutaires pour prendre poffeffion des bénéfices, leur enjoint néanmoins de faire affigner dans les trois mois après leur prife de poffeffion ceux qu'ils prétendent dépouiller, & de mettre l'affaire en état d'être jugée dans deux ans ; ce qui doit même être obfervé lorfqu'il y a contefta-tion entre plufieurs dévolutaires, fuivant un arrêt du 20 mai 1624 rapporté dans le premier volume de Bardet.

C'eft au furplus un principe généralement re-connu qu'un dévolutaire avant fa demande en Complainte n'a aucun droit acquis au bénéfice qu'il a impétré & que c'eft cette demande qui forme & établit fon droit ; de forte que fi avant cette action l'églife eft purgée du poffeffeur in-capable ou indigne par la réfignation faite en faveur d'un eccléfiaftique capable, le dévolu-taire n'a plus rien à prétendre.

Voyez *l'ordonnance de 1667 fur la procédure ; les lois eccléfiaftiques de d'Hericourt ; le recueil de jurifprudence eccléfiaftique de Rouffeau de la Com-be ; le dictionnaire des arrêts de Brillon ; le dic-tionnaire de droit canonique ; la collection de jurif-prudence ; Bacquet, en fon traité des droits de juf-tice ; Brodeau fur Louet ; Dumoulin fur l'ancien ftyle du parlement ; le dictionnaire de droit & de pratique ; les arrêts d'Augeard ; le journal du pa-lais*, &c. Voyez auffi les mots BÉNÉFICE, POSSESSION, PÉTITOIRE, RECRÉANCE, SE-QUESTRE, MAINTENUE, DÉVOLUT, LI-TIGE, RÉGALE, JURIDICTION ECCLÉSIASTI-QUE, JUGES, &c. (*Cet article eft de M. ROU-BAUD, avocat au parlement*).

C O M P L I C E. C'eft celui qui a eu part à un crime, foit pour avoir aidé à le commettre, foit pour l'avoir confeillé.

Lorfqu'un juge ordonne qu'il fera informé contre les Complices d'un accufé, il joint ordinairement au terme de *Complices*, ceux de *fauteurs, participes & adhérens* pour défigner les différentes efpèces de complicités.

Le Complice d'un délit eft fouvent auffi coupable que l'auteur du délit : ainfi l'un & l'autre doivent être également punis ; ce qui néanmoins dépend des circonftances.

Comme un criminel eft déclaré infâme par le jugement qui le condamne, la dépofition qu'il fait contre quelqu'un n'eft pas d'un grand poids : cependant elle fuffit le plus fouvent pour faire décréter de prife de corps ceux qu'il a accufés de complicité, fur-tout fi ce font des gens fufpects & de vile condition ; mais fi c'étoient des perfonnes de condition honnête & d'une bonne réputation, il conviendroit feulement de les faire arrêter pour les confronter au criminel ; & d'après la gravité des charges réfultantes de la déclaration & de la confrontation, la qualité, la renommée des perfonnes & autres circonftances, le juge pourroit décréter de prife de corps, d'ajournement perfonnel ou de foit ouï ; il pourroit même ne décerner aucun décret, puifque l'ordonnance n'impofe à cet égard aucune obligation.

La confrontation du criminel aux Complices qu'il a révélés n'eft pas même indifpenfable : car l'article 4 du titre 19 de l'ordonnance porte feulement qu'elle *pourra être faite* ; ce qui laiffe au juge la liberté d'y procéder ou de paffer outre fans la faire : mais on ne doit pas y manquer lorfque les Complices peuvent être arrêtés, parce qu'elle peut procurer des éclairciffemens effentiels.

Comme les jugemens de condamnation doivent être exécutés le même jour qu'ils ont été prononcés, on doit ufer de diligence pour faire cette confrontation. Si cependant le criminel révéloit des Complices éloignés, comme il arrive fouvent pour retarder fon fupplice, on pourroit différer l'exécution jufqu'au lendemain. Mais ce ne doit être que pour des crimes graves ; & fi les parlemens fe font éloignés à cet égard de la lettre de la loi, ils n'ont pas cru contrevenir à fon efprit en profitant du peu de temps que le condamné a à vivre pour acquérir les preuves néceffaires au jugement des Complices.

La confrontation fe fait dans le lieu même où l'on donne la queftion, ou dans toute autre maifon voifine du lieu du fupplice ; & pour y procéder, il n'eft pas néceffaire que le miniftère public intervienne : il eft d'ufage que le lieutenant criminel ou tout autre commiffaire ordonne *proprio motu* que les Complices révélés feront arrêtés & confrontés au condamné après qu'il aura été recollé dans les déclarations qu'il a faites à la queftion ou dans fon teftament de mort.

Ce recollement fe fait pendant que les cavaliers de maréchauffée vont querir le Complice : on interroge celui-ci auffitôt qu'il eft arrivé : on le recolle ainfi que le criminel dans fes réponfes, & on les confronte enfuite l'un à l'autre, en obfervant les formalités ufitées en pareil cas.

Quoique le prévôt des maréchaux affifte à la queftion lorfqu'il s'agit de cas prévôtaux, ce n'eft pas à lui de procéder à la confrontation.

des Complices : comme elle eſt une ſuite du procès-verbal de torture, c'eſt le rapporteur qui doit faire l'un & l'autre en préſence d'un conſeiller du ſiège & du prévôt.

Celui-ci ne doit pas oublier de faire juger ſa compétence pour inſtruire le procès des Complices, attendu qu'ils peuvent être par leur qualité exempts de ſa juridiction.

Mais dans les cas ordinaires, le jugement d'une affaire criminelle ne pouvant être diviſé, c'eſt le même juge qui doit juger les Complices ainſi que le principal accuſé : d'où il réſulte qu'un juge qui connoît d'un vol, doit auſſi connoître du recélé, quoiqu'il ait été commis hors de ſa juridiction.

Voyez l'ordonnance du mois d'août 1670, & la déclaration du roi du 5 février 1731 ; Julius Clarus ; Ferrières ; l'encyclopédie ; Jouſſe & Serpillon ſur l'ordonnance criminelle, &c. Voyez auſſi les articles CRIME, DÉLIT, ACCUSATION, ACCUSÉ, QUESTION, &c. (Article de M. GILBERT DE MARETTE, Avocat, &c.)

COMPROMIS. C'eſt un acte par lequel deux ou pluſieurs perſonnes nomment un ou pluſieurs arbitres pour décider une conteſtation (*).

_____

(*) Formule d'un Compromis ſous ſeing privé.

Nous ſouſſignés, Sébaſtien Ferry, d'une part, & André Latour, d'autre part, deſirant terminer la conteſtation qui s'eſt élevée entre nous au Châtelet de Paris, au ſujet de. .. ſommes convenus de nous en rapporter à la déciſion de MM. A.... & B.... avocats au parlement, que nous avons choiſis pour arbitres : en conſéquence nous promettons de leur remettre au plus tard dans quinze jours, les pièces, pourſuites & procédures dont nous nous propoſons

Il faut pour la validité d'un Compromis, que

de nous fervir, afin qu'ils rendent leur fentence arbitrale dans deux mois, à compter de ce jour.

Promettons pareillement d'exécuter ladite fentence & d'y acquiefcer fous peine d'une fomme de mille écus, que celui qui refufera d'y acquiefcer fera tenu de payer a l'autre partie avant de pouvoir être reçu à en interjeter appel, fans que ladite peine puiffe être réputée·comminatoire. Et dans le cas où lefdits fieurs arbitres fe trouveroient divi-fés d'opinions, ils s'en rapporteront à un tiers dont ils con-viendront pour fur arbitre : donnons au furplus pouvoir auxdits fieurs arbitres de liquider les dépens par leur fen-tence arbitrale. Fait double à Paris, ce 15 mars 1777. SÉBASTIEN FERRY, ANDRÉ LATOUR.

Formule d'un Compromis pardevant notaires entre des héritiers, tant paternels que maternels, & un légataire univerfel.

Par devant les notaires, &c. ont été préfens Mathieu Gauthier & Charles Cordier à caufe de Françoife Gauthier fa femme, héritiers du côté paternel de feu Louis Gau-thier Vivant, Marchand, demeurant à.... & Nicolas Favier, héritier maternel dudit défunt Louis Gauthier d'une part ; & François Thomazette, légataire univerfel des meubles & acquêts immeubles dudit défunt Louis Gauthier, d'autre part ; lefquels ont dit qu'ils étoient en procès fur la de-mande intentée par ledit Thomazette pour que lefdits Ma-thieu Gauthier, Charles Cordier & Nicolas Favier lui accordaffent en leur qualité d'héritiers, la délivrance du legs univerfel a lui fait par ledit feu Louis Gauthier par fon teftament du.... & fur les défenfes defdits héritiers portant fuggeftion & inofficiofité, demandes incidentes de remploi de propres, & autres raifons par eux alléguées & propofées contre ledit teftament ; & comme lefdites parties defirent éviter les frais qu'entraîneroit l'inftruction de leur procès devant les juges ordinaires, elles font conve-nues de faire décider leurs conteftations par la voie d'arbi-tres : en conféquence, elles ont déclaré par les préfentes nommer pour arbitres & juges dudit procès, MM..... avocats au parlement, auxquels elles ont donné plain pou-

l'on y exprime le différent fur lequel les arbitres doivent prononcer ; que l'on y fixe le temps dans lequel ils doivent juger, & que les parties y déclarent fe foumettre au jugement des arbitres.

Il eft d'ailleurs d'ufage que l'on ftipule une peine pécuniaire contre la partie qui refufera d'exécuter le jugement.

Le Compromis peut avoir pour objet un procès à mouvoir comme un procès déja mu, & généralement tout ce dont les parties ont la liberté de difpofer ; mais le pouvoir des arbitres ne peut s'étendre au-delà des chofes énoncées dans le Compromis.

Il y a des objets qui ne peuvent pas faire la matière d'un Compromis : tels font les droits fpirituels d'une églife, la validité d'un mariage ,

---

voir de terminer entr'elles toute conteftation; c'eft pourquoi elles ont promis de remettre dans la quinzaine les titres, pièces, & mémoires dont elles voudront fe fervir, entre les mains defdits fieurs arbitres, qui feront tenus de rendre leur jugement arbitral dans deux mois, fur ce qui aura été produit par devers eux fans forclufion, ni fignification ou fommation : & dans le cas où lefdits fieurs arbitres feroient d'avis différens, & ne pourroient pas s'accorder, lefdites parties leur ont donné pouvoir d'appeler avec eux tel avocat qu'ils jugeront à propos pour furarbitre : au furplus lefdites parties promettent d'acquiefcer au jugement que rendront lefdits fieurs arbitres, à peine d'une fomme de quinze cens livres que chacun des contrevenans fera tenu de payer aux parties qui auront acquiefcé, avant de pouvoir être reçu à dire, alléguer, ni produire aucune chofe contre ledit jugement arbitral, laquelle peine ne pourra être réputée comminatoire : & pour l'exécution des préfentes, prononciation du jugement qui interviendra, &c. lefdites parties ont élu leur domicile, &c.

les alimens laissés par testament pour ce qui doit en écheoir par la suite, & en général tout ce qui intéresse l'ordre public.

La punition d'un crime public ne peut pas être non plus le sujet d'un Compromis ; mais les parties peuvent compromettre des intérêts civils & des dépens d'un procès criminel, & même des délits que l'on ne poursuit que civilement.

Les personnes qui n'ont pas la liberté de s'engager ne peuvent pas compromettre. Tels sont les mineurs, les prodigues, les furieux, les femmes en puissance de mari, &c.

Un bénéficier mineur pourroit cependant, compromettre sur les fruits de son bénéfice, parce qu'il est réputé majeur à cet égard.

Mais le Compromis ne pourroit pas s'étendre à la propriété des fonds ou droits annexés à son bénéfice. C'est ce qui résulte d'un arrêt de réglement rendu au grand conseil le 26 octobre 1753, par lequel il a été fait défense aux gens de mainmorte de mettre en arbitrage les contestations concernant les propriétés des fonds & droits qui leur appartiennent.

Cette jurisprudence a été confirmée par deux autres arrêts postérieurs rendus au même tribunal le 14 décembre 1757, & le 5 mai 1758. Le premier a déclaré nul un Compromis passé entre le marquis de Rochefort & le prieur de Saint-André de Mirebeau, au sujet de certains droits de propriété que ce prieur prétendoit annexés à son bénéfice : & l'autre a pareillement prononcé contre les religieux de la Trape, la nullité d'un Compromis passé au sujet de la propriété du presbytère de Contrebis.

Observez

Obfervez toutefois que les adminiftrateurs de l'hôpital général de Paris ne font pas foumis à ces règles, parce que l'article 47 de l'édit de 1656, portant établiffement de cet hôpital, leur donne pouvoir de *tranfiger*, *compromettre*, &c.

Un procureur fondé ne peut compromettre fans être muni du pouvoir fpécial de fon commettant.

La foumiffion des parties au jugement des arbitres n'empêche pas que la partie mécontente de ce jugement ne puiffe en interjeter appel, quand bien même elle y auroit renoncé par le Compromis; mais toute audience doit être déniée à l'appelant avant qu'il ait payé la peine ftipulée par le Compromis : c'eft ce qu'ont jugé divers arrêts, & particulièrement celui de la feconde chambre des enquêtes du 20 juillet 1729. Au refte, les peines ftipulées par le Compromis fe divifent de manière que fi une feule partie entre plufieurs ayant le même intérêt, appeloit du jugement arbitral, elle ne devroit que fa part de la peine.

Remarquez d'ailleurs que fi la peine pécuniaire étoit exceffive, relativement à l'objet contefté, le parlement pourroit la modérer en prononçant fur l'appel.

Remarquez encore que le parlement de Provence n'admet point ces fortes de peines lors même qu'elles font ftipulées, comme le prouve l'acte de notoriété des gens du roi de cette cour donné le 29 novembre 1687.

Un Compromis fuivi de pourfuites devant les arbitres, a l'effet d'empêcher la péremption & la prefcription.

Le pouvoir donné aux arbitres finit par l'expiration du temps porté par le Compromis ; quoique la sentence arbitrale ne soit pas rendue.

Le Compromis se résout aussi par la mort d'un arbitre ou de l'une des parties.

Les Compromis peuvent être passés sous seing privé, ou par-devant notaires.

Un arrêt du conseil du 6 août 1715 a défendu à tout arbitre & greffier des arbitrages de rendre, prononcer, recevoir ni expédier aucune sentence arbitrale sur Compromis sous seing privé, que le Compromis n'ait été préalablement contrôlé, à peine de nullité, d'amende, &c.

Le droit de contrôle d'un Compromis soit en matière laïque ou en matière bénéficiale, est fixé à deux livres par le tarif du 19 septembre 1722.

Voyez *le traité de l'administration de la justice civile ; le journal des audiences ; l'encyclopédie ; les ordonnances du mois d'octobre 1535, du mois d'août 1560, & du mois de janvier 1629 ; les arrêts de Papon ; la bibliothèque du droit François ; les arrêts de Boniface ; le dictionnaire raisonné des domaines*, &c. Voyez aussi les articles SENTENCE, ARBITRAGE, GREFFIER, HOMOLOGATION, APPEL, &c.

COMPTABILITÉ. Ce mot désigne une nature particulière de recette & de dépense dont on doit compter. Ainsi on dit *la Comptabilité des deniers d'octroi & patrimoniaux des villes ; la Comptabilité du trésorier de l'extraordinaire des guerres ; la Comptabilité des receveurs généraux des domaines & bois*, &c. Voyez COMPTABLE ET COMPTE.

COMPTABLE. C'est celui qui est assujetti à rendre compte des affaires qu'il a gérées.

Celui qui a rendu compte eſt toujours cenſé Comptable juſqu'à ce qu'il ait payé le reliquat s'il en eſt dû un, & remis les pièces juſtificatives.

Le Comptable peut être pourſuivi à l'effet de rendre compte devant le juge qui l'a établi, ou devant le juge de ſon domicile s'il n'a pas été commis par juſtice ; mais s'il eſt privilégié, il peut demander ſon renvoi devant le juge de ſon privilége.

Les officiers Comptables de la chambre des comptes ſont ceux qui manient les deniers royaux, comme les receveurs généraux des finances, ceux des domaines & bois, &c., & qui, en conſéquence, ſont tenus d'en rendre compte à la chambre des comptes.

Tout officier Comptable doit prêter ſerment à la chambre des comptes, & donner bonne & ſuffiſante caution avant de pouvoir exercer ſon office.

Un officier Comptable ne peut poſſéder ſans lettres de diſpenſe, deux offices de Comptables.

Tout Comptable qui eſt en retard de préſenter ſon compte, peut être pourſuivi à cet effet par le procureur-général de la chambre des comptes.

La chambre des comptes appoſe le ſcellé chez tous les officiers Comptables décédés, abſens ou en faillite, même chez ceux qui n'exercent plus, quand ils n'ont pas rendu compte de leur geſtion.

Les lois du royaume puniſſent ſévérement les fautes des officiers Comptables. Elles prononcent la peine du quadruple contre celui qui fait quelque omiſſion dans ſon compte, par oubli ou par ignorance.

La déclaration du 3 juin 1701 prononce la peine de mort contre les officiers Comptables convaincus d'avoir diverti les deniers publics.

Le roi a privilége ſur les meubles des Comptables, après ceux à qui la loi donne la préférence ſur ces ſortes d'effets : il a auſſi privilége ſur leurs offices, même avant le vendeur ; mais il ne l'a ſur les autres immeubles acquis par le Comptable depuis ſa réception, qu'après le vendeur & ceux qui ont prêté leurs deniers pour l'acquiſition de ces immeubles. A l'égard des immeubles qu'un Comptable a acquis avant ſa réception, le roi n'y a hypothèque que du jour que le Comptable eſt entré en exercice.

La ſéparation de biens d'un Comptable avec ſa femme ne peut être oppoſée au roi ſi elle n'a été faite du conſentement du procureur-général de la chambre des comptes.

L'article 5 de l'édit du mois d'août 1669 porte d'ailleurs que le roi aura privilége ſur le prix des immeubles acquis par les femmes des Comptables, quoiqu'elles ſoient ſéparées de biens, à moins qu'il ne ſoit juſtifié que les deniers employés aux acquiſitions appartenoient légitimement à ces femmes.

Cette loi a fait agiter la queſtion de ſavoir ſi les ſieurs Raffi, en qualité d'héritiers de leur mère, non commune en biens avec le ſieur Raffi leur père, intéreſſé au traité des vivres d'Allemagne, étoient fondés à demander la diſtraction d'une maiſon ſituée à Paris rue des Victoires, que leur mère avoit achetée depuis ſon mariage pour une ſomme de trente-cinq mille livres ;

laquelle maiſon étoit compriſe dans la ſaiſie réelle des biens de leur père pourſuivie en la chambre de juſtice à la requête du contrôleur des reſtes.

Ils juſtifioient que leur mère avoit reçu vingt mille livres de dot : mais comme le contrat d'acquiſition ne portoit pas que cette ſomme avoit été employée à payer le prix de la maiſon, ils furent déboutés de leur demande en diſtraction par arrêt du 9 mai 1716.

Par arrêt du conſeil d'état du 15 mai 1764, il a été jugé que les fonds que les Comptables ſont dans l'uſage de remettre à leurs procureurs des comptes pour acquitter leurs *débets*, ne ſont qu'un dépôt de confiance pour raiſon duquel ces Comptables ne peuvent acquérir leur libération, ni aucun privilége ou hypothèque pour la reſtitution dans le cas où les mêmes procureurs n'auroient pas porté ces débets au tréſor royal & ſeroient devenus inſolvables.

Les officiers Comptables, & en général tous ceux qui ſont chargés de la perception, recette, maniment ou diſtribution des finances du roi & des deniers publics, ſont obligés de tenir des journaux de recette & de dépenſe.

Les amendes prononcées contre les officiers Comptables en retard de fournir leurs comptes, & celles qui viennent à être prononcées au jugement des mêmes comptes, appartiennent au roi & ſont partie du bail du fermier des domaines.

Suivant la déclaration du 4 mai 1766, les receveurs généraux des finances, les receveurs des tailles, les receveurs généraux des domaines, & en général tous les officiers Comptables

qui prennent leurs fonds fur les recettes générales, fur les fermes ou fur le tréfor royal, devoient garder entre leurs mains pendant fix années après leur exercice expiré, les fonds des
charges employées dans les états qu'ils étoient
tenus d'acquitter : mais une autre déclaration
du 4 novembre 1770 a réglé que les Comptables dont il s'agit ne demeureroient plus dépofitaires des parties non réclamées que pendant
trois années, après leur exercice expiré. Ils font
tenus après ce délai, de porter au tréfor royal
les fonds des parties non réclamées qu'ils peuvent avoir entre leurs mains ; finon ils doivent
être condamnés à payer les' intérêts du montant de ces parties, & à trois cens livres d'a-
mende par chaque mois de retard.

En rapportant par les Comptables au jugement de leurs comptes, les quittances du garde
du tréfor royal, pour les parties non réclamées,
ces comptes peuvent être jugés *partant-quittes*,
s'ils ne font foumis à aucune autre fouffrance.
C'eft ce qui réfulte de l'article 3 de la déclaration qu'on vient de citer.

On appelle *quittance Comptable*, une quittance en parchemin, revêtue des formes nécef-
-faires pour être allouée à la chambre des
comptes.

On appelle auffi *quittance Comptable*, toute
autre quittance valable pour juftifier la dépenfe
d'un compte. Et *quittance non Comptable*, celle
que l'oyant compte peut rejeter comme infuffi-
fante.

Voyez *l'édit du mois de juin 1716 ; la déclaration du 3 juin 1701 ; l'édit du mois d'août
1669 ; l'ordonnance du mois d'avril 1667 ; l'édit*

du mois de juillet 1689 ; l'arrêt du conseil du 15 mai 1764 ; les déclarations du 4 mai 1766, & du 4 novembre 1770, &c. Voyez aussi l'article COMPTE.

COMPTABLIE. C'est le nom d'un droit qui se lève au profit du roi dans la sénéchaussée de Bordeaux. Nous avons expliqué la nature de ce droit a l'article BORDEAUX.

COMPTE. C'est un état de recette & de dépense des biens dont on a eu l'administration. Et l'on appelle *ordre d'un Compte*, la division du Compte en chapitres de recette, de dépense, & de reprise.

Toute personne qui a administré les affaires d'autrui doit en rendre compte quand sa gestion est finie. Ainsi le tuteur doit Compte à ses mineurs, après sa tutelle finie ; le mari ou ses héritiers doivent Compte à la femme ou à ses héritiers, après la dissolution de la communauté ; l'héritier bénéficiaire doit un Compte de la succession aux créanciers ; celui qui a géré les affaires d'une société, doit un Compte à ses associés ; un procureur fondé, doit un compte de son administration à son commettant ; il en est de même d'un fermier judiciaire, d'un sequestre, &c. (*)

(*) Le concile de Trente, sess. 22, cap. 9. *de reformatione*, ordonne aux administrateurs, tant ecclésiastiques que laïques, des biens d'églises, d'hôpitaux, de confrairies, & autre lieux pieux, de rendre tous les ans leurs *comptes* à l'ordinaire nonobstant tous usages & privilèges contraires, à peine de nullité de toutes les quittances & décharges données aux administrateurs.

Les parties majeures peuvent compter à l'a-

Le conseil d'Artois consulté par Marguerite de Parme, régente des pays-bas sur la publication de ce concile, répondit entr'autres choses qu'il avoit toujours été d'usage en ces provinces d'établir pour la direction de ces sortes de biens, deux marguillers qui rendoient leurs *comptes* en présence de tous les paroissiens, dans l'assemblée desquels se trouvoit aussi le curé ; mais jamais l'évêque, ni aucun député de sa part. Cette rescription datée du 13 juillet 1564, engagea la régente à n'ordonner la publication du concile qu'avec la clause *de ne rien vouloir innover à l'administration jusqu'ors usitée par les lois, magistrats & autres gens lays sur hôpitaux & fondations pieuses, & autres choses semblables.*

Philippe II, roi d'Espagne, partisan zélé de ce concile, dérogea un peu à l'usage établi dans les pays-bas. L'article 13 du placard qu'il rendit le premier juin 1587, sur l'exécution du synode de Cambrai, porte que le curé du lieu sera appelé à l'audition des *Comptes* des biens d'églises & autres lieux pieux, ou que l'évêque y pourra envoyer un autre député quand il le jugera à propos, moyennant, ajoute-il, que ce soit sans aucuns frais, *& sans préjudice de nos droits, & autorités, ou des seigneurs particuliers des lieux.*

De ce que le placard ne donne à l'évêque ou au curé que le droit d'être présent à l'audition des Comptes, il résulte que ni l'un ni l'autre ne peut y rien statuer, ni donner sa voix, mais seulement faire ses représentations sur les abus qui peuvent s'y glisser pour en avertir les juges royaux, si ceux des lieux n'y remédient pas. C'est ce qu'observent Van-Espen, part. 2, titre 37, n. 40. & Desmasures, en son commentaire manuscrit sur la coutume d'Artois, titre 10, n. 14.

Le parlement de Flandres a même décidé par arrêt du 11 août 1685, rendu entre M. de Choiseul, évêque de Tournai, & la princesse d'Epinoy, que le premier n'avoit pu rien statuer, par rapport à l'église de Roubaix, dans le cours de ses visites, & qu'il n'avoit qu'une simple inspection, pour représenter les abus qu'il pouvoit trouver.

miable ; mais si le Compte concerne des mi-

L'évêque de Tournai s'étant pourvu en cassation contre cet arrêt, les états de Lille, ou se trouve située la paroisse de Roubaix, s'opposèrent à sa demande, comme contraire aux priviléges de la province qui ne permettent pas de se pourvoir par la voie de cassation contre les arrêts du parlement de Flandres. Sur cette opposition il intervint au Conseil un arrêt du 11 février 1666, qui ordonna que l'arrêt du conseil en vertu duquel l'évêque de Tournai & la princesse d'Epinoy procédoient sur la cassation de l'arrêt du parlement de Tournai, touchant l'audition des Comptes de la paroisse de Roubaix, demeureroit nul & comme non avenu, sauf aux parties à se pourvoir contre l'arrêt par les voies reçues dans le pays, ordonnant de plus qu'il fût enregistré au parlement de Tournai, pour y servir de réglement à l'avenir.

Les usages du pays ayant été confirmés par cet arrêt, l'évêque de Tournai n'insista pas davantage.

Neanmoins l'évêque ou son député a le droit de signer les Comptes : mais on demande dans quel ordre ? Le conseil provincial de Gand jugea par sentence du 19 avril 1603, que Jean de la Vichte, seigneur de Bévern, avoit droit de signer avant l'évêque ou son député. Le contraire fut jugé au grand conseil de Malines, par arrêt du 2 mais 1715, qui contient une espèce de réglement sur cette matière. En voici la teneur :

» L'empereur & roi. . . . faisant droit par nouveau juge-» ment, déclare que l'intimée (la dame de Lisseweghe) » étant en personne à la présentation & clôture des Comptes » de l'église & de la table des pauvres de Lisseweghe, sera » dénommée en ladite présentation, & signera à la clôture » d'iceux, avant l'appelant doyen de la chrétienté, le curé » de la paroisse, & tous autres députés de l'évêque, bien » entendu que lorsque l'évêque ou son vicaire général se » trouvera en personne à l'audition desdits Comptes, il y » aura la préférence à l'intimée ».

Le droit qu'a le seigneur de se faire présenter les Comptes & de les signer, est fondé sur la disposition expresse de plusieurs coutumes de Flandres. Il est imprescriptible,

neurs, il convient de le rendre pardevant le

comme l'a jugé le parlement de Flandres, entre le Comte de Pétrieux, seigneur de la paroisse d'Houplin, châtellenie de Lille, contre le curé de ce village. Cet arrêt maintint le Comte de Pétrieux dans le droit de se faire présenter les Comptes & de les signer en chef, nonobstant la possession immémoriale du curé de les signer le premier, sans l'intervention du seigneur.

La coutume de la châtellenie de Lille, titre 1, art. 29, donne aux seigneurs de paroisse le droit *de par l'avis du curé ou vice-gérent & paroissiens, créer ministres, margliseurs, & charitables des pauvres, les déporter & instituer autres.*

La coutume de la gouvernance de Douai, titre 1, article 12, renferme la même disposition.

L'archevêque de Cambrai a le droit, en vertu de sa seigneurie temporelle, de nommer les deux membres du bureau d'administration de l'hôpital général de cette ville, qui sont pris dans le chapitre de sa métropole, & qui lui sont présentés par le bureau. Il peut aussi assister à la reddition de *Compte* qui se fait par devant les échevins de la ville. Ces deux points sont ainsi réglés par les lettres-patentes données à Compiègne le 13 septembre 1766.

Les Prevôt, échevins, & procureur-syndic de Cambrai ayant formé opposition à l'exécution de ces lettres-patentes, sous prétexte que leur archevêque n'étoit pas seigneur de la ville, M. de Choiseul qui occupoit alors ce siége étendit ses prétentions plus loin, & demanda entr'autres choses qu'il lui fût permis de se faire présenter les *Comptes* de l'hôpital, de présider au bureau d'administration, de le faire tenir chez lui lorsqu'il seroit à Cambrai; d'en arrêter les *Comptes*, & de nommer les administrateurs qui seroient pris dans son chapitre, sans que ces députés lui fussent présentés par le bureau.

Par arrêt rendu contradictoirement au conseil des dépêches, le 23 juillet 1773, le roi ordonna article 25 l'exécution des lettres-patentes de 1769, en ce qui concernoit la direction des *Comptes* de l'hôpital, & mit les parties hors de cour & de procès sur le surplus de leurs demandes.

juge. C'est ce que paroît prescrire l'article 22

Il résulte clairement de cet arrêt qu'un seigneur ne peut faire procéder chez lui à la reddition des Comptes des biens d'églises, hôpitaux & autres lieux pieux.

Le parlement de Flandres, par arrêt de réglement du 14 août 1770, défendit à tous baillis, mayeurs, & gens de loi de procéder à la reddition des *Comptes* des biens d'églises, des pauvres & autres lieux pieux, ailleurs que dans l'église ou la sacristie. Le même arrêt leur défendit, à peine de 50 florins d'amende, de le faire dans les cabarets.

Cette disposition fut renouvelée par un autre arrêt de réglement rendu le 22 mars 1773. Comme il renferme plusieurs décisions importantes; on le rapportera ici.

» ARTICLE I. Les arrêts de réglement des 9 février » 1724, & 14 août 1770, seront exécutés selon leur forme » & teneur.

» II. Les Comptes des biens des églises, des pauvres & » autres lieux pieux, seront rendus clos, arrêtés & appurés » tous les ans, & au plus tard dans le courant du mois de » mai; & les doubles desdits Comptes & pièces justificati- » ves d'iceux, seront déposés de suite ès archives desdites » administrations respectives; enjoint aux baillis, mayeurs » & échevins de chaque administration, de veiller à ce que » lesdits Comptes soient exactement rendus, clos, arrêtés » & appurés, à peine d'en répondre en leurs propres & » privés noms.

» III. Et lesdits Comptes seront rendus, clos & arrêtés » dans l'église ou dans la sacristie de chaque paroisse, fait » défenses aux receveurs de les rendre, & aux baillis, » mayeurs & gens de loi & autres, de les entendre, clore, » & arrêter a lleurs, souspeine de quarante florins d'amende » contre chacun des contrevenans.

» IV. Le jour de la reddition desdits Comptes, sera » annoncé à la diligence desdits receveurs par un billet, » dont la lecture sera faite à l'issue de la messe paroissiale, » pendant trois dimanches consécutifs, & copie affichée » chaque fois en la forme & manière accoutumée; ordonne » que relation en soit faite au bas dudit billet original &

» mention en tête defdits Comptes, fous peine de dix florins
» d'amende.

» V. Dans les paroiffes ès-quelles les Comptes fe ren-
» dent en langue flamande, les billets défignant le jour de
» la reddition defdits Comptes, feront à la diligence defdits
» receveurs, écrits, lus & affichés & les relations du fer-
» gent au bas des billets originaux, mifes chaque fois en
» langue françoife & en langue flamande, pour que per-
» fonne n'en puiffe prétexter caufe d'ignorance, fous peine
» de dix florins d'amende.

» VI. Dans les mêmes paroiffes, lefdits Comptes feront
» formés, lus & apoftillés articles par articles, clos & arrê-
» tés en langue françoife & en langue flamande, datés du
» lieu où ils auront été rendus, & fignés de tous les audi-
» teurs, & le Compte original rendu & arrêté en langue
» françoife, & le double de celui rendu en langue flamande,
» avec les pièces juftificatives d'icelui, feront dépofés par
» lefdits receveurs, ès-archives defdites adminiftrations ref-
» pectives, fous peine de vingt florins d'amende.

» VII. Lefdits receveurs videront leurs mains inceffam-
» ment après la clôture defdits Comptes, des deniers dont
» ils fe feront trouvés redevables, pour les deniers des biens
» des églifes être employés aux befoins defdites églifes aux-
» quelles lefdits biens feront affujettis ; ceux des biens des
» pauvres, aux befoins defdits pauvres, & ceux des biens
» des lieux pieux, fuivant & conformément à l'intention
» des fondateurs, fous peine de tous dommages & intérêts.

» VIII. Lefdits deniers feront dépofés ès *fermes* defdites
» communautés, qui fermeront à trois clefs, une defquel-
» les fera entre les mains du feigneur du lieu, une en celles
» du mayeur, & la troifième en celles du premier échevin.
(Voyez l'article FERME.)

» IX. Les baillis, mayeurs, gens de loi, & tous autres
» qui ont droit d'affifter à l'audition des Comptes defdites
» adminiftrations, feront tenus d'y vaquer fans frais, vaca-
» tions & émolumens quelconques, fous peine de quarante
» florins d'amende, & de reftitution en outre du quadruple
» de ce qu'ils fe feront fair payer, ou qu'ils auront reçu à

voici les difpofitions : « pourront les parties

» titre de préfence à l'audition defdits Comptes, dont le
» tiers appartiendra au dénonciateur , & les deux autres
» feront au profit defdites adminiftrations refpectives.

» X. Le préfent arrêt fera lu , publié, &c.

Le confeil d'Artois rendit le 10 mai 1753 , une fentence
affez conforme à l'arrêt que l'on vient de rapporter. Le
fieur Douchet , curé de Saint-Sauveur-les-Arras ayant
formé quelques demandes concernant l'audition des Comptes de la fabrique de la paroiffe, l'abbaye de Saint-Vaaft,
qui jouit de la haute-juftice fur ce village s'y oppofa forte-
ment. Après un appointement en droit & une inftruction
complette, intervint une fentence qui porte : » Sans avoir
» égard aux demandes du fieur Douchet , dont il eft dé-
» bouté, & faifant droit fur celle des religieux de Saint-
» Vaaft, ordonne que les Comptes de la fabrique de Saint-
» Sauveur feront dorénavant rendus chaque année en ladite
» églife, par jour de dimanche, après affiches, publica-
» tions au prône & fon de la cloche, & préfentés en pre-
» mier au grand prevôt ou autre religieux de l'abbaye de
» Saint-Vaaft, nommément & par diftinction, comme re-
» repréfentant le corps & communauté de ladite abbaye,
» feigneur haut-jufticier dudit lieu de Saint-Sauveur.

» Ordonne pareillement que lefdits Comptes feront pré-
» fentés aux lieutenant & échevins de ladite terre & feigneu-
» rie de Saint-Sauveur, réfidens fur les lieux : que lefdits
» lieutenant & échevins auront la préféance fur les mârguil-
» liers & autres paroiffiens , & figneront les premiers, im-
» médiatement après le grand prevôt, ou autre député de
» ladite abbaye.

» Permet au fieur Douchet, curé de Saint-Sauveur,
» d'affifter à l'audition des Comptes & autres affemblées,
» pour y repréfenter ce qu'il trouvera convenir pour l'in-
» térêt de l'églife & des pauvres, fans qu'il puiffe y avoir
» voix délibérative ; en conféquence ordonne aux marguil-
» liers, fuivant leurs offres, de rendre Compte, fi jà n'eft
» fait , en dedans huitaine, de la recette qu'ils ont faite des
» profits & revenus de ladite églife, & de préfenter leurs
» Comptes en la forme ci-deffus preferite.

» étant majeures compter pardevant des arbi-

» Ordonne enfuite que les Comptes rendus & ceux à
» rendre, ainfi que les pièces juftificatives & tous autres
» titres & papiers concernant ladite églife de Saint-Sauveur,
» feront renfermés dans un coffre ou armoire fous trois
» clefs, dont une pour le feigneur, la feconde pour le curé,
» & la troifième pour l'un des marguillers en exercice ;
» ordonne que le fieur Douchet, fuivant fes offres, affir-
» mera qu'il n'a en fa poffeffion, directement, ni indirec-
» tement, aucuns titres appartenans à ladite églife ; con-
» damne ledit Douchet aux dépens ».

Le fieur Douchet appela de cette fentence au parlement
de Paris, mais inutilement : elle y fut confirmée en 1753
avec amende & dépens.

La déclaration du 14 mars 1775, concernant les monaftères fitués en Flandres & en Artois, renferme quelques
difpofitions fur la reddition des Comptes de ces maifons.
Voici ce que perferit l'article 14.

» Il fera établi dans chaque maifon le nombre d'officiers
» néceffaires pour l'adminiftration des biens ; & lefdits offi-
» ciers feront tenus de rendre tous les ans Compte de leur
» geftion au fupérieur, affifté de deux religieux au moins,
» à ce députés par le chapitre de la communauté, & ce fans
» préjudice des autres règles & formalités établies pour la
» reddition des Comptes par les conftitutions de chaque
» ordre : voulons que fi lefdits officiers fe trouvent avoir mal
» adminiftré lefdits biens, & lefdits fupérieurs avoir toleré
» leur mauvaife geftion, ou y avoir concouru, ils foient
» punis conformément aux règles & conftitutions, & no-
» tamment par la privation de tout emploi pendant une ou
» plufieurs années, fuivant l'exigence des cas ».

On a demandé fi les évêques avoient plus de droits & de
prérogatives dans l'audition des Comptes du temporel des
monaftères que le placard de 1587 ne leur en donne dans l'audition de ceux des fabriques & des hôpitaux. L'édit du mois
de février 1773 décide cette queftion ; l'article 15 ordonne
que » les Comptes du temporel des monaftères feront préfen-
» tés aux premiers fupérieurs lors de leurs vifites pour être par
» eux approuvés s'il y a lieu.

» tres & a l'amiable , encore que celui qui doit

Cette difpofition a excité les réclamations de tous les réguliers de Flandres & d'Artois : ils ont prétendu qu'elle étoit
contraire au droit public de ces provinces; que le placard de
1587 n'attribuant aux évêques qu'un fimple droit de préfence aux Comptes des églifes & autres lieux pieux , il feroit
abfurde qu'ils euffent plus de pouvoir fur le temporel des
monaftères qu'ils n'en ont fur les églifes paroiffiales. Les
évêques de leur côté ont produit plufieurs titres qui jufti-
fioient leur poffeffion de fe faire repréfenter & d'examiner
les Comptes des monaftères ; ils ont même cité des arrêts
du parlement de Flandres & des autres tribunaux fupérieurs
des pays-bas, qui leur avoient confervé ce droit. Le roi a
mis fin à ces conteftations en abrogeant cet édit pour la
Flandres & l'Artois, & en rendant une déclaration en date
du 24 mars 1775 , dont l'article 15 modifie la difpofition
de l'édit de février 1773. En voici les termes :

» Pour juftifier que lefdits Comptes auront été exactement
» rendus, & conformément aux conftitutions des ordres,
» congrégations ou monaftères, voulons que *dans les cas*
» *qui peuvent l'exiger*, ils foient repréfentés aux premiers
» fupérieurs lors de leurs vifites, en préfence des fupérieurs
» locaux & des deux religieux députés par la communauté,
» laquelle repréfentation ne pourra préjudicier en rien aux
» droits de nos tribunaux fur l'adminiftration du temporel
» des monaftères, lefquels continueront à être exercés comme
» par le paffé , conformément aux lois & ufages de nofdites
» provinces.

On trouve dans les regiftres du parlement de Flandres
plufieurs exemples de l'exercice du pouvoir qu'a ce tribunal
d'intervenir dans les Comptes du temporel des monaftères.
Un arrêt du 11 juillet 1672 ordonna l'exécution d'une ordonnance de l'évêque de Tournai qui prefcrivoit à l'abbé de
Phalempin de rendre fes Comptes en préfence de fes commiffaires & des religieux députés par la communauté, &
commit en même temps M. Hattu , confeiller, pour intervenir à la reddition de ces Comptes. Ces commiffaires refpectifs rendirent plufieurs ordonnances fur l'adminiftration
des revenus de cette abbaye, & elles furent confirmées par

» rendre compte ait été commis par ordon-
» nance de justice ».

Tel est aussi l'usage du châtelet de Paris.
On n'y regarde les Comptes rendus aux mineurs comme réguliers que quand ils ont été
rendus devant des commissaires tant aux mineurs
qu'aux tuteurs nommés pour les assister dans
l'examen de ces Comptes (*).

---

arrêts du 20 septembre 1672 & du 8 juin 1674, toutes les
chambres assemblées.

De ce que les évêques ne sont désignés dans la déclaration de 1775, que par le nom de *premiers supérieurs*, il
résulte qu'ils n'ont pas droit d'intervenir dans les Comptes
des monastères exempts. Van-Elpen atteste que tel est l'u-
sage de la Flandres. L'article 18 de l'édit du mois d'avril
1695, permet aux évêques d'examiner ce qu'il y auroit à
faire dans l'administration des revenus des monastères
exempts, & d'ordonner à leurs supérieurs d'y pourvoir dans
certains délais, & de les informer de ce qu'ils auroient fait
en exécution. Mais cette disposition incompatible avec les
usages belgiques, ainsi que les autres articles du même édit,
ont fait la matière des représentations des monastères & des
états de ces provinces, lesquelles ont donné lieu à deux
arrêts du conseil des 23 août 1698 & 5 septembre 1701,
qui ont sursis à l'exécution de cet édit dans le ressort du
parlement de Flandres & dans l'Artois.

Voyez *le concile de Trente*; *le traité de Stockmans*, de
jure belgarum; *les placards de Flandres*; *les arrêts de
Delaury*, &c. (*Note de M.* MERLIN, *avocat au parlement de Flandres*).

(*) *Formule d'un Compte de tutelle.*

Compte que rend par devant vous Me.... Conseiller du
roi, commissaire-enquêteur-examinateur au châtelet.

Demoiselle Jeanne P.... veuve de Me... bourgeois de
Paris, tutrice de ses enfans mineurs & dudit défunt son mari,
héritiers chacun pour un tiers, par bénéfice d'inventaire
dudit défunt leur pere.

A Louis M.... émancipé d'âge, procédant sous l'auto-

rité de Me. O.... son curateur aux causes, & audit O....
esdits noms, ledit mineur héritier pour un tiers par bénéfice d'inventaire dudit défunt son père, de la gestion & administration que ladite veuve M.... a eu des personnes &
biens dudit M.... aux protestations d'y augmenter & diminuer, s'il y échet, & à la charge de la reprise dont sera
fait un chapitre séparé.

Pour satisfaire au jugement contradictoire du.... par
lequel il a été ordonné que le présent Compte seroit rendu
pardevant vous.

Pour l'intelligence duquel Compte il sera observé que
ledit sieur M.... est décédé le.... incontinent après le
décès, la veuve a fait apposer par vous, Monsieur, le scellé
sur les effets de ladite succession, pour la conservation des
droits & actions des parties intéressées, & ensuite elle a été
nommée tutrice de ses enfans, & le sieur J.... a été élu
leur subrogé tuteur par l'avis des parens, homologué par
sentence de monsieur le lieutenant civil du.... & le....
il a été procédé par Me. V.... notaire, à l'inventaire des
meubles & effets de ladite succession, en présence dudit
subrogé tuteur & des autres parties nécessaires : après il a
été procédé à la vente des effets par.... huissier-priseur,
le....

La rendante ayant connu que la communauté lui étoit
plus onéreuse que profitable, elle y a renoncé par acte
du.... & a fait déclarer exécutoire son contrat de mariage
sur le subrogé tuteur, par sentence du.... qui a été condamné, &c.

L'oyant & ses freres & sœurs ont obtenu des lettres en
chancellerie, pour prendre la succession de leur père par
bénéfice d'inventaire, lesquelles ont été entérinées par sentence du.... sur l'avis de leurs parens & amis, & homo-
loguées par sentence de mondit sieur le lieutenant civil
du.... par laquelle ledit O.... a été nommé & élu curateur audit mineur émancipé, & tuteur à ses actions immobilières, & après en avoir accepté la charge, il a, conjointement avec ledit mineur, intenté action contre la rendante,
contre laquelle il a été rendu sentence, le.... qui l'a con-

se pratiquoit autrefois chez les romains. On y

---

dannée de son consentement à rendre le présent Compte
pardevant vous : mais comme les enfans sont au nombre
de trois, elle n'employera à l'oyant dans sa recette que le
tiers des sommes qu'il aura dépensées, à l'exception des
sommes dont l'oyant est tenu personnellement pour le tout
qu'elle emploiera dans leur entier.

*Premier chapitre de recette à cause de la vente des
meubles.*

Il convient d'observer dans cet endroit que par le contrat de mariage d'entre ledit défunt & la rendante, à présent sa veuve, passé devant. ... & son confrere, notaires,
le. ... il a été ordonné & stipulé entr'autres choses, que le
survivant d'eux auroit & reprendroit par préciput des biens
de ladite communauté, tels qu'ils voudroient saisir, suivant la prisée de l'inventaire, jusqu'à la concurrence de
mille livres ou ladite.somme en deniers comptans, au choix
du survivant; en exécution de laquelle convention, la rendante a fait son option de prendre des meubles jusqu'à la
concurrence de mille livres, suivant la prisée dudit inventaire & sans crue, après quoi il a été procédé à la vente
du surplus, à l'exception aussi de la vaisselle d'argent qu'elle
a aussi retenue, suivant la prisée à sa juste valeur, & dont
elle fera état ci-après; en sorte que le reste des meubles &
marchandises se trouve monter à la somme de trois mille
trois cens livres.

ARTICLE PREMIER.

Fait recette la rendante de onze cens livres, faisant le
tiers afférant à l'oyant en celle de trois mille trois cens
livres, à quoi s'est trouvé monter le prix de la vente des
meubles & effets, après le décès dudit défunt, non compris
la vaisselle d'argent, ci. . . . . 1100 l.

I I.

Fait recette la rendante, à la charge de la reprise, de la
somme de quatre cens livres pour le tiers afférant à l'oyant
en celle de douze cens livres, à quoi monte le prix suivant
& sans crue de la vaisselle d'argent inventoriée audit inventaire, ci. . . . . 400 l.

jugeoit néceſſaire l'intervention du juge dans

Il faut obſerver que la crue dont on vient de parler, eſt le quart en ſus de la ſomme ; par exemple 3 livres, c'eſt 3 livres 15 ſous ; 100 livres, c'eſt 125 livres.

Somme totale du préſent chapitre. . . . 1500 liv.

Second chapitre de recette, à cauſe des loyers des maiſons & arrérages de rentes, &c.

Pour l'ordre du Compte, la rendante doit faire recette de ce qu'elle a du recevoir, a la charge de la repriſe ; on fait un chapitre de repriſe ſéparé à la fin du Compte dont le montant eſt calculé avec la dépenſe : mais la tutrice eſt tenue de rapporter des diligences & des pourſuites faites contre les débiteurs, ſans quoi la repriſe eſt débatue & rayée.

ARTICLE PREMIER.

Fait recette la rendante de la ſomme de 200 livres faiſant le tiers afférant à l'oyant de celle de 600 livres reçue par elle de T.... pour deux années de loyers échus le... d'une maiſon dépendante de la ſucceſſion, ſiſe à Paris, rue.... à raiſon de 300 livres de loyer par chacun an, ſuivant le bail paſſé devant V.... & ſon confrère, notaires, le.... inventorié ſous la cotte 2 dudit inventaire, ci. . . . . 200 liv.

I I.

Fait recette la rendante de 86 livres 15 ſous 4 deniers, à la charge de la repriſe, faiſant le tiers afférant à l'oyant en celle de 260 livres pour deux années échues le.... à cauſe de 180 livres de rente par chacun an, due à ladite ſucceſſion par B.... par contrat paſſé devant.... le.... inventorié ſous la cotte 3 dudit inventaire, ci. . . . . 86 l. 13 ſ. 4 d.

Somme totale du ſecond chapitre. . .

Troiſième chapitre de de recette, à cauſe des dettes actives déclarées audit inventaire.

ARTICLE PREMIER.

Fait recette la rendante de la ſomme de 333 livres 6 ſous

tout acte qui s'étendoit au-delà de l'adminiftration des biens des mineurs.

---

8 deniers pour le tiers afférant à l'oyant de celle de
1,000 livres, reçue par la rendante de J.... pour les caufes
portées au premier article des déclarations des dettes actives, ci. . . . . 333 liv. 6 f. 8 d.

I I.

Fait recette la rendante de la fomme de 150 livres afférant à l'oyant pour fon tiers de celle de 450 livres, reçue
de G.... pour les caufes portées au deuxième article des
déclarations dudit inventaire, ci. . . . . . . 150 liv.

Somme totale. . . . .

Premier chapitre de dépenfe à caufe des frais de mala-
die & frais funéraires dudit défunt.

ARTICLE PREMIER.

Fait dépenfe la rendante de la fomme de 30 livres pour
le tiers dont l'oyant eft tenu de celle de 90 livres payée par
la rendante à M.... docteur en médecine, pour fes honoraires, vifites par lui faites pendant la maladie dudit défunt,
comme il paroit par la quittance du.... ci. . . . 30 liv.

I I.

Fait dépenfe, la rendante, de 5 livres, dont l'oyant eft
tenu pour fon tiers de celle de 15 livres par elle payée au
fieur.... prêtre, pour les droits d'affiftance des prêtres &
autres frais d'inhumation, ci. . . . . 5 liv.

Somme totale. . . . .

Second chapitre de dépenfe particulière, à l'oyant à
caufe de fes penfions & entretiens.

ARTICLE PREMIER.

Fait dépenfe, la rendante, de la fomme de 1500 livres
pour les penfions & nourritures par elle fournies à l'oyant
pendant deux années à raifon de 750 livres par chacun
an, à compter du jour du décès de fon pere, ci. 1500 liv.

I I.

Fait dépenfe, la rendante, de la fomme de 250 livres
pour avoir entretenu l'oyant d'habits, linge, hardes, &

Obſervez auſſi qu'un Compte de tutelle doit

des autres choſes néceſſaires à raiſon de 100 livres par an, ci. . . . . 250 liv.

Somme totale du ſecond chapitre. . . . .

Chapitre de repriſe à cauſe de pluſieurs ſommes employées dans la recette, & qu'elle n'a pas reçues.

ARTICLE PREMIER.

Fait repriſe, la rendante, de la ſomme de 400 livres par elle employée au deuxième article du premier chapitre de recette pour le tiers de 1200 livres à quoi monte le prix de la vaiſſelle d'argent inventoriée à l'inventaire attendu que la rendante a retenu ladite vaiſſelle en déduction de ſes repriſes à elle adjugées par ſentence du. . . . ci. . . . . 400 liv.

I I.

Fait repriſe, la rendante, de 43 livres 8 ſous 3 deniers, faiſant moitié de 86 livres 13 ſous 4 deniers, que la rendante a couché au deuxième article du deuxième chapitre de recette du préſent compte, faiſant le tiers de 260 livres pour deux années échues le. . . . de 180 livres de rente due par J. . . . attendu que la rendante n'en a reçu qu'une année, ci. . . . . 86 liv. 13 ſ. 4 d.

Somme totale. . . . .

Chapitre de dépenſe commune du préſent Compte.

ARTICLE PREMIER.

Fait dépenſe, la rendante de la ſomme de 50 livres, payée à Me. S. . . . ſon procureur, qui a mis par ordre les pièces du préſent Compte, & dreſſé la minute d'icelui, ci. . . . . 50 livres.

I I.

Fait dépenſe, la rendante, pour la groſſe dudit Compte.

Somme totale du préſent Compte. . . .

Les trois chapitres de recette montent à la ſomme de. . . . .

Ceux de la dépenſe à la ſomme de. . . . . .

La repriſe à la ſomme de. . . . . . .

Et la dépenſe du préſent Compte à celle de. .

Partant la recette excède la repriſe & dépenſe du préſent Compte de la ſomme de. . . . . . .

être affirmé véritable, conformément à l'article 8 du titre 29 de l'ordonnance de 1667 : or les notaires en leur qualité de rédacteurs des conventions·des parties n'ont aucun caractère pour recevoir·cette affirmation.

Ces motifs ont sans doute servi de fondement à un arrêt du 18 mars 1738 , par lequel le parlement a annullé un Compte rendu à des mineurs, à cause qu'il n'avoit pas été présenté judiciairement. Cependant un autre arrêt du 15 mars 1752 , & dont la publication a été ordonnée au châtelet, a changé l'ancien usage en déclarant·valable un Compte rendu devant notaire à un mineur assisté d'un tuteur nommé pour, cet effet. Les notaires de Paris étoient parties dans l'affaire, & l'arrêt les a maintenus dans le droit « de faire toutes sortes de Comp- » tes , partages & liquidations volontaires, » même entre mineurs , conformément aux » édits & règlemens.

Les commissaires au châtelet ont en vain formé une tierce opposition à cet arrêt ; ils en ont été déboutés par un autre arrêt rendu contradictoirement avec la communauté des notaires le 23 mai 1752.

Les mêmes commissaires ont ensuite formé une demande en cassation contre ce dernier arrêt , mais elle a encore été rejetée par arrêt du conseil du 24 janvier 1757.

- Une décharge générale donnée au comptable sans avoir été précédée d'un Compte détaillé & d'un examen de pièces n'opère pas la libération du comptable.

Si, le comptable refuse ou différe de rendre Compte , on le condamne à payer à l'oyant, une ou plusieurs sommes successivement.

Le jugement qui intervient fur un Compte doit en fixer le reliquat précis , fuivant l'article 20 du titre 29 de l'ordonnance de 1667.

L'article fuivant du même titre défend de procéder à la révifion d'aucun Compte ; mais s'il y a des erreurs de calcul, omiffions de recette , faux & doubles emplois , on peut en demander la réformation.

Un Compte rendu en juftice eft exécutoire pour le réliquat fans qu'il foit néceffaire d'attendre un jugement fur cet objet.

L'intérêt de la fomme due par un tuteur pour reliquat de Compte court , de plein droit , du jour de la clôture du Compte ; mais fi le réliquat eft au profit du tuteur, l'intérêt n'en court que du jour qu'il en a formé une demande précife.

L'article 31 du tarif du 29 feptembre 1722, porte que le droit de contrôle des Comptes , précomptes ; fociétés , traités & fous-traités, dans lefquels les fommes feront certaines, fera payé fuivant l'article 3 du même tarif; & que lorfque les fommes ne feront point certaines, le droit de contrôle fera payé , favoir , entre gens d'affaires , douze livres ; entre marchands , huit livres ; & entre particuliers , pour quelque caufe que ce foit , quatre livres dix fous.

Les fommes font certaines dans un Compte lorfqu'il eft arrêté par l'oyant ; & dans ce cas, le droit de contrôle eft du fur le reliquat, foit actif , foit paffif; c'eft-à-dire, fur ce qui refte définitivement dû par le comptable à l'oyant ; ou fur les fommes dont le comptable eft en avance, & dont l'oyant devient fon débiteur , par le finito du Compte arrêté.

Les sommes ne font pas certaines, lorsqu'elles ne font pas établies par le réfultat ; mais on ne doit point qualifier de Compte les mémoires qui tendent à établir un Compte , & qui ne font point arrêtés réciproquement.

Lorsque le comptable eft affigné en juftice pour rendre Compte , celui qu'il fournit , & qu'il fait fignifier de procureur à procureur n'eft pas fujet au contrôle ; c'eft un acte de procédure , une réponfe à la demande. C'eft ce que le confeil a décidé le 19 juin 1745.

Si le comptable n'eft pas affigné , & que de fon propre mouvement il rende un Compte , il eft tenu de le faire contrôler avant de le faire fignifier ; & comme il n'eft ni débattu , ni arrêté , c'eft un mémoire , un acte fimple , pour lequel il n'eft dû que dix fous. C'eft ce qui réfulte d'une décifion du confeil du 4 décembre 1728.

Il faut néanmoins obferver dans ce cas que fi le comptable fe reconnoît débiteur par ce mémoire ou Compte figné de lui , le droit de contrôle eft dû fur la fomme , parce que ce réliquat forme une dètte certaine de fa part , dont l'oyant peut dès-lors obtenir exécutoire ; & il eft de principe que le droit de contrôle des Comptes eft dû fur l'objet qui produit une action. C'eft ce que le confeil a décidé le 28 février 1724.

A l'égard des Comptes de tutelle , ou autres qui font arrêtés par des actes devant notaires , ou fous-fignature privée , oû même par des fentences arbitrales , le tarif établit la régle qu'il faut fuivre.

C'eft le reliquat feulement qui fixe la fomme certaine fur laquelle on doit percevoir-le droit. C'eſt ce qui réſulte de différentes déciſions du conſeil des premier mars 1723, 28 février 1724, 2 juin 1726, 25 mai 1735, &c.

Le conſeil a décidé le 21 juin 1749 au ſujet d'un Compte fourni par un exécuteur teſtamentaire que le droit de contrôle en devoit être perçu ſur le pied de ce qui reſtoit au légataire univerſel, toutes charges déduites.

Le conſeil a auſſi décidé le 3 août 1715, que les droits de contrôle des Comptes intervenus entre un maître & un fermier, un créancier & ſon débiteur, devoient être perçus ſur le pied réglé par le tarif pour les Comptes rendus entre particuliers. Ces actes doivent donc être appliqués à l'article 31 du tarif de 1722; & lorſque le maître compte avec ſon fermier, & qu'il le décharge de tous les fermages ou loyers au moyen du rapport des quittances qu'il a de lui ou de ſes créanciers, le droit de contrôle doit être perçu ſur la totalité, à la déduction de ce qui peut avoir été payé par des quittances contrôlées. C'eſt une quittance finale.

Il a été décidé le 28 août 1734 que le droit de contrôle d'un Compte rendu par un huiſſier à des héritiers du prix d'une vente par lui faite devoit être perçu ſur le pié de la dernière claſſe de la ſeconde ſection de l'article 31, c'eſt-à-dire à raiſon de quatre livres dix ſous. C'eſt qu'il s'agiſſoit d'un Compte arrêté dont les ſommes n'étoient pas certaines.

Les Comptes d'adminiſtration des biens & revenus des égliſes & hôpitaux rendus devant les évêques, archidiacres, & officiaux, ne ſont point fujets au contrôle dans un temps fixe ; ils font confidérés comme des actes fous fignature privée ; & en conféquence ils ne font affujettis au contrôle que lorfqu'on veut s'en fervir en juftice.

Les actes fous fignature privé produits en juftice à l'appui de la recette & de la dépenfe des Comptes ne font pas fujets au contrôle lorfqu'ils ne contiennent point d'autres difpofitions que celles qui ont rapport à ces Comptes, & qu'on ne les emploie pas pour faire quelque exploit, fignification ou demande en juftice. Dans ce cas-ci il faudroit que ces actes fuffent contrôlés, finon l'on encourroit les peines prononcées par les réglemens.

Comptes des deniers royaux & publics. Ce font les Comptes des revenus & impofitions deftinés aux befoins de l'état.

On comprend auffi dans cette claffe les Comptes des deniers patrimoniaux & d'octroi des villes.

Tous ces Comptes doivent fe rendre à la chambre des comptes, conformément aux plus anciennes ordonnances, & notamment a celle du 18 juillet 1318.

La forme dans laquelle les Comptes des deniers royaux & publics doivent être dreffés par les procureurs des comptables a été réglée par différentes lois & particulièrement par les lettres-patentes du 4 octobre 1772 (*).

_____

(*) *Ces lettres-patentes font ainfi conçues :*
L O U I S, par la grace de Dieu, roi de France & de Navarre : A nos amés & feaux les gens tenant notre chambre des Comptes à Paris; falut. Etant informés que les dé-

pôts de notredite chambre des Comptes ne font pas suffisans
pour contenir les Comptes qui fe rendent annuellement en
ladite chambre, avec les acquits, nous nous ferions fait
rendre Compte des moyens d'y suppléer, & nous aurions
reconnu que la manière dont étoient écrits lefdits Comptes
les rendoit trop volumineux; & d'un autre côté, que les
uns étant écrits en papier & les autres fur parchemin, il
étoit aifé de diminuer le nombre des volumes defdits Comptes, en les faifant tous écrire d'une écriture plus ferrée fur
du papier, qui par fa nature eft moins épais que le parchemin : en ordonnant une écriture plus ferrée, notre intention
n'eft pas de rien innover fur les droits des procureurs des
Comptes, dont nous croyons jufte d'augmenter la taxe en
proportion de ce que nous ordonnerons pour l'écriture;
mais ayant reconnu que chaque rôle d'écriture n'étoit compofé que de dix-huit lignes à la page, & chaque ligne de
trois mots, formant environ cinq fyllabes, qui produifent
cent foixante-dix à cent quatre-vingt-fyllabes par rôle,
dont ils avoient droit d'être payés à raifon de trois fous par
rôle, & de pareille fomme pour le double, avec un droit
de cinquante livres de vacation par chaque volume de cinq
cens feuillets, nous avons penfé qu'en doublant au moins
cette écriture, & faifant écrire tous les Comptes en papier,
tous lefdits Comptes fe trouveront réduits à environ un
tiers. A ces caufes & autres à ce nous mouvant, de notre
certaine fcience, pleine puiffance & autorité royale, nous
avons par ces préfentes fignées de notre main, dit, déclaré & ftatué, difons, déclarons & ftatuons, voulons &
nous plaît ce qui fuit :

ARTICLE PREMIER.

Tous les Comptes qui fe rendent en nos chambres des
Comptes, même ceux préfentés, enfemble les rôles qui
s'arrètent en notre confeil, feront écrits à l'avenir & à
compter du premier novembre prochain, fur papier de
Compte, de quatorze pouces à quatorze pouces & demi
de haut, fur neuf pouces au moins de large.

vent être présentés une année après celle dé

II. L'écriture de tous lesdits Comptes, à l'exception de ceux de notre trésor royal, dont la forme a été réglée par notre déclaration du 16 décembre 1727, sera entre deux marges, chaque marge sera du quart de la largeur du papier; chaque page contiendra vingt-huit lignes, & chaque ligne neuf à dix syllabes.

III Les procureurs des Comptes seront tenus de fournir à leurs frais le papier nécessaire pour lesdits Comptes, sans pouvoir en rien répéter contre les comptables, qui seront tenus de leur payer les façons desdits Comptes, à défaut ou en cas d'insuffisance de fonds dans nos états, à raison de dix sous le rôle d'écriture, & de pareille somme pour le double; lequel double lesdits procureurs pourront néanmoins continuer à écrire conformément à la déclaration du 14 janvier 1693.

IV. Au moyen de la réduction des deux tiers sur l'écriture desdits Comptes, dont les volumes se trouveront réduits dans cette proportion, la vacation due auxdits procureurs pour l'assistance au jugement & clôture des Comptes, leur sera payée à raison de trente livres pour les cent premiers feuillets, & pour les suivans, à ladite raison & en proportion, ce qui formera cent cinquante livres par chaque volume de cinq cens feuillets; à l'exception néanmoins des Comptes d'octrois, pour lesquels le réglement de notredite chambre des Comptes du 2 septembre 1740, sera exécuté à l'égard desdites vacations.

V. N'entendons point priver lesdits procureurs des Comptes, de plus fortes vacations dans les cas où les fonds en sont faits dans nos états, lesquels fonds continueront à y être employés pour les mêmes sommes, sans augmentation ni diminution.

VI. Voulons qu'à l'avenir les sommes tirées hors ligne, dans tous lesdits Comptes, soient pour plus de facilité du travail, écrites en chiffres arabes, au lieu du chiffre romain qui a été en usage jusqu'à présent. Pour l'exécution de tout ce que dessus, nous avons dérogé à tous édits, déclarations,

l'exercice expiré , aux termes de l'ordonnance

lettres-patentes, arrêts & réglemens à ce contraires. Si vous mandons, &c.

L'arrêt d'enregistrement de la chambre des Comptes porte ce qui suit :

Ce jour, les semestres assemblés , la chambre procédant à l'enregistrement des lettres-patentes du 4 octobre 1772 , qui ordonnent que tous les Comptes qui se rendent dans les chambres des Comptes, seront écrits à l'avenir sur papier; fixent le nombre des lignes de chaque page desdits Comptes ; & le nombre de syllabes de chaque ligne, & prescrivent qu'à l'avenir toutes les sommes tirées hors ligne dans lesdits Comptes, seront écrites en chiffres arabes. Après avoir entendu le rapport fait par Me. Claude-Mathurin Portail, Conseiller-Maître, l'un des Commissaires nommés par son arrêt du 9 novembre présens mois & an, pour aviser à ce qui étoit à faire au sujet desdites lettres, des différentes clauses de réglement par eux proposées pour l'exécution desdites lettres, & pourvoir aux indemnités du garde des livres & du relieur de la chambre. Des observations & demandes faites auxdits sieurs commissaires par lesdits officiers, par les syndics de la communauté des procureurs, pour ce entendus; des états certifiés desdit procureurs des Comptes, que chacun d'eux avoit commencé à dresser dans l'ancienne forme avant ce jour ; & du modèle de l'écriture des Comptes dressés conformément auxdites lettres, & au style prescrit par les anciens réglemens. Vu lesdites observations , états desdits Comptes commencés , & ledit modèle des Comptes dressé conformément auxdites lettres ; ensemble treize autres modèles de la forme ancienne des Comptes, dont le dépôt au greffe avoit été ordonné par arrêt de la chambre du 2 septembre 1740; le tout considéré : la chambre a ordonné & ordonne que ledit modèle de l'écriture des Comptes, dressé conformément auxdites lettres du 4 octobre 1772 , & au style prescrit par les anciens réglemens, ensemble les treize modèles de la forme ancienne des Comptes, & lesdits états certifiés par les procureurs de la chambre des Comptes, que chacun d'eux avoit commencé à dresser dans l'ancienne forme avant l'enregistrement desdites lettres, feront cotés & paraphés par ledit Me. Portail, confeiller-maître, rapporteur, par premier & dernier d'iceux, & enfuite dépofés au greffe, pour y avoir recours lors du jugement defdits Comptes, s'il y échoit; & quant au furplus des objets contenus audit rapport, la chambre y a ftatué ainfi qu'il enfuit :

ARTICLE PREMIER.

Les procureurs feront tenus de fe conformer à l'avenir, à l'égard de la confection des Comptes, aux difpofitions defdites lettres-parentes du 4 octobre 1772, regiftrées en la chambre cejourd'hui, & au modèle defdits Comptes, dépofé au greffe de la chambre; à l'exception néanmoins de ceux des Comptes commencés avant l'enregiftrement defdites lettres-patentes, & mentionnés dans lefdits états certifiés defdits procureurs, lefquels comptes feront rédigés en la forme précédemment obfervée.

II. Fait défenfes la chambre aux procureurs, de répéter les noms propres, les qualités des comptables, & plus de deux fois la fomme par eux payée, conformément au réglement du 6 février 1686; comme auffi de laiffer plus d'une ligne d'efpace entre chaque article, & plus de quinze à vingt lignes pour les débets de quittance, le tout à peine d'une amende de vingt fous par rôles qui excéderoient le nombre de ceux qui doivent compofer lefdits Comptes.

III. Pour maintenir l'exécution defdites lettres-patentes & du précédent article, ordonne la chambre, qu'au jugement de chacun des Comptes rédigés dans la nouvelle forme, il fera prononcé fur le premier chapitre d'iceux, ou l'amende, ou qu'il n'échet amende quant à la forme & écriture du Compte.

IV. Pour le retrait des Comptes précédens, néceffaires à la confection & jugement des Comptes, il fera payé au Garde des livres; favoir pour ceux dont les feuillets feront au-deffous de cent cinquante, quinze fous; pour ceux dont les feuillets feront de cent cinquante à trois cens, trente

dérogé par des édits , déclarations du roi , ou

---

fous; pour ceux dont les feuillets feront de trois cens à cinq
cens, quarante-cinq fous; & de même à l'égard des autres
volumes defdits Comptes, qui feront de quatre cens cinquante, à cinq cens feuillets; & quant à ceux qui feront
au-deffous de quatre cens cinquante feuillets, dans la proportion fixée pour le premier volume.

V. Il ne fera du aucun droit au garde des livres, pour
les mentions des remplacemens qui feront faits fur les
Comptes précédens par les confeillers-auditeurs.

VI. Pour les Comptes à apurer, il fera payé au garde
des livres, les mêmes droits que ceux portés par l'article
4; conformément au réglement du 11 juillet 1739, il lui
fera payé pour chacun volume des Comptes de l'année cou-
rante & des précédentes, jufqu'à vingt années, quinze
fous; depuis vingt années jufqu'à quarante, vingt fous;
depuis quarante années jufqu'à foixante, trente fous; depuis
foixante années jufqu'à quatre-vingt, quarante fous; depuis
quatrevingts années jufqu'à cent, trois livres; & au deffus
de cent années, quatre livres; le tout pour les Comptes de
la forme ancienne : & à l'égard des Comptes qui auront
été faits dans la forme prefcrite par lefdites lettres-patentes
du 4 octobre 1772, il lui fera payé le triple des droits.

VII. Lors des corrections, le retrait des volumes de
Comptes fera payé au garde des livres, comme pour les
apuremens; mais il ne fera dû aucun droit pour les Comptes
fur lefquels il fera fait des mentions par les confeillers-
correcteurs, à fin de décharge des à-Comptes.

VIII. Il ne fera rien innové à l'égard des volumes des
Comptes des octrois, pour le retrait defquels il continuera
d'être payé au garde des livres, les mêmes droits que par le
paffé, lors des confection, apuremens & correction defdirs
Comptes.

IX. Les reliures de chaque volume de Compte, feront
payées au relieur de la chambre, à raifon de trois fous par
chaque cahier de douze rôles, & de dix fous par volume
pour la couverture.

lettres-patentes regiſtrées en la chambre , qui accordent aux comptables un plus long délai ; & faute par eux de les avoir préſentés dans le temps preſcrit, ils peuvent être condamnés à 50 livres d'amende pour chaque mois de retard.

La forme des Comptes des deniers d'octrois & patrimoniaux des villes & bourgs du royaume , a été réglée par la déclaration du 27 juillet 1766 (*) , laquelle a été enregiſtrée à la

---

Et ſera le préſent arrêt exécuté par forme de réglement, & à cette fin prononcé au garde des livres, aux ſyndics des procureurs , & au relieur des Comptes de la chambre , à ce qu'ils aient à s'y conformer. Fait en la chambre des Comptes, les ſemeſtres aſſemblées, le ſeize novembre mil ſept cent ſoixante-douze. Collationné. *Signé* , MARSOLAN.

(*) *Il convient de rapporter ici cette déclaration & l'arrêt d'enregiſtrement.*

LOUIS, par la grace de Dieu, roi de France & de Navarre : A tous ceux qui ces préſentes lettres verront, ſalut. L'adminiſtration des revenus des villes & gros bourgs de notre royaume, nous a paru un objet eſſentiel au bonheur de nos ſujets auxquels il eſt intéreſſant que le produit, tant de leurs biens patrimoniaux que des octrois, que nous leur avons accordés en pluſieurs endroits, ſoit économiſé & employé uniquement à l'acquit de leurs charges ; nous avons reconnu qu'il s'étoit introduit beaucoup d'abus dans cette adminiſtration ; nous nous ſommes empreſſé en conſéquence de nous faire repréſenter les lois & règlemens précédemment intervenus ſur cette matière, & nous avons réuni celles de leurs diſpoſitions qui nous ont paru les plus propres à faire fructifier les revenus & à éviter toute déprédation dans les dépenſes. Nous avons par notre édit du mois d'août 1764 rendu ces règles uniformes, ſtables & permanentes ; & pour nous aſſurer d'autant plus de leur exécution, nous avons dérogé à toutes lois ou uſages contraires,

chambre

même à tous priviléges dont l'exercice auroit pu contrarier
ces règles. Nous nous sommes départi nous-mêmes en faveur des habitans de chaque ville , de l'exercice du droit qui
nous appartient de nommer les officiers municipaux ; &
nous avons, par autre notre édit du mois de mai 1765 ,
attribué auxdits habitans la faculté de les choisir ; en ordonnant que ceux qui seroient élus régiroient à l'avenir les biens
patrimoniaux & d'octrois, & généralement toutes les affaires communes, sous l'inspection des notables, dont l'élection faite, ainsi que nous l'avons prescrite, avec la plus
grande liberté des suffrages par des députés choisis eux-mêmes dans tous les ordres des citoyens, semble nous garantir
le mérite. Nous avons en outre attribué aux juges ordinaires la connoissance des contestations qui pourroient naître
sur l'exécution desdites règles, & nous avons annoncé que
nous donnerions des lettres patentes particulières, pour régler le montant des dépenses de chaque ville, après qu'elles
nous auroient fourni leurs mémoires & état de situation ;
ensorte que nous croyons avoir pris toutes les précautions
qui peuvent nous faire espérer que le bon ordre regnera dorénavant dans l'administration de tous les revenus communaux : enfin nous avons, dans le dessein de régler aussi la
comptabilité , provisoirement divisé en deux parties les
Comptes des receveurs, en ordonnant par l'article 32 de
notredit édit du mois d'août 1764, un Compte pour les deniers patrimoniaux, qui, aux termes de l'article 40 , seroit
rendu en forme pardevant nos bailliages & sénéchaussées ,
& après sa clôture envoyé à nos procureurs généraux de
nos parlemens, à l'effet d'être par eux rapporté à la grand'-
chambre, & procédé à la réformation des articles qui trouveroient n'être pas en règle; & par l'article 36 un Compte
des deniers provenans de la recette des octrois qui, aux
termes de l'article 38, seroit rendu par bref-état, tant aux
bureaux des finances qu'en nos chambres des Comptes ;
mais nous avons reconnu que cette division de la comptabilité, assez indifférente d'ailleurs en elle-même, pourroit
faire naître de fréquens conflits entre nos cours de parlemens & nos chambres des comptes, sur les distinctions de

exécution des lettres-patentes du 13 février
précédent.

---

ce qui feroit revenu patrimonial d'avec ce qui feroit revenu
d'octroi, & peut-être occafionner beaucoup d'embarras &
beaucoup d'abus, en ce que les receveurs qui compteroient
féparément ainfi de chaque objet de leur maniment, en
deux différentes juridictions, trouveroient une facilité à propofer & faire allouer de doubles emplois dans leurs Comptes. Enfin, quoique les revenus patrimoniaux des villes &
bourgs, ne puiffent jamais faire partie de notre domaine
& être autrement confidérés que comme des biens propres
aux communautés, nous avons jugé qu'il feroit plus utile de
réunir la comptabilité de tous leurs revenus à un feul & même tribunal, & d'en donner la connoiffance à nofdites
chambres des comptes. A ces caufes, & autres à ce nous
mouvant, de l'avis de notre confeil, & de notre certaine
fcience, pleine puiffance & autorité royale, nous avons par
ces préfentes fignées de notre main, dit, déclaré & ordonné,
difons, déclarons & ordonnons, voulons & nous plaît ce
qui fuit :

ARTICLE PREMIER.

L'article 32 de notre édit du mois d'août 1764, fera exécuté felon fa forme & teneur; & en conféquence le receveur de chacune des villes & bourgs de notre royaume fera
tenu de rendre tous les ans, dans le mois de mars au plus
tard, un Compte détaillé de fa recette & dépenfe de l'année
précédente; lequel fera par lui préfenté dans une affemblée
du corps municipal, figné & affirmé véritable; & toutes les
pièces juftificatives dudit Compte y feront jointes après avoir
été de lui cotées & paraphées par première & dernière.

II. Tout ce qui concernera les deniers d'octrois, fera
féparé dans ledit Compte de ce qui étoit réputé deniers patrimoniaux, & il fera compté tant en recette que dépenfe de
chacun defdits objets par chapitres diftincts & féparés.

III. Les officiers municipaux pourront vérifier & examiner ledit Compte & pièces juftificatives pendant tout le mois
d'avril fuivant, fans cependant qu'ils puiffent y porter au-

cunes apoftilles ; & feront tenus de convoquer une affemblée de notables dans l'un des huit premiers jours de mai, à
laquelle affemblée ledit Compte fera rapporté avec les obfervations qui auront pu y être faites, & feront lefdites
apoftilles & l'arrêté convenu dans ladite affemblée, fi mieux
n'aiment les notables nommer des commiffaires pour en
faire un examen particulier, ce qui fera délibéré à la pluralité des voix.

IV. En cas que l'avis de nommer des commiffaires paffe
à la pluralité des voix, il fera procédé fur le champ, auffi à
la pluralité des voix, à leur nomination ; & lefdits commiffaires ne pourront être qu'au nombre de trois, lefquels feront pris, favoir, un parmi les échevins, un parmi les confeillers de ville, & le troifième parmi les notables.

V. Lefdits commiffaires s'affembleront auffi fouvent qu'ils
le jugeront néceffaire : & de façon néanmoins qu'ils puiffent avoir exécuté leur commiffion dans le courant du mois
de mai au plus tard ; & dans leurs affemblées particulières
l'un d'eux vifera les pièces énoncées au Compte, & portera
en marge de chaque article dudit Compte toutes les apoftilles
dont ils feront convenus unanimement, & les articles fur
lefquels ils fe trouveront d'avis différent, ne pourront être
apoftillés qu'après qu'il en aura été délibéré à la pluralité
des voix dans l'affemblée de notables ordonnée par l'article
fuivant.

VI. Ladite affemblée des notables fera convoquée dans
l'un des quinze premiers jours de juin au plus tard ; & après
que les articles dudit Compte, qui n'auront pas réuni l'u-
nanimité du confentement des commiffaires, y auront été
délibérés, lefdits articles y feront apoftillés, & l'état final
dudit Compte y fera arrêté conformément au réfultat defdites apoftilles, à moins qu'il ne furvienne des difficultés, foit
fur la validité des autorifations des dépenfes, foit fur la nature defdites dépenfes ; lefquelles difficultés, de quelque nature qu'elles foient, foit qu'elles foient mûes fur la requête
du miniftère public, foit autrement, feront portées devant
les juges qui en doivent connoître, conformément à l'arti-

deniers royaux & le faire juger, il faut, outre

---

cle 41 de notre édit du mois de mai 1765 : sera ledit arrêté signé par tous ceux qui auront assisté à ladite assemblée.

VII. L'original dudit Compte ainsi arrêté restera déposé au greffe de l'hôtel-de-ville, & le secrétaire-greffier sera tenu d'en remettre une expédition en entier audit receveur, ensemble desdites apostilles, avec mention au bas d'icelle de tous ceux qui auront signé ledit arrêté ; & sera ladite expédition délivrée sans frais.

VIII. Toutes les pièces justificatives dudit Compte seront cotées & paraphées par le maire ou un échevin, & remises ensuite par le greffier audit receveur, avec l'expédition du Compte ordonnée par l'article ci-dessus.

IX. En cas que par le résultat dudit Compte le receveur se trouve redevable, il sera contraint par toutes voies, même par corps, en vertu de la simple ordonnance du juge du lieu, qui sera rendue sur la requête des officiers municipaux, à déposer ès-mains de son successeur le montant du reliquat, pour être employé à l'acquit des charges de la ville.

X. Il sera tous les ans, par les maire & échevins, dans le mois de juillet au plus tard, remis un extrait avec copie entière de l'état final & arrêté dudit Compte au commissaire départi, pour être par lui envoyé, avec ses observations, au contrôleur général de nos finances, afin de nous être présenté chaque année un état de situation de chaque ville ou bourg, & d'y être par nous pourvu en la forme ordinaire ainsi qu'il appartiendra ; & sera pareil extrait déposé tant au greffe de notre parlement qu'à celui de la chambre des comptes.

XI. Ledit receveur comptera ensuite tous les trois ans, en notre chambre des comptes, il lui présentera à cet effet, sur un seul cahier, le relevé desdites recettes & dépenses pendant les trois années pour lesquelles il comptera, & sera tenu de joindre au nombre des pièces justificatives, les expéditions de chacun des Comptes desdites trois années qui lui auront été délivrées par le secrétaire-greffier de l'hôtel-de-ville, en exécution de l'article 7 ci-dessus.

XII. Demeureront les épices desdits Comptes fixées,

le Compte original, un bordereau, les états du
roi, & au vrai, & les acquits.

conformément à l'article 38 de notre édit du mois d'août
1764, & en proportion du tarif établi en vertu de l'édit de
juillet 1689, & suivi par notre chambre des comptes de
Paris, au centième du montant de la recette, quand elle
n'excédera pas la somme de trois cens mille livres, & cent
francs en sus seulement par chaque cent mille francs du premier million au-delà desdites trois cens mille livres, & cent
francs pareillement en sus par chaque million au-delà dudit
premier million : & quant à tous autres frais généralement
quelconques desdits Comptes, ils seront & demeureront
fixés sur le pied des tarifs portés aux arrêts de notre chambre
des comptes de Paris, des 23 & 25 février de la précédente
année 1765 ; desquels arrêts expédition sera attachée sous le
contrescel de notre présente déclaration.

XIII. Il sera par le procureur du receveur dressé un double dudit Compte, sur lequel seront transcrits les arrêts de
notre chambre, pour être remis audit receveur, & par lui
déposés au greffe de la ville.

XIV. Faute par lesdits receveurs de rendre & présenter
aux officiers municipaux leurs comptes dans le temps prescrit par l'article premier des présentes, ils pourront y être
contraints par amende & même par corps, en vertu de l'ordonnance du juge du lieu, qui sera rendue sur la simple requête des officiers municipaux, & sur les conclusions de
notre procureur ou de celui du seigneur ; & seront au surplus exécutées toutes les dispositions contenues dans nos édits
des mois d'août 1764 & mai 1765, en ce qui n'y est pas
dérogé par ces présentes. Si donnons en mandement, &c.

L'arrêt d'enregistrement porte qu'il sera compté en la
chambre, de tous deniers communs, d'octrois & patrimoniaux des villes & bourgs du ressort d'icelle, en exécution
des anciennes ordonnances, & notamment de celles de
1256, 1262 & premier juillet 1360 & aux charges, clauses & conditions qui suivent, savoir : sur l'article 6, qu'il
ne pourra être rien innové au droit qui appartient à la chambre, de connoître seule & privativement, de tout ce qui
concerne la validité des dépenses & acquits des Comptes

Le bordereau eſt l'abrégé ſommaire du montant de chaque chapitre de recette & de dépenſe du Compte ; il doit être ſigné du comptable quand il eſt préſent, & de ſon procureur.

L'état du roi eſt un état arrêté au conſeil, de la recette & de la dépenſe à faire par le comptable.

L'état au vrai eſt un état arrêté, ſoit au conſeil, ſoit au bureau des finances, de la recette & de la dépenſe faite par le Comptable.

Les acquits ſont les pièces juſtificatives de la recette & de la dépenſe du Compte ; ils doivent être cotés par premier & dernier.

───────────────

deſdites villes & bourgs : ſur l'article 9, que les Comptes particuliers mentionnés audit article, comme auſſi aux articles premier & 14, qui ſeront vérifiés & apoſtillés dans les aſſemblées des notables, n'étant & ne pouvant être que de ſimples arrêtés & états de ſituation des deniers des villes & bourgs, leſdits receveurs ne pourront être contraints pour autres débets que ceux qui ſeront prononcés au jugement de leurs Comptes en la chambre, ſauf, ſur le réquiſitoire du procureur général du roi, ou ſur la requête des maire & échevins, à être par la chambre pourvu à la ſûreté des deniers deſdites villes, en la forme ordinaire, dans le cas de ſuſpicion de leurs receveurs : ſur l'article 10, que les envois particuliers mentionnés audit article ne pourront nuire ni préjudicier à l'autorité de la chambre & à ſon droit excluſif de connoître de la comptabilité de tous deniers royaux & publics : ſur l'article 11, que leſdits receveurs ſeront tenus de préſenter leurs Comptes & de compter en la chambre, de la totalité de leurs recette & dépenſe en la forme & manière accoutumée, dans le délai énoncé audit article ; à l'exception des villes dont les recettes ſont de dix mille livres & au deſſus, leſquelles ſeront tenues de compter en la chambre dans le délai preſcrit par l'article 18 de l'édit du mois d'août 1669.

Lorfque les comptables font à Paris, ils font tenus d'affifter en perfonne avec leurs procureurs à la préfentation de leurs Comptes. Si les comptables font abfens, les Comptes fe préfentent par leurs procureurs feuls.

La forme de cette préfentation eft que le procureur-général apporte au grand bureau les bordereaux des Comptes à préfenter, après quoi on fait entrer les comptables & leurs procureurs.

Les comptables font ferment qu'aux Comptes qu'ils préfentent ils font entière recette & dépenfe ; qu'ils ne produifent aucun acquit qu'ils n'eftiment en leur ame & confcience bon & valable, & que toutes les parties employées dans leurs Comptes font entièrement payées & acquittées : les procureurs affirment que leurs Comptes font faits & parfaits.

La date de la préfentation mife à la fin des bordereaux de chaque Compte, eft fignée fur le champ par celui qui préfide & par l'un des confeillers-maîtres, qui paraphe en outre toutes les feuilles du bordereau.

Après la préfentation des Comptes, la diftribution de ceux des exercices pairs fe fait aux auditeurs du femeftre de janvier, & celle des Comptes des exercices impairs aux auditeurs du femeftre de juillet, en obfervant de ne leur donner que les Comptes attachés aux chambres dans lefquelles ils font départis ; ces chambres font celles du tréfor, de France, du Languedoc, de Champagne, d'Anjou & des monnoies.

Cette diftribution fe fait en écrivant le nom du confeiller-auditeur-rapporteur au haut de chaque bordereau : une partie des Comptes eft diftribuée par M. le premier préfident, & l'autre par un confeiller-maître commis à la diftribution des Comptes au commencement de chaque femeftre.

Ces bordereaux font enfuite dépofés au parquet où ils font infcrits fur des regiftres, & ils y reftent jufqu'à ce que les confeillers-auditeurs-rapporteurs viennent s'en charger pour faire le rapport des Comptes.

Quand le confeiller-auditeur-rapporteur a fait l'examen du Compte qui lui eft diftribué & qu'il a eu jour du préfident pour rapporter ce Compte, il vient au bureau & préfente à celui qui préfide les états du roi, & au vrai, & le bordereau ; il a foin auffi de faire mettre fur le bureau les acquits du Compte qu'il rapporte & le Compte précédent. Le préfident garde les états, diftribue le bordereau à un confeiller-maître, & deux autres confeillers - maîtres fe chargent, l'un de fuivre le Compte précédent, & l'autre d'examiner les acquits & de canceller les quittances comptables, quittances de finances & contrats rembourfés qui peuvent s'y trouver.

Les arrêts s'écrivent fur le bordereau par le confeiller-maître auquel il a été diftribué ; d'abord on juge fi le Comptable eft dans le cas de l'amende : il la peut encourir pour s'être immifcé fans titre & fans avoir prêté ferment, pour n'avoir pas donné caution, ou pour n'avoir pas préfenté fon Compte dans les délais prefcrits par les règlemens. S'il n'eft pas dans le cas de l'amende, on prononce, *n'échet amende*.

Après le jugement de l'amende, on juge en détail les différens chapitres de la recette & de la dépenfe du Compte.

Sur la recette, on prononce qu'elle eſt admiſe ou indéciſe, ou rayée ou rejetée, augmentée ou diminuée. Si le comptable a omis une recette qu'il auroit dû faire, on le force & on le condamne même au quadruple, ſuivant l'exigence des cas & les diſpoſitions de l'ordonnance.

Sur la dépenſe, on prononce qu'elle eſt paſſée lorſque les quittances & les autres pièces néceſſaires ſont rapportées; qu'elle reſte en ſouffrance lorſque les quittances des parties prenantes, ou que quelques-unes des pièces juſtificatives des droits de ces parties prenantes ſe trouvent manquer, & qu'elle eſt rayée faute de quittances comptables ou lorſqu'elles ne ſont pas contrôlées dans le mois de leur date ou que l'emploi de la partie n'a pas dû être fait.

Si dans le Compte il ſe trouve des ſommes payées au tréſor royal, dont les quittances ſoient de date poſtérieure au temps où le Compte a dû être clos, on condamne le Comptable aux intérêts à raiſon du denier de l'ordonnance, à compter du jour que le Compte a dû être clos, juſqu'au jour de la date de la quittance, lorſque le débet total du Compte excéde la ſomme de deux cens livres.

Si le comptable ſe trouve avoir fait de faux emplois, on le condamne à la peine du quadruple au jugement de ſon Compte.

Lorſque le Compte eſt jugé, la date de la clôture s'inſcrit à la fin par le conſeiller-maître qui a tenu le Compte : ce magiſtrat le ſigne ainſi que celui qui préſide, & enſuite il eſt dépoſé au greffe comme minute des arrêts rendus ſur ce Compte.

Le conſeiller-auditeur-rapporteur reprend ſur

le bureau le Compte précédent , les acquits & les états du roi , & au vrai, & se retire pour mettre sur le Compte original les arrêts rendus au jugement du Compte, qu'il a eu soin d'écrire sur une copie du bordereau qui lui a servi à faire le rapport de ce Compte.

Ces arrêts s'écrivent par le rapporteur en tête de chaque chapitre de recette & de dépense du Compte original , & à la fin de chaque chapitre il écrit la somme totale à laquelle il monte.

Ensuite il procéde à la vérification du calcul total de la recette & de la dépense du Compte, dans lequel il ne doit entrer pour la dépense que le montant des parties passées : il dresse en conséquence de ce calcul, un état qu'on nomme état final , qu'il écrit à la fin du Compte.

Par cet état, il constate d'abord si la recette excéde la dépense ou non. Si la recette excéde la dépense , il distingue dans le débet qui en résulte , d'abord le montant des parties tenues en souffrance , premièrement pour débets de quittance , secondement pour formalités , c'est-à-dire pour rapporter pièces justificatives; ensuite le montant des parties rayées faute de titres & de quittances , ou faute de titres seulement ; enfin le débet clair , s'il s'en trouve , lequel provient ou de sommes rayées faute de quittances comptables ou d'excédent de fonds.

Aux termes de la déclaration du 19 mars 1712 , & de l'arrêt de la chambre du premier avril 1745 , le fonds des souffrances pour débets de quittances ne doit rester que deux ans entre les mains du comptable, à compter du jour de la clôture du Compte ; & quant aux souffrances pour formalités, il eft tenu d'en porter le montant au tréfor royal au bout de trois ans.

A l'égard des parties rayées faute de titres & quittances, ou faute de titres feulemtnt, elles font deftinées par l'état final à être payées auffi-tôt après la clôture du Compte, ainfi que les fommes qui compofent le débet clair au tréfor royal ou aux différens tréforiers auxquels elles font deftinées : par rapport à celles qui doivent être payées au tréfor royal, le Comptable eft condamné aux intérêts, à compter du jour que le Compte a dû être clos, jufqu'au jour & date de la quittance du tréfor royal. Mais ces condamnations d'intérêts ne fe prononcent que lors de l'apurement du Compte.

Si au contraire le comptable fe trouve en avance parce que la dépenfe excéde la recette, en ce cas l'avance eft rayée pour ne pas rendre le roi redevable ; fauf au comptable à fe pourvoir pour fon remboursement.

Enfin le confeiller-auditcur-rapporteur fait mention dans l'état final des fommes tenues indécifes fur la recette du Compte, des fommes qui ont été paffées & dont doivent compter différens comptables à qui elles ont été payées, & qui font obligés d'en faire recette dans les Comptes à rendre de leur manîment, & en dernier lieu des fommes admifes & paffées pour le comptable & tenues indécifes, rayées ou en fouffrance fur quelques parties prenantes ou autres ; après quoi il date le jour qu'il a affis l'état final de ce Compte, au commencement duquel il fait mention en marge du jour que le Compte a été clos & des noms des juges qui ont affifté au jugement.

Il a deux mois pour écrire les arrêts sur le Compte qu'il a rapporté & pour asseoir l'état final ; & après l'expiration de ce délai, il doit remettre le Compte au parquet du procureur-général, & se faire décharger sur le registre où il s'est chargé du bordereau avant de faire son rapport.

Pour parvenir à cette décharge, il fait remettre les acquits du Compte avec les états du roi & au vrai, au garde des livres, avec le Compte original, sur lequel le garde des livres met à la fin de l'état final, *habui les acquits ;* & quand le Compte est composé de plusieurs volumes, il ajoute : *& les premiers volumes au nombre de .....* & il rend au conseiller-auditeur-rapporteur le volume du Compte ou le dernier volume sur lequel il a mis l'*habui ;* lequel va au parquet où il représente ce volume, & alors on raye le nom du rapporteur sur le registre où il s'est chargé du bordereau, en faisant mention sur ce registre des jours que le Compte a été clos & remis au parquet.

Aussi-tôt que ce Compte est remis au parquet, on y transcrit sur un registre particulier l'état final, afin que le contrôleur-général des restes en prenne copie pour poursuivre les débets & charges qui se trouvent sur ce Compte.

Après que l'état final a été copié sur le registre du parquet, on remet le Compte au garde des livres qui s'en charge sur un registre du parquet : le garde des livres charge sur le champ le relieur de la chambre, du Compte pour être relié, & il le décharge lorsqu'il lui remet ce Compte.

Souvent les Comptables attentifs n'attendent

pas les pourſuites du contrôleur-général des reſtes pour faire appurer leurs Comptes.

Ces Comptables préſentent pour cet effet une ou pluſieurs requêtes, qu'on appellé requêtes d'apurement, qui contiennent en détail les charges miſes ſur leurs Comptes & les pièces qu'ils repréſentent pour en opérer. les décharges. Ces requêtes ſont décrétées par un conſeiller-maître ; & lorſque le procureur-général a donné ſes concluſions, elles ſont diſtribuées par M. le premier préſident ou par celui qui préſide au grand bureau, à un conſeiller-auditeur pour en faire l'examen, & enſuite le rapport au grand bureau.

Quand le conſeiller-auditeur a eu jour pour rapporter, il remet à celui qui préſide la requête originale, & il a eu ſoin de faire mettre ſur le bureau les pièces rapportées pour ſervir à cet apurement, avec les Comptes de l'apurement deſquels il s'agit & ceux qui y ſont relatifs ; enſuite il fait ſon rapport ſur une copie de la requête originale.

Le rapport fini, il écrit au haut de cette requête l'arrêt que la chambre a rendu, & le fait ſigner de celui qui a préſidé & d'un conſeiller-maître qui a aſſiſté au jugement ; il y fait mention des juges qui ont été préſens, & enſuite il la remet au greffe.

Le procureur chargé de cet apurement retire cette requête du greffe, la tranſcrit à la fin du Compte pour lequel elle a été dreſſée, la fait collationner par un conſeiller, & la remet avec le Compte au conſeiller auditeur-rapporteur, pour faire l'exécution de cet arrêt ſur tous les articles du Compte, où il ſert à faire mention

en l'état final des décharges opérées en conséquence ; ensuite le rapporteur remet la requête
& les pièces rapportées après les avoir cotées,
à la suite d'une des liasses des acquits du Compte
sur lequel l'apurement a été fait.

Lorsqu'un comptable a fait entièrement apurer ses Comptes, il doit en faire signifier les
états finaux au contrôleur-général des restes,
avec les mentions des décharges opérées par
l'apurement ; alors le contrôleur - général des
restes est obligé de lui donner son certificat qu'il
ne subsiste plus de charges ni de débets sur ses
Comptes.

Voyez *l'ordonnance du mois d'avril 1667 ; le
praticien du Châtelet ; la collection de jurisprudence ; l'ordonnance du 18 juillet 1318 ; les ordonnances & règlemens des 23 décembre 1454, 20
juin 1514, 18 juin 1614, 8 octobre 1640, 7
juillet 1643, 5 juillet 1689, & 14 janvier 1693 ;
l'édit du mois d'août 1669 ; la déclaration du 11
décembre 1673 ; l'édit du mois de juin 1716 ; le
dictionnaire des sciences ; les déclarations des 19
mars 1712, 4 octobre 1723, 4 juin 1737, & 18
mars 1738*, &c.

Voyez aussi les articles COMMISSAIRE ,
COMPTABLE, PROVISION, RELIQUAT, PAR-
TAGE, REDDITION, AFFIRMATION, NOTAIRE,
INVENTAIRE, SOCIÉTÉ , COMMUNAUTÉ, FA-
BRIQUE, HÔPITAL, MARGUILLIER, EVÊQUE,
TRÉSORIER , PAYEUR DES RENTES, RECE-
VEUR , &c.

Fin du Tome treizième.

E R R A T A.

T O M E II.

Page 306, au lieu de ces mots des deux dernières lignes, se trouve dans l'ordre alphabétique sous la dénomination de Comté d'Auvergne; lisez se trouve dans les additions qui sont à la fin de l'ouvrage.

Page 315, ligne 28, Comté d'Auvergne; lisez Auvergne, dans les additions qui sont à la fin de l'ouvrage.

T O M E XII.

Page 577, ajoutez à la fin de l'article Commis, *article de M. GILBERT DE MARETTE, avocat au parlement de Bretagne.*